广西经济金融智库系列项目

GUANGXI YINHANGYE
QIANYAN BAOGAO 2019

广西银行业前沿报告 2019

总 编 周建胜 蔡 幸
主 编 叶安照 聂 勇
副主编 黄荣哲 甘海源 赖国勋

中国金融出版社

责任编辑：吕　楠
责任校对：孙　蕊
责任印制：程　颖

图书在版编目（CIP）数据

广西银行业前沿报告 2019 / 周建胜，蔡幸总编．—北京：中国金融出版社，2019.11
ISBN 978 – 7 – 5220 – 0309 – 2

Ⅰ．①广… Ⅱ．①周… ②蔡… Ⅲ．①银行业—经济发展—研究报告—广西—2019 Ⅳ．①F832.767

中国版本图书馆 CIP 数据核字（2019）第 231402 号

广西银行业前沿报告 2019
Guangxi Yinhangye Qianyan Baogao 2019

出版
发行　中国金融出版社
社址　北京市丰台区益泽路 2 号
市场开发部　（010）63266347，63805472，63439533（传真）
网上书店　http：//www.chinafph.com
　　　　　（010）63286832，63365686（传真）
读者服务部　（010）66070833，62568380
邮编　100071
经销　新华书店
印刷　保利达印务有限公司
尺寸　185 毫米 × 260 毫米
印张　19
字数　401 千
版次　2019 年 11 月第 1 版
印次　2019 年 11 月第 1 次印刷
定价　68.00 元
ISBN 978 – 7 – 5220 – 0309 – 2
如出现印装错误本社负责调换　联系电话(010)63263947

前言

2018年是中国改革开放40周年、广西壮族自治区成立60周年。几十年来，经济体制改革与银行业改革相互促进。一方面，经济体制改革加快了中国银行业的市场化步伐，推动现代银行体系的建立；另一方面，银行业作为中国金融体系的核心。深化银行业改革能够为经济社会发展注入更多的资金，保障实体经济平稳运行。1985年以前，国内只有4家专业银行。银行业的市场化程度比较低。1985年以后，国内陆续组建了一批全国性股份制商业银行、城市商业银行、政策性银行、开发性金融机构、农村金融机构、资产管理公司等。金融产品和服务呈现多样化、个性化发展。中国银行业在利率市场化、金融脱媒、金融科技等新变革力量推动下，正在朝着轻型化、综合化和智能化转型。银行业大力发展银行卡、托管、代理、咨询等中间业务，业务延伸到信托、金融租赁、基金管理、保险、证券、债转股等领域，加大金融科技的投入，提升客户体验，构建供应链金融。通过扩大开放与持续创新，中国银行业不断地释放改革红利，潜移默化地改变着人们的生产方式和生活习惯。例如，人们借助移动APP，足不出户就能够办理存贷汇业务。"刷脸"也能够完成消费支付、转账结算、理财投资等综合业务。

2018年广西建设面向东盟的金融开放门户已经上升为国家战略。未来几年，广西在面向东盟的跨境金融创新方面将会取得新突破。根据战略规划，国家将择机在广西推广取消企业银行账户开户许可证核发试点。支持广西探索构建本外币合一的银行账户体系。在依法合规基础上，通过与境内银行、非银行支付机构或合法清算机构开展合作，为非居民在中国进行移动支付提供便捷支付体验。积极推动银行业统一标准的移动支付产品在广西地区公交、医疗、缴税、公共事业缴费等重点便民支付领域应用。支持广西银行业金融机构按规定发放面向东盟的境外项目人民币贷款。支持跨国企业集团按规定开展跨境双向人民币资金池业务。推动广西银行业金融机构与东盟商业银行建立人民币代理行关系，为东盟商业银行开立人民币同业往来账户，畅通人民币结算清算渠道。支持广西依托境外机构境内人民币结算账户开展跨境人民币业务创新。探索在宏观审慎管理框架下,广西银行业金融机构向东盟商业银行融出人民币资金。推动东盟商业银行开办人民币业务,为其境内机构、个人开立人民币账户,提供人民币存款、贷款、汇款、资产托管和汇率挂牌等金融服务。支持东盟地区建设离岸人民币市场,丰富离岸人民币投资产品和投资渠道。在充分评估基础上,允许广西银行业金融机构将其持有的人民币贸易融资资产转让给境外银行。推动人民币与东盟货币的银行间市场区域交易,探索完善区域市场交易、清算、敞口管理等机制。在依法合规、风险可控的前提下,允许广西具备人民币与外汇衍生产品业务普通类资格的银行业金融机构,为境外机构办理即期结售汇业务提供远期、掉期和场外期权等人民币与外汇衍生产品服务。探索合格境内投资者境外投资试点(QDIE)。研究开展直接投资、外债和境外上市资本项目外汇收入结汇支付便利化试点。允许企业外债注销登记事项下放开户银行业金融机构办理。允许广西银行业金融机构与东盟商业银行通过对开账户、对存双边本币的模式,完成外币现钞跨境调运业务资金头寸清算。不断增加东盟国家货币现钞跨境调运币种和口岸,完善外币现钞跨境调运体系。鼓励广西境内银行分行在符合外汇管理制度和相关法律法规前提下拓展东盟金融业务,为中国"走出去"企业以及东盟企业和个人开立人民币账户,办理人民币业务。

为推进广西建设面向东盟的金融开放门户国家战略的实施,加快构建"南向、北联、东融、西合"全方位开放新格局,广西需要对战略规划做出深入细致的研究。本书主要包含三个部分,即主题报告(1篇)、专题报告(6篇)和附录。其中,主题报告《广西银行业发展报告》由黄荣哲博士、教授执笔完成。专题报告《广西商业银行信用风险管理报告》由郭钏博士、讲师执笔完成,《广西城市商业银行竞争力发展报告》由王伟博士、讲师执笔完成,《广西商业银行绿色信贷发展报告》由余光英博士、副教授执笔完成,《广西地方性银行业务创新报告》由陈超惠副教授执笔完成,《广西小额联保贷款信用风险报告》由农国平博士、讲师执笔完成,《广西互联网金融发展报告》由毛尚熠博士、讲师执笔完成。

2019 年 6 月

目录

第一部分 主题报告

1. 广西银行业发展报告 …… 3
  一、广西银行业总体运行分析 …… 3
  二、广西银行业机构发展状况 …… 13
  三、广西银行信贷市场分析 …… 25
  四、广西票据市场分析 …… 46
  五、广西互联网信贷市场分析 …… 52
  六、广西银行业对外开放状况分析 …… 65
  七、广西银行业发展存在的主要问题 …… 77
  八、对策建议 …… 87

第二部分 专题报告

2. 广西商业银行信用风险管理报告 …… 93
  一、商业银行信用风险的概述 …… 93
  二、广西商业银行信用风险管理现状 …… 97
  三、广西商业银行信用风险管理存在的问题 …… 111
  四、广西商业银行信用风险管理的对策建议 …… 116
  五、商业银行信用风险管理展望 …… 122

3. 广西城市商业银行竞争力发展报告 …… 125
  一、商业银行竞争力概念与内涵 …… 125
  二、广西城市商业银行发展及竞争力评价方法 …… 127
  三、广西城市商业银行竞争力比较分析 …… 128
  四、广西城市商业银行竞争力比较分析的几点结论 …… 139

五、提升广西城市商业银行竞争力的政策建议 …… 141
4. 广西商业银行绿色信贷发展报告 …… 144
　　一、商业银行绿色信贷状况分析 …… 144
　　二、广西绿色信贷情况及信贷主体分析 …… 150
　　三、广西绿色信贷独立联合与监管演化博弈 …… 158
　　四、广西绿色信贷行业与监管演化博弈 …… 163
　　五、广西绿色信贷抵押形式的供需演化博弈 …… 168
　　六、结论及政策建议 …… 173
5. 广西地方性银行业务创新报告 …… 179
　　一、我国银行业发展现状 …… 179
　　二、广西地方性银行业务发展现状 …… 193
　　三、互联网时代广西地方银行业务创新的机遇和必要性 …… 202
　　四、广西银行业务创新理念 …… 214
　　五、广西地方商业银行创新对策 …… 216
6. 广西小额联保贷款信用风险报告 …… 224
　　一、广西农村小额贷款基本情况 …… 225
　　二、广西农村小额贷款信用风险分析 …… 234
　　三、基于 Logistic 模型的广西小额信用贷款风险实证分析 …… 236
　　四、广西农村小额贷款信用风险管理的政策建议 …… 242
7. 广西互联网金融发展报告 …… 246
　　一、互联网金融发展现状 …… 246
　　二、第三方支付 …… 253
　　三、众筹融资 …… 257
　　四、P2P 网络借贷 …… 264
　　五、普惠金融 …… 278
　　六、促进广西发展互联网金融的对策 …… 280

第三部分　附录

广西 GDP 指数 …… 285
广西高新科技产品出口金额占全国的比重 …… 285
广西实际利用外商直接投资额 …… 286
广西对外承包工程的合同金额 …… 286
广西固定资产投资完成额的同比增长率 …… 287
广西 PPP 项目投资额 …… 287

广西PPP项目落地率 ······ 288
广西社会消费品零售总额同比 ······ 288
广西亿元以上商品交易市场的成交额 ······ 289
广义货币供应量M_2同比 ······ 289
中国货币乘数 ······ 290
基础货币余额的同比增长率 ······ 290
绿色信贷余额（节能环保项目及服务） ······ 291
超额存款准备金率（金融机构） ······ 291
广西本外币各项存款余额（企业存款） ······ 292
人民币实际有效汇率指数 ······ 292
大额美元存款利率（一年期） ······ 293
广西建设用地面积 ······ 293
广西研究生在校生数 ······ 294
广西专利申请受理数 ······ 294

广西银行业前沿报告2019

第一部分　主题报告

1. 广西银行业发展报告

银行是广西企业和个人融资的主要渠道。银行业稳健运行不仅是广西金融业整体发展的核心内容，而且也关系到广西经济社会的平稳发展。2013—2018年广西沿边金融改革以及2018—2023年广西建设面向东盟的金融开放门户上升为国家战略，为新时代广西银行业高质量发展提供了创新动力与政策支持。

一、广西银行业总体运行分析

（一）改革开放带动广西银行业发展

改革开放40年来以及广西壮族自治区成立60年来，广西银行业取得了令人瞩目的发展成果。40年来，中国逐步构建起中国特色的现代金融体系框架，并日益完善。伴随着一次又一次的思想解放和市场经济探索，广西金融业的开放程度也在不断地提高。

（1）早在1978年，中国人民银行是国内唯一的银行。除了组织和调节货币流通职能之外，中国人民银行还统一经营各项信贷业务，同时承担着国家机关和商业银行的双重任务。中国人民银行广西分行是广西唯一的金融机构。

（2）1979—1992年，中国农业银行、中国银行、中国人民保险公司、信托投资公司和城市信用社等组成多元化的金融机构体系，并在此体系内不断出现新的多元化金融业务。

（3）从20世纪90年代初开始，中国建立和完善社会主义市场经济体制。资本市场日益壮大，金融业市场化程度明显提升。除了全国性金融机构在广西设立分支机构之外，广西北部湾银行、国海证券、广西北部湾财产保险等广西本地金融机构也获得了长足发展。在2001年中国加入世界贸易组织之后，越来越多的外资以各种形式进入广西银行市场。越南西贡商信银行（2007年）、南洋商业银行（2008年）、新加坡星展银行（2009年）、汇丰银行（2013年）、东亚银行（2015年）等外资银行在南宁设立代表处或者分行寻求新的发展机遇。2018年4月，中国银保监会、中国证监会先后发布文件，允许国内金融机构的外资持股比例从49%以下调整为51%以上。2018年广西建设面向东盟的金融开放门户已经上升为国家战略。预计到2023年，全面落实九大任务、二十七个专项任务，将有力地推动广西现代金融服务体系的完善，增强广西金融业全方位开放的能力，促进广西与东盟资金互联互通。

（二）银行基础设施进一步夯实

作为金融基础设施的重要组成部分之一，银行基础设施是确保银行正常运行所需要的硬件设施和制度安排，包括支付体系、银行公司治理、法律环境、会计准则、反洗钱、信用环境等诸多要素以及由存款保险制度、中央银行最后贷款人职能、银行业监管等安全网络。它能够利用互联网、大数据等信息技术在服务实体经济、防范金融风险、提高资源配置效率等方面发挥重要作用。

（1）截至2018年，金融机构风险监测系统能够实时监控辖区内包括商业银行在内的140多家法人金融机构以及17个重点监管指标，并且每个月都开展一次稳健性评估，及时发布金融风险预警。

（2）宏观市场风险压力评估系统能够收集广西城市商业银行等表内表外债券投资信息累计两千余条，从而动态地监测债券市场风险对辖区金融机构的冲击。

（3）存款保险管理系统已经实现了保费数据报送、存款保险监测等多项基础性工作的完全电子化，降低工作强度，提高数据信息处理的效率。

（4）征信查询监管系统能够综合运用图像现场采集、电子签名、人脸识别等技术手段，累计受理75万笔信用查询。

（5）银行卡收单业务监管平台能够全面覆盖50余家收单机构、60余万户收单特约商户，解决了监管对象多、监管力量少、处理效率低等银行卡收单监管的问题，实现了全面化、常态化的非现场监管目标。

（6）口岸贸易结算互联互通体系以数据交换、信息共享、联席会议、监管协同、联合处置等多种形式，实现金融、商务、海关、税务等多部门协作。

（7）改进征信查询服务，实现辖区内县域查询全覆盖，互联网查询频率达到日均近万笔。

（8）建设"信用中国（广西）"网站，完善信用信息共享平台，健全守信激励和失信惩戒联动机制。截至2018年6月末，广西信用信息共享平台共归集了自治区直属部门、各设区市的信用数据分别达到3180万条和3869万条。

（9）开发包含"精准扶贫"模块的农户信用信息系统，并在田东县率先投入使用。在全国首创扶贫信用评级指标体系和适合农民的信用评级方式，为更加精准、高效地投放小额信用贷款提供保障。截至2018年8月末，广西金融机构向信用农户累计发放信用贷款达到3288亿元，相应的信用贷款结存余额达到1516亿元。同时，信用农户有效贷款满足率也已经超过九成。

（10）金融扶贫大数据管理平台为全国首创。自2016年建成并投入使用以来，该平台能够在很大程度上缓解贫困农户精准对接金融机构的难题。截至2018年6月末，广西金融精准扶贫贷款余额2214亿元，同比增长率达到19.88%。

（11）以核心企业为中心构建供应链融资模式，通过应收账款融资平台提升资金使用效率。截至2018年8月末，该应收账款融资服务平台已经完成1393笔融资交易，累计交易金额达到1647亿元。

（12）充分利用大数据技术开放"标准化存贷款统计信息系统"，并将其推广应用于辖区内、包括银行在内的142家中小金融机构，主要采集存贷业务等共计276项金融信息数据。

（13）建立并完善数据共享平台，努力消除辖区内不同机构、不同部门之间的"金融数据孤岛"。

（14）建成广西金融电子结算服务中心以及广西金融电子结算综合业务系统，能够为广西各个地市、港澳台、南亚、东盟等地区提供跨行支付清算、跨境人民币结算、集中代收付等业务。其中，广西的跨境人民币业务规模长期领跑黑龙江、吉林、辽宁、内蒙古、新疆等八个边境省（区）以及内蒙古、新疆、云南、四川等12个西部省（区）。截至2018年8月末，广西跨境人民币结算业务的累计金额已经达到9229亿元。

（15）成功上线黄金交易二级系统。2015年9月，广西金融电子结算服务中心成功获得上海黄金交易所金融类会员。前者委托广西黄金投资公司实际完成黄金及贵金属交易业务。广西黄金交易二级系统2017年的总成交量、黄金个人代理业务分别排名全国第六位和第二位。

（16）建立并完善"数字外管"平台。将外汇管理原有的三十多个业务系统全部整合到三个平台上，企业端、银行端系统分别下降到3个、4个。不仅大约40%的企业和个人涉外及境内收入申报能够在网上办结，而且80%以上的外汇行政许可也能够在五个工作日之内办结。

（17）资本项目信息系统、货物贸易外汇监测系统能够有效地促进广西的贸易投资便利化。例如，货物贸易外汇监测系统能够使柜台外汇业务办理时间减少一半以上；不仅海关、商务、税务等政府部门能从中获得便利，而且超过4500多家外向型企业也能从中获得实实在在的经济利益，每年节约相关费用合计超过3.15亿元。资本项目信息系统能够在事中、事后等多个环节上，动态和高效地监管本外币一体化、全口径跨境融资宏观审慎管理政策的实施情况等。截至2018年6月末，广西办理全口径跨境融资的签约金额、提款金额已经分别达到26.94亿美元和23.81亿美元，一共涉及76笔业务；通过资金归集政策，8家获批跨国公司外汇资金集中运营业务备案资格的涉外企业，已经累计借入外债2.8亿美元；中马钦州产业园区成为全国首批开展外商投资企业外汇资本金结汇管理改革试点的园区之一。该园区内的外商直接投资的外汇资本金可以根据汇率避险等生产经营需求，自主选择意愿结汇。

（三）银行体系稳健运行态势较好

1. 广西银行业发展速度超过全国平均速度

2018年广西银行业总体经营稳健，发展态势向好。如表1-1所示，广西金融机构人民币存款余额从2003年的3164.80亿元增加至2018年的29620.03亿元，年均增长率为16.08%，略高于全国金融机构存款余额的年均增长率大约0.72个百分点。

表1-1　　　　　2003—2018年全国及广西金融机构人民币存款余额

年份	全国金融机构人民币存款		广西金融机构人民币存款	
	余额（亿元）	年增长率（%）	余额（亿元）	年增长率（%）
2003	208055.59	—	3164.80	—
2004	240525.07	15.61	3673.20	16.06
2005	287169.52	19.39	4202.80	14.42
2006	335434.10	16.81	4971.90	18.30
2007	389371.15	16.08	5749.90	15.65
2008	466203.32	19.73	7024.10	22.16
2009	597741.10	28.21	9583.10	36.43
2010	718237.93	20.16	11746.80	22.58
2011	809368.33	12.69	13453.20	14.53
2012	917554.77	13.37	15856.00	17.86
2013	1043846.86	13.76	18267.30	15.21
2014	1138644.64	9.08	20078.97	9.92
2015	1357021.61	19.18	22566.96	12.39
2016	1505863.83	10.97	25257.56	11.92
2017	1641044.22	8.98	27714.24	9.73
2018	1775225.73	8.18	29620.03	6.88
年均增长率（%）	15.36		16.08	

资料来源：Wind资讯。

如表1-2所示，2003—2018年的广西金融机构人民币贷款余额从2003年的2299.70亿元增加至2018年的26143.38亿元，年均增长率大约是17.59%，略微高于全国金融机构贷款大约2.19个百分点。

表1-2　　　　　2003—2018年全国及广西金融机构人民币贷款余额

年份	全国金融机构人民币贷款		广西金融机构人民币贷款	
	余额（亿元）	年增长率（%）	余额（亿元）	年增长率（%）
2003	158996.23	—	2299.70	—
2004	177363.49	11.55	2759.70	20.00
2005	194690.39	9.77	3056.90	10.77
2006	225285.28	15.71	3595.30	17.61
2007	261690.88	16.16	4287.80	19.26
2008	303394.64	15.94	5066.60	18.16
2009	399684.82	31.74	7268.40	43.46
2010	479195.55	19.89	8867.50	22.00
2011	547946.69	14.35	10408.50	17.38

续表

年份	全国金融机构人民币贷款		广西金融机构人民币贷款	
	余额（亿元）	年增长率（%）	余额（亿元）	年增长率（%）
2012	629909.64	14.96	11941.40	14.73
2013	718961.46	14.14	13653.40	14.34
2014	816770.01	13.60	15585.46	14.15
2015	939540.16	15.03	17656.76	13.29
2016	1066040.06	13.46	20175.77	14.27
2017	1201320.99	12.69	22781.81	12.92
2018	1362966.65	13.46	26143.38	14.76
年均增长率（%）	15.40		17.59	

资料来源：根据 Wind 资讯计算。

2. 广西银行业发展促进区域经济增长

如表 1-3 所示，根据 KPSS 单位根检验方法，2004—2018 年广西金融机构存款余额增长率 $SAVE_t$、经济增长率 $GROWTH_t$ 等时间序列都能够在 10% 显著水平接受"平稳序列"的原假设。所以，$SAVE_t$ 和 $GROWTH_t$ 是平稳的时间序列。

表 1-3　　存款余额、经济增长率等时间序列的 KPSS 单位根检验

序列	统计量	判断（Sig = 10%）
$SAVE_t$	0.131004*	平稳
$GROWTH_t$	0.145000*	平稳

备注：*代表 10% 显著水平。检验方程包含截距项和趋势项。采用 Bartlett Kernel 方法进行谱估计，并根据 Newey – West Bandwidth 准则筛选最优带宽。

作为广西重要的金融中介，银行业发展较好地促进了地方经济的提速，即在大多数时候广西银行业发展越快，地区生产总值增长速度也随之越快。如图 1-1 所示，广西金融机构人民币存款余额增长率 $SAVE_t$ 与经济增长率 $GROWTH_t$ 之间存在非线性关系。随着存款增长率 $SAVE_t$ 增加，广西经济增长率 $GROWTH_t$ 先增加后减少，函数曲线是上凸的，并且拐点出现在存款增长率增加至 28.87% 附近。除 2009 年之外，$SAVE_t$ 与 $GROWTH_t$ 之间基本上保持着正相关关系。

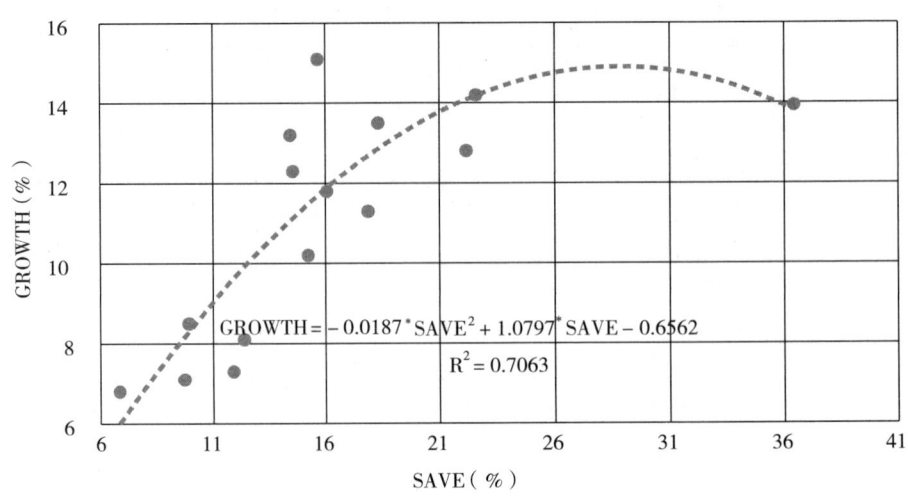

资料来源：根据 Wind 资讯绘制。

图 1-1　广西金融机构人民币存款余额增长率与经济增长率之间的关系

3. 广西银行业开放与区域经济开放协调发展

改革开放四十年来，广西对外开放程度不断加深，其中也包括银行业的对外开放。日益开放的金融市场也较好地促进了对外经贸发展。如表 1-4 所示，广西跨境人民币结算金额从 2010 年的 126 亿元增加至 2017 年的 1249 亿元，年均增长率为 38.78%。同期，广西货物进出口额从 2010 年的 1174.79 亿元增加至 2017 年的 3781.91 亿元，年均增长率为 18.18%。

表 1-4　2010—2017 年广西跨境人民币结算额与货物贸易额

年份	跨境人民币结算		货物进出口	
	金额（亿元）	年增长率（%）	总额（亿元）	年增长率（%）
2010	126.00	—	1174.79	—
2011	384.10	25.27	1471.64	-14.88
2012	656.40	25.93	1853.25	62.58
2013	1012.40	8.00	2001.46	-71.04
2014	1561.20	23.97	2481.18	182.11
2015	1722.80	33.71	3317.62	109.29
2016	1709.70	-0.41	3303.91	239.00
2017	1249.00	14.47	3781.91	-58.09
年均增长率（%）	38.78		18.18	

资料来源：根据 Wind 资讯计算。

如表 1-5 所示，根据 KPSS 单位根检验方法，2010—2017 年广西跨境人民币结算额 $CBRMB_t$ 以及广西货物进出口额 $TRADE_t$ 能够在 10% 显著水平接受"平稳序列"的原假设。所以，$CBRMB_t$ 与 $TRADE_t$ 是平稳的时间序列。

表 1-5　　跨境人民币结算额、货物进出口额的时间序列 KPSS 单位根检验

序列	统计量	判断（Sig = 10%）
$CBRMB_t$	0.411365*	平稳
$TRADE_t$	0.393222*	平稳

备注：*代表10%显著水平。检验方程仅有截距项。采用 Bartlett Kernel 方法进行谱估计，并根据 Newey – West Bandwidth 准则筛选最优带宽。

在中央银行规定的政策范围内，广西商业银行可以采用人民币为结算货币为进出口企业提供国际结算，即跨境人民币结算。如图 1-2 所示，广西跨境人民币结算额 $CBRMB_t$ 促进广西货物进出口额 $TRADE_t$。近些年来，广西不断地扩大跨境人民币的使用范围，简化跨境人民币业务流程并提升跨境人民币使用效率，鼓励涉外企业的客户使用跨境人民币结算方式等，从而有效地推动广西外贸进出口发展。

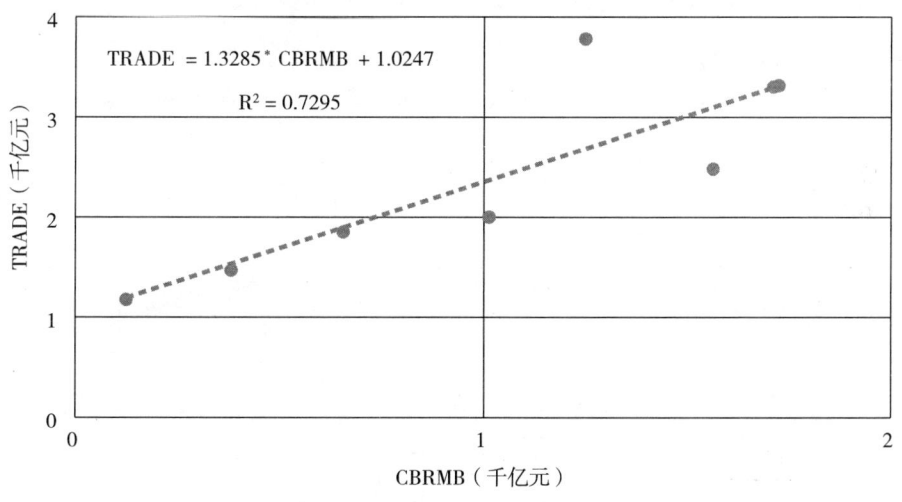

资料来源：根据 Wind 资讯计算并绘制。

图 1-2　2010—2017 年广西跨境人民币结算与对外经贸之间的关系

如图 1-3 所示，广西辖区银行办理跨境人民币结算业务的总金额从 2010 年的 126 亿元增加至 2015 年的 1722.80 亿元，随后逐渐减少至 2017 年的 1249 亿元。从总体上看，广西的跨境人民币业务规模保持了较快的发展速度。

如表 1-6 和图 1-4 所示，2017 年广西辖区银行办理跨境人民币业务的规模达到 1249 亿元，领先于国内许多省、自治区、直辖市。在已经公布数据的 25 个省、自治区、直辖市中，如果按照跨境人民币结算业务金额从大到小排序，那么广西排名第 7 位。

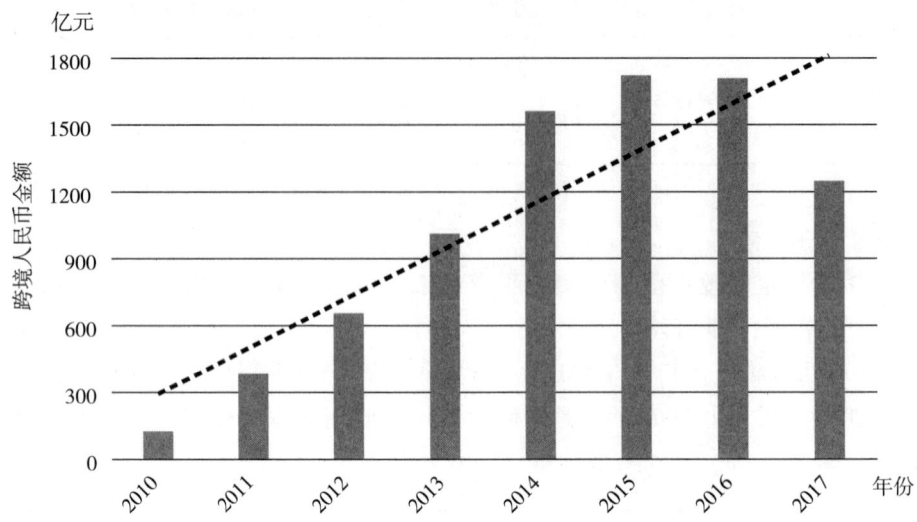

资料来源：根据 Wind 资讯绘制。

图 1-3　2010—2017 年广西辖区银行办理跨境人民币结算业务的总金额

表 1-6　2017 年各省（自治区、直辖市）银行办理跨境人民币结算业务的概况

序号	省（自治区、直辖市）	金额（亿元）	序号	省（自治区、直辖市）	金额（亿元）
1	北京	14900.00	17	湖北	—
2	天津	2391.80	18	湖南	476.50
3	河北	371.00	19	广东	19695.00
4	山西	172.70	20	广西	1249.00
5	内蒙古	309.10	21	海南	180.90
6	辽宁	1076.40	22	重庆	790.50
7	吉林	300.30	23	四川	761.00
8	黑龙江	167.00	24	贵州	161.00
9	上海	—	25	云南	561.00
10	江苏	—	26	西藏	18.00
11	浙江	6561.50	27	陕西	339.20
12	安徽	534.00	28	甘肃	144.21
13	福建	2635.30	29	青海	—
14	江西	268.30	30	宁夏	32.50
15	山东	2847.30	31	新疆	—
16	河南	—			

资料来源：Wind 资讯。部分省、区、市数据缺失。

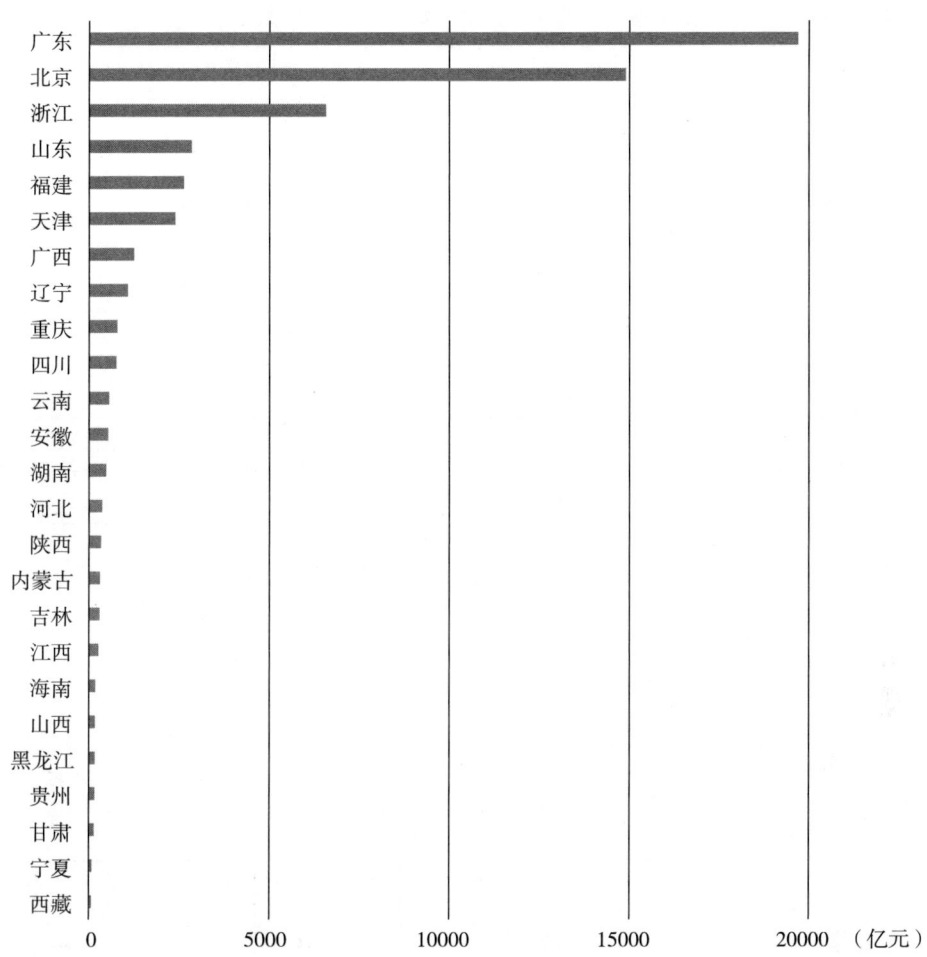

资料来源：根据 Wind 资讯绘制。部分地区数据缺失。

图 1-4　2017 年各地银行办理跨境人民币业务的金额

4. 南宁市银行业加快建设区域金融中心的步伐

2008 年以来，广西加快南宁区域金融中心建设。其中，大量的银行业资源积聚于南宁市。如表 1-7 所示，南宁市拥有广西金融机构大约三成的存款以及四成多的贷款。虽然 2008—2018 年南宁市金融机构的存款比重和贷款比重略有波动，但是它们的波动幅度相当小，存款比重的极差、贷款比重的极差分别只有 3.43% 和 2.22%。如图 1-5 和图 1-6 所示，2008—2018 年南宁市金融机构的存款比重和贷款比重均呈现不同程度的上升趋势。这说明，南宁市作为银行业区域中心的地位正在增强。

表1-7　　　　　南宁市银行业建设区域金融中心的基本情况

年份	南宁市金融机构存款余额占比（%）	南宁市金融机构贷款余额占比（%）
2008	32.80	45.34
2009	33.52	44.54
2010	32.95	43.53
2011	34.95	45.51
2012	35.24	44.52
2013	35.24	43.43
2014	34.80	44.13
2015	36.23	45.41
2016	34.94	45.66
2017	33.58	45.08
2018	35.70	45.57
平均数	34.54	44.79

资料来源：根据Wind资讯计算。

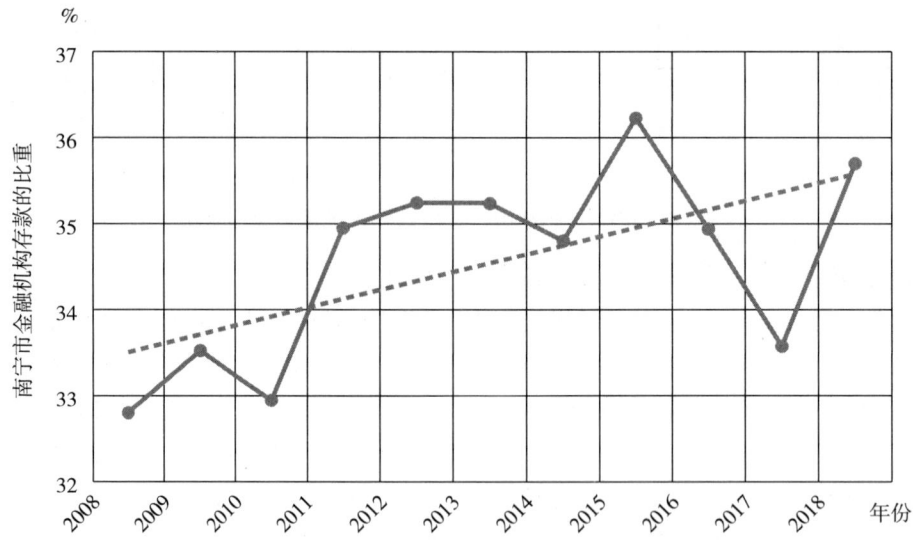

资料来源：根据Wind资讯计算。

图1-5　南宁市金融机构存款占全区存款的比重

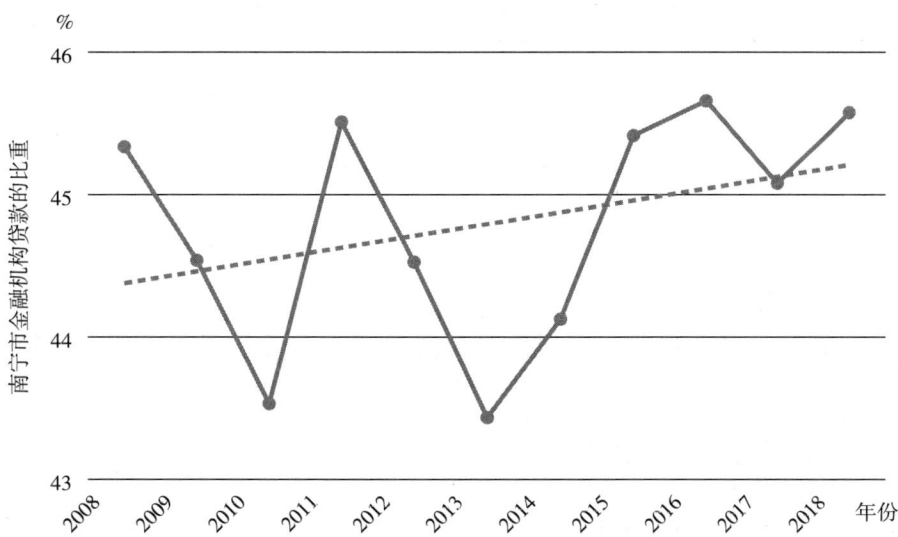

资料来源：根据 Wind 资讯计算。

图 1-6 南宁市金融机构贷款占全区贷款的比重

二、广西银行业机构发展状况

(一) 大型商业银行的发展状况

从市场规模方面看，大型商业银行是广西银行业资产业务的重要供给者之一，但是随着区域多层次资本市场的不断发展以及各类商业银行的市场竞争，大型商业银行在广西区域金融市场上的影响力出现了一定程度的下降。如表 1-8 所示，2005 年广西银行业金融机构网点数、从业人数和网点资产总额分别为 5503 个、66144 人和 10342 亿元。其中，大型商业银行网点数、从业人数和网点资产总额分别为 2048 个、35344 人和 8084 亿元，占比分别达到 37.22%、53.43% 和 78.17%。广西辖区内银行业金融机构网点将近八成的资产来自大型商业银行，而且后者吸纳了半数以上的银行业金融机构从业人员，它们对广西金融市场的影响力是显而易见的。然而到了 2017 年，广西银行业金融机构网点数、从业人数和网点资产总额分别为 6297 个、91368 人和 35891 亿元。其中，大型商业银行网点数、从业人数和网点资产总额分别为 1982 个、38448 人和 12774 亿元，占比分别达到 31.48%、42.08% 和 35.59%。无论是网点数、从业人数还是网点资产总额，大型商业银行在广西金融市场上的占有率都比 2005 年有所下降，尤其是网点资产总额比重降幅最大，大约下降了 42.58 个百分点。

表1-8　　2005—2017年广西银行业金融机构与大型商业银行业的发展状况

年份	银行业金融机构			大型商业银行		
	网点数（个）	从业人数（人）	网点资产总额（亿元）	网点数（个）	从业人数（人）	网点资产总额（亿元）
2005	5503	66144	10342	2048	35344	8084
2006	5391	66011	5660	1885	34190	3420
2007	5285	67024	6661	1864	34282	3774
2008	4547	66231	8484	1947	36878	4804
2009	5384	73646	11563	1848	34905	5709
2010	5414	76347	14747	1947	37907	7292
2011	5477	80332	17931	1951	38274	7859
2012	5663	84736	21544	1995	39094	8898
2013	5793	88825	24276	2018	39811	9771
2014	5984	91282	26968	2015	40197	10389
2015	6174	91431	30331	2020	40179	10974
2016	6606	96194	33680	1992	39275	11806
2017	6297	91368	35891	1982	38448	12774
年均增速（%）	1.13	2.73	10.93	-0.27	0.70	3.89

资料来源：Wind资讯。

从集约经营方面看，广西银行业金融机构的网点平均资产金额正在迅速地缩小与辖区内大型商业银行之间的差距。如图1-7和图1-8所示，无论是一般意义的银行业金融机构还是大型商业银行，2005—2017年网点从业人员平均每人管理的资产额、网点平均资产额都呈现了上升趋势，表明经营效率已经获得了改善。但是，这两项平均指标的上升速度却不尽相同。一方面，广西辖区银行业金融机构的网点平均资产额从2005年的1.88亿元/个上升至2017年的5.70亿元/个，增加幅度是3.82亿元/个。同期，广西辖区内大型商业银行的网点平均资产额从2005年的3.95亿元/个上升至2017年的6.45亿元/个，增加幅度是2.50亿元/个。另一方面，广西辖区银行业金融机构的网点平均每人管理资产额从2005年的0.16亿元/人上升至2017年的0.39亿元/人，增加幅度是0.23亿元/人。同期，广西辖区内大型商业银行网点的平均每人管理资产额从2005年的0.23亿元/人上升至2017年的0.33亿元/人，增加幅度是0.10亿元/人。与银行业金融机构网点平均每人管理资产额相比较，大型商业银行在领先优势从2005年的0.07亿元/人（0.23亿~0.16亿元/人）缩减至2017年的-0.06亿元/人（0.33亿~0.39亿元/人）。

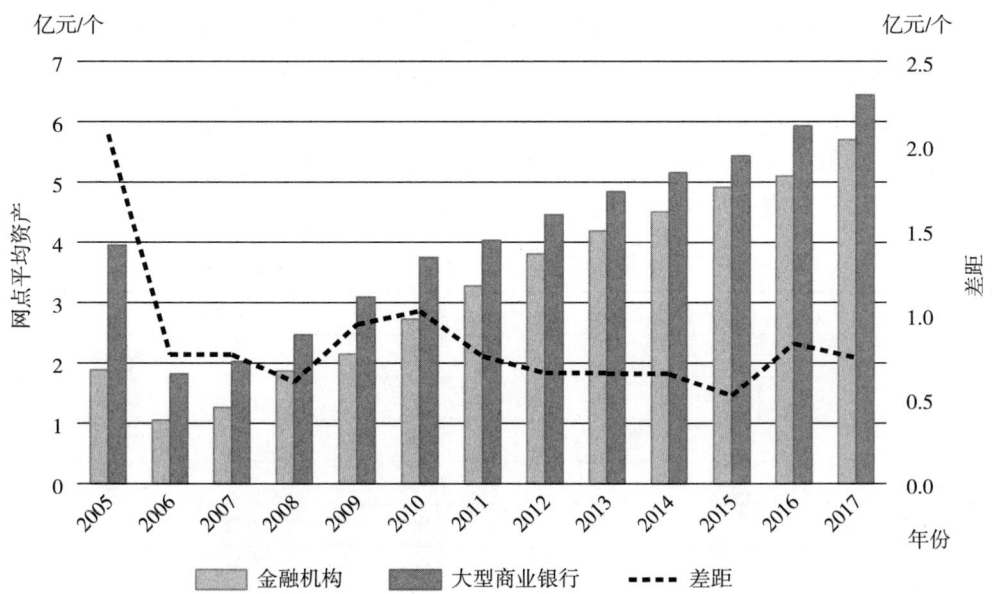

资料来源：根据 Wind 资讯计算并绘制。

图 1-7　2005—2017 年广西金融机构与大型商业银行网点平均资产的比较

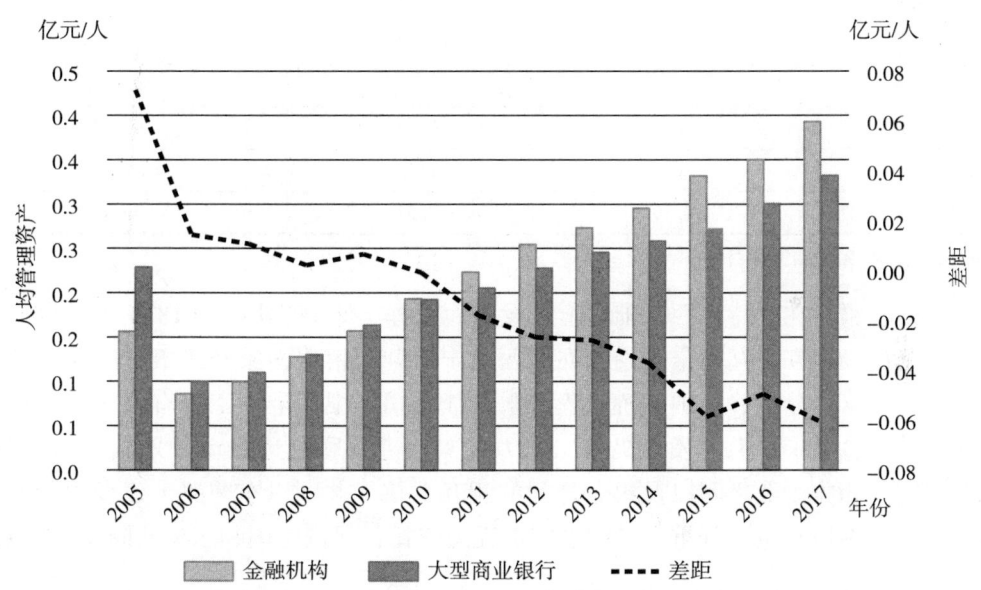

资料来源：根据 Wind 资讯计算并绘制。

图 1-8　2005—2017 年广西金融机构与大型商业银行的人均管理资产比较

（二）政策性银行及国家开发银行的发展状况

政策性银行及国家开发银行在广西业务扩张较快，而且发展速度明显超过了大型商业银行。如表 1-9 所示，政策性银行及国家开发银行在广西辖区内各个网点的资产总额从 2005 年的 484.60 亿元增加至 2017 年的 5274.00 亿元，年均增长率为 22.01%，超过广西辖区内大型商业银行的年均发展速度 18.12 个百分点。由于 2005—2017 年政策性银行及国家开发银行在广西辖区的网点数、从业人数保持了基本稳定,所以资产规模扩张主要是与政策性银行及国家开发银行的管理效率提升紧密相关。2005 年平均每个网点的资产金额、平均每人管理的资产金额分别是 7.69 亿元/个、0.30 亿元/人。到了 2017 年,这两项指标数值已经提升至 79.91 亿元/个、3.04 亿元/人。

表 1-9　　2005—2017 年政策性银行及国家开发银行在广西的发展状况

年份	网点数（个）	从业人数（人）	网点资产总额（亿元）
2005	63	1629	484.60
2006	63	1594	543.40
2007	63	1696	695.30
2008	63	1565	923.50
2009	61	1569	1274.00
2010	64	1685	1634.07
2011	64	1687	2076.00
2012	64	1712	2452.40
2013	64	1731	2750.30
2014	64	1694	3297.43
2015	65	1635	3951.50
2016	65	1713	4803.70
2017	66	1735	5274.00
年均增速（%）	0.39	0.53	22.01

资料来源：根据 Wind 资讯计算。

国家开发银行在支持广西基础设施建设方面发挥了积极作用。2018 年 10 月 25 日中国—东盟基础设施互联互通金融论坛在广西南宁召开。根据国家开发银行广西分行的倡议,中国银行广西分行、中国路桥工程有限责任公司、中国港湾工程有限责任公司等银行和企业共同签署了《共享发展机遇　助力东盟路港互联互通行动计划》,旨在加强各家银行之间、相关企业之间以及银企之间的相互对接,共同以东盟路港建设为骨架,以铁路、公路、港口和机场等重大基础设施工程为依托,促进中国和东盟共同发展繁荣。

（三）股份制商业银行的发展状况

在各类银行机构当中,股份制商业银行参与区域金融市场竞争的积极性较高,仅次于城市商业银行。如表 1-10 所示,2005—2017 年广西辖区内的股份制商业银行的网点数、从业人数都日益增多,数量大约翻了一倍。网点资产总额从 2005 年的 424.10 亿元增加至 2017 年的 2627.00 亿元,年均增长率为 16.41%。2005—2017 年广西辖区的股份制商业银行平均每个网点的资产金额从 4.16 亿元/个上升至 12.75 亿元/个,平均每人管理资产金额从 0.20 亿元/人上升至 0.63 亿元/人。

表 1–10　　　　2005—2017 年股份制商业银行在广西的发展状况

年份	网点数（个）	从业人数（人）	网点资产总额（亿元）
2005	102	2103	424.10
2006	104	2205	387.00
2007	103	2476	493.40
2008	20	884	373.00
2009	121	3478	1209.00
2010	47	1889	1053.00
2011	53	2314	1269.00
2012	69	2827	1824.40
2013	86	3392	2274.40
2014	124	3820	2561.76
2015	177	3989	3045.30
2016	198	4249	2814.30
2017	206	4197	2627.00
年均增速（%）	6.03	5.93	16.41

资料来源：根据 Wind 资讯计算。

（四）城市商业银行的发展状况

在各类银行机构当中，城市商业银行参与区域金融市场竞争的积极性最高。如表 1–11 所示，2005—2017 年广西辖区内的城市商业银行的网点数、从业人数分别增加了 3.41 倍和 3.68 倍，年均增长速度超过 10%。网点资产总额从 2005 年的 219.10 亿元增加至 2017 年的 4858.00 亿元，增加了 22.17 倍，年均增长率为 29.46%。2005—2017 年广西辖区的城市商业银行平均每个网点的资产金额从 1.71 亿元/个上升至 11.12 亿元/个，平均每人管理资产金额从 0.10 亿元/人上升至 0.61 亿元/人。

表 1–11　　　　2005—2017 年城市商业银行在广西的发展状况

年份	网点数（个）	从业人数（人）	网点资产总额（亿元）
2005	128	2157	219.10
2006	128	2140	199.80
2007	129	2241	260.20
2008	128	2420	353.30
2009	137	2768	607.00
2010	147	3626	1084.00
2011	158	4217	2039.00
2012	168	5100	2441.00
2013	173	5907	2540.60

续表

年份	网点数（个）	从业人数（人）	网点资产总额（亿元）
2014	240	6797	2676.54
2015	333	7404	3318.20
2016	388	7432	4221.50
2017	437	7927	4858.00
年均增速（％）	10.77	11.46	29.46

资料来源：根据 Wind 资讯计算。

（五）小型农村金融机构的发展状况

小型农村金融机构是网点数最多、吸纳从业人数最多的银行类金融机构。在广西银行业金融机构当中，2017 年小型农村金融机构的网点数占比、从业人数占比分别为 37.99% 和 27.38%。在广西银行业金融机构当中，2017 年小型农村金融机构的网点数占比、从业人数占比分别为 38.00% 和 27.40%。如表 1-12 所示，2005—2017 年广西辖区内小型农村金融机构网点数从 2366 个增加至 2392 个，年均增长率为 0.09%，而从业人数则从 19329 人增加至 25020 人，年均增长率为 2.17%。与网点数、从业人数增长缓慢形成鲜明对比，2005—2017 年小型农村金融机构网点资产总额从 879 亿元增长至 7929 亿元，年均增长率为 20.12%。2005—2017 年广西辖区的小型农村金融机构平均每个网点的资产金额从 0.37 亿元/个上升至 3.31 亿元/个，平均每人管理资产金额从 0.05 亿元/人上升至 0.32 亿元/人。

表 1-12　　　2005—2017 年小型农村金融机构在广西的发展状况

年份	网点数（个）	从业人数（人）	网点资产总额（亿元）
2005	2366	19329	879.00
2006	2360	19239	799.40
2007	2275	19305	1073.20
2008	2163	20649	1560.30
2009	2263	21566	2153.00
2010	2266	21171	2913.00
2011	2277	22545	3660.00
2012	2293	23248	4622.30
2013	2312	23997	5337.40
2014	2351	24957	6231.73
2015	2367	24368	7106.60
2016	2383	24699	7245.80
2017	2392	25020	7929.00
年均增速（％）	0.09	2.17	20.12

资料来源：根据 Wind 资讯计算。

（六）邮政储蓄银行的发展状况

邮政储蓄银行是网点数、从业人数较多的银行业金融机构，其数量仅次于小型农村金融机构。如表1－13所示，2005—2017年广西辖区内邮政储蓄银行网点数从796个增加至969个，年均增长率是1.65%，而从业人数则是从5582人增加至10442人，年均增长率是5.36%。同期，广西辖区内邮政储蓄银行网点资产总额从251.10亿元增加至1787.00亿元，年均增长率是17.77%。2005—2017年广西辖区内邮政储蓄银行平均每个网点的资产金额从0.32亿元/个增加至1.84亿元/个，人均管理资产金额从0.04亿元/人增加至0.17亿元/人。

表1－13　　2005—2017年邮政储蓄银行在广西的发展状况

年份	网点数（个）	从业人数（人）	网点资产总额（亿元）
2005	796	5582	251.10
2006	851	6643	310.20
2007	851	7024	364.90
2008	225	3773	467.40
2009	921	9306	582.00
2010	923	9750	727.00
2011	943	10531	915.00
2012	995	11265	1112.20
2013	1002	11608	1288.20
2014	1002	11003	1427.75
2015	994	10726	1498.40
2016	979	10776	1665.80
2017	969	10442	1787.00
年均增速（%）	1.65	5.36	17.77

资料来源：根据Wind资讯计算。

（七）新型农村金融机构的发展状况

根据2006年12月公布的《关于调整放宽农村地区银行业金融机构准入政策　更好地支持社会主义新农村建设的意见》，新型农村金融机构主要包括村镇银行、贷款公司和资金互助社等三类银行业金融机构。虽然新型农村金融机构起步较晚，但是发展速度却比较快。如表1－14所示，2010—2017年广西辖区新型农村金融机构网点数从18个增加至238个，年均增长率是44.61%，而从业人数则是从263人增加至3416人，年均增长率是44.24%。同期，网点资产总额从24.86亿元增加至385亿元，年均增长率是47.91%。值得注意的是，2015—2017年无论是网点数、从业人数还是网点资产总额，这三项指标都出现了过山车式的波动，年波动幅度在-60%~241%。

表1–14   2010—2017年新型农村金融机构在广西的发展状况

年份	网点数（个）	从业人数（人）	网点资产总额（亿元）
2010	18	263	24.86
2011	28	697	61.00
2012	75	1365	122.90
2013	132	2198	191.10
2014	182	2629	220.77
2015	211	2940	269.60
2016	594	7864	919.90
2017	238	3416	385.00
年均增速（％）	44.61	44.24	47.91

资料来源：根据Wind资讯计算。

（八）外资银行的发展状况

广西辖区内的外资银行从无到有，无论是网点数、从业人数还是网点资产总额等指标数值都在区域金融市场上的影响力较小。如表1–15所示，2008年以前广西辖区内外资银行没有设立任何一个营业网点。2008年以后至2018年末，南洋商业银行、越南西贡商信银行、新加坡星展银行、东亚银行四家外资银行机构先后入驻广西南宁市。2008—2017年广西辖区外资银行网点数从1个增加至4个，年均增长率是12.25％，而从业人数则是从30人增加至89人，年均增长率是9.49％。同期，广西辖区外资银行网点资产总额从1.40亿元增加至52.00亿元。截至2017年末，广西辖区内外资银行的网点资产总额大约是52亿元，平均每个网点的资产金额是13亿元/个，人均管理资产金额是0.58亿元/人。

表1–15   2008—2017年外资银行在广西的发展状况

年份	网点数（个）	从业人数（人）	网点资产总额（亿元）
2008	1	30	1.40
2009	2	54	7.00
2010	2	56	19.07
2011	2	56	12.00
2012	2	60	24.90
2013	3	76	34.30
2014	3	79	40.12
2015	4	92	40.40
2016	4	93	40.70
2017	4	89	52.00
年均增速（％）	12.25	9.49	35.15

资料来源：根据Wind资讯计算。

(九) 财务公司的发展状况

财务公司是为了企业新产品研发、技术改造和产品销售提供中长期融资业务的非银行机构。直至2011年广西辖区才出现第一个财务公司网点。如表1-16所示，2011—2017年广西辖区财务公司网点数从1个增加至2个，年均增长率是10.41%，而从业人数则是从11人增加至52人，年均增长率是24.85%。截至2017年，广西辖区财务公司平均每个网点数的资产金额是82.50亿元/个，人均管理资产金额是3.17亿元/人。

表1-16　　　　　　　　2011—2017年财务公司在广西的发展状况

年份	网点数（个）	从业人数（人）	网点资产总额（亿元）
2011	1	11	40.00
2012	1	13	35.70
2013	2	50	63.90
2014	2	55	103.38
2015	2	53	110.70
2016	2	53	136.30
2017	2	52	165.00
年均增速（%）	10.41	24.85	22.44

资料来源：根据Wind资讯计算。

（十）银行业机构结构调整分析

1. 大型商业银行网点调整的规模效应显著

大型商业银行网点调整的规模效应显著。尤其是大型商业银行网点资产占比与广西经济增长率之间的联系可以用凸函数表示。如果以网点资产的数量表示金融机构规模，那么根据2005—2017年统计数据，大型商业银行网点资产比重（大型商业银行网点资产除以银行业金融机构网点资产）与广西地区生产总值增长率之间存在着比较显著的门限效应（threshold effect），如图1-9所示。换言之，大型商业银行网点资产比重或者说大型商业银行的相对规模并非越大越好，很有可能存在最优比重。在达到最优比重之前，大型商业银行网点资产比重越大，广西地区生产总值增长率越高。在超过最优比重之后，大型商业银行网点资产比重越大，广西地区生产总值增长率反而越低。考虑到大型商业银行网点资产的门限效应之后，广西地区生产总值增长率的计量模型表达式将会如式（1-1）所示。其中，Y_t、DX_t、ZC_t、GF_t、CS_t（$t=2005,2006,\cdots,2017$）分别代表2005—2017年广西地区生产总值增长率以及大型商业银行、政策性银行、股份制商业银行、城市商业银行的网点资产比重。k_i（$i=0,1,\cdots,4$）是待估参数。ε_t是随机误差项。如表1-17所示，单位根检验结果表明，无论是采用LLC方法还是IPSW、ADF-Fisher、PP-Fisher方法，课题组都能够在5%显著水平拒绝"包含单位根"的原假设。

所以，时间序列 Y_t、DX_t、ZC_t、GF_t、CS_t（t = 2005，2006，…，2017）是平稳的。

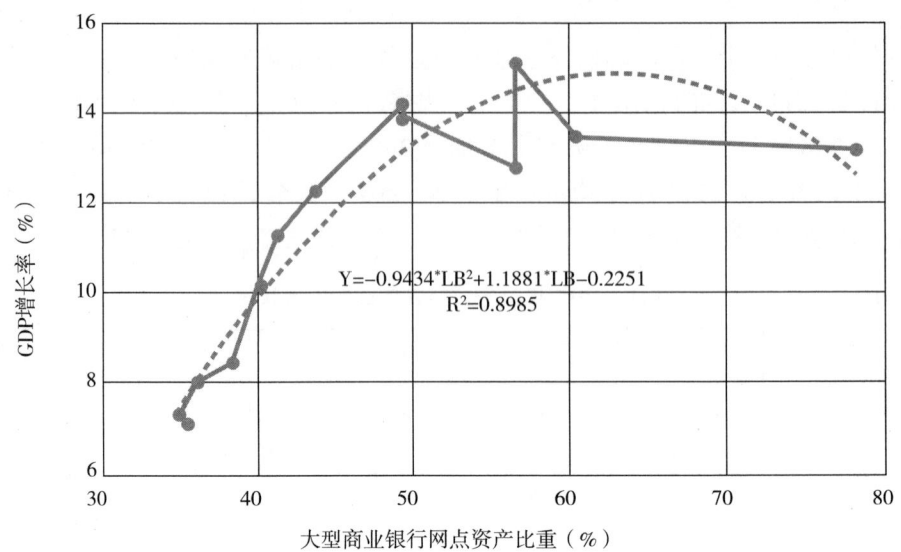

资料来源：根据 Wind 资讯计算并绘制。

图 1 - 9　大型商业银行网点资产比重

$$Y_t = k_0 + k_1 \cdot DX_t + k_2 \cdot ZC_t + k_3 \cdot GF_t + k_4 \cdot CS_t + \varepsilon_t \qquad (1-1)$$

表 1 - 17　　　　　　　　　变量组的单位根检验结果

检验方法	统计量数值	判断（Sig = 5%）
LLC	-4.13700***	平稳
IPSW	-2.26133**	平稳
ADF - Fisher	26.3768***	平稳
PP - Fisher	24.6554***	平稳

备注：***、**分别代表1%、5%显著水平。检验方程仅包含截距项。根据 SIC 准则筛选最优滞后阶数。

关于2005—2017年广西辖区银行业市场结构对经济增长的计量模型回归结果如表1-18所示。（1）根据逐步回归法，课题组首先删除了模型1中最不显著的解释变量 ZC，从而得到模型2的回归结果。这意味着，广西辖区内政策性银行比重调整对经济增长的影响不够显著，影响力的显著程度不及大型商业银行、股份制商业银行和城市商业银行等。（2）2005—2017年广西辖区大型商业银行比重对经济增长的影响存在着比较显著的门限效应。模型2的二次项系数（-1.248184）在1%显著水平区别于零。二次函数上凸，可能存在极大值。当广西辖区大型商业银行的网点资产比重 DX 处于门限值左侧时，增强大型商业银行的市场地位，有助于加快广西区域经济发展；当广西辖区大型商业银行的网点资产比重 DX 处于门限值右侧时，采取措施鼓励和加快其他类型的银行机构发展，适当增强其他类型的银行机构的市场地位，将有助于加快广西区域经济发展。（3）类似地，课题组根据2006—2017年、2008—2017年统计数据进行回归分析，结果发现广西辖区大型商业银行的网点资产比重影响广西区域经济增长速度的门限效应仍然显著存在,而且门限值从2005—2017年的70%分别下调至2006—2017年的54%、2008—2017年的51%,如图1-10所示。门限值在短期内的下降趋势非常明显,即广西大型商业银行的最优比重越来越小,其他类型银行机构的最优比重越来越大。这是广西银行业开放竞争的结果。

表1-18　　　　　2005—2017年广西辖区银行业市场结构对经济增长的影响

解释变量	反应系数	
	模型1	模型2
截距项	-0.496517**	-0.496517***
DX^2	-1.246288***	-1.248184***
DX	1.734434	1.750609***
ZC	-0.038458	—
GF	0.527621	0.547643**
CS	0.578707*	0.595764**
R^2	0.955813	0.955750

备注:***、**、*分别代表1%、5%和10%显著水平。

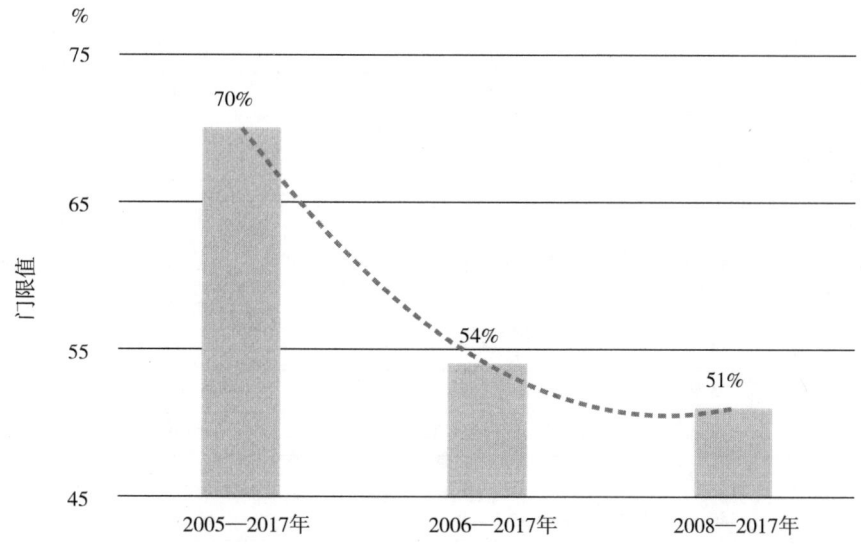

资料来源:课题组根据动态门限回归模型的反应系数计算。

图1-10　经济增长与大型商业银行网点资产比重的门限值

2. 城市商业银行发展迅速

广西辖区城市商业银行网点资产的扩张速度快于大型商业银行、股份制商业银行、政策性银行与国家开发银行等银行机构,前者比重上升较多。如表1-19所示,2005—2017年广西辖区大型商业银行的网点资产比重下降比较明显,而城市商业银行的网点资产比重上升比较明显。大型商业银行网点资产占全区银行网点资产的比重从2005年的

78.17%下降至2017年的35.59%,降幅达到43.12%;政策性银行与国家开发银行网点资产占全区银行网点资产的比重从2005年的4.69%上升至2017年的14.69%,升幅达到10.00%;股份制商业银行网点资产占全区银行网点资产的比重从2005年的4.10%上升至2017年的7.32%,升幅达到3.22%;城市商业银行网点资产占全区银行网点资产的比重从2005年的2.12%上升至2017年的13.54%,升幅达到11.42%。从波动程度看,城市商业银行的变异系数最大,达到48.05%,几乎两倍于大型商业银行(26.26%)、股份制商业银行(25.24%)、政策性银行与国家开发银行的网点资产比重变异系数(21.76%)。

3. 大型商业银行的从业人员比重明显减少

如表1-19所示,2005—2017年大型商业银行、小型农村金融机构、邮政储蓄银行是吸纳从业人员最多的金融机构。广西大约八成至九成的金融从业人员来自这三类金融机构。随着大型商业银行的战略调整以及国内区内信贷市场的开放程度提高、竞争程度加剧,大型商业银行的从业人员比重明显减少。广西辖区大型商业银行的从业人员比重从2005年的53.43%下降至2017年的42.08%,降幅高达11.53%。在此期间,邮政储蓄银行的从业人员占比增加较多。

表1-19　　　　广西辖区从业人员最多的金融机构及其占比　　　　单位:%

年份	大型商业银行	小型农村金融机构	邮政储蓄银行	小计
2005	53.43	29.22	8.44	91.09
2006	51.79	29.15	10.06	91.00
2007	51.15	28.80	10.48	90.43
2008	55.68	31.18	5.70	92.56
2009	47.40	29.28	12.64	89.32
2010	49.65	27.73	12.77	90.15
2011	47.64	28.06	13.11	88.81
2012	46.14	27.44	13.29	86.87
2013	44.82	27.02	13.07	84.91
2014	44.04	27.34	12.05	83.43
2015	43.94	26.65	11.73	82.32
2016	40.83	25.68	11.20	77.71
2017	42.08	27.38	11.43	80.89
均值	47.58	28.07	11.23	86.88
标准差	4.53	1.43	2.18	4.62
变异系数	9.51	5.09	19.37	5.32

资料来源:课题组根据Wind资讯计算。

三、广西银行信贷市场分析

(一) 各地市信贷市场发展状况

1. 各地市银行金融机构存款

南宁、柳州、桂林等城市（尤其是南宁市）的金融机构存款余额明显大于梧州、北海和防城港等城市，如表1-20和图1-11所示。一方面，2007年和2017年南宁市的金融机构存款余额分别是1.87千亿元和9.37千亿元，而同期柳州、桂林、玉林3座城市的金融机构存款余额之和分别是1.84千亿元、8.85千亿元，与南宁市金融机构存款余额之差分别是0.03千亿元、0.52千亿元。2007—2017年，南宁市金融机构存款余额占全区比重从32.79%增加至33.80%，南宁市金融机构存款余额相对于其他城市的绝对规模优势得到了进一步增强。另一方面，2007年和2017年南宁、柳州、桂林3座城市的金融机构存款余额之和分别是3.3千亿元、16.34千亿元，玉林、贵港等其他11座城市的金融机构存款余额之和分别是2.42千亿元、11.38千亿元。仅就金融机构存款余额而言，南宁、柳州、桂林3座城市相对于玉林、贵港等其他11座城市的规模优势从2007年的1.36倍扩大至2017年的1.44倍。多年来，广西区域金融核心城市（或者城市群）在金融机构存款方面拥有的比较优势非常明显，而且优势仍然在不断地增强。非核心城市金融机构存款余额在广西各地市的排名也基本稳定。

表1-20　　　　广西各地市银行金融机构存款余额　　　　单位：亿元

年份	南宁	柳州	桂林	梧州	北海	防城港	钦州
2007	1871.51	725.28	697.95	249.03	217.49	124.68	207.53
2008	2320.48	852.26	822.22	299.58	269.58	170.75	256.88
2009	3231.36	1212.52	1109.88	396.90	381.93	236.02	369.26
2010	3892.26	1480.43	1376.67	491.08	452.13	311.14	473.86
2011	4728.14	1594.13	1554.90	565.88	506.38	354.61	531.76
2012	5627.18	1916.05	1817.69	665.00	589.10	385.76	616.41
2013	6483.52	2343.58	2067.01	761.47	656.25	433.62	693.56
2014	7064.49	2553.66	2269.76	855.65	717.55	470.24	768.10
2015	8257.77	2807.12	2588.99	918.23	748.49	508.27	818.40
2016	8901.72	3305.14	2961.03	1044.91	815.63	562.31	906.42
2017	9367.53	3700.55	3265.31	1133.48	938.84	618.88	976.54
年份	贵港	玉林	百色	贺州	河池	来宾	崇左
2007	267.49	406.65	247.55	127.89	254.14	143.34	166.48
2008	337.03	492.52	304.67	153.71	310.59	173.63	197.99
2009	425.93	632.06	430.01	195.55	393.71	233.19	249.73

续表

年份	贵港	玉林	百色	贺州	河池	来宾	崇左
2010	513.36	769.57	511.63	251.71	466.04	297.45	312.32
2011	601.47	898.90	577.20	298.90	532.26	352.83	370.03
2012	703.86	1038.66	676.04	348.76	627.02	407.06	437.41
2013	817.57	1178.28	770.89	404.84	725.52	448.10	501.11
2014	905.75	1302.45	880.56	459.85	814.39	494.84	561.55
2015	972.95	1445.26	948.11	535.32	883.18	528.09	606.78
2016	1089.92	1636.12	1111.76	615.07	1001.37	606.68	699.48
2017	1262.28	1876.23	1235.81	724.80	1126.69	702.47	784.81

资料来源：Wind 资讯。

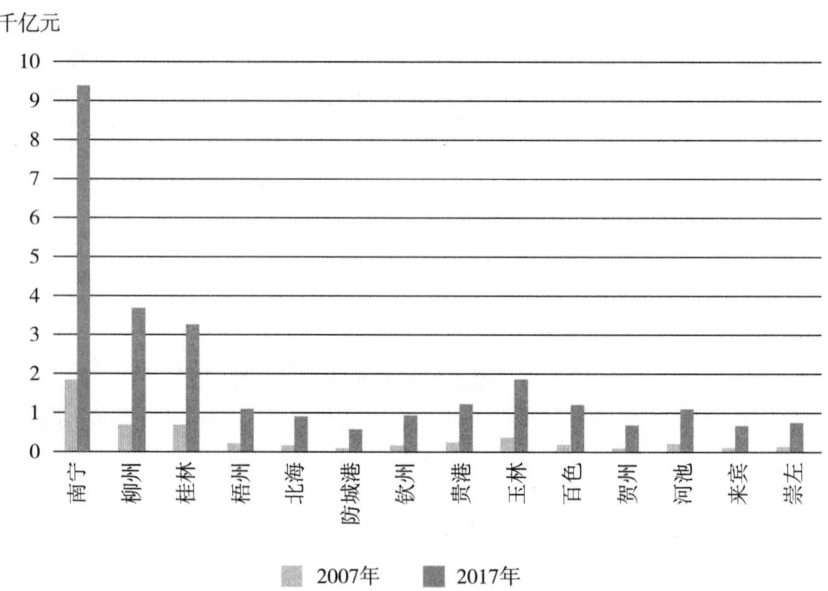

资料来源：根据 Wind 资讯绘制。

图 1-11　广西各地市银行金融机构存款余额

2. 各地市银行金融机构贷款

南宁、柳州、桂林等城市（尤其是南宁市）的金融机构贷款余额明显大于玉林、百色、梧州等城市，如表 1-21 和图 1-12 所示。一方面，2007 年和 2017 年南宁市的金融机构贷款余额分别是 1.92 千亿元和 10.47 千亿元，而同期柳州、桂林、玉林 3 座城市的金融机构贷款余额之和分别是 1.04 千亿元、5.82 千亿元，与南宁市金融机构贷款余额之差分别是 0.88 千亿元、4.65 千亿元。2007—2017 年，南宁市金融机构贷款余额占全区比重从 45.82% 增加至 45.96%，南宁市金融机构贷款余额相对于其他城市的绝对规模优势得到了进一步增强。另一方面，2007 年和 2017 年南宁、柳州、桂林 3 座城市的金融机构贷款余额之和分别是 2.76 千亿元、15.08 千亿元，玉林、贵港等其他 11 座城市的金融机构贷款余额之和分别是1.43千亿元、7.70千亿元。仅就金融机构贷款余额而言，南宁、柳州、桂林3座城市相对于玉林、贵港等其他11座城市的规模优势从2007年的1.93倍扩大至2017年的1.96倍。值得注意的是，虽然多年来广西区域金融核心城市（或者城市群）在金融机构贷款方面拥有的比较优势非常明显，而且优势仍然在不断地增强，但是非核心城市中部分城市金融机构贷款余额增长迅速，贷款业务表现相当活跃。例如，贵港市金融机构贷款余额在广西各地市的排名从2007年的第10位提高至2017年的第6位。

表1-21　　　　　　广西各地市银行金融机构贷款余额　　　　　　单位：亿元

年份	南宁	柳州	桂林	梧州	北海	防城港	钦州
2007	1922.35	461.65	379.18	150.71	143.88	70.35	135.39
2008	2316.63	564.04	444.41	177.79	139.94	83.42	154.27
2009	3278.12	861.99	653.39	252.93	188.19	122.70	241.32
2010	3909.02	1046.17	789.34	321.34	239.03	178.17	321.45
2011	4845.07	1227.44	909.63	394.34	272.62	221.29	369.43
2012	5501.28	1364.81	1048.98	461.25	317.42	275.07	436.01
2013	6115.88	1614.74	1225.77	539.99	388.26	335.40	493.17
2014	7091.46	1770.26	1389.55	622.32	457.52	380.21	524.37
2015	8228.66	2032.08	1574.89	665.61	484.13	425.34	547.13
2016	9423.79	2273.90	1859.58	721.92	535.15	511.47	594.98
2017	10470.44	2459.49	2145.76	787.52	654.52	629.76	661.13
年份	贵港	玉林	百色	贺州	河池	来宾	崇左
2007	141.99	197.56	214.90	64.54	150.72	88.12	75.83
2008	165.64	210.07	237.31	72.62	171.18	108.61	87.45
2009	230.50	312.09	336.12	110.99	234.47	145.70	114.29
2010	279.41	397.18	391.03	144.51	275.01	182.78	161.88
2011	341.26	469.03	452.11	172.28	319.73	218.15	202.95
2012	411.61	547.58	515.91	204.69	359.06	258.18	239.60
2013	480.23	646.26	588.80	241.98	412.94	299.84	294.47
2014	546.92	747.87	673.33	279.00	471.52	330.15	335.72
2015	596.71	843.68	711.66	310.13	505.18	358.50	373.06
2016	683.85	1014.94	815.25	370.36	575.04	405.46	390.23
2017	814.51	1205.05	922.29	454.68	660.19	467.14	449.33

资料来源：Wind资讯。

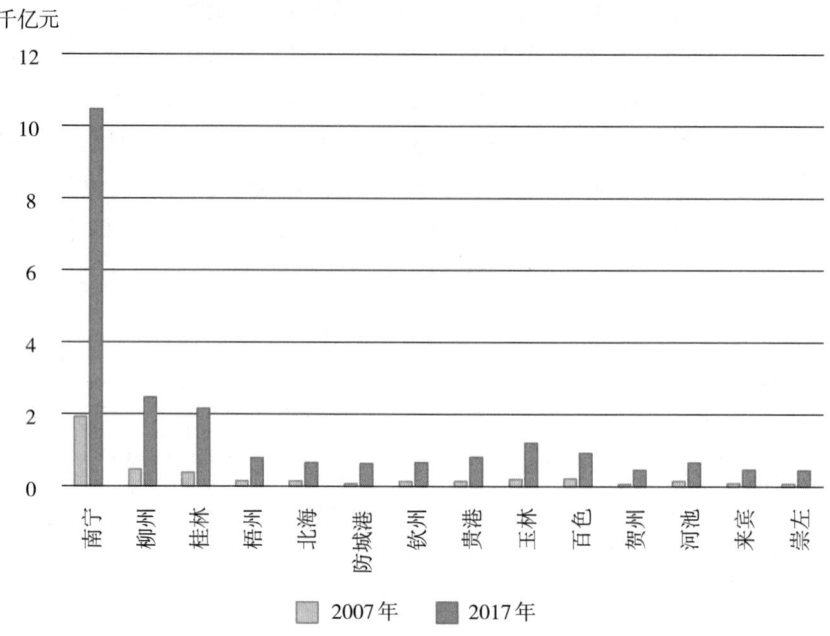

资料来源：根据 Wind 资讯绘制。

图 1-12　广西各地市银行金融机构贷款余额

3. 各地市信贷市场存贷差的变动情况

在促进区域经济发展过程中，南宁市成为广西区域信贷市场的核心城市。众多的国内外信贷资源在南宁集聚，并运用于各个地区和领域。作为经济快速发展、需求旺盛、交易活跃的区域金融中心，南宁市金融机构的信贷资金运用大于信贷资金供给，贷差从 2007 年的 0.05 千亿元扩大至 2017 年的 1.10 亿元。这与广西辖区大多数地市信贷市场以存差为主并且存差不断增加的情况形成鲜明对比。

表 1-22　　　　　　广西各地市金融机构存款余额与贷款余额的差额　　　　单位：千亿元

地市	2007 年	2010 年
南宁	-0.05	-1.10
柳州	0.26	1.24
桂林	0.32	1.12
梧州	0.10	0.35
北海	0.07	0.28
防城港	0.05	-0.01
钦州	0.07	0.32
贵港	0.13	0.45
玉林	0.21	0.67
百色	0.03	0.31
贺州	0.06	0.27
河池	0.10	0.47

续表

地市	2007年	2010年
来宾	0.06	0.24
崇左	0.09	0.34
合计	1.51	4.93

资料来源：根据Wind资讯计算。

4. 各地市信贷市场发展对经济增长的影响

通常认为，金融是现代经济的核心，是配置国际国内各种生产要素的枢纽。在银行主导的区域金融体系当中，银行业对区域经济发展具有非常重要的影响力。2008—2017年广西各地市的经济增长率 $CY_{k,t}$ 和贷款余额增长率 $CL_{k,t}$ 如表1-23和表1-24所示。其中，$t=2008, 2009, \cdots, 2017$。$k=1, 2, \cdots, 14$，分别代表南宁、柳州、桂林、梧州、北海、防城港、钦州、贵港、玉林、百色、贺州、河池、来宾、崇左14个地市。

表1-23　　　　　　　　　广西各地市经济增长率　　　　　　　　　单位：%

年份	南宁	柳州	桂林	梧州	北海	防城港	钦州
2008	14.45	14.00	12.93	14.90	16.91	20.12	15.63
2009	15.10	16.30	13.95	17.60	16.10	22.60	15.35
2010	14.20	15.84	13.78	17.00	17.60	17.80	18.00
2011	13.50	10.82	12.20	14.30	18.20	15.25	22.50
2012	12.30	11.51	13.13	13.60	21.80	12.21	11.80
2013	10.32	9.98	11.05	13.20	13.30	12.35	12.30
2014	8.50	8.50	8.00	6.00	12.40	10.40	9.80
2015	7.60	6.30	7.10	7.50	10.20	9.00	7.60
2016	7.00	7.30	6.90	7.60	8.60	9.10	9.00
2017	8.50	7.10	3.90	6.70	10.20	6.70	8.80
年份	贵港	玉林	百色	贺州	河池	来宾	崇左
2008	11.40	12.89	13.40	6.40	13.01	12.84	11.77
2009	15.20	14.80	14.84	12.60	8.18	12.76	12.60
2010	14.04	15.70	14.90	13.10	12.53	18.00	13.10
2011	6.10	11.10	6.50	10.60	4.09	13.02	10.52
2012	10.20	10.90	9.20	9.00	−0.70	11.73	11.75
2013	8.23	10.00	8.60	8.70	6.03	3.00	10.15
2014	5.20	8.40	8.40	6.10	8.20	6.10	8.30
2015	6.60	8.10	7.30	6.90	3.80	2.70	7.30
2016	7.90	8.00	8.80	8.10	4.90	3.90	8.20
2017	9.00	7.60	8.80	7.80	5.30	7.40	9.30

数据来源：Wind资讯。

表1-24　　　　广西各地市金融机构贷款余额增长率　　　　单位:%

年份	南宁	柳州	桂林	梧州	北海	防城港	钦州
2008	20.51	22.18	17.20	17.97	-2.73	18.57	13.95
2009	41.50	52.83	47.02	42.27	34.47	47.09	56.43
2010	19.25	21.37	20.81	27.05	27.01	45.21	33.21
2011	23.95	17.33	15.24	22.72	14.06	24.20	14.93
2012	13.54	11.19	15.32	16.97	16.43	24.31	18.02
2013	11.17	18.31	16.85	17.07	22.32	21.93	13.11
2014	15.95	9.63	13.36	15.25	17.84	13.36	6.33
2015	16.04	14.79	13.34	6.96	5.82	11.87	4.34
2016	14.52	11.90	18.08	8.46	10.54	20.25	8.75
2017	11.11	8.16	15.39	9.09	22.31	23.13	11.12
年份	贵港	玉林	百色	贺州	河池	来宾	崇左
2008	16.66	6.33	10.43	12.52	13.58	23.25	15.31
2009	39.16	48.57	41.64	52.83	36.97	34.15	30.69
2010	21.22	27.26	16.34	30.20	17.29	25.46	41.65
2011	22.13	18.09	15.62	19.22	16.26	19.35	25.37
2012	20.62	16.75	14.11	18.81	12.30	18.35	18.06
2013	16.67	18.02	14.13	18.22	15.01	16.14	22.90
2014	13.89	15.72	14.36	15.30	14.19	10.11	14.01
2015	9.10	12.81	5.69	11.16	7.14	8.59	11.12
2016	14.60	20.30	14.53	19.42	13.83	13.10	4.60
2017	19.11	18.73	13.15	22.77	14.81	15.21	15.14

数据来源:Wind资讯。

$$CY_{k,t} = \sum_{m=0}^{n}(a_{k,m} \cdot CL_{k,t-m}) + b_k + b + \varepsilon_{k,t} \qquad (1-2)$$

如果假定各地市信贷市场能够促进本地经济社会发展,那么计量模型如式(1-2)所示。其中,m 是滞后阶数,n 是最大滞后阶数,$a_{k,m}$ 和 b、b_k 都是待估参数,$\varepsilon_{k,t}$ 是残差项。

第一,如表1-25所示,无论是LLC方法还是ADF-Fisher、PP-Fisher方法,课题组都能够在1%显著水平拒绝面板数据 $CY_{k,t}$ 和 $CL_{k,t}$ "包含单位根"的原假设,即面板数据 $CY_{k,t}$ 和 $CL_{k,t}$ 是平稳的。

表1-25　　　　面板数据的单位根检验

检验方法	统计量	判断
LLC	-10.2481***	平稳
ADF-Fisher	153.431***	平稳
PP-Fisher	93.6325***	平稳

备注:检验方程不含截距项与趋势项,并根据SC准则选取最优滞后阶数。***代表1%显著水平。

第二，为了减少截面异方差的影响，课题组在模型参数估计时采取了截面加权的修正方法，即广义最小二乘法（GLS）的交叉权重系数法（cross-section weights）。

第三，由于回归模型可能对滞后阶数比较敏感，所以课题组根据 DW 统计量筛选最优滞后阶数 n，能够使得 DW 值越接近 2（此时一阶自相关可能性就越小）的对应滞后阶数 n，就是最优滞后阶数。于是，课题组据此判断 n = 1，可以作为模型式（1 – 2）的最优滞后阶数。

第四，关于模型冗余固定效应（redundant fixed effect）的检验结果表示，截面 F 统计量（Cross-section F）在 5% 显著水平区别于零，所以课题组能够判断该模型存在显著的固定效应。

第五，模型回归结果如表 1 – 26 所示。各地市金融机构贷款余额增长率对本地市经济发展的促进作用是比较显著的。在贷款余额增长率变量 CL 的 28 个待估参数当中，有 18 个参数是显著的，占比约为 64.3%。而且显著的待估参数全部为正。

表 1 – 26　　　　　广西各地市信贷市场发展与经济发展的关系

解释变量	反应系数	解释变量	反应系数	解释变量	反应系数
CL_1	0.184762 **	$CL_1(-1)$	0.177808 **	b_1	0.481517
CL_2	0.160034 ***	$CL_2(-1)$	0.163037 ***	b_2	0.826453
CL_3	0.155292	$CL_3(-1)$	0.136721	b_3	0.898434
CL_4	0.273231 ***	$CL_4(-1)$	0.158011 *	b_4	0.013888
CL_5	0.209196	$CL_5(-1)$	0.149142	b_5	4.497309
CL_6	0.326440 ***	$CL_6(-1)$	0.037142	b_6	0.112210
CL_7	0.070778	$CL_7(-1)$	0.207722 ***	b_7	4.201061
CL_8	0.284745 ***	$CL_8(-1)$	0.144664	b_8	– 2.602347
CL_9	0.225925 ***	$CL_9(-1)$	0.141298 ***	b_9	– 0.685564
CL_{10}	0.237153 ***	$CL_{10}(-1)$	0.179592 ***	b_{10}	– 0.550981
CL_{11}	0.144300 ***	$CL_{11}(-1)$	0.101108 ***	b_{11}	0.272670
CL_{12}	0.172067	$CL_{12}(-1)$	0.251591 *	b_{12}	– 4.492429
CL_{13}	0.158684	$CL_{13}(-1)$	0.483889 ***	b_{13}	– 6.538046
CL_{14}	0.163891 ***	$CL_{14}(-1)$	– 0.007663	b_{14}	3.565827
—	—	—	—	b	3.383862 ***
R^2	0.757138	调整 R^2	0.805804	Cross-section F	2.234956 **

对于南宁、柳州、梧州、玉林、百色、贺州 6 个地市（全区占比约为 42.9%）而言，无论是本期的信贷余额增长率 CL_t 还是上一期的信贷余额增长率 CL_{t-1}，都能够显著地影响本期的经济增长率。

对于防城港、钦州、贵港、河池、来宾、崇左 6 个地市（全区占比约为 42.9%）而言，本期的信贷余额增长率 CL_t 或者上一期的信贷余额增长率 CL_{t-1}，能够显著地影响本期经济增长率。

对于桂林、北海这两个地市（全区占比约为 14.2%）而言，无论是本期的信贷余额增长率 CL_t 还是上一期的信贷余额增长率 CL_{t-1}，都无法显著地影响本期的经济增长率。

（二）县域信贷市场发展状况

1. 县域金融机构存款

2015 年 6 月 30 日，习近平总书记会见全国优秀县委书记时强调，"郡县治，天下安"。县域经济快速发展可以在很大程度上反映区域经济的活力。2017 年，广西县域经济规模大约是 9000 亿元，占广西地区生产总值大约 45.4%；广西县域公共财政预算收入约为 394 亿元，占全区公共财政预算收入的 61.1%。现阶段，广西县域经济的总量规模仍然偏小，不同县域经济之间发展不平衡，产业结构类同，工业化率低，高附加值产品较少，产业转型升级步伐需要进一步加快。广西发展县域经济急需资金投入。

如表 1-27 所示，2009 年末，广西桂平市金融机构存款余额为 124.82 亿元，占广西县域金融机构存款的比重是 3.66%，金额和比重相对较大，县域排名第一位；广西凤山县金融机构存款余额为 11.90 亿元，占广西县域金融机构存款的比重是 0.35%，金额和比重都是最小的，县域排名靠后。

2017 年末，广西临桂区金融机构存款余额为 482.38 亿元，占广西县域金融机构存款的比重是 4.47%，金额和比重相对较大，县域排名第一位；广西西林县金融机构存款余额为 37.13 亿元，占广西县域金融机构存款的比重是 0.34%，金额和比重都是最小的，县域排名靠后。

表 1-27　　　　　　　广西县域金融机构存款余额　　　　　　　单位：万元

南宁市辖区						
年份	武鸣	隆安	马山	上林	宾阳	横县
2007	449516	207854	167957	179307	451524	560522
2008	537253	242901	200726	232726	553121	680531
2009	650000	294573	241946	291538	691859	873533
2010	807581	369799	308500	307300	860706	1051483
2011	1026389	439341	389715	459972	1029100	1256972
2012	1278234	531795	487995	571269	1210433	1484963
2013	1441407	640505	576517	685100	1395293	1783198
2014	1673947	778259	654492	758470	1586848	1948676
2015	1912524	826796	781641	829547	1760427	2082775
2016	2229671	891952	897664	876939	1981895	2148577
2017	2572166	978390	979908	944504	2127211	2490014

续表

			柳州市辖区			
年份	柳江	柳城	鹿寨	融安	融水	三江
2007	375407	227425	371016	188800	204237	136742
2008	442226	268079	421804	216160	252295	171709
2009	569277	316775	538245	259313	332351	234093
2010	735358	410034	680087	316652	424276	303113
2011	877614	485943	764261	395815	532749	362840
2012	1097205	619130	895418	491669	636057	446478
2013	1280792	670226	1037542	572879	748523	518642
2014	1412606	735720	1183616	633898	838278	598907
2015	1563989	812527	1301284	702745	968086	679629
2016	1653542	916400	1412975	769382	1141994	738525
2017	1936525	1049253	1560441	864175	1372153	850283
			桂林市辖区			
年份	临桂	阳朔	灵川	全州	兴安	永福
2007	374451	264259	386658	439837	314576	165611
2008	460479	292281	460009	536153	379179	206653
2009	597438	355676	624947	703736	531013	285811
2010	845180	491935	795301	862898	688054	353492
2011	1039078	591724	892053	993324	792629	394976
2012	1211684	686281	1046307	1128482	937975	458895
2013	1386029	771979	1227603	1275131	1036101	530041
2014	1629337	824343	1348082	1424412	1143573	576753
2015	3451034	950831	1489295	1576665	1222397	612401
2016	2070621	1006534	1676306	1837551	1336417	735012
2017	4823790	1079339	1921029	2047129	1484762	784477
年份	灌阳	龙胜	资源	平乐	荔浦	恭城
2007	164299	126096	124782	218185	258362	164559
2008	201971	156930	149135	246328	318542	217689
2009	263121	211275	223636	332149	406469	258693
2010	317401	265875	261797	413027	512766	316686
2011	388000	298658	309757	478377	604238	374955
2012	467558	360272	372168	559172	718775	439040
2013	540483	403298	421557	643373	808178	508414
2014	616901	461926	487143	703716	882279	575321
2015	639242	494200	547003	769279	961733	611374
2016	723280	526913	602243	842133	1054950	672784
2017	840421	578212	659616	932345	1230278	718266

续表

梧州市辖区						
年份	苍梧	藤县	蒙山	岑溪	—	—
2007	334383	344716	127389	447570	—	—
2008	334400	416436	149859	536617	—	—
2009	530741	563682	180351	651980	—	—
2010	654306	708315	223997	807001	—	—
2011	763997	874778	268103	949135	—	—
2012	909892	1049729	320959	1116137	—	—
2013	1070930	1253049	362665	1329665	—	—
2014	1197576	1429029	397639	1478830	—	—
2015	1355000	1580989	462355	1635679	—	—
2016	1560900	1760840	498598	1807500	—	—
2017	1770400	2012606	556039	1992798	—	—
北海市辖区						
年份	合浦	—	—	—	—	—
2007	627384	—	—	—	—	—
2008	755476	—	—	—	—	—
2009	978179	—	—	—	—	—
2010	1164826	—	—	—	—	—
2011	1300367	—	—	—	—	—
2012	1494882	—	—	—	—	—
2013	1664843	—	—	—	—	—
2014	1858261	—	—	—	—	—
2015	2001370	—	—	—	—	—
2016	2180437	—	—	—	—	—
2017	2437786	—	—	—	—	—
防城港市辖区						
年份	上思	东兴	—	—	—	—
2007	130901	329311	—	—	—	—
2008	150400	421944	—	—	—	—
2009	208227	548305	—	—	—	—
2010	279107	590547	—	—	—	—
2011	330047	722865	—	—	—	—
2012	370265	961541	—	—	—	—
2013	411403	1038934	—	—	—	—
2014	454090	1081755	—	—	—	—

续表

防城港市辖区						
年份	上思	东兴	—	—	—	—
2015	490628	1197233	—	—	—	—
2016	539790	1329268	—	—	—	—
2017	617553	1461186	—	—	—	—
钦州市辖区						
年份	灵山	浦北	—	—	—	—
2007	497376	330434	—	—	—	—
2008	623562	402813	—	—	—	—
2009	778071	494412	—	—	—	—
2010	970504	601278	—	—	—	—
2011	1127683	732690	—	—	—	—
2012	1316608	887740	—	—	—	—
2013	1521120	1027545	—	—	—	—
2014	1758063	1177286	—	—	—	—
2015	1887819	1322662	—	—	—	—
2016	2035803	1478477	—	—	—	—
2017	2289017	1615400	—	—	—	—
贵港市辖区						
年份	平南	桂平	—	—	—	—
2007	560322	652698	—	—	—	—
2008	703217	949011	—	—	—	—
2009	841864	1248190	—	—	—	—
2010	1066411	1432294	—	—	—	—
2011	1223462	1693193	—	—	—	—
2012	1479181	2075718	—	—	—	—
2013	1738593	2478331	—	—	—	—
2014	1960455	2798705	—	—	—	—
2015	2129596	3049600	—	—	—	—
2016	2389615	3382902	—	—	—	—
2017	2631837	3832830	—	—	—	—
玉林市辖区						
年份	容县	陆川	博白	兴业	北流	—
2007	469730	371388	551415	—	726073	—
2008	578258	469001	688017	—	888848	—
2009	682163	568838	854639	317107	1049524	—

续表

玉林市辖区						
年份	容县	陆川	博白	兴业	北流	—
2010	832560	719579	1076426	404857	1280569	—
2011	1006297	859083	1304178	491395	1494502	—
2012	1201798	1006179	1542592	618284	1714311	—
2013	1429988	1124969	1715989	846541	1954161	—
2014	1630001	1279956	1918627	959732	2225037	—
2015	1851703	1435255	2147577	1085200	2505003	—
2016	2044800	1651288	2475912	1202814	2753568	—
2017	2314229	1892528	2799705	1342981	3193221	—
百色市辖区						
年份	田阳	田东	平果	德保	那坡	凌云
2007	198764	270515	334248	145868	71670	68343
2008	209573	304843	403356	195271	96453	90457
2009	318152	446451	533809	267601	127280	122425
2010	415077	537454	680814	324646	169837	157415
2011	507389	600331	749678	377030	199897	184452
2012	593142	674467	890824	396068	250609	238286
2013	656376	759084	972849	428740	289925	259244
2014	707861	819711	1041486	466736	333603	313855
2015	769105	937082	1090851	479246	370298	385469
2016	932927	1137524	1289892	590205	409329	442276
2017	1031826	1215394	1387776	678032	456185	504133
年份	乐业	田林	西林	隆林	靖西	—
2007	78342	130026	71986	150055	202561	—
2008	112824	169787	90279	193735	908479	—
2009	141255	218480	129063	272400	341614	—
2010	171293	262439	154926	306882	423445	—
2011	193004	289940	184862	318781	544100	—
2012	221896	328027	232594	385626	654854	—
2013	254425	369076	259312	445836	765421	—
2014	274436	437856	310187	535147	863643	—
2015	321947	518734	337435	568964	940132	—
2016	347203	595629	348316	704427	1085182	—
2017	404236	652791	371317	774848	1314485	—

续表

贺州市辖区						
年份	昭平	钟山	富川	—	—	—
2007	163815	210725	153654	—	—	—
2008	192431	245261	190887	—	—	—
2009	235327	319028	241039	—	—	—
2010	300418	404922	320958	—	—	—
2011	361701	485709	405243	—	—	—
2012	420903	552544	466710	—	—	—
2013	480165	666046	532661	—	—	—
2014	535485	775999	654273	—	—	—
2015	603052	799455	635549	—	—	—
2016	703900	977832	716096	—	—	—
2017	905601	1118845	830096	—	—	—
河池市辖区						
年份	南丹	天峨	凤山	东兰	罗城	环江
2007	333779	127228	68550	86748	178772	209633
2008	362074	188675	85925	115293	218087	242475
2009	484128	220373	118978	144153	287859	280387
2010	542458	229435	173547	193065	322813	355402
2011	5958100	252667	195578	231565	391043	418273
2012	621941	284044	245505	293415	468448	483482
2013	698018	305445	309205	353550	583287	545264
2014	692317	343715	365028	462725	671391	619682
2015	707620	374543	420686	495339	717908	679703
2016	843291	420136	424720	613375	809315	877697
2017	859676	480466	450087	795893	932012	1034300
年份	巴马	都安	大化	宜州	—	—
2007	82337	181833	129432	398615	—	—
2008	100430	225489	172499	480965	—	—
2009	144354	272254	217614	569951	—	—
2010	198208	354106	275630	717495	—	—
2011	248196	413645	321293	823843	—	—
2012	315080	538100	408770	981600	—	—
2013	364755	638975	472292	1099021	—	—
2014	422289	763400	517561	1207473	—	—
2015	485540	864718	650194	1278703	—	—

续表

河池市辖区						
年份	巴马	都安	大化	宜州	—	—
2016	516636	1012221	743205	1585286	—	—
2017	597654	1113383	775444	1596938	—	—
来宾市辖区						
年份	兴宾	忻城	象州	武宣	金秀	合山
2007	681850	133945	186195	189173	100398	141794
2008	854511	161565	215516	225943	118638	153069
2009	1213413	214504	271297	286363	152098	191779
2010	1628821	265302	390201	370193	184006	228595
2011	1832318	335482	421688	453385	216715	268741
2012	2047938	389486	519233	541341	253384	319240
2013	2171567	460624	600668	608863	294438	344885
2014	2328111	532875	688971	693630	340551	364236
2015	2552260	534845	666714	795466	371092	509510
2016	3058101	554402	722959	980952	395441	349029
2017	3471299	640693	846841	1238400	455896	371582
崇左市辖区						
年份	江州	扶绥	宁明	龙州	大新	天等
2007	402708	298700	193312	195838	191094	175601
2008	476929	344919	232927	217850	240642	213506
2009	648869	395554	293625	263965	304760	267993
2010	820889	491769	372979	337149	377776	320320
2011	919221	588332	461686	414616	453078	385950
2012	1069706	671703	541842	499134	550848	447652
2013	1214274	782434	608082	597751	649802	531933
2014	1383640	872758	685031	687826	699674	616997
2015	1500974	973107	771970	682105	756934	674915
2016	1816846	1125538	873013	841021	814496	740872
2017	2097435	1346195	957620	919863	873522	823668
年份	凭祥	—	—	—	—	—
2007	207542	—	—	—	—	—
2008	253156	—	—	—	—	—
2009	322516	—	—	—	—	—
2010	403934	—	—	—	—	—
2011	477418	—	—	—	—	—

续表

崇左市辖区						
年份	凭祥	—	—	—	—	—
2012	593232	—	—	—	—	—
2013	626867	—	—	—	—	—
2014	669550	—	—	—	—	—
2015	707792	—	—	—	—	—
2016	782995	—	—	—	—	—
2017	829847	—	—	—	—	—

资料来源：Wind 资讯。

2009—2017 年在广西各县中，临桂区金融机构存款余额的增加幅度最大，2017 年比 2009 年增加 422.64 亿元，从占比 1.81% 增加至 4.58%，增幅 2.77%；同期在广西各县中，合山（县级市）金融机构存款余额的增加幅度最小，2017 年比 2009 年增加 17.98 亿元，从占比 0.58% 减小至 0.35%，增幅为 -0.23%。广西各个县的银行业发展不均衡，不同县份在县域金融机构存款余额当中所占比重的极差（极大值减去极小值）从 2009 年的 3.42 个百分点扩大至 2017 年的 4.23 个百分点。

2. 县域金融机构贷款

如表 1-28 所示，2009 年末，广西兴宾区（县）金融机构贷款余额为 94.04 亿元，占广西县域金融机构贷款余额的比重是 5.61%，金额和比重相对较大，县域排名第一位；广西扶绥县金融机构贷款余额为 2.22 亿元，占广西县域金融机构贷款的比重是 0.13%，金额和比重都是最小的，县域排名靠后。

2017 年末，广西兴宾区（县）金融机构贷款余额为 271.64 亿元，占广西县域金融机构贷款余额的比重是 4.17%，金额和比重相对较大，县域排名第一位；广西合山（县级市）金融机构贷款余额为 18.51 亿元，占广西县域金融机构贷款的比重是 0.28%，金额和比重都是最小的，县域排名靠后。

表 1-28　　　　　　广西县域金融机构贷款余额　　　　　　单位：万元

南宁市辖区						
年份	武鸣	隆安	马山	上林	宾阳	横县
2007	233907	126377	59990	52778	139399	223539
2008	277898	134993	63303	61809	175132	264953
2009	370000	193878	102055	91135	258441	419257
2010	453091	215833	140000	113260	341350	547205
2011	609471	247562	159954	154129	448578	691541
2012	667540	292881	194629	185455	588385	1272194
2013	975602	331559	216642	265189	688983	1096236

续表

南宁市辖区						
年份	武鸣	隆安	马山	上林	宾阳	横县
2014	1097711	379518	280731	348411	852376	1197885
2015	1126188	407951	398573	412966	968701	1233015
2016	1390901	453012	434574	504312	1107173	1197885
2017	1736775	518139	477818	551956	1191999	1443034
柳州市辖区						
年份	柳江	柳城	鹿寨	融安	融水	三江
2007	213929	132562	196958	65907	80348	53566
2008	259163	131657	226785	83873	111095	68589
2009	355209	191685	320822	122152	155884	97409
2010	510958	254792	450105	157199	207887	125562
2011	660417	326595	533496	195030	278199	147087
2012	837357	362074	622387	253566	328847	178004
2013	1012161	436367	774201	290776	395468	224558
2014	1245080	512134	818475	353522	470560	266865
2015	1311772	484382	1027938	376168	552862	335766
2016	1446902	543100	1207072	416760	722380	374057
2017	1742249	603780	1332045	490756	881770	478183
桂林市辖区						
年份	临桂	阳朔	灵川	全州	兴安	永福
2007	124555	186225	218560	210281	144337	84147
2008	187185	217556	261261	232947	212680	101938
2009	313949	174568	375434	323715	310318	192789
2010	492557	271880	454832	391362	428538	243918
2011	712572	299202	530330	473063	511779	282805
2012	881537	340330	691400	547347	606638	347601
2013	1088328	385711	834367	603295	746167	397826
2014	1371758	455577	977429	707214	949323	452060
2015	1756261	501414	1167934	843401	1020150	500677
2016	2057841	574381	1351721	928436	1203063	581655
2017	2443185	639537	1563970	1165246	1375702	608712
年份	灌阳	龙胜	资源	平乐	荔浦	恭城
2007	65119	93240	65276	102325	143396	89243
2008	79106	102615	76394	115332	177664	110331
2009	127576	150425	123310	188178	263389	158535

续表

| \multicolumn{7}{c}{桂林市辖区} |
年份	灌阳	龙胜	资源	平乐	荔浦	恭城
2010	159039	169862	142951	215719	345397	192240
2011	191648	191061	174107	255381	415410	221360
2012	230236	215710	203363	290633	503055	249907
2013	272067	222263	240606	329216	573969	278615
2014	315391	268598	275775	365301	640448	342156
2015	374328	318100	336580	392202	706538	383220
2016	429365	373396	404228	425957	833651	450863
2017	478138	422522	464192	515109	1280822	510514

| 梧州市辖区 | | | | | | |
年份	苍梧	藤县	蒙山	岑溪	—	—
2007	167197	106585	41356	136990	—	—
2008	167200	145163	53682	190617	—	—
2009	233950	226254	84465	319251	—	—
2010	346599	309128	108999	434217	—	—
2011	416140	426028	140180	559856	—	—
2012	909892	549659	186585	719304	—	—
2013	706753	701266	227452	879168	—	—
2014	886026	853318	259409	1033369	—	—
2015	1001500	959874	284669	1127443	—	—
2016	1106400	1087797	321918	1298700	—	—
2017	1226200	1294683	371531	1483249	—	—

| 北海市辖区 | | | | | | |
年份	合浦	—	—	—	—	—
2007	264386	—	—	—	—	—
2008	312159	—	—	—	—	—
2009	448212	—	—	—	—	—
2010	541977	—	—	—	—	—
2011	626330	—	—	—	—	—
2012	738068	—	—	—	—	—
2013	879570	—	—	—	—	—
2014	1056078	—	—	—	—	—
2015	1128597	—	—	—	—	—
2016	1153778	—	—	—	—	—
2017	1301056	—	—	—	—	—

续表

防城港市辖区						
年份	上思	东兴	—	—	—	—
2007	57957	85145	—	—	—	—
2008	71200	115725	—	—	—	—
2009	110456	227049	—	—	—	—
2010	138546	229466	—	—	—	—
2011	183496	331959	—	—	—	—
2012	194553	509271	—	—	—	—
2013	247955	632183	—	—	—	—
2014	232862	702616	—	—	—	—
2015	288918	732004	—	—	—	—
2016	329256	795207	—	—	—	—
2017	391831	945688	—	—	—	—
钦州市辖区						
年份	灵山	浦北	—	—	—	—
2007	166741	132197	—	—	—	—
2008	206435	161015	—	—	—	—
2009	292522	222089	—	—	—	—
2010	381835	269596	—	—	—	—
2011	468824	319744	—	—	—	—
2012	577571	379230	—	—	—	—
2013	673240	430801	—	—	—	—
2014	792468	550444	—	—	—	—
2015	883834	705487	—	—	—	—
2016	965233	705514	—	—	—	—
2017	1134102	814900	—	—	—	—
贵港市辖区						
年份	平南	桂平	—	—	—	—
2007	213259	250272	—	—	—	—
2008	265032	365347	—	—	—	—
2009	340865	561257	—	—	—	—
2010	456549	641314	—	—	—	—
2011	538071	775157	—	—	—	—
2012	672784	953329	—	—	—	—
2013	826597	1179677	—	—	—	—
2014	987405	1337881	—	—	—	—

续表

		贵港市辖区				
年份	平南	桂平	—	—	—	—
2015	1186429	1512534	—	—	—	—
2016	1417393	1713428	—	—	—	—
2017	1732896	1989225	—	—	—	—
		玉林市辖区				
年份	容县	陆川	博白	兴业	北流	—
2007	181675	144968	221308	—	296866	—
2008	211945	177524	265985	—	344122	—
2009	274508	261787	406888	175397	494448	—
2010	348401	358653	534479	211601	676730	—
2011	437483	451733	641977	251184	795134	—
2012	514046	544061	763008	304450	916543	—
2013	653994	619985	885710	436850	1099331	—
2014	804038	712972	1015891	503162	1280800	—
2015	935702	800473	1195432	572100	1507683	—
2016	1097700	906589	1434045	726607	1780553	—
2017	1277601	1050878	1739127	855876	2074967	—
		百色市辖区				
年份	右江	田阳	田东	平果	德保	那坡
2007	636625	154872	203805	389133	442288	23477
2008	715496	168449	230736	517811	515228	33181
2009	1057353	214221	387065	637391	427617	61649
2010	1215103	273910	462478	772937	413190	74303
2011	1348653	364042	522269	931401	426552	89669
2012	1477087	364042	625596	931401	571684	101452
2013	1683763	499474	708944	1156041	497072	124844
2014	1926634	620219	799890	1174419	531253	150352
2015	1948295	683494	855879	1223812	472897	173613
2016	2154622	867338	985334	1358201	484630	201785
2017	2632327	884984	1046009	1367310	515167	231285
年份	凌云	乐业	田林	西林	隆林	靖西
2007	23648	21629	47247	22316	111268	72680
2008	31054	28169	57384	29207	129278	95318
2009	49833	53107	95965	50935	180368	145663
2010	67962	64768	117132	62965	185862	199692

续表

			百色市辖区			
年份	凌云	乐业	田林	西林	隆林	靖西
2011	83515	84750	137813	73448	193577	265405
2012	99949	105101	200406	87067	210415	327795
2013	121325	118807	223410	107322	241312	405660
2014	164943	147239	274951	136724	290252	516409
2015	220358	166037	315644	169105	323644	563804
2016	278877	206489	368245	204589	424623	616095
2017	315871	237044	448206	228253	506553	807169
			贺州市辖区			
年份	昭平	钟山	富川	—	—	—
2007	111376	73592	37480	—	—	—
2008	126051	86181	46926	—	—	—
2009	152177	140977	122277	—	—	—
2010	169785	193126	153906	—	—	—
2011	198125	215512	208551	—	—	—
2012	225945	250651	290206	—	—	—
2013	260223	297273	291455	—	—	—
2014	303365	411192	329606	—	—	—
2015	344533	436416	354837	—	—	—
2016	422200	524859	426343	—	—	—
2017	494133	664284	550843	—	—	—
			河池市辖区			
年份	金城江	南丹	天峨	凤山	东兰	罗城
2007	669831	126173	256260	18078	34976	65259
2008	599583	139421	350295	25917	40336	81962
2009	794231	229944	424645	46009	54810	119750
2010	759246	299012	430199	61731	76698	139154
2011	875964	357177	439741	78115	90865	163694
2012	1005362	350585	430204	93316	109653	182541
2013	1064152	471921	411686	120203	133549	245938
2014	1266341	498590	374929	142356	207829	248331
2015	1311289	551353	388534	194186	233841	294645
2016	1437100	619853	381580	211098	288418	351397
2017	1591093	754800	400837	227762	403758	424405

续表

河池市辖区						
年份	环江	巴马	都安	大化	宜州	—
2007	51766	24781	57816	37879	164336	—
2008	69711	36427	55397	61670	222738	—
2009	117919	52237	147161	87296	307887	—
2010	150744	82691	207481	121044	422080	—
2011	180015	96727	237133	182483	495353	—
2012	217963	—	331340	238782	577315	—
2013	245831	145687	305167	322120	663178	—
2014	312013	178726	342671	364577	743269	—
2015	337868	209483	371496	393283	819475	—
2016	418002	242686	468240	468070	945381	—
2017	464237	314075	558192	481214	990270	—

来宾市辖区						
年份	兴宾	忻城	象州	武宣	金秀	合山
2007	570312	64948	92425	84363	34932	34193
2008	711350	79043	114800	112325	44618	54179
2009	940389	100677	139644	141595	72483	62181
2010	1193551	122913	191759	196923	92734	77778
2011	1352490	150568	222872	223083	111100	121405
2012	1576132	182608	279008	272933	138797	132272
2013	1823898	205743	360950	322604	156930	128261
2014	1900764	238675	420530	394586	185996	160948
2015	2184187	252159	396489	397806	205370	149036
2016	2476500	288662	427069	472121	227414	164186
2017	2716445	336327	506356	633900	293292	185057

崇左市辖区						
年份	江州	扶绥	宁明	龙州	大新	天等
2007	200191	179506	69120	103846	110430	51789
2008	215472	201584	82101	123332	124213	79207
2009	323953	22192	119610	139329	153902	114149
2010	564792	278050	167374	169009	180943	145910
2011	663451	318642	205709	218094	251322	197179
2012	772384	365686	244739	256252	302878	220094
2013	887280	431996	314695	350922	335581	255903
2014	1072681	510004	335956	384992	363013	287418

续表

崇左市辖区						
年份	江州	扶绥	宁明	龙州	大新	天等
2015	1299694	558128	380085	434662	395213	329980
2016	1050413	663030	425960	523379	472579	411954
2017	1312169	741157	458894	600141	525969	477066
年份	凭祥	—	—	—	—	—
2007	43454	—	—	—	—	—
2008	48560	—	—	—	—	—
2009	69982	—	—	—	—	—
2010	112747	—	—	—	—	—
2011	175118	—	—	—	—	—
2012	233926	—	—	—	—	—
2013	368322	—	—	—	—	—
2014	403096	—	—	—	—	—
2015	332842	—	—	—	—	—
2016	355006	—	—	—	—	—
2017	367910	—	—	—	—	—

资料来源：Wind 资讯。

2009—2017 年在广西各县中，临桂区金融机构贷款余额的增加幅度最大，2017 年比 2009 年增加 212.92 亿元，从占比 1.79% 增加至 3.67%，占比增幅 1.88%；同期在广西各县中，天峨县金融机构贷款余额的下降幅度最大，2017 年比 2009 年减少 2.38 亿元，从占比 2.42% 减小至 0.60%，占比降幅达到 -1.82%。广西各个县的银行业发展不均衡，不同县份在县域金融机构贷款余额中所占比重的极差（极大值减去极小值）从 2009 年的 5.23 个百分点扩大至 2017 年的 3.80 个百分点。

四、广西票据市场分析

（一）国内票据风险事件与市场交易规范

《中华人民共和国票据法》定义的票据是汇票、本票、支票。在改革开放初期，国内票据市场的主要任务是缓解企业"三角债"压力。经过四十多年的不断发展，票据市场与同业拆借、债券回购等都已经成为国内货币市场的重要组成部分。票据不仅成为兼具支付、融资、投资、交易等功能的金融工具，而且也是中国人民银行实施宏观货币政策的重要工具。例如，2016 年 9 月 2 日，已到期和未到期的央行票据金额分别是 515 亿元、1114 亿元。2017 年，包括质押式回购和转贴现在内的全国票据交易量约为 52.18 万亿元。

2016年前后，国内发生了一系列票据风险案件。① 例如，（1）A银行北京分行39.15亿元问题票据案件。A银行在2016年1月25日发布公告称，其下辖的北京分行发生重大风险事件，"票据买入返售业务"涉及风险金额为39.15亿元。A银行北京分行与国内某银行开展正常的银行承兑汇票转贴现业务。在回购到期前，该银行承兑汇票不得转出A银行北京分行。然而，A银行北京分行的个别职员违规将本来不应该取出的银行承兑汇票交给重庆某票据中介，并由后者在另一家商业银行进行了回购贴现交易，所得资金流入股市。

（2）B银行兰州分行9.69亿元问题票据案件。B银行在2016年1月28日发布公告称，其下辖的兰州分行发生风险事件，票据业务涉及风险金额为9.69亿元。2015年5—7月，B银行兰州分行职员与其他嫌疑人内外勾结，使用伪造的银行存款单等文件办理存单质押银行承兑汇票业务，然后在银行承兑汇票之后，立即办理贴现。2015年第四季度，案件暴露出来。

（3）C银行上海分行7.86亿元问题票据案件。C银行在2016年4月8日发布公告称，其下辖的上海分行发生风险事件，"票据买入返售业务"涉及风险金额为7.86亿元。在票据逆回购业务当中，C银行是借出资金的一方，汇涛金融控制（重庆银行西安分行同业户）是借入资金的一方。在票据逆回购协议到期后，作为担保物的"票据"被汇涛金融控制（D银行西安分行同业户）取走，而回购款未能到账。D银行方面否认参与该项票据逆回购业务，并声称被他人冒名开立账户。

（4）E银行深圳分行32亿元问题票据案件。E银行在2016年7月7日发公告称，其下辖的深圳分行发生风险事件，3笔票据业务一共涉及风险金额为32亿元。由于问题被及时发现，资金业已追回，所以E银行没有发生实际的财产损失。

（5）F银行9亿元问题票据案件。F银行在2016年8月8日发布公告称，其下辖的佛山分行在2015年8月18日至2015年10月19日的票据交易过程中，由于交易对手方为G银行信阳分行以及"过桥银行"H银行、I银行、J银行等多家金融机构的不规范行为，导致风险金额约9亿元的98张票据被调包流入股市。截至2016年7月22日，F银行仅追加约5.2亿元。

（6）K银行廊坊分行13亿元问题票据案件。2016年8月媒体披露，L银行的离职员工利用伪造的公章和材料在K银行廊坊分行开设同业账户，然后开具以国内多家企业为出票人、以K银行为开票人、以L银行为承兑人的票据，最后在M银行办理贴现业务。该案件涉及风险金额为13亿元。K银行在账户监测和检查中发现问题之后，马上采取紧急措施，冻结可疑账户，同时向票据转贴现买入行通报案件的相关情况。

（7）N银行4.5亿元问题票据案件。N银行在2016年12月2日对外披露，该行在

---

① 李海霞. 票据风险事件频出 央行规范同业彻查2600余家银行［EB/OL］. http：//finance.people.com.cn/n1/2017/0802/c1004-29444780.html.

2015 年办理的"承兑汇票转贴现业务"发生风险事件。与此相关的 3 起诉讼案件仍未结案,涉及 O 银行、P 银行、Q 银行等多家银行。N 银行面临的被涉诉讼金额约 4.5 亿元,相当于 N 银行 2015 年净利润的四分之一。

另外,广西辖区的一部分商业银行也曾经发生了票据案件。例如,R 公司在 2012 年 4 月至 2014 年 2 月长达两年的时间里,利用虚假的贸易背景与抵押登记手续,先后骗取 S 银行防城港支行开出 17 次承兑汇票,累计票面总金额高达 14 多亿元。在承兑汇票到期并承兑后,R 公司没有归还的金额高达 7600 多万元。[①]

针对票据风险案例频繁发生的情况,金融监管部门积极采取应对措施。一方面,中国人民银行在 2016 年 9 月至 2017 年 1 月期间对 2016 年 60331 户同业账户开展专项检查,并在 2017 年 7 月通报检查结果。有 40 家违规银行(含分支机构)被点名通报。中国人民银行要求违规情况相对较严重的银行必须在 3~6 个月内完成整改。

另一方面,中国人民银行公布了《票据交易管理办法》,旨在通过制度顶层设计,进一步加强国内票据市场监管,并逐步从区域分割、线下操作、信息不透明、低效率的传统纸质票据市场转变为全国统一、线上操作、信息透明、安全高效的现代电子票据市场。2016 年 12 月 8 日,上海票据交易所(简称"票交所")正式开业运营。这是票据市场的重要制度创新,标志着国内票据市场进入了一个新的发展阶段。

(二)票据市场不同阶段上的逆周期性与顺周性

如表 1 – 29、表 1 – 30 和图 1 – 13 所示,票据交易市场价格是高度相关的。根据利率的一般结构理论,社会资金供求状况、社会再生产状况、国家经济政策、国际利率水平等宏观经济因素使不同类型但期限相同的利率以不同的绝对水平和幅度向同一方向变动。由于票据交易市场利率呈现高度相关的特征,所以课题组接下来分析票据市场利率时,将会采用"银行承兑汇票贴现利率"作为票据市场利率的指标变量。

表 1 – 29　　　　　　　　广西票据交易市场利率

指标名称	银行承兑汇票贴现利率	商业承兑汇票贴现利率	票据买断转贴现利率	票据回购转贴现利率
2007 – 12	6.65	6.60	3.08	5.04
2008 – 03	6.57	7.60	4.55	5.04
2008 – 06	6.22	6.82	5.38	5.02
2008 – 09	5.78	6.25	5.28	4.73
2008 – 12	3.18	3.37	2.47	2.70
2009 – 03	1.60	2.45	1.47	1.38
2009 – 06	1.64	2.17	1.44	1.37
2009 – 09	2.07	2.14	1.83	0.00

---

① 马艳,林芳羽,刘延龄. 骗取银行承兑汇票三人被判有期徒刑 [N]. 法制日报,2016 – 08 – 19 (08).

续表

指标名称	银行承兑汇票贴现利率	商业承兑汇票贴现利率	票据买断转贴现利率	票据回购转贴现利率
2009-12	2.40	3.11	2.08	1.75
2010-03	3.05	4.10	2.19	2.41
2010-06	3.47	4.00	2.78	3.17
2010-09	3.54	3.25	2.98	3.43
2010-12	4.60	6.00	4.07	4.41
2011-03	6.12	7.58	4.01	5.35
2011-06	6.27	8.16	5.04	5.48
2011-09	9.09	6.96	6.65	6.56
2011-12	9.61	5.77	7.23	7.17
2012-03	7.22	9.45	7.11	5.99
2012-06	9.73	5.68	5.79	5.25
2012-09	5.29	6.08	5.34	4.59
2012-12	5.66	6.23	4.80	4.90
2013-03	4.90	5.20	4.60	4.60
2013-06	4.80	6.10	4.70	4.90
2013-09	6.60	7.20	5.10	5.50
2013-12	7.20	8.50	5.30	6.30
2014-03	6.90	7.10	4.80	5.00
2014-06	5.60	6.20	5.30	4.80
2014-09	5.20	6.50	5.10	4.90
2014-12	5.00	6.50	5.20	4.80
2015-03	5.14	7.04	5.42	5.41
2015-06	4.15	5.16	3.74	3.45
2015-09	3.83	4.41	3.48	3.32
2015-12	3.39	3.41	3.32	3.26
2016-03	3.38	5.19	3.02	2.89
2016-06	3.26	5.33	2.88	3.07
2016-09	2.97	5.20	2.71	2.76
2016-12	3.23	5.45	2.88	2.95
2017-03	4.06	5.55	3.84	4.29
2017-06	4.94	5.31	4.13	4.41
2017-09	4.69	5.20	4.48	4.20
2017-12	4.77	5.66	4.64	4.35

资料来源：Wind 资讯。

表1-30　　　　　　　　　　不同票据利率的相关系数

	银行承兑汇票贴现利率	商业承兑汇票贴现利率	票据买断转贴现利率	票据回购转贴现利率
银行承兑汇票贴现利率	—	—	—	—
商业承兑汇票贴现利率	0.745768***	—	—	—
票据买断转贴现利率	0.878288***	0.786445***	—	—
票据回购转贴现利率	0.905038***	0.857690***	0.914890***	—

资料来源：根据Wind资讯数据计算。

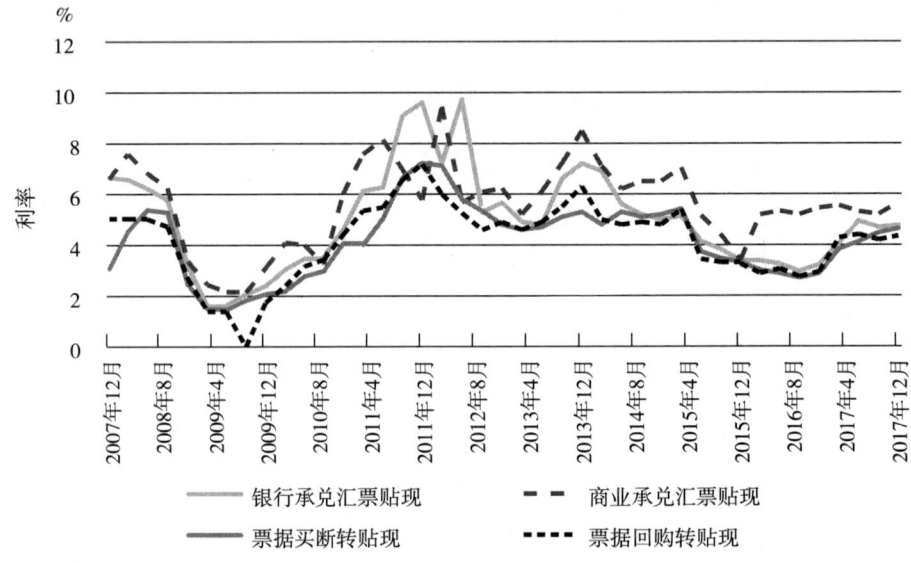

资料来源：根据Wind资讯绘制。

图1-13　广西票据交易市场利率

如图1-14所示，在2012年上半年（2012年第二季度）之前，银行承兑汇票贴现利率与地区生产总值累计同比增长率之间的反方向变动特征比较明显，在5%显著水平判断两者的相关系数为-0.565047，银行承兑汇票贴现利率的逆周期特征相对显著。在2012年下半年（2012年第三季度）之后，银行承兑汇票贴现利率与地区生产总值累计同比增长率之间的同方向变动特征比较明显，在1%显著水平判断两者的相关系数为0.567568，银行承兑汇票贴现利率的顺周期特征相对显著。

为了进一步确认票据市场利率的顺周期或者逆周期特征，课题组采用HP滤波（Hodrick-Prescott filter）方法，分别将2007年第四季度至2017年第四季度广西票据交易市场上的银行承兑汇票贴现利率以及广西地区生产总值累计同比增长率这两个时间序列所包含的趋势成分（trend component）和周期成分（periodic component）逐项剥离出来。其中，HP滤波法的平滑参数是根据Ravn和Uhlig（2002）加以确定，即以季度为频率的时间序列对应的平滑参数为1600。于是，如图1-15所示，经过HP滤波之后，2007年第一季度至2012年第二季度银行承兑汇票贴现利率与地区生产总值累计同比增长率的周期成分呈现比较明显的反方向变动特征。换言之，票据交易市场利率变动可能是逆周期的。2012年第三季度至2017年第四季度银行承兑汇票贴现利率与地区生产总值累计同比增长率的周期成分呈现比较明显的同方向变动特征。换言之，票据交易市场利率变动可能是顺周期的。

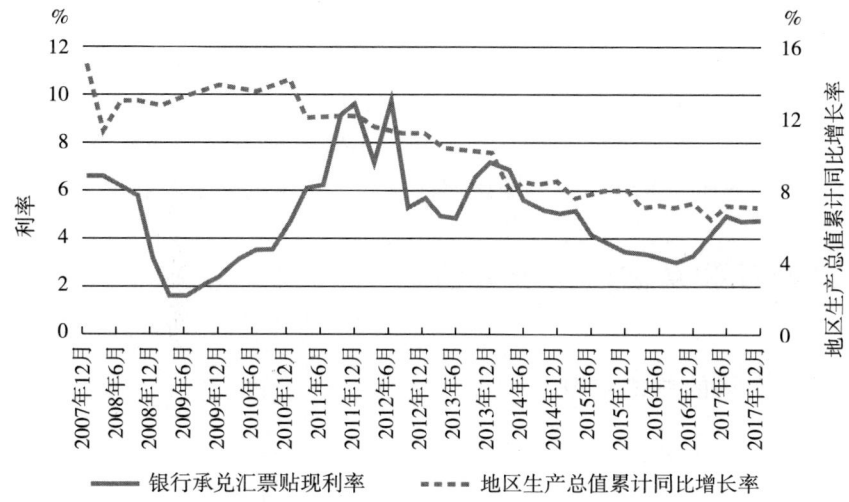

资料来源：根据 Wind 资讯绘制。

图 1-14　广西票据交易市场利率与经济增长率的变动情况

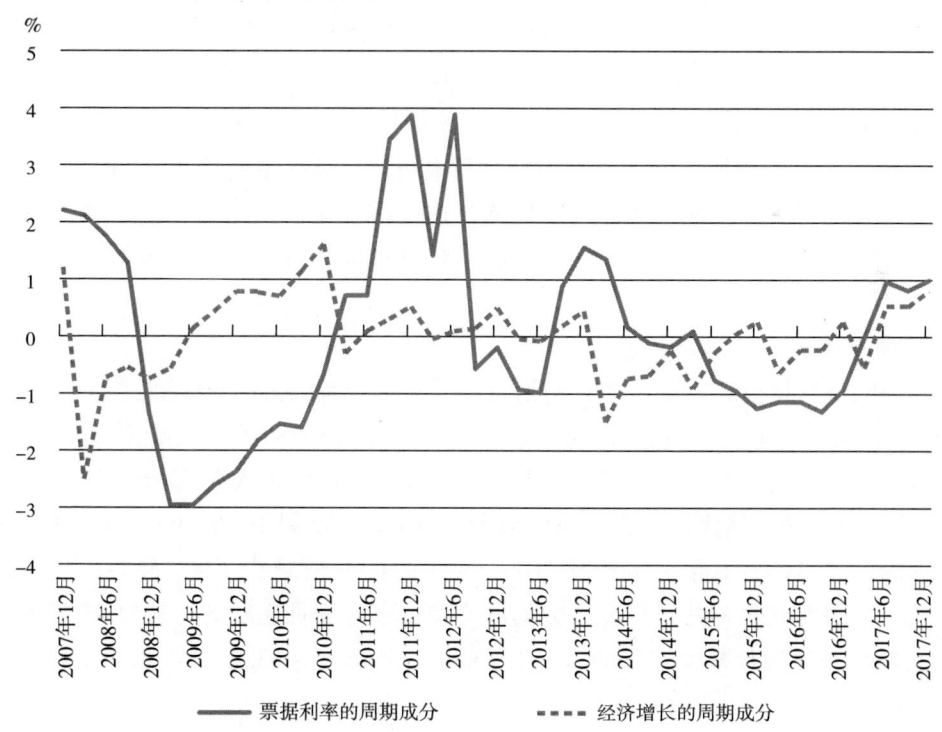

资料来源：根据 Wind 资讯数据计算并绘制。

图 1-15　经过 HP 滤波后得到指标变量的周期成分

一般情况下，市场机制自发调节的结果将会是利率呈现顺周期性。当经济增长率上升时，居民消费、企业投资、政府消费、产品或服务出口等相应增加，总需求增加，市场对资金的需求增多，市场利率上升；当经济增长率下降时，居民消费、企业投资、政府消费、产品或服务出口等相应减少，总需求减少，市场对资金的需求减少，市场利率下降。但是，在宏观调控作用下，中央银行可能采取措施降低利率以刺激经济增长，或者提高利率以抑制经济过快增长。所以，市场利率与经济增长率之间呈正相关或者负相关关系，取决于市场机制作用与宏观政策调控之间的强弱对比。当市场机制作用较强时，利率的顺周期性较强，逆周期性较弱，于是利率主要表现为顺周期的特征。当宏观政策调控较强时，利率的逆周期性较强，顺周期性较弱，于是利率主要表现为逆周期的特征。

五、广西互联网信贷市场分析

（一）网贷市场的总体状况

网络贷款是互联网经济的新生事物，是基于电子商务而兴起的互联网具体应用之一。借助互联网优势，借款人足不出户就可以高效率地完成申请借款的各项程序并获得资金，简单快捷；放款人则可以获得比传统银行信贷更高的年化收益率，被视为理财新途径。网络贷款可以促进实体经济发展，尤其是缓解中小微企业和居民个人的短期资金压力。但是，网络贷款本身存在的一些先天缺陷也会影响金融市场乃至实体经济的稳定。例如，网络贷款不需要抵押品，信用风险大，而且交易的虚拟性使得借贷双方的资信状况难以认证，容易诱发欺诈或者违约，监管难度也会相应地增大。另外，在信息不对称（asymmetric information）的环境下，如果网络贷款利率越高，那么逆向选择（adverse selection）问题可能就会越严重。当然，尽管网络贷款存在一些不足，但是这种金融创新还是取得了较快的发展，尤其是年轻人的金融消费需求旺盛，成为推动网络贷款快速发展的重要力量。

1. 国内P2P借款人数波动较大

在各种网络贷款模式当中，P2P网络贷款模式是最常见的，也是发展最快的。如图1-16所示，国内P2P的每月借款人数从2014年1月的3.78万人增加至2017年11月的520.77万人。仅仅用了4年时间，国内P2P的每月借款人数就增多了136.77倍（520.77÷3.78-1）。然而，该指标随后减少至2018年12月的267.96万人，仅仅用了1年时间，国内P2P的每月借款人数比2017年11月的峰值减少了48.55%，减少将近一半。事实上，国内P2P的每月借款人数的同比增长率是逐月递减的，从2015年1月的同比增长率405.29%逐步减少至2018年12月的同比增长率-43.73%，如图1-17所示。

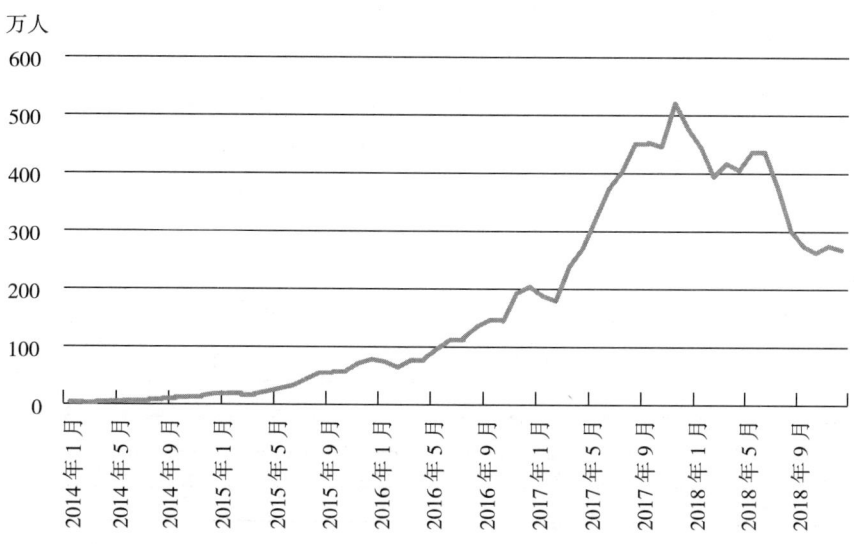

资料来源：Wind 资讯。

图 1-16 国内 P2P 的每月借款人数

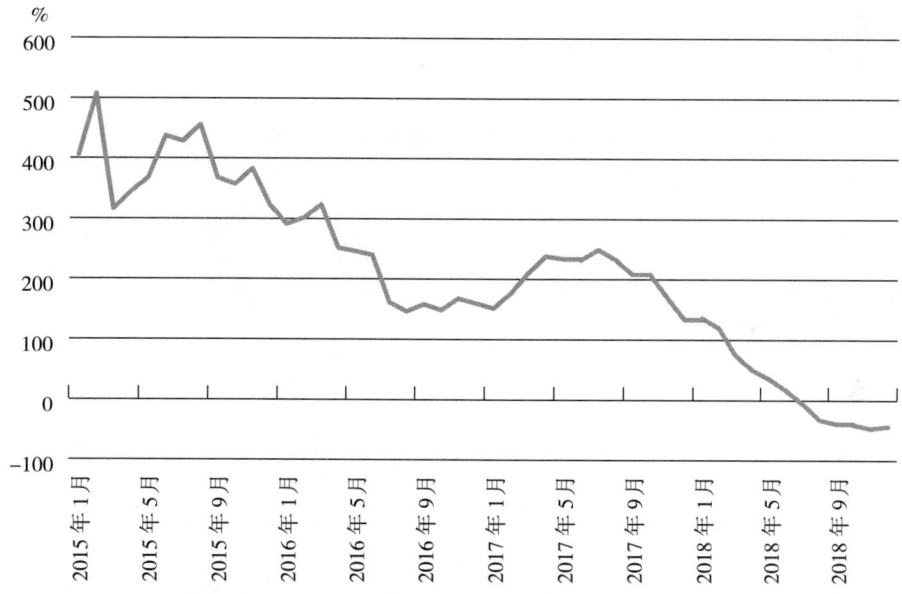

资料来源：根据 Wind 资讯计算。

图 1-17 国内 P2P 的每月借款人数的同比增长率

如图 1-18 所示，国内 P2P 的每月投资人数从 2014 年 1 月的 17.13 万人增加至 2017 年 11 月的峰值 454.10 万人，用 4 年时间增长倍 25.51（454.10÷17.13-1）。然后，该指标在 2018 年 12 月减少至 235.16 万人，比 2017 年峰值缩减 48.21%。换言之，每月投资人数在 1 年时间里缩减了将近一半。

如图 1-20 所示，2014 年 1 月至 2017 年 8 月，国内 P2P 的每月投资人数超过借款人数。其中,2014年上半年至2015年上半年,国内P2P的每月投资与每月借款人数的差值不断扩大,投资者情绪表现乐观;2015年下半年至2016年下半年,国内P2P的每月投资与每月借款人数的差值保持基本稳定,投资者情绪表现平稳;从2017年开始,国内P2P的每月投资与每月借款人数的差值以较快的速度缩小,投资者情绪表现偏负面。

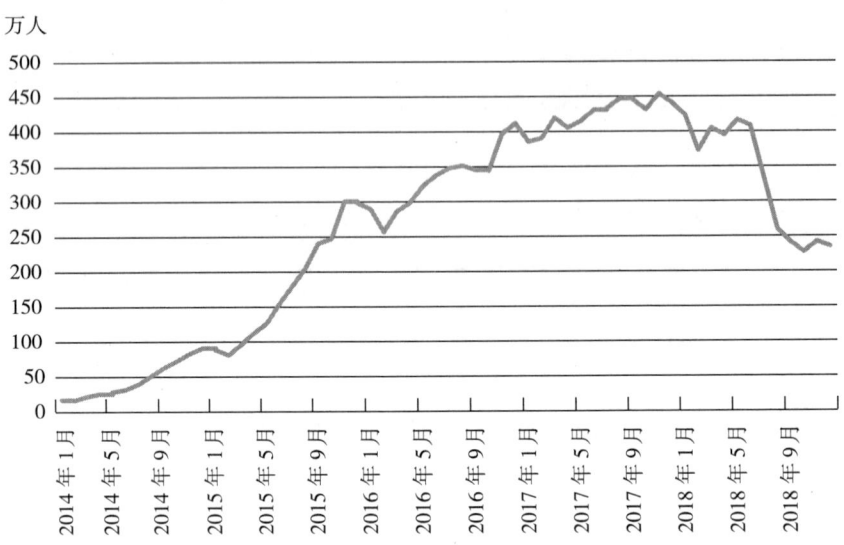

资料来源:Wind资讯。

图1-18 国内P2P的每月投资人数

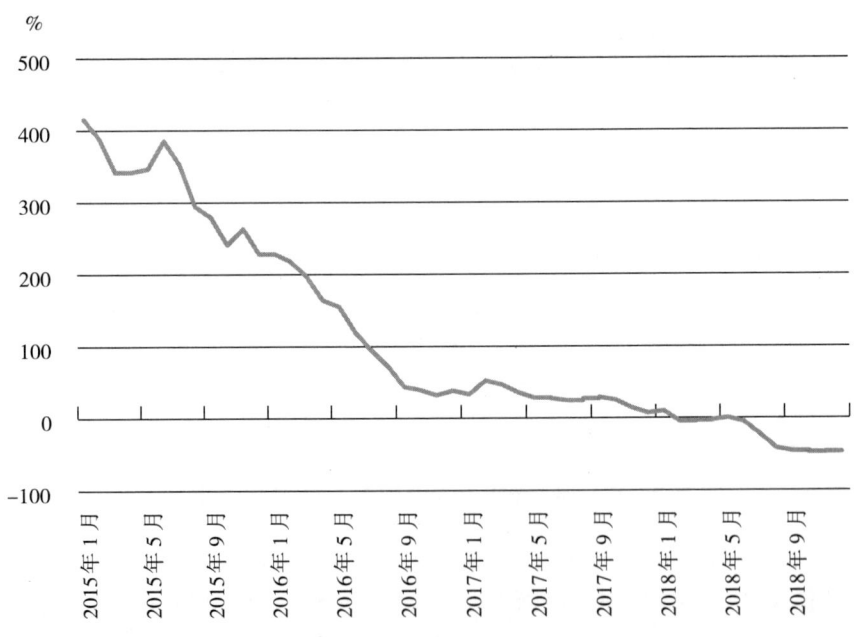

资料来源:根据Wind资讯计算。

图1-19 国内P2P的每月借款人数的同比增长率

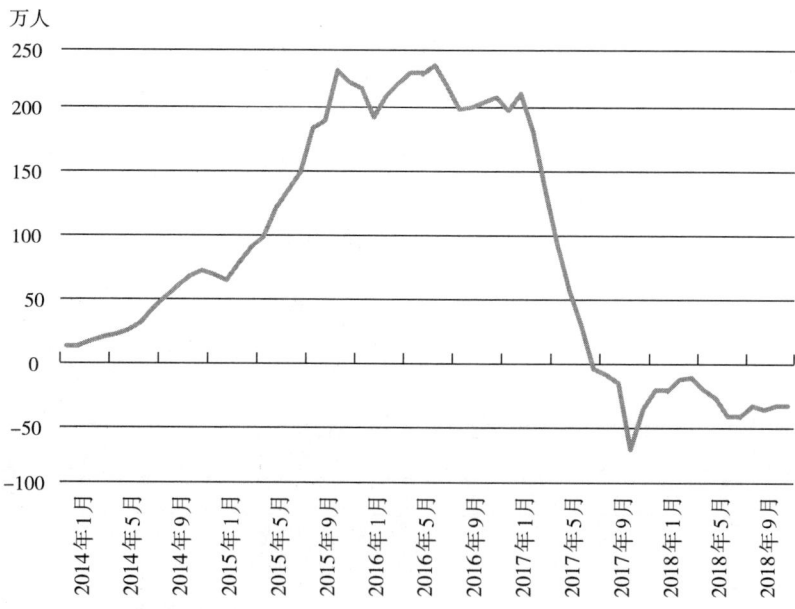

资料来源：根据 Wind 资讯计算。

图 1-20　国内 P2P 的每月投资人数减借款人数之差

2. 国内 P2P 交易金额波动较大

如图 1-21 所示，国内 P2P 的每月交易金额从 2014 年 1 月的 1.18 百亿元增加至 2017 年 7 月的 25.37 百亿元。仅仅用了 3 年半的时间，国内 P2P 的每月交易金额就增多了 20.5 倍（25.37÷1.18-1）。然而，该指标随后减少至 2018 年 12 月的 10.60 百亿元，仅仅用了 1 年半的时间，国内 P2P 的每月交易金额比 2017 年 7 月的峰值减少了 58.22%，减少将近六成。事实上，国内 P2P 的每月借款人数的同比增长率呈现出先逐月递增后逐月递减的变动过程，从 2015 年 1 月的同比增长率 204.06% 逐步增加至 2015 年 10 月的同比增长率 345.86%，随后减少至 2018 年 12 月的同比增长率 52.84%，如图 1-22 所示。

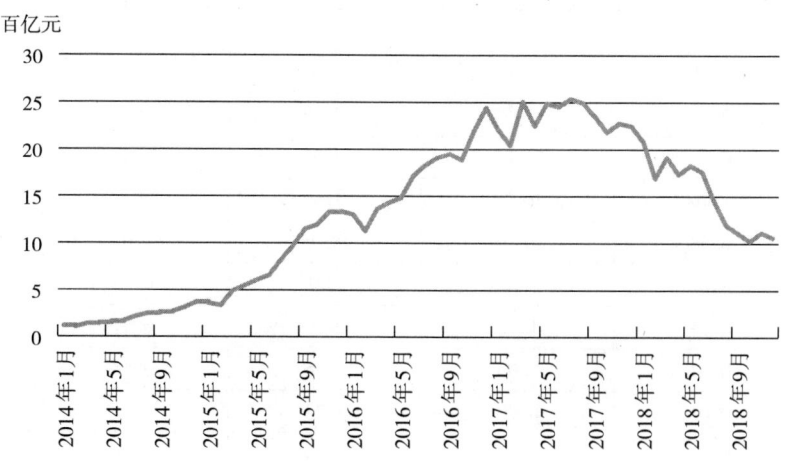

资料来源：Wind 资讯。

图 1-21　国内 P2P 的每月交易金额

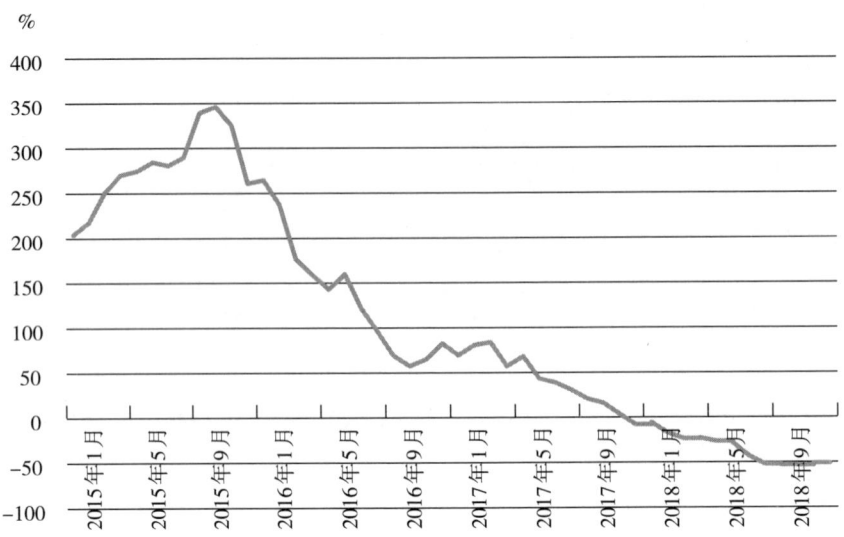

资料来源：根据 Wind 资讯计算。

图 1-22　国内 P2P 的每月交易金额的同比增长率

3. 国内 P2P 地区集中度较大

P2P 交易相对集中在北京、上海和广东等少数东部沿海发达地区。如表 1-31 和表 1-32 所示，北京、上海、广东是 P2P 每月借款人数最多的地区，三地的每月借款人数占比之和从 2014 年 1 月的 82.27% 增大至 2018 年 12 月的 84.64%。北京、上海、广东也是 P2P 每月交易金额最多的地区，三地的每月交易金额占比之和从 2014 年 1 月的 59.47% 增大至 2018 年 12 月的 81.82%。在 2018 年 12 月，八成的借款人数和交易金额都集中于北京、上海、广东三地，由此可见，经过一段时间的发展之后，P2P 的市场集中度越来越高。

表 1-31　各地区 P2P 每月借款人数及占比的变动情况

地区	2014 年 1 月		2018 年 12 月		占比变动（%）
	人数（万人）	占比（%）	人数（万人）	占比（%）	
广东	0.44	11.64	51.43	19.19	7.55
北京	0.91	24.07	71.29	26.62	2.53
上海	1.76	46.57	104.11	38.85	-7.71
浙江	0.38	10.05	18.95	7.07	-2.98
江苏	0.07	1.85	1.21	0.45	-1.40
山东	0.05	1.32	0.20	0.07	-1.25
四川	0.04	1.06	1.55	0.58	-0.48
湖北	0.03	0.79	3.24	1.21	0.42
其他	0.10	2.65	15.98	5.96	3.32

资料来源：根据 Wind 资讯计算。

表1-32　　　　　　各地区P2P每月交易金额及占比的变动情况

地区	2014年1月		2018年12月		占比变动（%）
	金额（亿元）	占比（%）	金额（亿元）	占比（%）	
广东	41.38	35.16	229.59	21.66	-13.51
北京	14.33	12.18	342.15	32.27	20.10
上海	14.27	12.13	295.68	27.89	15.76
浙江	24.74	21.02	112.91	10.65	-10.37
江苏	5.41	4.60	4.58	0.43	-4.17
山东	3.63	3.08	4.58	0.43	-2.65
四川	2.54	2.16	1.78	0.17	-1.99
湖北	2.28	1.94	4.07	0.38	-1.55
其他	9.10	7.73	64.83	6.12	-1.62

资料来源：根据Wind资讯计算。

4. 国内P2P平均借款期限略有延长

如图1-23所示，2014年1月至2018年12月上海地区的P2P平均借款期限最长，平均期限约为17.21个月；北京地区的P2P平均借款期限仅次于上海，排名第2，平均期限约为11.84个月；浙江、江苏、山东、四川、湖北等地区的平均期限都比较接近，为3~5个月。而且在图1-20中，曲线簇大致呈现了略微向上倾斜的态势，说明平均借款期限略有延长。具体而言，2014年1月至2018年12月，各地区平均借款期限的算术平均值介于5~10个月。

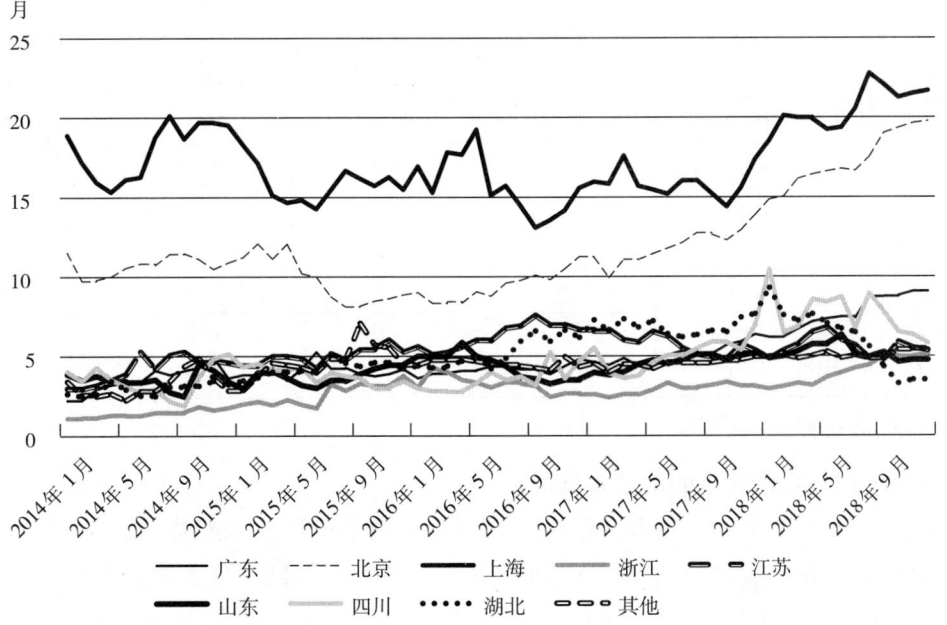

资料来源：Wind资讯。

图1-23　各地区P2P平均借款期限

5. 国内P2P待还余额的信用风险日益集中

如表1-33所示,北京、上海、广东等少数东部沿海发达地区的P2P待还余额较多,风险相对集中于这三个地区。在2014—2018年,北京、上海、广东三地P2P待还余额合计值从729.19亿元增加至6930.25亿元,四年时间里待还余额扩大了8.5倍。北京、上海、广东三地P2P待还余额占比从70.38%增加至87.85%,占比提高了将近18个百分点。P2P的风险集中度明显上升。

表1-33　　　　　　各地区P2P待还余额及占比的变动情况

待还余额的变动情况（单位：亿元）					
地区	2014年	2015年	2016年	2017年	2018年
广东	267.62	729.84	1461.72	1842.76	1163.63
北京	271.87	1383.20	2179.73	3820.34	3321.19
上海	189.67	638.15	1605.63	2858.90	2445.43
浙江	79.97	334.71	625.90	936.80	532.14
江苏	60.04	177.39	236.00	176.45	56.16
山东	34.04	247.40	144.64	80.63	28.67
四川	19.36	23.47	44.05	47.15	14.26
湖北	20.26	43.60	73.80	103.75	33.79
其他	93.17	304.15	423.64	550.90	294.38
占比的变动情况（单位:%）					
地区	2014年	2015年	2016年	2017年	2018年
广东	25.83	18.80	21.51	17.69	14.75
北京	26.24	35.63	32.08	36.67	42.10
上海	18.31	16.44	23.63	27.44	31.00
浙江	7.72	8.62	9.21	8.99	6.74
江苏	5.80	4.57	3.47	1.69	0.71
山东	3.29	6.37	2.13	0.77	0.36
四川	1.87	0.60	0.65	0.45	0.18
湖北	1.96	1.12	1.09	1.00	0.43
其他	8.98	7.85	6.23	5.3	3.73

资料来源：根据Wind资讯计算。

6. 国内P2P综合利率的地区差异缩小

如表1-34和图1-24所示,各地区P2P综合利率呈现收敛趋势。2014年,山东省P2P综合利率最高,达到23.31%;上海市P2P综合利率最低,仅为11.83%;极差值是11.48%。2018年,四川省P2P综合利率最高,达到11.71%;浙江省P2P综合利率最低,仅为9.11%;极差值是2.60%。从总体上看,2014—2018年各地区P2P综合利率的极差正在不断地缩小,相应的变异系数从23.02%减小至8.68%。

表 1-34　　　　　　　　　各地区 P2P 综合利率的变动情况　　　　　　　　单位:%

地区	2014 年	2015 年	2016 年	2017 年	2018 年
广东	15.32	12.19	10.53	9.63	10.05
北京	13.49	11.87	9.99	9.59	10.45
上海	11.83	10.96	8.35	9.40	10.39
浙江	17.25	12.10	9.81	8.82	9.11
江苏	21.39	13.42	9.45	9.13	10.64
山东	23.31	16.46	11.91	10.03	9.33
四川	16.00	13.38	12.92	11.07	11.71
湖北	18.50	16.15	12.23	11.28	11.51
其他	22.93	15.96	11.44	10.47	9.67
均值	17.78	13.61	10.74	9.94	10.32
标准差	4.09	2.08	1.49	0.85	0.90
变异系数	23.02	15.27	13.85	8.56	8.68

资料来源：Wind 资讯。

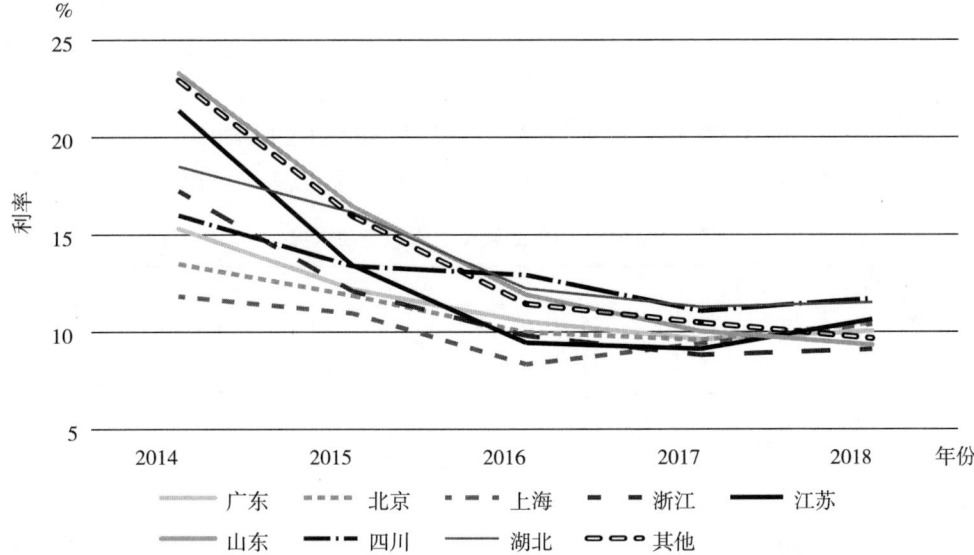

资料来源：Wind 资讯。

图 1-24　各地区 P2P 综合利率

7. 国内 P2P 平台数量波动较大且地区分布相对集中

如图 1-25 所示，国内 P2P 平台数量从 2014 年的 2290 个增加至 2015 年的 3543 个，然后减少至 2018 年的 1086 个。国内 P2P 平台数量极差达到 2457 个，变异系数约为 36.98%。

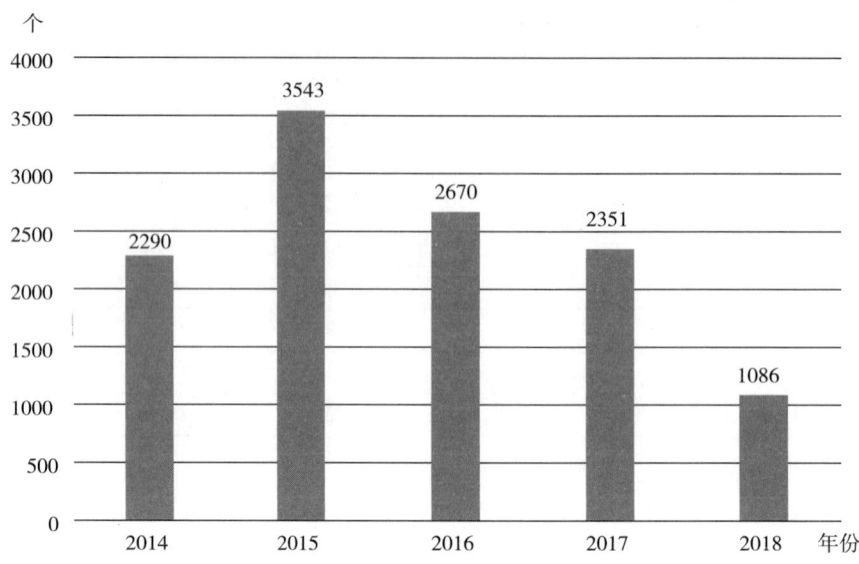

资料来源：Wind 资讯。

图 1-25　国内 P2P 平台数量

近年来，虽然国内 P2P 平台总量有所减少，但是从区域集中度来看，北京、上海、广东等少数地区的 P2P 平台集中度优势却获得进一步地巩固。2014—2018 年，北京、上海、广东三地的 P2P 平台数量从 1022 个减少至 594 个，三个地区的 P2P 平台规模数量减少了 41.88%。然而，三个地区的 P2P 平台数量占比却从 2014 年的 44.63% 增加至 2018 年的 54.70%，增加了 10.07 个百分点。可见，国内 P2P 平台的区域集中度得到进一步增强。

表 1-35　　　　　　　　各地区 P2P 平台数量及占比的变动情况

平台数量的变动情况（单位：个）					
地区	2014 年	2015 年	2016 年	2017 年	2018 年
广东	471	664	500	435	248
北京	325	537	482	403	228
上海	226	428	366	347	118
浙江	213	315	308	361	87
江苏	89	141	104	82	30
山东	222	341	135	92	42
四川	89	77	52	41	22
湖北	76	123	78	63	31
其他	579	917	645	527	280
占比的变动情况（单位:%）					
地区	2014 年	2015 年	2016 年	2017 年	2018 年
广东	20.57	18.74	18.73	18.50	22.84
北京	14.19	15.16	18.05	17.14	20.99
上海	9.87	12.08	13.71	14.76	10.87
浙江	9.30	8.89	11.54	15.36	8.01

续表

占比的变动情况（单位:%）					
地区	2014年	2015年	2016年	2017年	2018年
江苏	3.89	3.98	3.90	3.49	2.76
山东	9.69	9.62	5.06	3.91	3.87
四川	3.89	2.17	1.95	1.74	2.03
湖北	3.32	3.47	2.92	2.68	2.85
其他	25.28	25.89	24.14	22.42	25.78

资料来源：根据 Wind 资讯计算。

8. 国内 P2P 问题平台呈现短期集聚的特征

如图 1-26 所示，国内各地区 P2P 问题平台比较集中地出现在 2014 年下半年至 2016 年上半年，以及 2018 年年中。如图 1-27 所示，国内各地区 P2P 转型平台及停业平台的数量也存在着短期集聚的波动特征，但是该波动特征却稍微弱于国内各地区 P2P 问题平台数量的波动特征。在这些时间，为了防范重大金融风险，维护金融市场的稳定，监管部门先后出台《关于促进互联网金融健康发展的指导意见》（银发［2015］221 号）、《互联网金融风险专项整治工作实施方案》（国办发［2016］21 号）、《关于印发 P2P 网络借贷风险专项整治工作实施方案的通知》（银监发［2016］11 号）、《关于做好 P2P 网络借贷风险专项整治整改验收工作的通知》（网贷整治办函［2017］57 号］）、《关于开展 P2P 网络借贷机构合规检查工作的通知》（网贷整治办函［2018］63 号）、《关于开展 P2P 网络借贷机构风险摸排检查与制定风险处置预案有关工作的通知》（整治办函［2018］105 号）、《关于做好网贷机构分类处置和风险防范工作的意见》（整治办函［2018］175 号）等文件。

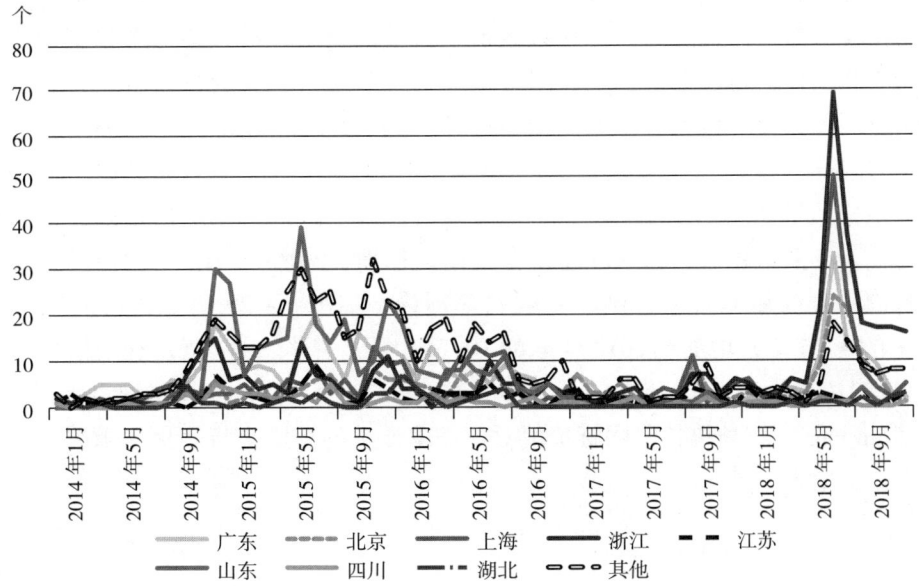

资料来源：Wind 资讯。

图 1-26　各地区 P2P 问题平台数量

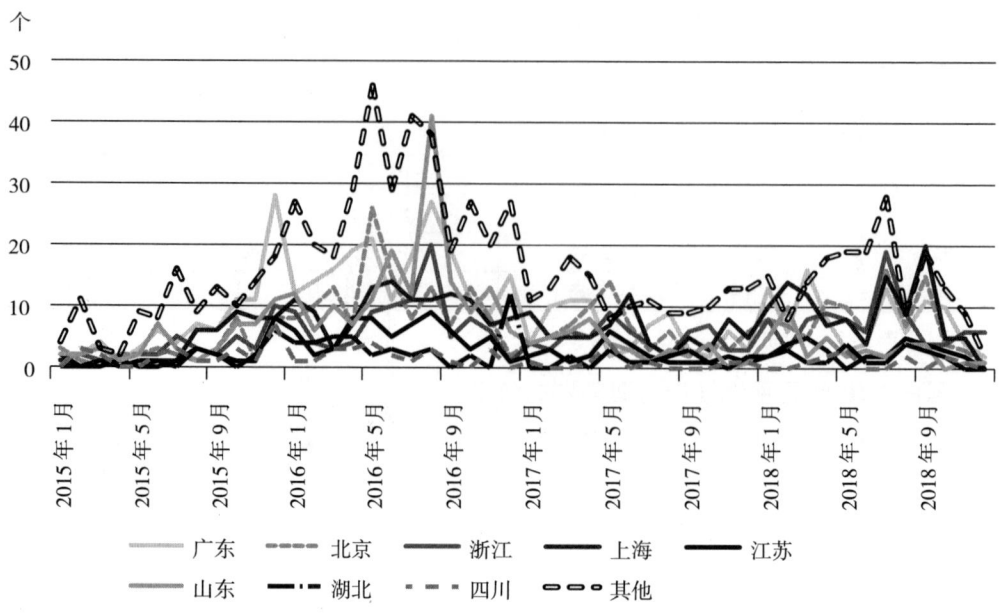

资料来源：Wind 资讯。

图 1-27　各地区 P2P 转型平台及停业平台的数量

（二）广西网贷发展状况

1. 广西网贷指数

与全国市场情况相似，广西网贷市场波动也比较明显，而且包括利率期限结构方面的潜在风险也需要得到重视。一方面，广西网贷人气指数波动较大。在网贷市场上，人气指数是指每天参与网贷的人数。指数数值越大，网贷市场每天参与人数就越多，市场就越活跃。相反地，指数数值越小，网贷市场每天参与人数就越少，市场就越冷清。如图 1-28 所示，2015—2018 年各个年末的人气指数分别是 3722 人、1608 人、4431 人、1710 人，相应的年度增长率分别是 -56.80%、175.56%、-61.41%。另一方面，广西网贷期限结构不尽合理，有可能存在一定程度的风险。根据期限结构理论，在其他条件不变的情况下，期限越长，利率可能就会越高。然而，2015—2018 年广西网贷市场的利率期限结构的表现却不同于经典的一般利率理论。如图 1-29 所示，广西期限指数从 2015 年末的 4.45 个月增加至 2018 年末的 10.71 个月，增长 2.41 倍。利率指数则从 2015 年末的 11.51% 减少至 2018 年末的 8.18%，减少 3.33 个百分点。在这种情况下，广西网贷久期（duration）将被拉长，网贷价值对收益率波动的反应也将会更加敏感，因此网贷利率风险也就增大。

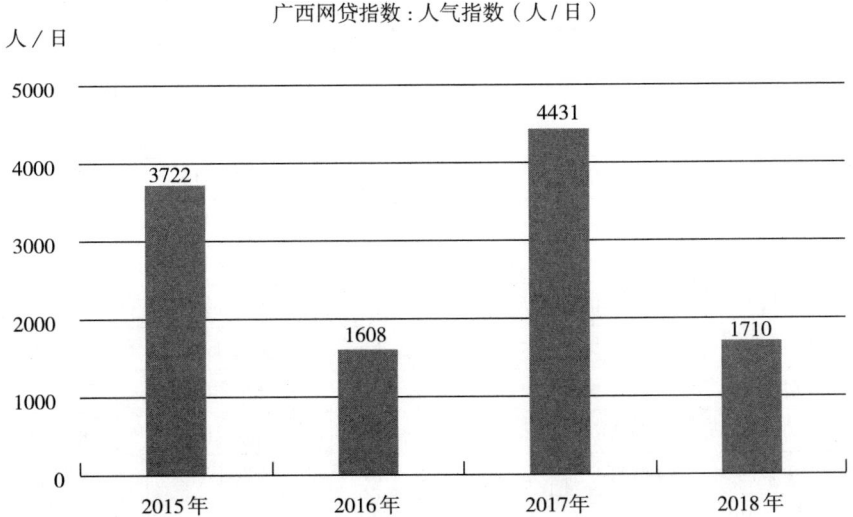

资料来源：Wind 资讯。

图 1-28　广西网贷人气指数

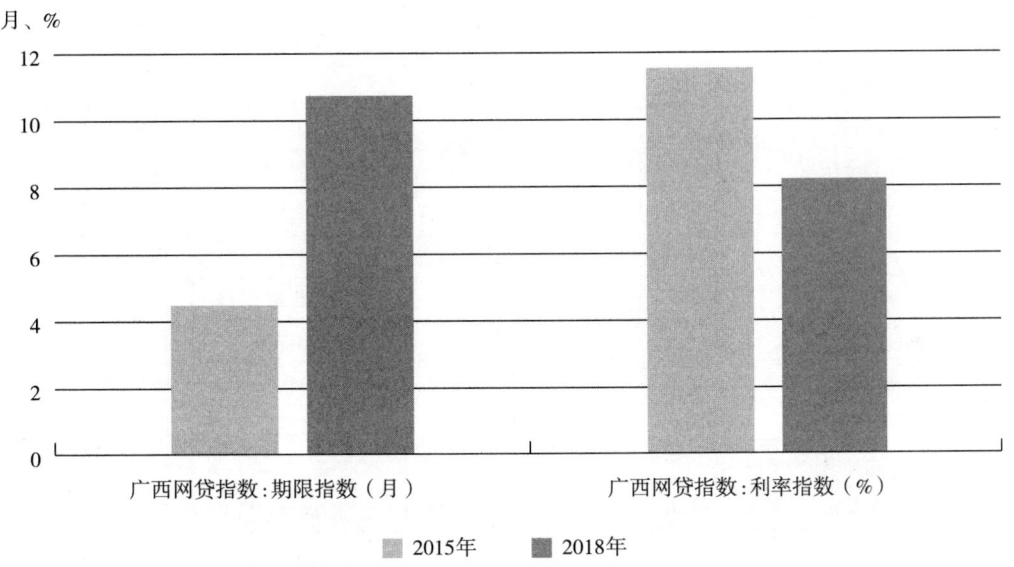

资料来源：Wind 资讯。

图 1-29　广西网贷期限指数、利率指数

2. 广西网贷平台发展状况

广西辖区内 P2P 平台发展状况不容乐观，问题平台较多，而且其中的大部分问题平台都是在南宁市注册的，P2P 信用风险相对集中。

表1-36　　　　　　　　　　广西辖区内P2P平台清单

运营的P2P平台（截至2019年5月）							
序号	平台名称	注册地	注册资本（万元）	序号	平台名称	注册地	注册资本（万元）
1	东盟贷	南宁市	1000	9	泛湾天域	南宁市	1000
2	小鹅网	南宁市	5000	10	乐助贷	南宁市	1000
3	聚信行	南宁市	10000	11	芝麻贷	南宁市	1050
4	钱盆网	南宁市	3000	12	牛牛易贷	南宁市	10000
5	投一投	南宁市	5000	13	全融网	南宁市	5000
6	连连赚	南宁市	3000	14	林海互联网金融	南宁市	10000
7	够力金融	柳州市	5000	15	众投网	南宁市	1000
8	要借钱网	柳州市	5000	16	海金汇	南宁市	10000
P2P问题平台（截至2019年5月）							
1	富本贷*	南宁市	—	28	蓝象金服*	南宁市	—
2	平易贷*	南宁市	—	29	桂融贷*	南宁市	—
3	富本速贷*	南宁市	—	30	建泰投资*	桂林市	—
4	同城人人贷*	南宁市	—	31	汇泰在线*	南宁市	—
5	兴利贷*	南宁市	—	32	桂e宝*	南宁市	—
6	保时通*	南宁市	—	33	微金投*	北海市	—
7	东盟金服*	南宁市	—	34	恩之汇*	南宁市	—
8	汇聚贷*	南宁市	—	35	铂宁贷*	南宁市	—
9	升财网*	桂林市	—	36	天宏投资*	南宁市	—
10	有钱贷*	贺州市	—	37	鹏旺投资*	南宁市	—
11	北部湾财富*	南宁市	—	38	承国财富*	桂林市	—
12	益农贷*	玉林市	—	39	车友信*	南宁市	—
13	学信贷*	南宁市	—	40	金左银右*	南宁市	—
14	龙途理财*	柳州市	—	41	福进财富*	梧州市	—
15	汇源财富*	南宁市	—	42	吉融网*	河池市	—
16	中信e贷*	南宁市	—	43	雅庭金服*	贵港市	—
17	老友贷*	南宁市	—	44	光晖财富*	南宁市	—
18	众力投融*	南宁市	—	45	臣中投资*	南宁市	—
19	发利网*	南宁市	—	46	八桂贷*	南宁市	—
20	聚恒贷*	桂林市	—	47	纳亨投资*	南宁市	—
21	广发财富	梧州市	—	48	拓普财富*	南宁市	—
22	嘉融贷*	南宁市	—	49	淘金城（雷人贷）*	玉林市	—
23	富民网贷*	南宁市	—	50	满地易贷*	南宁市	—
24	桂宾贷*	南宁市	—	51	给力贷*	—	—

续表

P2P 问题平台（截至 2019 年 5 月）					
25	稳得利*	南宁市	—	52	融洽财富*	南宁市	—
26	中汇通投资*	南宁市	—	53	御龙e贷*	柳州市	—
27	博源e贷*	南宁市	—	54	一休理财*	南宁市	—

资料来源：网贷天眼网站（http://www.p2peye.com/）。*代表问题平台。

六、广西银行业对外开放状况分析

1. 国内银行业开放与广西面向东盟的银行业开放

改革开放四十年来，中国金融领域开放的范围不断扩大，开放程度不断提升。1994年2月，国务院颁布了第一部全面规范外资银行在华经营活动的法规，即《中华人民共和国外资金融机构管理条例》。该管理条例明确规定外资银行的市场准入条件及监管标准。2001年，中国加入世界贸易组织（WTO）。中国政府根据向世界贸易组织的承诺，逐步开放国内金融市场，推出了一系列自主开放的政策措施，包括在2001年12月国务院修订《中华人民共和国外资金融机构管理条例》以及2014年12月颁布《国务院关于修改〈中华人民共和国外资银行管理条例〉的决定》等，逐步给予外资银行国民待遇。2004年，汇丰银行以战略投资者的身份参股交通银行，股份比例达到19.9%。随后，美国银行、瑞银集团、花旗银行、恒生银行、法国巴黎银行等外资金融机构分别参股中国建设银行、中国银行、广发银行、兴业银行和南京银行。

2008年国际金融危机之后，为了加强国际监管协调，防范跨境金融风险和银行业风险，监管部门加强了宏观调控，从而维护国内金融市场的稳定。随着国内外经济、金融环境逐渐企稳，特别是在2017年第五次全国金融工作会议之后，中国银行业明显地加快了开放步伐。《关于外资银行开展部分业务有关事项的通知》《关于规范银行业服务企业走出去 加强风险防控的指导意见》等政策文件陆续发布，旨在平稳、有序地加速和深化银行业双向开放。2017年11月，中国宣布实施内外一致的银行业股权投资比例规则，取消在中资银行中外资单一持股比例不超过20%、合计持股比例不超过25%的规定。2018年2月，根据《中国银监会关于修改〈中国银监会外资银行行政许可事项实施办法〉的决定》，外资银行不仅在许可条件和程序上能够与中资商业银行保持最大限度的一致，而且也能够进一步扩大在华开展业务的范围。例如，包括外资银行代客境外理财托管业务、开办代客境外理财业务、被清算外资金融机构提取生息资产业务、证券投资基金托管业务等一部分外资银行业务由审批制修改为报告制。合并外资银行支行筹建及开业审批程序，只保留外资银行支行开业审批程序。优化外资银行募集发行资本补充工具及债务工具的条件。外资银行在华高管人员在同质同类外资银行之间改任较低职务或者平级调动，由事前核准改为备案制，从而进一步简化外资银行在华高管资格的审核程序。

截至2018年12月,国内银行业金融机构法人、外国银行分行、港澳台银行分行等共计103家(不包括城商行、信托、农村金融机构、金融租赁、财务公司、消费金融、汽车金融等机构),如表1-37所示。其中,外资银行机构41家。从统计数据上看,虽然近年来外资进入国内银行业的步伐正在加快,但是其所占市场比重还比较小,发展的空间还比较大。根据杨凯生(2018)的估计,国际金融危机之后,外资银行在国内市场的资产占比不足2%。

表1-37 国内银行业金融机构法人、外国银行分行、港澳台银行分行名单

开发性金融机构(1家)	国有大型银行(6家)	股份制银行(12家)		金融资产管理公司(4家)
国家开发银行	工商银行	中信银行	平安银行	华融资产管理公司
政策性银行(2家)	农业银行	光大银行	广发银行	长城资产管理公司
中国进出口银行	建设银行	招商银行	兴业银行	东方资产管理公司
中国农业发展银行	中国银行	浦发银行	渤海银行	信达资产管理公司
住房储蓄银行(1家)	交通银行	民生银行	浙商银行	—
中德住房储蓄银行	邮储银行	华夏银行	汇丰银行	—
民营银行(17家)				
天津金诚银行	上海华瑞银行	浙江网商银行	温州民商银行	前海微众银行
重庆富民银行	四川新网银行	北京中关村银行	吉林亿联银行	武汉众邦银行
威海蓝海银行	江苏苏宁银行	梅州客商银行	安徽新安银行	辽宁振兴银行
湖南三湘银行	福建华通银行	—	—	—
外资银行(41家)				
汇丰银行	东亚银行	南洋商业银行	恒丰银行	中信银行国际
华侨永亨银行	华商银行	韩亚银行	新韩银行	友利银行
企业银行	大华银行	星展银行	瑞穗银行	三井住友银行
首都银行	新联商业银行	盘谷银行	正信银行	永丰银行
澳大利亚和新西兰银行	巴黎银行	法国兴业银行	东方汇理银行	渣打银行
德意志银行	瑞士银行	花旗银行	摩根大通银行	华美银行
富邦华一银行	浦发硅谷银行	开泰银行	大新银行	国民银行
东方日联银行	玉山银行	摩根士丹利国际银行	蒙特利尔银行	国泰世华商业银行
彰化商业银行	—	—	—	—
货币经纪公司(5家)				
上海国际货币经纪	上海国利货币经纪	中诚宝捷思货币经纪	平安利顺国际货币经纪	天津信唐货币经纪
其他金融机构(14家)				
中央国债登记结算公司	汇达资产托管公司	中国信托业保障基金公司	中信百信银行	上海黄金交易所

续表

其他金融机构（14家）				
建信养老金管理公司	中国信托登记公司	建信金融资产投资公司	中银金融资产投资公司	外汇交易中心
交银金融资产投资公司	工银金融资产投资公司	山东城商行合作联盟	农银金融资产投资公司	—

资料来源：中国银行保险监督管理委员会。

截至2018年12月，国内已经开设68家信托公司、69家金融租赁公司，23家消费金融公司和25家汽车金融公司，如表1-38所示。

表1-38　　国内信托公司、租赁公司、消费金融公司和汽车金融公司名单

信托公司（68家）					
金谷国际信托	中诚信托	中粮信托	北京国际信托	中国对外经济贸易信托	英大国际信托
国民信托	中信信托	华鑫国际信托	中国民生信托	国际泰康信托	建信信托
上海国际信托	华澳国际信托	中泰信托	华宝信托	中海信托	安信信托
上海爱建信托	天津信托	北方国际信托	渤海国际信托	山西信托	华宸信托
新时代信托	吉林省信托	中融国际信托	江苏省国际信托	国联信托	苏州信托
紫金信托	杭州工商信托	万向信托	浙商金汇信托	中建投信托	安徽国元信托
兴业国际信托	中江国际信托	中航信托	山东省国际信托	中原信托	百瑞信托
交银国际信托	国通信托	湖南省信托	广东粤财信托	大业信托	东莞信托
重庆国际信托	新华信托	中铁信托	四川信托	云南国际信托	华能贵诚信托
西藏信托	长安国际信托	陕西省国际信托	西部信托	光大兴陇信托	五矿国际信托
华融国际信托	长城新盛信托	华信信托	昆仑信托	厦门国际信托	陆家嘴国际信托
华润深国投信托	平安信托	—	—	—	—
金融租赁公司（69家）					
邦银金租	北部湾金租	北银金租	长城国兴金租	长江联合金租	重庆鈊渝金租
佛山海晟金租	福建海西金租	甘肃兰银金租	工银金租	光大金租	广东粤财金租
广融达金租	贵阳贵银金租	国银金租	哈银金租	航天科工金租	河北省金租
河南九鼎金租	横琴华通金租	湖北金租	华融航运金租	华融金租	华夏金租
华运金租	徽银金租	冀银金租	吉林九银金租	建信金租	江南金租
江苏金租	江西金租	交银航空航运金租	交银金租	锦银金租	昆仑金租
洛银金租	民生金租	农银金租	浦银金租	前海兴邦金租	青岛青银金租
山东汇通金租	山东通达金租	山西金租	四川天府金租	苏银金租	苏州金租
太平石化金租	天银金租	皖江金租	西藏金租	信达金租	兴业金租
徐州恒鑫金租	永赢金租	渝农商金租	浙江稠州金租	浙江浙银金租	招银航空航运金租
招银金租	中国金租	中国外贸金租	中铁建金租	中信金租	珠江金租
天津国泰金租	中煤科工金租	厦门金租	—	—	—

续表

消费金融公司（23家）					
华融消金	北银消金	兴业消金	中邮消金	湖北消金	苏宁消金
盛银消金	海尔消金	晋商消金	中银消金	招联消金	四川锦程消金
捷信消金	杭银消金	马上消金	陕西长银消金	包银消金	中原消金
长银五八消金	河北幸福消金	哈银消金	尚诚消金	厦门金美信消金	—
汽车金融公司（25家）					
北京现代汽金	大众汽金（中国）	东风标致雪铁龙汽金	东风日产汽金	丰田汽金（中国）	福特汽金（中国）
华晨东亚汽金	瑞福德汽金	上海东正汽金	上海通用汽金	沃尔沃汽金（中国）	奇瑞徽银汽金
宝马汽金（中国）	梅赛德斯—奔驰汽金	广汽汇理汽金	三一汽金	一汽汽金	山东豪沃汽金
比亚迪汽金	菲亚特克莱斯勒汽金	吉致汽金	华泰汽金	天津长城滨银汽金	裕隆汽金（中国）
长安汽金	—	—	—	—	—

资料来源：中国银行保险监督管理委员会。

截至2018年12月，外资银行及港澳台银行分行在内地的分布情况如表1-39所示。其中，绝大多数的外资银行及港澳台银行分行都处于北京、上海、广州、深圳、青岛等东部发达省市。

表1-39　　　外资银行及港澳台银行分行在内地的分布情况

外资银行及港澳分行	内地分行分布	内地城市数量
创兴银行	广州、汕头、深圳	3
集友银行	厦门、深圳、福州	3
大众银行（香港）	深圳	1
南洋商业银行	北京、上海、广州、深圳、青岛、海口、大连、杭州、南宁、成都、汕头、无锡、合肥	13
星展银行	北京、广州、上海、天津、深圳、苏州、南宁、东莞	8
汇丰银行	北京、上海、广州、深圳、天津、厦门、济南、青岛、南京、杭州、苏州、昆明、重庆、成都、太原、西安、武汉、长沙、大连、合肥、郑州、宁波、哈尔滨、沈阳、东莞、唐山、无锡、扬州、长春	29
东亚银行	北京、成都、沈阳、大连、广州、杭州、武汉、南京、青岛、上海、深圳、西安、厦门、重庆、珠海、乌鲁木齐、苏州、天津、合肥、石家庄、郑州、长沙、哈尔滨、宁波、昆明、肇庆、佛山、惠州、中山、江门、东莞、湛江、清远、济南、无锡、福州、南宁	37

续表

外资银行及港澳分行	内地分行分布	内地城市数量
招商永隆银行	深圳、上海、广州	3
上海商业银行	深圳、上海	2
合作金库商业银行	苏州、天津、福州、长沙	4
台湾土地银行	上海、天津、武汉	3
第一商业银行	上海、成都、厦门	3
华南商业银行	深圳、上海、福州	3
中国信托商业银行	上海、广州、厦门、深圳	4
兆丰国际商业银行	苏州、宁波	2
台湾中小企业银行	上海、武汉	2
台湾银行	上海、广州、福州	3
大西洋银行	广东自贸试验区横琴分行	1
日本横滨银行	上海	1
日本山口银行	青岛、大连	2
日本三井住友银行	上海	1
日本名古屋银行	南通	1
韩国产业银行	上海、广州、北京、沈阳、青岛	5
韩国大邱银行	上海	1
韩国釜山银行	青岛	1
马来西亚马来亚银行	上海、北京、昆明、深圳	4
马来西亚联昌银行	上海	1
泰国泰京银行大众	昆明	1
印度国家银行	上海	1
印度爱西爱西爱银行	上海	1
印度巴鲁达银行	广州	1
印度同心银行	上海	1
印度尼西亚曼底利银行	上海	1
巴基斯坦哈比银行	乌鲁木齐	1
科威特国民银行	上海	1
埃及国民银行	上海	1
奥地利奥合国际银行	北京	1
比利时联合银行	上海	1
荷兰合作银行	上海、北京	2
荷兰安智银行	上海、北京	2
荷兰银行	上海	1
英国巴克莱银行	上海	1

续表

外资银行及港澳分行	内地分行分布	内地城市数量
法国外贸银行	上海、北京	2
德国北德意志州银行	上海	1
德国商业银行	上海、北京	2
意大利裕兴银行	上海	1
意大利联合圣保罗银行	上海	1
意大利西雅那银行	上海	1
西班牙桑坦德银行	上海、北京	2
西班牙对外银行	上海	1
瑞士信贷银行	上海	1
北欧银行瑞典有限公司	上海	1
瑞典北欧斯安银行	上海	1
瑞典银行	上海	1
瑞典商业银行公共有限公司	上海	1
俄罗斯外贸银行公众股份公司	上海	1
挪威银行公共有限公司	上海	1
美国建东银行	厦门	1
美国富国银行	上海、北京	2
美国银行	上海、广州、北京	3
美国纽约梅隆银行	上海、北京	2
美国道富银行	北京	1
美国北美信托	北京	1
加拿大丰业银行	广州、重庆、上海、北京	4
巴西银行	上海	1
澳大利亚澳洲联邦银行公众股份公司	上海、北京	2
澳大利亚国民银行	上海、北京	2
澳大利亚西太平洋银行	北京、上海	2
大丰银行	上海	1
澳门国际银行	广州	1
阿联酋联合国民银行公开合股公司	上海	1
摩洛哥外贸银行	上海	1
泰国汇商银行大众有限公司	上海	1

资料来源：中国银行保险监督管理委员会。

截至 2018 年 12 月，在东盟国家的 63 家代表性银行类机构中，有 16 家在中国设立分支机构（占比25.4%），有2家在南宁设立分支机构（占比3.2%），如表1-40所示。

表1-40 东盟十国具有代表性的银行类金融机构在中国的分布情况

序号	世界银行排名	国家	银行名称		在中国是否有分支机构（分行或代表处）	备注
1	95	马来西亚	Maybank	马来亚银行	是	上海、北京、昆明、深圳
2	154		Public Bank	大众银行	是	深圳
3	191		CIMB Group	联昌国际集团	否	
4	233		RHB Bank	拉希德侯赛因银行	否	
5	234		Hong Leong Bank	丰隆银行	否	
6	268		AMMB Holdings	大马投资	否	
7	271		Bank Rakyat	马来西亚人民银行	否	
8	471		Cagamas Berhad	马来西亚国家抵押公司	否	
9	516		Affin Bank	艾芬银行	否	
10	568		Alliance Bank Malaysia	大马安联银行	否	
11	605		BIMB Holdings	回教银行	否	
12	901		Bank Muamalat Malaysia	回教教义银行	否	
13	955		Malaysia Building Society	房屋信贷互助会	否	
14	183	印度尼西亚	Bank Mandiri	曼底利银行	是	上海
15	209		Bank Rakyat Indonesia（BRI）	印度尼西亚人民银行	否	
16	228		Bank Central Asia（BCA）	中亚银行	否	
17	229		Bank International Indonesia（BII）	印度尼西亚国际银行	是	北京、上海、宁波
18	230		Bank National Indonesia（BNI）	印度尼西亚国家银行	否	
19	320		Bank Danamon Indonesia（BDI）	印度尼西亚金融银行	否	
20	456		Panin Bank	泛印银行	否	
21	624		Bank Tabungan Negara（BTN）	印度尼西亚国家储蓄银行	否	
22	800		Bank BTPN	退休金储蓄银行	否	
23	814		Bank Mega	兆丰银行	否	
24	877		Bank BJB	BJB银行	否	
25	907		Bank Bukopin	普高宾银行	否	

续表

序号	世界银行排名	国家	银行名称		在中国是否有分支机构（分行或代表处）	备注
26	155	泰国	Bangkok Bank	盘谷银行	是	汕头、上海、厦门、北京、深圳
27	181	泰国	Siam Commercial Bank	泰国汇商银行	否	
28	184	泰国	Krung Thai Bank	泰京银行	是	昆明
29	202	泰国	Kasikornbank	泰华农民银行	是	北京、上海、深圳、昆明
30	247	泰国	Government Savings Bank	政府储蓄银行	否	
31	300	泰国	Bank of Ayudhya	大城银行	否	
32	381	泰国	Thanachart Bank	泰纳昌银行	否	
33	449	泰国	TMB Bank	泰国军人银行	否	
34	665	泰国	Kiatnakin Bank	甲那金银行	否	
35	866	泰国	Export-Import Bank of Thailand	泰国进出口银行	否	
36	886	泰国	TISCO Bank	铁士古银行	否	
37	917	泰国	Land and House Bank	土地银行	否	
38	—	泰国	Business Development Bank	泰国德富泰银行	是	汕头、北京、上海、广州
39	251	菲律宾	BDO Unibank	BDO 金融银行	是	北京
40	333	菲律宾	Metropolitan Bank and Trust Company	大都会银行及信托公司	是	北京、上海
41	386	菲律宾	Bank of the Philippine Islands	菲律宾群岛银行	否	
42	642	菲律宾	Rizal Commercial Banking Corporation（RCBC）	黎萨尔商业银行	否	
43	655	菲律宾	Security Bank	安存银行	否	
44	702	菲律宾	Union Bank of Philippines	菲律宾联合银行	否	
45	765	菲律宾	Philippine National Bank（PNB）	菲律宾国家银行	是	北京、深圳
46	986	菲律宾	Philtrust Bank	菲律宾信托银行	否	
47	992	菲律宾	EastWest Banking Corporation	菲律宾东西方银行	否	
48	—	菲律宾	Allied Commercial Bank	菲律宾新联商业银行	是	厦门、重庆

续表

序号	世界银行排名	国家	银行名称	在中国是否有分支机构（分行或代表处）	备注
49	58	新加坡	DBS Bank	星展银行	是	北京、天津、青岛、苏州、上海、杭州、东莞、深圳、广州、南宁、重庆、西安
50	74		Oversea Chinese Banking Corporation（OCBO）	华侨银行	是	北京、上海、厦门、天津、成都、广州、深圳、重庆、青岛、绍兴、苏州、珠海、佛山、惠州
51	80		United Overseas Bank	大华银行	是	北京、上海、广州、深圳、重庆、昆明、杭州、苏州、天津、沈阳、成都、厦门
52	676	文莱	Bank Islam Brunei Darussalam	伊斯兰文莱达鲁萨兰银行	否	
53	445	越南	Vietcombank	越南外贸银行	否	
54	503		Vietinbank	越南工商银行	否	
55	539		Bank for Investment and Development of Vietnam（BIDV）	越南投资发展银行	否	
56	747		Vietnam Eximbank	越南进出口银行	否	
57	783		Sacombank	越南西贡商信银行	是	南宁（代表处）
58	793		Techcombank	越南科技商业银行	否	
59	818		Asia Commercial Bank（ACB）	亚洲商业银行	否	
60	826		Military Bank	军事银行	否	
61	913		Maritime Bank	航海股份商业银行	否	
62	961		Vietnam International Bank（VIB）	越南国际银行	否	
63	982		Saigon Hanoi Bank（SHB）	西贡河内银行	否	

资料来源：中国银行保险监督管理委员会。

广西拥有"一带一路"的"五通"基本条件。"南宁渠道"成为中国与东盟之间政治、外交、经贸、人文等全方位、多层次、宽领域的合作交流渠道。广西银行业在面向东盟开放的过程中具有一定的比较优势。

第一，区位优势显著。广西是唯一与东盟海陆相连的省级行政区，东邻粤港澳，南濒北部湾，面向东南亚，背靠大西南，是西部陆海新通道、西南出海通道最便捷的枢纽，在建设面向东盟的金融开放门户方面具备独特的区位优势。

第二，国家战略叠加。广西北部湾经济区是对接"一带一路"倡议、中越两国"两廊一圈"框架合作备忘录①、中国—中南半岛经济走廊的核心区域。

第三，政策沟通便利。广西南宁不仅是中国—东盟博览会（CAEXPO）永久举办地，而且也是中国—东盟商务与投资峰会的举办地。截至2018年末，中国—东盟博览会已经在广西南宁连续举办15届，共有70多位（次）中外领导人、3100多位部长级贵宾出席。马来西亚、泰国、越南、柬埔寨、老挝、缅甸等东盟成员国在广西南宁设立总领事馆。南宁成为领事馆数量最多的国内8座城市之一。

第四，民间友好交往。截至2017年末，广西与世界五大洲35个国家共缔结106对友好城市，在全国各省、区、市中排名第四位。其中，广西各地市与东盟52个城市缔结友好城市。例如，2007年时任菲律宾达沃市市长的杜特尔特签署了该市与南宁市建立友好城市关系协议。

第五，设施联通顺畅。广西积极推动中欧班列（凭祥—河内）跨境集装箱运输班列运行常态化。广西北部湾港航线已经实现了东盟国家主要港口全覆盖，成为中国西部地区面向东盟国家的重要物流集散基地。广西已经开通东盟航线28条，实现与东盟十国的空中连通。中国—东盟信息港以及中越、中老、中缅等跨境陆缆、亚太2号（APCN2）国际海缆等为中国与东盟国家搭起了高速信息通道。

第六，经贸关系紧密。中马钦州产业园区、新加坡（广西南宁）综合物流产业园、中越跨境经济合作区、中泰（崇左）产业园区、"文莱—广西经济走廊"等一批中国东盟产业合作项目落户广西。2018年，广西进出口总额为4107亿元，其中与东盟的贸易额为2061亿元，占比50.2%。广西有超过58%的"走出去"企业以东盟为最主要投资目的地。

第七，金融合作深化。经过2013—2018年沿边金改，广西在创新跨境人民币业务、完善金融组织体系、培育发展多层次资本市场、推进保险市场发展、加快农村金融产品和服务方式创新、促进贸易投资便利化、加强金融基础设施建设的跨境合作、完善地方金融管理体制、建立金融改革风险防范机制、健全跨境金融合作交流机制等10个方面有显著成效，如表1-41所示。同时，广西还取得了12条可复制推广的金融改革经验，即人民币对东盟国家货币区域银行间交易平台、人民币对越南盾银行柜台挂牌"抱团定

---

① 2004年越南政府向中国政府提出了共建"两廊一圈"的提议，并在2004年10月写入《中越联合公报》。其中，两廊是指"昆明—老街—河内—海防—广宁"以及"南宁—谅山—河内—海防—广宁"经济走廊。一圈是指"环北部湾经济圈"。

价""轮值定价"模式、田东农村金融改革模式、广西经常项目跨境外汇资金轧差净额结算试点、广西边境贸易外汇收支差异化管理、试验区六市金融同城化、东兴市"三位一体"组合担保抵押信贷模式、跨境保险业务创新、全国首创"保险+期货"综合金融创新、中国—东盟（南宁）货币指数、全国首创公共资产负债管理智能云平台、"互市+金融服务"发展模式等。

表1-41　　　　　　　　广西沿边金改取得的成效与经验

序号	成效	可复制推广的经验
1	创新跨境人民币业务	人民币对东盟国家货币区域银行间交易平台
2	完善金融组织体系	人民币对越南盾银行柜台挂牌"抱团定价""轮值定价"模式
3	培育发展多层次资本市场	田东农村金融改革模式
4	推进保险市场发展	广西经常项目跨境外汇资金轧差净额结算试点
5	加快农村金融产品和服务方式创新	广西边境贸易外汇收支差异化管理
6	促进贸易投资便利化	试验区六市金融同城化
7	加强金融基础设施建设的跨境合作	东兴市"三位一体"组合担保抵押信贷模式
8	完善地方金融管理体制	跨境保险业务创新
9	建立金融改革风险防范机制	全国首创"保险+期货"综合金融创新
10	健全跨境金融合作交流机制	中国—东盟（南宁）货币指数
11	—	全国首创公共资产负债管理智能云平台
12	—	"互市+金融服务"发展模式

资料来源：广西政府网站。

目前，人民币不仅是中越边贸结算的主要货币，而且也是柬埔寨国家银行的外汇储备币种之一。2017年广西辖区内金融机构办理的跨境人民币结算金额大约是1.25千亿元。虽然广西的跨境人民币结算规模远远低于广东、北京、浙江、山东、福建等几个省市，但是依然超过重庆、四川、云南等大多数中部、西部省市，甚至超过了一些东部省市。

2. 广西银行业开放对区域经济发展的作用

现阶段，广西企业融资主要依靠信贷渠道。在银行业开放之后，不仅外资银行的准入门槛降低，而且外资银行在华业务范围也会得到进一步拓展。资金供给规模增大，产品创新加速，市场活力增强，服务效率提高等经济效应，能够有效地促进供给侧改革与刺激总需求。一方面，银行业开放有助于缓解企业（尤其是民营企业）的资金需求，降低企业融资成本，帮助企业扩大投资；另一方面，银行业开放还将有助于缓解居民日益增长的美好生活需要和不平衡不充分的发展之间的矛盾，增加消费融资规模，改善消费品质。

（1）银行业开放促进经济规模扩大，提高经济增长率。描述广西银行业开放水平需要构建综合评价体系，例如"广西建设面向东盟的银行业开放综合评价指数"等，课题组将会在其他的专项研究中深入探讨相关议题。在此，为了简化问题，课题组考虑以跨境人民币结算金额增长率CBC作为测试银行业开放水平的变量。根据前述金融开放与经济增长之间的传导机制,如果跨境人民币结算金额增长率 CBC 数值越大,那么广西地区生产总产值增长率 Y 有可能越大。两个变量之间很有可能呈正相关关系。如图 1-30 所示,2011—2017 年,当跨境人民币结算金额增长率 CBC 增长 1 个百分点时,广西地区生产总值增长率 Y 就会提高 0.0239 个百分点;当跨境人民币结算金额增长率 CBC 减少 1 个百分点时,广西地区生产总值增长率 Y 就会下降 0.0239 个百分点。

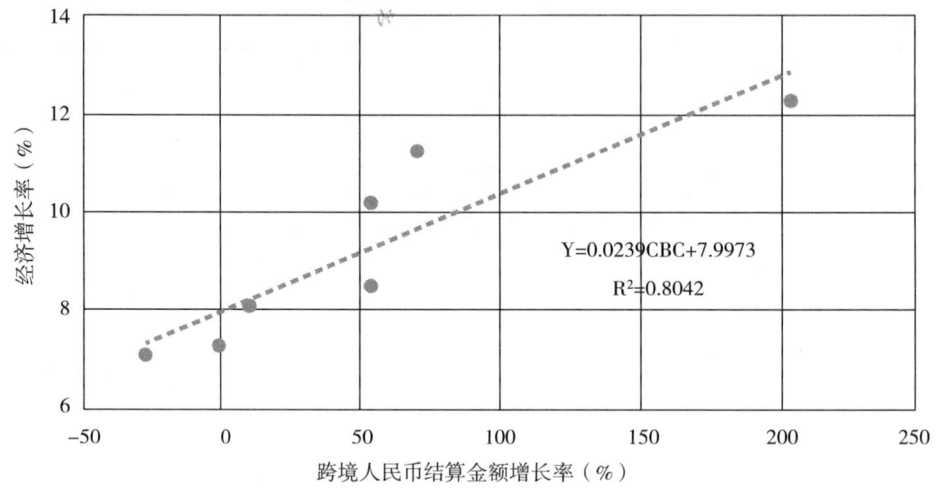

资料来源:根据 Wind 资讯数据计算。

图 1-30 广西辖区跨境人民币结算金额增长率与经济增长率的关系

(2) 银行业开放促进经济效率改善,人均地区生产总值增长率或者全员劳动生产率提高。银行是社会生产要素的、重要的再分配中心。价格机制会自发引导国内外金融资本或者实物资本等流向效率高、运行稳定安全的经济行业或者部门,从而改善企业生产效率、要素配置效率,提高人均地区生产总值增长率 YP 或者全员劳动生产率。根据前述金融开放与人均地区生产总值增长率或者全员劳动生产率增长率之间的传导机制,如果跨境人民币结算金额增长率 CBC 数值越大,那么广西人均地区生产总产值增长率 YP 有可能越大。两个变量之间很有可能呈正相关关系。如图 1-31 所示,2011—2017 年,当跨境人民币结算金额增长率 CBC 增长 1 个百分点时,广西人均地区生产总值增长率 YP 就会提高 0.0975 个百分点;当跨境人民币结算金额增长率 CBC 减少 1 个百分点时,广西地区生产总值增长率 YP 就会下降 0.0975 个百分点。

(3) 银行业开放能够吸引外资流入国内,外汇占款扩大了本币供给规模,本币利率下降,居民消费需求和企业投资需求增加,总需求增大,物价水平上升。根据前述金融开放与物价水平之间的传导机制,如果跨境人民币结算金额增长率 CBC 数值越大,那么广西消费者物价指数 CPI 以及由此计算的通货膨胀率 PI 就有可能越大。两个变量之间很有可能呈正相关关系。如图 1-32 所示,2011—2017 年,当跨境人民币结算金额增长率 CBC 增长 1 个百分点时,广西通货膨胀率 PI 就会提高 0.0112 个百分点;当跨境人民币结算金额增长率 CBC 减少 1 个百分点时,广西通货膨胀率 PI 就会下降 0.0112 个百分点。

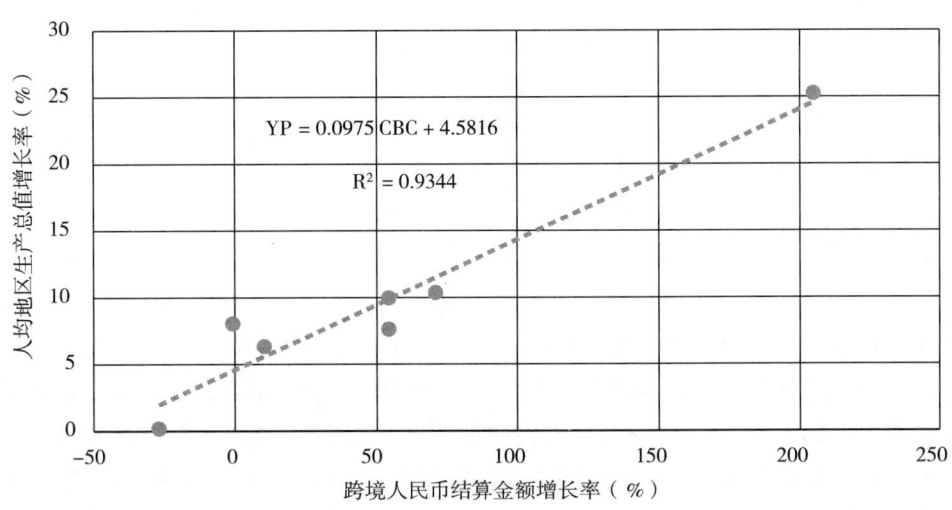

资料来源：根据 Wind 计算绘制。

图1-31 跨境人民币结算金额增长率与人均地区生产总值之间的关系

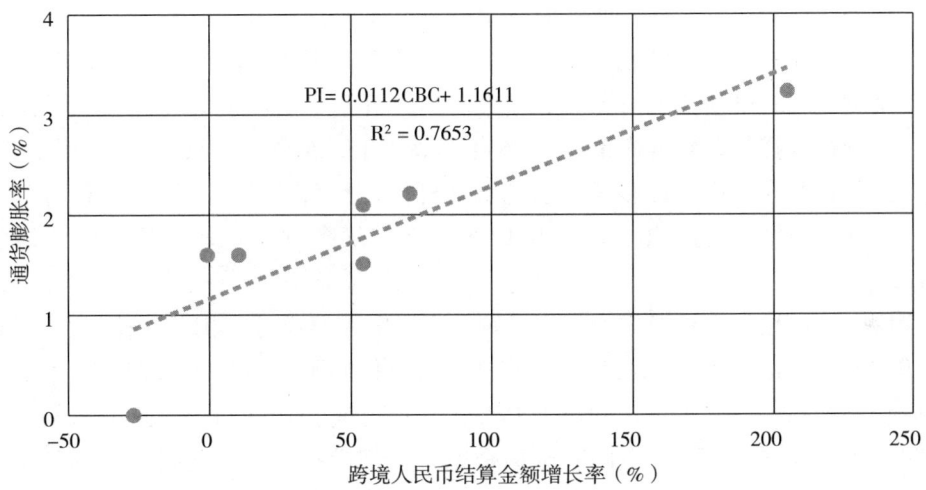

资料来源：根据 Wind 资讯计算并绘制。

图1-32 跨境人民币结算金额增长率与通货膨胀率之间的关系

七、广西银行业发展存在的主要问题

（一）信息不对称制约银行业发展

信息不对称是商业银行不得不面对的难题。在交易的不同阶段上，信息不对称问题的表现形式有所差异，即交易前的逆向选择以及交易后的道德风险。一方面，潜在的不良贷款风险来自那些积极寻找贷款的人。这是逆向选择问题。另一方面,一旦取得贷款,借款人有可能从事更高风险的投资活动,威胁贷款安全。这是道德风险问题。在现阶段,因为贷款仍然是广西银行业的主要赢利来源,所以银行必须想方设法解决信贷市场上的逆向选择问题和道德风险问题。常见的方法包括,与客户建立长期联系,加强信用审核,增加限制性条款,提高抵押贷款业务的专业化水平,要求借款人追加抵押品等。

然而,当宏观经济下行压力增大时,(1)低迷的市场行情导致一部分广西企业陷入经营困境,难以按时偿还到期的银行债务;(2)一部分广西企业的发展计划过于激进,盲目地扩大投资,导致企业负债比重迅速增大,且普遍存在着"短债长用"的融资期限结构问题,并最终诱发资金链断裂;(3)一部分广西企业的生产经营活动明显地偏离主业,过多地参与民间融资,大量生产性资金脱实向虚,风险投资比重增大,企业坏账风险也随之增大;(4)一部分广西企业的实际控制人、法定代表人涉及刑事案件,导致这些企业无法正常运营,生产经营活动的可持续性受到影响。在以上多种原因的共同影响下,广西企业财务风险逐渐累积并通过不同的融资渠道扩散至金融领域。其中,银行业受到涉企金融风险的影响较为明显,因为广西企业的资金需求主要依靠银行信贷得到缓解。以 2017 年为例,广西辖区内的涉企金融风险事件较为频繁地发生在制糖、有色、工程机械、房地产业等传统支柱产业。涉险金融机构主要为地方法人机构。2017 年末,涉险金额大约是 273 亿元,其中地方法人机构涉险金额占比高达 54.34%。2017 年广西辖区内小额贷款公司的逾期贷款占比显著增大。2017 年底,三个月以上逾期贷款余额占小额贷款公司全行业贷款余额的比重较 2016 年提高了 15.25 个百分点。2017 年以来,房地产市场升温较为明显,广西许多居民愿意加杠杆以便投机购房,甚至有一部分消费贷款违规进入房地产市场。2017 年,广西房地产不良贷款余额出现较快增加,年增长率高达 16.61%。

互联网金融市场的交易双方相互不了解,市场准入门槛低,相关法律体系不够完善,既没有传统银行机构的风险控制、合规管理、清收机制等,也没有抵押、担保等能够保障资金安全的机制,信息不对称问题尤其突出。一方面,互联网金融从业机构披露信息的机制仍然不够完善。绝大多数的互联网金融机构都没有向众多的投资者详细地说明筹措资金的用途、流向等,而是仅仅在互联网平台上简单地说明标的信息,在资金运用的过程始终存在道德风险。另一方面,互联网金融平台的客户资金银行存管制度并没有得到完全落实,大多数的互联网金融机构都是以第三方支付机构作为资金托管机构,无论是互联网金融的监管机构还是互联网金融的中小投资者,都难以监管这些资金。结果,互联网金融市场的监管成本高、违约成本低,存量风险较大,信用违约风险事件频发。当一部分平台发布清盘公告时,数量众多的中小投资者将会遭受严重损失,从而影响社会稳定与金融稳定。

目前,国内既没有编制全国范围的银行业信用风险指数,也没有编制各省、自治区、直辖市的银行业信用风险指数。但是,课题组借用固定收益证券的信用风险利差,大致反映银行业信用风险的大小,以及银行业信用风险在不同地区之间的差异。如图 1-33

所示，2012年5月11日广西产业债的信用利差是157.70个基点，大于广东产业债的信用利差大约47.73个基点，分别小于四川、云南、贵州产业债的信用利差大约2.91个基点、27.38个基点和160.15个基点。在五个省区中，广西产业债的信用风险仅次于广东。2019年4月30日，广西产业债的信用利差是296.96个基点，分别大于广东、四川、云南产业债的信用利差大约206.71个基点、150.03个基点和22.35个基点，小于贵州产业债的信用利差大约153.60个基点。从总体上看，虽然广西产业债的信用利差低于贵州，但是高于广东、四川、云南等其他周边省份。这说明，广西涉企信用风险比较突出，可能影响广西银行业的发展速度与发展质量。

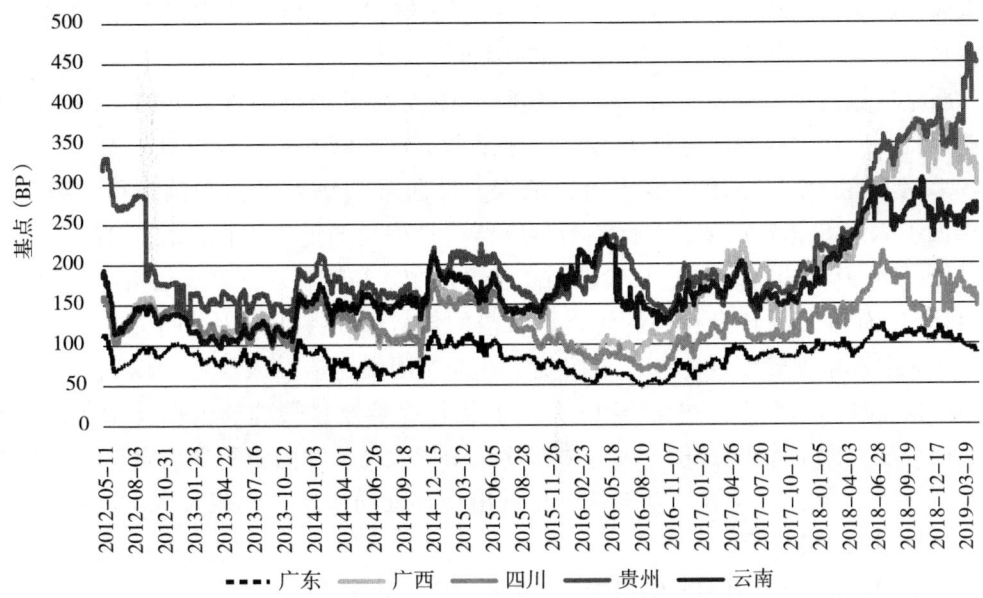

资料来源：根据Wind资讯绘制。

图1-33 不同地区产业债的信用利差（余额加权计算）

（二）内控不完善制约银行业发展

2015年10月1日正式施行的《中华人民共和国商业银行法》第五十九条规定："商业银行应当按照有关规定，制订本行的义务规则，建立健全本行的风险管理和内部控制制度"。2014年9月12日，当时的中国银监会发布并实施修订后的《商业银行内部控制指引》，要求银行内控制度必须遵循全覆盖、制衡性、审慎性、匹配性等原则。当经济社会与金融市场发展提速的时候，银行业机构普遍存在重营销轻管理、重业务轻内控的现象，而且银行合规风险管理的成本与收益并不是对称的，因此银行业机构为了获取最大化的经济利润，从事越来越多的高风险业务，弱化银行内控管理的约束力，甚至是心存侥幸、铤而走险。在实际的银行业务操作中，内控管理并未严格遵循全覆盖、制衡性、审慎性、匹配性等原则，内控管理与业务发展之间也没有完全相互融合。例如，大和银行危机、巴林银行倒闭等国际银行机构出现的风险事件以及国内银行机构和信托机构之间的"抽屉协议""萝卜章"案件等，都与银行机构内控管理不完善有关。

以"萝卜章"案件为例，① 2013年5月，A银行与B银行签订《定向资产管理计划受益权远期转让协议》，转让协议约定A银行向某公司发放的信托贷款2.2亿元，期限为2.5年，B银行对该项目的本金及收益兜底。2015年6月，A银行未按期收到相应收益，向B银行发出了提前受让受益权的通知函。而B银行对该协议及贷款资料的用章真实性表示质疑，未向A银行支付款项。A银行遂起诉B银行。某高院审理后认为，时任B银行行长赵某以B银行名义与A银行签订涉案协议，虽然此后B银行对该协议上B银行公章的真实性存在异议，但X公安局认定B银行签订的该协议真实性合法有效，因此，B银行未履行合同支付款项义务应承担违约责任。最终，最高院二审驳回B银行基于案件涉嫌骗贷应"先刑后民"的诉讼请求，维持原判。

广西辖区银行也曾经发生由于内控管理不完善导致的风险事件。例如，(1)某股份制商业银行在广西辖区内的分行为客户办理无真实贸易背景的银行承兑汇票，并且在开立银行承兑汇票时使用贴现资金作为保证金。根据《中华人民共和国银行业监督管理法》第四十六条第(五)项，广西银行保险监督管理局的地市级机构在2018年12月对该分行处以20万元罚款。(2)某股份制商业银行在未经任职资格审查的情况下就任命银行高级管理人员。而且该分行内部工作人员虚构借款用途挪作他用，向关系人发放信用贷款，违规办理票据转贴现业务，未按规定查询使用银行从业人员处罚信息等。由于该分行的内控管理问题严重，2018年12月广西银行保险监督管理局根据《中华人民共和国商业银行法》第七十四条第(八)项以及《中华人民共和国银行业监督管理法》第四十六条第(一)项、第(五)项对该分行做出行政处罚决定，不仅没收非法所得10.78万元，而且罚款220万元。

一般来说，银行机构内控风险隐患主要源于以下几个方面：

第一，银行机构内控管理措施与银行具体业务发展之间存在"时间差"。除了银行业务创新领先于银行业内控制度之外，银行业机构内部管理效率也是影响"时间差"的重要因素。如果银行内控管理部门发现问题越早，制度修订越及时，措施落实越快，那么"时间差"就会越短，风险隐患就越容易得到控制。

第二，银行机构内控管理的基础数据信息不够精准、不够及时。虽然银行业机构拥有海量的信息资源，但是财务部门、信贷部门与人力资源部门等并没有能够将各自的"信息孤岛"整合成统一的信息平台，零散信息没有得到综合利用与挖掘，许多业务仍然需要人工筛选比对。

第三，银行内控监测不全面且执行力较低。在很多时候，银行内控监测的形式化与片面性容易削弱内控管理的权威性，降低执行力。这不仅弱化了内控管理制度对银行各个部门的监督和约束，而且也从内部削弱了银行机构对外"防火墙"的防御能力。

---

① 周潇. "萝卜章"事件折射银行监管漏洞 [N]. 中国城乡金融报，2017-06-02（A08）.

（三）广西金融基础设施滞后于银行业发展

金融基础设施是一个比较宽泛的概念，涉及众多方面的内容。它不仅仅局限于硬件设施本身，还包括金融运行的制度安排。例如，支付体系、信用环境、法律环境、会计准则、公司治理、反洗钱，以及由金融合作与监管、中央银行最后贷款人职能、投资者保护制度等组成的金融安全网络。目前，国内金基础设施主要包括4个大类、12个小类。其中，4个大类分别是：（1）支付清算基础设施；（2）证券、期货、黄金市场基础设施；（3）货币及债券市场基础设施；（4）场外市场基础设施。大多数的金融基础设施都跟银行业密切相关。完善的、高效的金融基础设施能够促进金融市场的稳健运行，促进银行业与实体经济的健康发展和良性互动。然而，如果基础设施发展滞后，或者各类基础设施之间的协调性不足，那么此种状况下的金融基础设施反而有可能成为抑制银行业发展的重要因素。一方面，经过多年建设，金融基础设施中的软件设施取得较大发展，但是相对全国其他地区来说，广西的软件设施的发展速度还可以更快一些。如表1-42所示，2008—2016年，广西的市场化进程得分从5.67分增加至6.72分，得分增加1.05分。然而，市场化进程得分的全国排名（分值从高到低）则从第15位下降至第16位。如表1-43所示，2008—2014年，广西的中介组织发育及法律得分从2.45分增加至4.14分，得分增加1.69分。中介组织发育及法律得分的全国排名（分值从高到低）则从第23位上升至第21位。尽管排名提高2个位次，但是在31个省、自治区和直辖市中的排名依然比较靠后。另一方面，金融基础设施的运行机构或者主管机构通常归属某个或者某些监管部门。各个运行机构、主管机构和监管部门之间相对独立，未必能够形成统一的有机整体。

表1-42　　　　　　　各地区的市场化进程得分情况

排序	2008年		2016年	
	地区	得分	地区	得分
1	上海	8.01	浙江	9.91
2	浙江	7.81	上海	9.88
3	江苏	7.80	江苏	9.86
4	广东	7.51	天津	9.65
5	北京	7.23	广东	9.65
6	山东	6.98	北京	9.61
7	福建	6.67	重庆	8.13
8	天津	6.53	山东	8.04
9	辽宁	6.42	湖北	7.59
10	安徽	6.00	安徽	7.46
11	河南	5.99	河南	7.19
12	重庆	5.96	辽宁	6.99

续表

排序	2008 年		2016 年	
	地区	得分	地区	得分
13	四川	5.85	黑龙江	6.80
14	吉林	5.81	湖南	6.76
15	广西	5.67	福建	6.72
16	河北	5.58	广西	6.72
17	江西	5.50	江西	6.70
18	湖北	5.49	陕西	6.69
19	湖南	5.36	四川	6.66
20	黑龙江	4.92	吉林	6.52
21	内蒙古	4.79	海南	6.52
22	云南	4.54	河北	6.04
23	贵州	4.47	山西	5.57
24	山西	4.37	内蒙古	5.43
25	陕西	4.36	宁夏	5.05
26	海南	4.31	云南	4.89
27	宁夏	4.26	贵州	4.65
28	甘肃	3.86	甘肃	3.69
29	新疆	3.59	新疆	2.95
30	青海	2.94	青海	2.64
31	西藏	1.36	西藏	1.00

资料来源：Wind 资讯。

表 1-43　　各地区的中介组织发育及法律得分情况

排序	2008 年		2014 年	
	地区	得分	地区	得分
1	上海	9.57	浙江	16.19
2	浙江	8.07	北京	14.77
3	北京	7.67	江苏	13.52
4	江苏	6.46	上海	12.68
5	广东	6.26	广东	12.15
6	天津	5.32	天津	10.58
7	安徽	4.10	福建	8.13
8	吉林	4.02	安徽	7.65
9	福建	3.97	重庆	7.63
10	重庆	3.75	山东	6.39

续表

排序	2008年		2014年	
	地区	得分	地区	得分
11	四川	3.75	陕西	6.25
12	辽宁	3.70	四川	5.89
13	山东	3.69	黑龙江	5.69
14	云南	3.17	辽宁	5.64
15	陕西	3.12	湖南	5.19
16	河北	3.07	吉林	4.87
17	贵州	3.07	湖北	4.67
18	黑龙江	3.02	江西	4.27
19	湖北	2.94	河南	4.23
20	河南	2.57	河北	4.20
21	新疆	2.55	广西	4.14
22	湖南	2.45	山西	3.59
23	广西	2.45	海南	3.57
24	江西	2.36	宁夏	3.37
25	内蒙古	2.19	新疆	2.68
26	宁夏	2.18	甘肃	2.59
27	山西	1.94	贵州	2.49
28	甘肃	1.61	云南	2.14
29	青海	1.41	内蒙古	1.84
30	海南	0.52	青海	1.79
31	西藏	—	西藏	1.33

资料来源：Wind资讯。

（四）广西经济金融产业亟须高质量发展

第一，金融与实体经济的结构性矛盾有待缓解。一方面，在传统产业改造升级以及新兴产业不断壮大的过程中，广西各个产业之间发展不平衡的结构性矛盾导致资本市场风险增大，民间投资意愿不足。另一方面，法人金融机构数量少，金融机构等级不高、集聚度较低，辐射能力不强等在一定程度上制约了广西金融对外开放的步伐。

第二，金融全产业链协同创新的良好态势仍未形成。金融业态与金融专业配套服务不足。金融开放门户核心区建设规划亟待制定。

第三，金融人才结构性短缺的问题比较突出。政府职能部门、金融机构和实体企业学金融、用金融的意识不强。具有国际视野、总部管理经验的高层次金融业领军人才、创新人才和管理人才比较匮乏。

第四，营商环境与金融生态环境需要不断优化。2014年以来，广西陆续爆发一系列涉企金融风险事件，波及许多银行、信托机构和小贷公司，金融机构的经营风险增大。当外部经济环境总体趋紧、国内经济存在下行压力时，金融机构就会变得更加谨慎，结果风险溢价推升社会融资成本。

（五）银行资金脱实向虚不利于银行业稳定

在增长速度换挡期、结构调整阵痛期、前期刺激政策消化期三期叠加的特殊阶段上，经济下行压力与产业结构调整的共同作用于总需求和总供给，传统产业步入衰退期，而新兴产业尚未成熟，从传统产业流出的银行资金在短时间内难以被新兴产业完全吸纳，于是一部分暂时闲置的银行资金就会从实体经济领域流向虚拟经济领域，并争取在不断的资金运动中获得更多的利润。在广西辖区内，银行资金脱实向虚的情况比较明显。如表1-44、图1-34所示，2013—2018年广西社会融资规模从2801.00亿元增加至4172.32元，年均增长率是8.30%；广西本外币各项贷款余额从14081.00亿元增加至26688.31亿元，年均增长率是13.64%；社会融资规模与本外币各项贷款余额之比从19.89%下降至15.63%。实体经济的融资速度赶不上信贷市场增长速度，流入实体经济的资金比重越来越小，流入虚拟经济的资金比重越来越大。

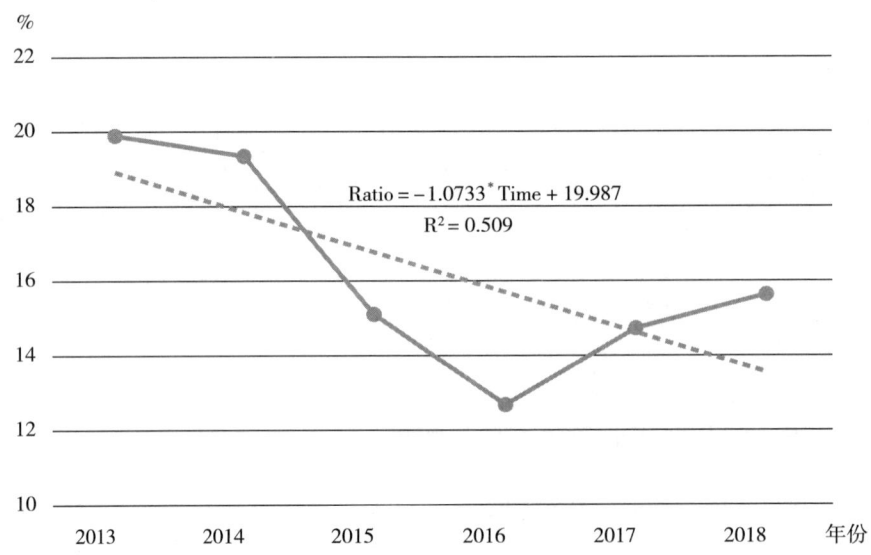

资料来源：根据 Wind 资讯计算并绘制。

图1-34　广西社会融资规模与本外币贷款余额之比

表1-44　　　　广西社会融资规模与本外币贷款余额的变动情况

年份	社会融资规模（亿元）	本外币各项贷款余额（亿元）	社会融资规模/本外币各项贷款余额（%）
2013	2801.00	14081.00	19.89
2014	3109.00	16070.95	19.35

续表

年份	社会融资规模（亿元）	本外币各项贷款余额（亿元）	社会融资规模/本外币各项贷款余额（%）
2015	2737.00	18119.30	15.11
2016	2616.87	20640.54	12.68
2017	3421.38	23226.14	14.73
2018	4172.32	26688.31	15.63
年均增长率（%）	8.30	13.64	—

资料来源：Wind 资讯。

（六）区域发展不均衡不利于银行业稳定与开放

区域经济发展与金融稳定、金融开放之间是相互联系、相互制约的。

一方面，东盟各国经济发展不均衡现象比较突出，尤其是东盟内部欠发达国家维护金融稳定、支持金融开放的基础不牢固。与东盟较发达国家的金融交流相比，中国与东盟欠发达国家之间的国际金融交流可能会面临较多的风险。

如图 1-35 所示，2017 年印度尼西亚、泰国、新加坡、马来西亚、菲律宾等老东盟五国的 GDP 总和大约是 2.2 万亿美元，占东盟十国 GDP 总和的 87.6%。老东盟国家经济规模是新东盟国家经济规模的 7 倍（87.6%：12.4%≈7：1）。

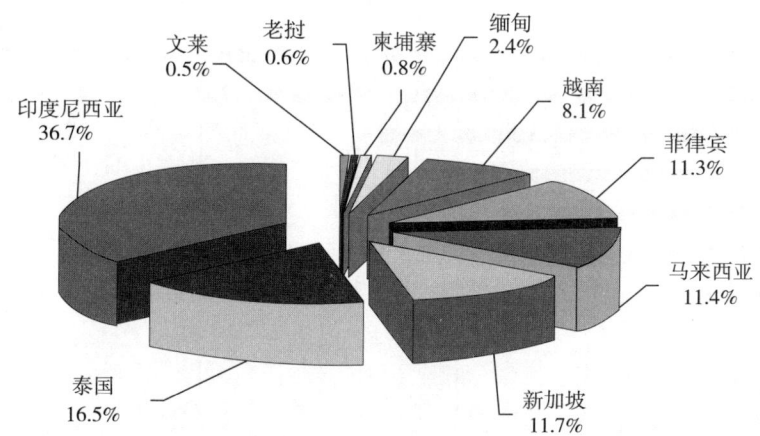

资料来源：根据 Wind 资讯计算。

图 1-35　2017 年东盟各国 GDP 占比

如图 1-36 所示，除了新东盟国家——文莱之外，2017 年老东盟国家的人均 GDP 明显高于新东盟国家。其中，新加坡的人均 GDP 高达 5.77 万美元，而缅甸的人均 GDP 仅有 0.13 万美元，前者是后者的 44.4 倍（5.77：0.13≈44.4：1），贫富差距非常悬殊。

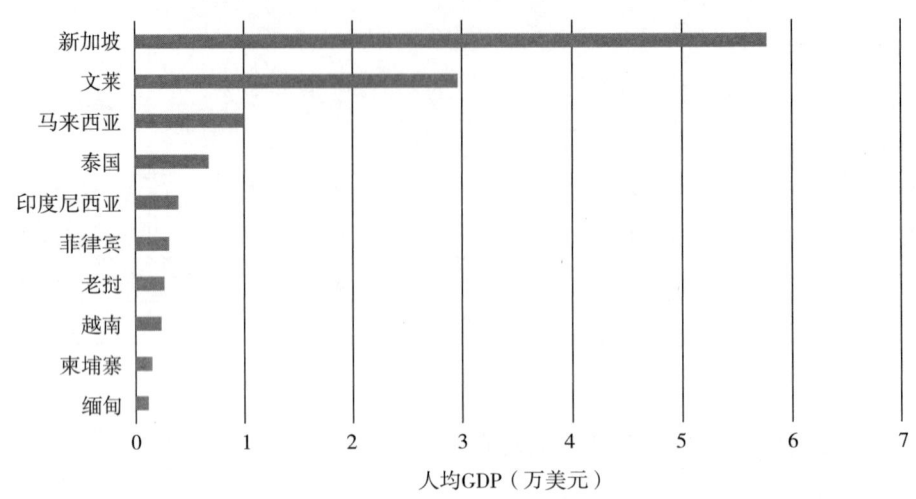

资料来源：Wind 资讯。

图 1-36　2017 年东盟各国人均 GDP

另一方面，老东盟国家拥有的国际储备远远多于新东盟国家，前者在维护金融稳定、抵御国际金融风险方面的能力明显强于后者。如图 1-37 所示，2017 年新加坡、泰国、印度尼西亚、马来西亚、菲律宾等五个老东盟国家的国际储备总和大约是 7.97 千亿美元，占东盟国际储备总和的 92.16%。老东盟国家国际储备是新东盟国家国际储备的 11.76 倍（92.16%∶7.84%≈11.76∶1）。

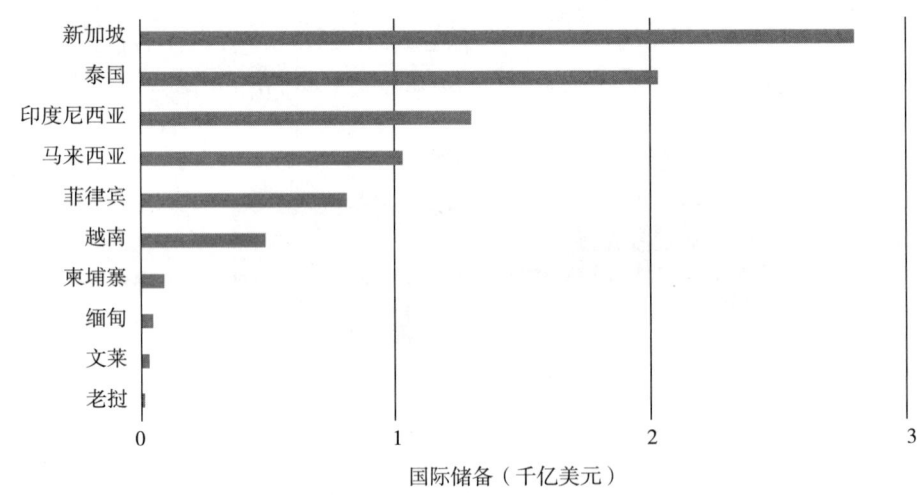

资料来源：Wind 资讯和新浪财经。

图 1-37　2017 年东盟各国的国际储备规模

（七）跨境金融基础设施发展滞后制约了银行业开放

虽然跨境人民币已经在越南、柬埔寨等东盟国家取得一定影响力，但是这些东盟国家对跨境人民币的使用依然附带政策限制。例如，人民币兑越南盾的交易缺少官方汇率定价,跨境人民币结算渠道"通而不畅",跨境人民币相关的配套金融服务有待改善。

(八) 国际关系等因素干扰国际银行业合作

经济、政治、外交等多种关系相互交织,错综复杂。虽然在国际金融危机之后发达国家对世界经济增长的贡献率已经下降,但是发达国家依然固守旧的国际经济政治秩序。中国倡导建立"亚洲基础设施投资银行"(以下简称"亚投行"),通过为基础设施项目以及其他生产性项目提供资金支持,实现包括东盟在内的"一带一路"沿线国家基础设施互联互通,促进各国经济金融的可持续发展。少数发达国家不仅没有参加"亚投行",而且还指责"亚投行"运作不透明,臆测中国可能会利用"亚投行"谋求地缘政治和经济利益。当少数大国与一部分处于政治转型的东盟国家改善关系,或者少数大国试图插手东盟国家国内政治改变亲华政治与反华政治之间的强弱对比时,一部分东盟国家就会随之调整对华关系,也包括调整这些国家与中国之间的经济金融合作关系。此外,中国与一部分东盟国家之间存在领土争端,也会影响到面向东盟的金融开放门户建设。

八、对策建议

总结经验,展望未来。从现在起到将来一段时间内,广西必须紧紧抓住建设面向东盟的金融开放门户国家战略的契机,构建"南向、北联、东融、西合"的全面开放新格局,充分发挥区位交通、战略叠加、沟通便利、民间友好等比较优势,加快构建现代金融体系,形成中国—东盟跨境资金流动的大通道,促进区域银行业与实体经济之间、银行业与其他金融行业之间的协调发展。

(一) 加强顶层设计,以高水平开放倒逼深层次改革

1. 争取国家支持设立中国(广西)自由贸易试验区。陕西、重庆、四川、海南等周边省市获批国内自由贸易试验区,形成"政策高地"。在此情况下,增设中国(广西)自由贸易试验区,能够促进"丝绸之路经济带"和"21世纪海上丝绸之路"衔接地区的制度均衡与政策协调。

2. 向体制机制改革要动力,向体制机制创新要活力。以广西建设面向东盟的金融开放门户为契机,进一步解放思想,先行先试,转变金融监管理念,提高监管政策的包容度,着力破解体制性、结构性、资源性矛盾,逐步建立起与全方位开放格局相匹配的现代金融体系。

3. 探索"融制、融智、融资、融商"相结合的管理体制。加强金融业高质量发展的制度供给,有效激发金融创新。力争在未来形成一系列可复制推广的经验,为我国西部边疆地区金融开放发展、金融精准扶贫等提供有益探索。

（二）加强规划协调，以核心区功能区建设引领发展

1. 服务中国国家战略并对接周边国家战略。加强中国"一带一路"倡议、建设面向东盟的金融开放门户国家战略与"泰国20年国家发展战略""泰国东部经济走廊"、越南"两廊一圈"、老挝"变陆锁国为陆联国"战略、缅甸"国家全面发展20年规划"、柬埔寨"四角战略"等周边东盟国家战略之间的对接研究，深化各领域务实合作，夯实金融合作（尤其是银行业合作）的基础。

2. 重视广西周边不同区域战略规划之间的有效衔接。加强广西与东盟、广西与国内其他省区市之间发展规划的对接与协调。积极融入粤港澳大湾区建设，对接大湾区发展规划，充分发挥粤桂合作特别试验区的辐射带动作用，承接东部产业转移，深化广西与东盟之间的产能合作，积极构建"南向、北联、东融、西合"全方位开放发展的新格局。

3. 加快制定金融开放门户核心区、功能区建设规划。打造区域性人民币跨境结算、区域性跨境投融资、区域性货币交易调运等"三大中心"，以及金融运营服务、财富管理服务、保险创新服务、金融信息服务、金融交流培训等"五大基地"。

（三）加强产融合作，夯实金融开放门户的基础

1. 积极引导国际、国内金融资源回归实体经济。要推动先进制造业和现代服务业深度融合，促进新技术、新组织形式、新产业集群形成和发展。要把推动制造业高质量发展作为稳增长的重要依托，鼓励和引导金融机构支持传统产业转型升级，支持新兴产业做强做大，着力解决民营经济和中小微企业融资难、融资贵问题。

2. 强化宏观政策的逆周期调节，适时预调微调。财政政策要加力提效，实施更大规模的减税降费，增加地方政府专项债券规模。保持流动性合理充裕，提高直接融资比重。

3. 深化金融体制改革，助力广西的新旧动能转换。要以金融体系结构调整优化为重点深化金融体制改革，推动民营银行、社区银行、城商行、农商行、农信社等发展。要完善金融基础设施，强化监管和服务能力。打造规范、透明、开放、有活力、有韧性的资本市场，提高上市公司质量，完善交易制度。发展供应链金融、物流金融、电商金融等新兴金融业态。

4. 深化国资国企、市场准入、社会管理等配套改革。要加快国资国企改革，坚持政企分开、政资分开和公平竞争原则，做强做优做大国有资本，加快实现从管企业向管资本转变，改组成立一批国有资本投资公司，组建一批国有资本运营公司，积极推进混合所有制改革。强化竞争政策的基础性地位，创造公平竞争的制度环境，鼓励中小企业加快成长。

（四）修订国际协议，推进中国东盟金融开放开发

与时俱进修订《中国人民银行与越南国家银行关于结算与合作协定》，不仅要将跨境人民币业务范围扩大至越南全境，而且要将跨境人民币业务范围覆盖所有的经常项目

和直接投资。推动人民币兑越南盾的直接挂牌交易，以及签订中柬双边本币结算协议，支持两国企业在贸易投资过程中使用本币结算。

（五）利用金融科技，防范和化解区域金融风险

除了强化金融监管部门之间的沟通与协调，广西还需要在人民银行数据系统基础上搭建"大数据、全覆盖"的风险防控信息平台，收集、分析和发布东盟各国的经济金融市场动态，防范和化解开放条件下区域金融市场的系统性风险。

在加强银行机构内控制度建设的同时，还需要创新内控风险管理与风险防范技术，充分运用大数据、云计算等信息化技术的辅助管理功能，采集和分析银行内部的风险信息，并做出科学预测和判断，减少人为因素干扰。

（六）引培金融人才，完善服务体系优化发展环境

1. 加大金融人才引进力度，完善人力资源服务体系。争取国际人才管理改革试点，创新柔性人才引进机制，拓宽人才招引途径，分层分类靶向引才，创造性优秀金融人才。完善人力资源服务外包、人力资源管理咨询等人力资源产业链。建立金融人才数据库，完善金融人才发展环境评价。

2. 优化金融人才发展环境，引得进、留得住、用得好。设立跨境劳务金融服务中心、"金融人之家"交流平台等，为金融从业人员提供交流对接、社交互动、信息共享的平台和空间。

（七）增进友好互信，排除域外因素干扰门户建设

扩大和深化广西面向东盟的金融开放门户建设，务求取得实效，认真履行社会责任，减少分歧与误解，以有效排除域外因素干扰。

参考文献

[1] 蔡达. 我国金融基础设施建设的现状、问题和对策研究 [J]. 现代管理科学，2019（1）.

[2] 董希淼，张涛. 银行业对外开放历程与深化 [J]. 中国金融，2018（7）.

[3] 李海霞. 票据风险事件频出 央行规范同业彻查 2600 余家银行 [EB/OL]. http://finance.people.com.cn/n1/2017/0802/c1004 – 29444780. html.

[4] 练艺锋. 银行内控风险管理与风险防范的问题与对策 [J]. 经济研究导刊，2018（4）.

[5] 马艳，林芳羽，刘延龄. 骗取银行承兑汇票三人被判有期徒刑 [N]. 法制日报，2016 – 08 – 19（08）.

[6] 宋汉光. 加快票据市场创新提高服务实体经济精准度 [EB/OL]. http://

www. shcpe. com. cn/uploadfiles/2019/04/201904171538483848. pdf.

[7] 宋汉光. 以制度创新推动票据市场高质量发展 [EB/OL]. http://www. shcpe. com. cn/uploadfiles/2019/04/201904171542314231. pdf.

[8] 宋汉光. 以规范创新引领票据市场高质量发展 [EB/OL]. http://www. shcpe. com. cn/uploadfiles/2019/04/201904171544104410. pdf.

[9] 熊彬, 刘泽宇. 制度质量视角下"一带一路"沿线国家金融开放度空间差异和收敛性研究 [J]. 世界经济研究, 2019 (8).

[10] 杨凯生. 金融业的对外开放, 拉开了一个新的大幕 [EB/OL]. http://www. sohu. com/a/232825198_ 115479.

[11] 姚华. 广西县域经济发展现状与对策建议 [J]. 当代广西, 2018 (9).

[12] 袁申国, 刘兰凤. 金融开放与实体经济和虚拟经济产出非平衡增长 [J]. 国际经贸探索, 2019 (5).

[13] 张璞. 商业银行内部控制的难点及对策 [J]. 西南金融, 2017 (12).

[14] 周潇. "萝卜章"事件折射银行监管漏洞 [N]. 中国城乡金融报, 2017-06-02 (A08).

[15] 中国人民银行南宁中心支行. 崔瑜: 金融基础设施助推地方发展 [EB/OL]. http://nanning. pbc. gov. cn/nanning/133342/3686073/index. html.

[16] 中国人民银行南宁中心支行金融稳定分析小组. 2017年广西壮族自治区金融稳定报告 [J]. 区域金融研究, 2018 (4).

[17] Hodrick, R. J. and Prescott, E. C.. Postwar U. S. Business Cycles: An Empirical Investigation [J]. Journal of Money, Credit, and Banking, 1997, 29 (1): 1–16.

[18] Ravn, M. O. and Uhlig, H.. On Adjusting the Hodrick – Prescott Filter for the Frequency of Observations [J]. The Review of Economics and Statistics, 2002, 84 (2): 371–375.

(执笔人: 黄荣哲)

广西银行业前沿报告2019

第二部分 专题报告

2. 广西商业银行信用风险管理报告

随着我国经济进入新常态，信用风险的管理能力成为商业银行新的竞争力，直接决定银行未来的生存和发展。广西商业银行近年来也曾经出现了一些比较典型的信用风险事件。作为我国与东盟金融交流合作的前沿以及面向东盟的金融开放门户，广西商业银行如何有效地管控信用风险并改善资产质量等问题应该给予足够的关注和重视。

一、商业银行信用风险的概述

（一）商业银行信用风险的概念

商业银行作为我国金融体系中重要的组成部分，在其运营过程中会遇到各种风险。所谓风险指的是不利事件发生的可能性和不确定性，而对于商业银行而言，不利事件更多的是指无法获得预期的收益甚至是遭受亏损。巴塞尔新资本协议将银行在整个运营过程中所涉及的主要风险进行了归纳，分为以下三种类型：信用风险、市场风险以及操作风险。这些风险各有不同但又相互关联，其中，市场风险是指由于股票、外汇、利率等基础资产的价格变动而使得银行遭受损失的风险；操作风险是指由于人工、系统或者内部控制错误等原因而造成损失的风险。

信用风险是本文的主要研究对象，它是指交易对手方违约不履行其义务而使得银行遭受损失的风险。商业银行的担保、承兑以及新兴的金融衍生品等业务都存在信用风险，但是信用风险大多还是来源于传统的信贷业务。作为金融风险中历史最为悠久的一类风险，信用风险一直都被金融机构重点关注，而 2008 年的全球金融危机却暴露出目前信用风险管理系统的不足和缺陷。经研究发现，信用风险是造成银行破产最为常见的因素，因此如何有效地防范和管理信用风险已经成为银行业亟待解决的关键问题。

（二）商业银行信用风险的特征

商业银行信用风险有其独有的特征，主要体现在以下几个方面：

1. 信用风险的不对称性

与市场风险相比较而言，信用风险所产生的预期收益和损失更多地呈现出明显的非对称形态。首先对于市场风险而言，未来基础资产的价格可以看作随机变量，其价格变动而产生的预期结果可能是收益也可能是损失，但两者发生的概率大体相同，预期收益和预期损失的数额也大体相同，也就是说它们呈现出一种对称性。然而对于信用风险而言，银行客户发生违约毕竟是小概率事件，多数情况下银行会收回贷款并且取得贷款利息作为其收益，因此银行获得预期收益的概率大于预期损失的概率；但是贷款客户一旦发生违约，给银行造成的预期损失将远远大于收益，这种大概率小收益和小概率大损失之间的非对称关系增加了掌握和分析信用风险的难度。

2. 信用风险受系统性和非系统性因素的共同影响

当宏观经济发生变化时，整个行业都会发生调整，相关企业的经营状况也会受到波及，继而会影响企业的还款能力和企业的还款意愿，因此信用风险是一种系统性风险。另一方面，信用风险归根结底还是由微观个体的交易对手方的行为来决定，从这个角度来看，信用风险同时也是一种非系统性风险。

3. 信用风险的高破坏性

在商业银行信贷业务中，一旦债务人发生违约拒绝按时偿还欠款本息，银行将面临部分甚至是全部数额贷款的损失。由违约造成的巨额损失可能会使银行资不抵债甚至还会导致银行破产，2008年的全球金融危机就足以证明信用风险的破坏力，因此商业银行往往非常重视信用风险的防范和控制。

（三）商业银行信用风险的形成原因

1. 宏观经济运行的周期性变化

当经济繁荣时，相关部门对金融市场的监管和政策比较宽松，促进了市场投资，各行业发展迅速，企业财务状况良好并且流动性和还款能力充足，此时企业违约概率较低，商业银行面临的信用风险较小。然而一旦经济出现衰退迹象，许多行业都会受到影响进入萎缩阶段，企业的盈利能力大幅下降，财务状况持续恶化，甚至出现资金链断裂，此时企业的平均还款意愿会降低，违约损失率也会随之升高，违约事件集中爆发，商业银行将承受严重的违约风险。

2. 商业银行信用风险防范意识淡薄

我国商业银行对信用风险的认识还不够充分，对其防范意识还有待加强，尤其是当经济繁荣时，许多商业银行盲目扩大贷款规模，对申请贷款企业的信息没有充分掌握与分析，高估其信用等级，对潜在的信用风险没有做到充分的了解和防范。一旦经济形势逆转，商业银行将不得不面对严重的信用风险，而那些未经防范的贷款则很有可能成为不良贷款。

（四）商业银行信用风险管理的相关理论

1. 商业银行信用风险管理的概念

商业银行信用风险管理是指银行为了保证能够顺利收回应收款项而采取的一系列对冲、缓释以及规避银行信用风险的活动。商业银行通过信用风险管理将信用风险敞口保持在一个安全区内来实现经风险调整的资本收益率最大化的目标。商业银行在经营过程中所产生的许多问题和风险都与信用风险有着千丝万缕的关系，因此信用风险管理是银行业最为关注的问题之一。

2. 商业银行信用风险管理的模型概述

在过去的几十年里,发展出了各种各样度量和管理信用风险的方法和模型。在金融机构用于管理信用风险的方法和模型中流传比较广的有信用组合模型、内部评级法、压力测试等。这些方法的作用、侧重点、适用的条件各不相同,但是在商业银行应对信用风险的历史中它们都起到了至关重要的作用。例如,作为金融机构常用的一种信用风险管理方法,压力测试主要的作用是与风险模型优势互补,用来解决一些风险模型太过于依赖历史数据等缺陷,除此之外,压力测试还可以测试模型的参数,使模型更加稳定,目前压力测试已经被纳入监管要求中,应用于商业银行开展资本充足评估等管理决策。

在信用风险度量模型方面,按照模型设计所依据的基础理论来划分,目前全球银行业比较流行的主要有三类:(1)以期权定价理论为基础的 KMV 模型和 CreditMetrics 模型;(2)以计量经济学为基础的信用组合观点模型;(3)以保险精算理论为依据的 CreditRisk + 模型。以下是对这几类信用风险度量模型的简单介绍。

(1) KMV 模型

KMV 模型是美国 KMV 公司基于 Black – Scholes 期权定价模型开发的用于估计企业违约概率的模型。KMV 模型将期权定价理论很好地融入信用风险度量中,该模型认为,借款企业的股东权益可以类比为看涨期权,其中公司的资产价格可以假设为基础资产,而公司的股权价格即为期权的价格,期权的执行价格则相当于企业负债的账面价值。根据看涨期权的定义,在该期权执行日时,如果基础资产价格小于执行价格,则该看涨期权不会被执行,此时代表了公司将发生违约。将这些变量代入 Black – Scholes 模型中,就可以得到以下公式

$$C = S_0 N(d_1) - K e^{-rT} N(d_2) \qquad (1-1)$$

其中

$$d_1 = \frac{\ln(\frac{S_0}{K}) + (r + \frac{\sigma^2}{2})T}{\sigma \sqrt{T}}$$

$$d_2 = d_1 - \sigma \sqrt{T}$$

C 是企业股权价格,执行价格 K 代表企业负债的账面价值,S_0 是企业资产价格,σ 是企业资产价格波动率,T 代表企业债务到期日,r 代表无风险利率,$N(.)$ 代表标准正态分布累积分布函数。

由以上公式可以按照以下步骤来计算企业的违约概率:

第一步,计算企业的资产价格以及资产价格的波动率,其中,资产价格波动率 σ 与企业股票价格波动率 σ_E 满足以下关系

$$\sigma_E = \frac{S_0}{C} N(d_1) \sigma \qquad (1-2)$$

因此,根据等式(1-1)和等式(1-2)就可以求出企业资产价格 S_0 及其波动

率 σ。

第二步，计算违约距离 DD。我们可以把资不抵债看作违约事件或者违约点，而违约距离就可以表示企业资产价值在债务到期内与违约点的距离，可以将其看作衡量违约概率的指标。违约距离 DD 可以通过以下公式来计算

$$DD = \frac{\ln(\frac{S_0}{K}) + (\mu - \frac{\sigma^2}{2})T}{\sigma\sqrt{T}}$$

第三步，根据前两步得到的结果来计算负债企业的违约概率，即企业资不抵债的概率

$$P = P(S_T < K)$$

KMV 模型的建立是信用风险度量模型的一次重要的变革，以期权定价理论为依托，模型所得的信用风险度量结果更加的可信和科学。

（2）CreditMetrics 模型

1997 年 J. P. Morgan 与美国银行、KMV 公司等金融机构共同研发了 CreditMetrics 银行信用风险管理模型，该模型是以资产组合以及期权定价理论为基础，用于量化各种产品组合的信用风险。在商业银行中，CreditMetrics 模型通过对贷款企业在风险期内信用评级转移矩阵以及贷款的违约回收率等变量的估计，基于 VAR 方法计算出贷款的信用风险值。

CreditMetrics 模型在国际银行业被广泛应用，特别是在其被公开之后，许多国家开始学习 CreditMetrics 模型的基本思想和框架，尝试改造模型以适用本国银行业的信用风险管理环境。作为一个量化模型，CreditMetrics 模型的科学性和客观性都是目前我国商业银行信用风险管理体系所需要的，该模型可以作为我国传统信用管理模型很好的补充。

（1）信用组合观点模型

信用组合观点模型是以计量经济学为基础建立的多因子计量模型。信用组合观点模型更专注于宏观经济对于信用风险的影响，因此该模型的影响因子大多选择 GDP、利率、外汇等宏观经济因素。信用组合观点模型通过对这些影响因子观测数据的分析，模拟和计算出不同行业的违约概率以及信用等级转移概率。

（2）CreditRisk + 模型

CreditRisk + 模型是瑞士信贷银行基于保险精算理论建立的违约模型。该模型的重点在于对违约率的建模和描述上，模型认为违约率是信用风险的驱动因素。CreditRisk + 模型假设在给定的时期内，每个债务人都只存在违约和不违约两种状态，并且债务人之间的行为是相互独立的，在这种情况下，单位时间（如一年）内发生违约的债务人数量的概率分布可以用泊松分布进行模拟，基于这个框架通过对违约率的分析就可以推导出贷款的损失分布情况。

二、广西商业银行信用风险管理现状

(一) 我国商业银行的信用风险概况

改革开放 40 多年以来,我国经济保持快速增长,取得了巨大的成就,缔造了属于中国的发展奇迹。但是随着我国经济的不断发展进步,这种超高速的增长显然是不可能一直维持下去的。近年来,随着我国经济进入新常态,我国 GDP 增速开始下降,基本维持在 7% 左右。与此同时,我国也在努力进行产业结构改革,试图从传统的劳动密集型产业逐步转向技术密集型产业,为经济的进一步发展注入新的活力。事实上,随着我国人口红利的不断减少,这种产业结构的优化升级也是势在必行的。在经济新常态的大背景下,我国金融行业的改革尤其是银行业的转型也在悄然发生,以下将以不良贷款和盈利能力为侧重点,总结分析我国商业银行信用风险的发展和现状。

1. 商业银行不良贷款情况

(1) 不良贷款余额和不良贷款率持续增长

图 2-1 显示出我国商业银行总资产和总负债稳步上升,但随着我国经济进入新常态,以往较为粗放和低产出的产业将逐步被高技术含量的产业所代替,我国经济将进入高质量的可持续发展时期,与此同时我国商业银行总资产规模的增速将放缓。从图 2-2 可以看出,我国商业银行资产规模高增速时代已经结束,逐步回归理性。随着中小型银行和基金公司等金融机构的发展以及互联网金融的快速崛起,商业银行传统的吸收存款发放贷款业务的垄断地位已经不复存在,其利润也已经被分流,因此商业银行的资产规模和利润增速下滑已是不可避免。尤其是 2016 年之后,经济下行压力增加,许多中小企业甚至是上市企业的盈利减少,还款压力增大,造成违约事件频繁爆发,从而导致银行放贷审批愈加谨慎和严格,使得资产规模增速大幅下降。

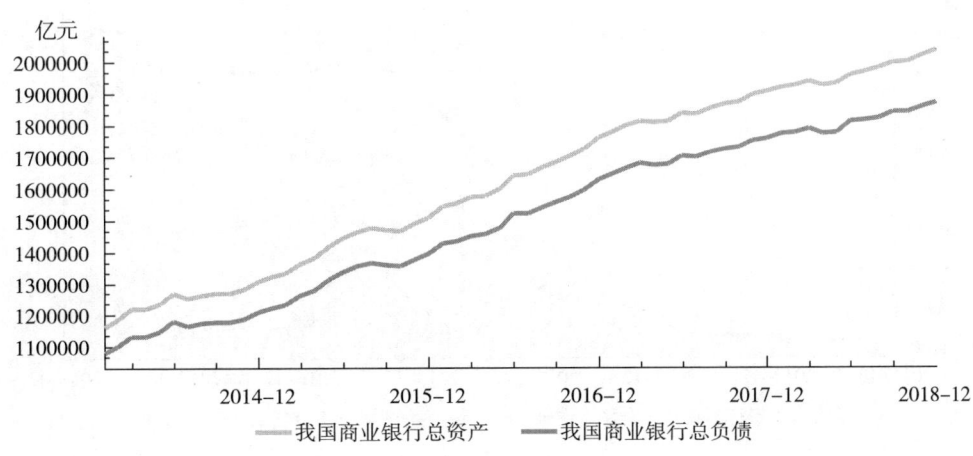

数据来源：Wind。

图 2-1　我国商业银行总资产与总负债情况

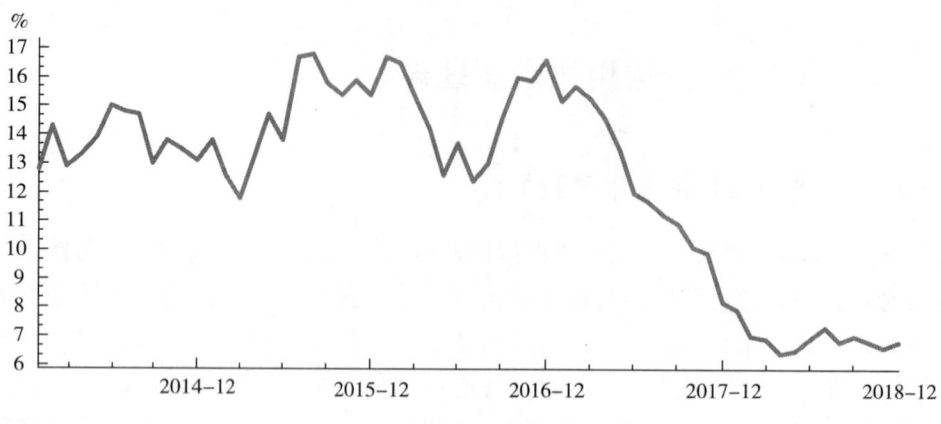

数据来源：Wind。

图2-2 我国商业银行总资产同比增长率情况

随着我国经济下行压力的增加和银行资产规模增速的下降，我国商业银行所面临的信用风险进一步严峻。我国商业银行信用风险主要体现在不良贷款上，根据银监会发布的数据，近几年我国商业银行不良贷款余额屡创新高，而不良贷款比例也在不断攀升（见图2-3）。截至2018年第三季度末，我国商业银行不良贷款余额达到20322亿元的历史高位，比上年同期增加3618亿元。不良贷款比例为1.87%，比上年同期增长0.13%，虽然从数据上来看，不良贷款率与银监会设立的监管红线距离尚远，与我国10年之前的不良贷款率相比较，1.87%的不良贷款率甚至还处于一个很理想的水平。然而需要我们注意的是，近些年来商业银行的不良贷款余额和不良贷款率在不断地上涨，银行的信用风险在持续地积累。从图2-3可以看出，银行业的不良贷款余额和不良贷款率在2011年底至2015年中上旬在加速上升，而2016年是一个拐点，上涨的速度开始减缓，不良贷款率甚至出现了短暂的下降。尤其是最近一年，不良贷款余额和不良贷款率又出现了大幅度上涨，这需要引起我们的注意，防止信用风险的集中爆发。

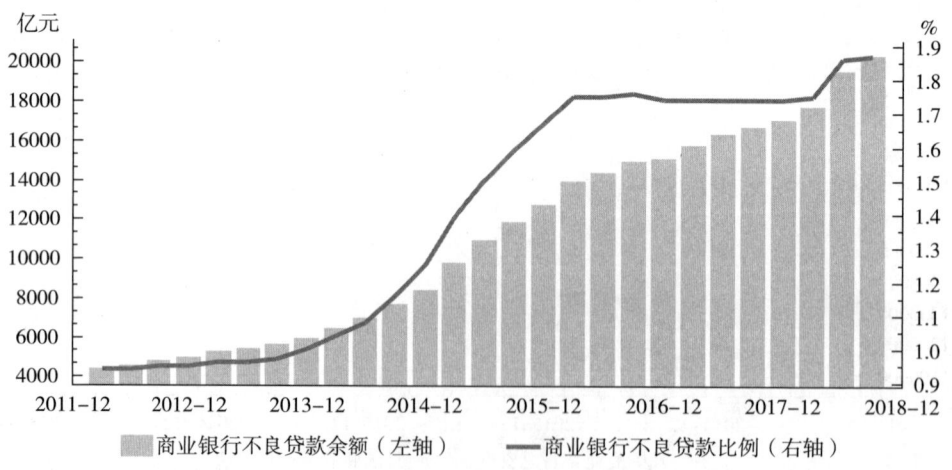

数据来源：Wind。

图2-3 我国商业银行不良贷款余额和不良贷款比例情况

(2) 不良贷款规模有被低估的可能

即便 1.87% 的不良贷款率已经创下了自 2009 年以来的新高，商业银行的不良贷款形势仍被认为可能比账面上看到的还要更加严峻。贷款的质量与商业银行的口碑、声誉、竞争力、绩效考核、股价以及监管部门的检查评价等息息相关，过高的不良贷款率会影响客户对银行的评价和信任，严重的甚至会引发挤兑事件，因此商业银行有足够的动机和需求去减少其不良贷款。而减少不良贷款的途径有很多，除了加强风险控制提高贷款质量等常规方法之外，某些银行还会采取非常规的技术性手段来达到降低和隐藏不良贷款的目的。

一方面，按照中国人民银行印发的《贷款风险分类指导原则》规定，贷款可以分为五类：正常类、关注类、次级类、可疑类和损失类，而不良贷款指的就是后面的三种类型。由于关注类贷款和次级类贷款的区分存在一定的模糊性，这就给某些银行留下可操作空间。根据规定，本金或者利息逾期 91 天至 180 天的贷款将被划入次级贷款类，因此许多欠款客户根据银行要求在 90 天内先把利息还上，那么这些欠款就不再属于不良贷款类别，从而改善了资产质量。

另一方面，虽然商业银行可以通过拍卖、诉讼等方法对坏账进行处理，或者直接将银行坏账出售给资产管理公司，但是这些传统的处置方式效率低、周期长、成本高，而且随着银行的不良贷款的逐步增加，资产管理公司想要消化这些巨额的不良贷款也变得愈发困难。于是，某些商业银行就会与资产管理公司进行合作，支付其保管费用将不良资产暂存至资产管理公司并约定保管期限，到期后银行就会将这些不良资产进行回购。通过这种操作，商业银行可以降低保管期限内的不良贷款规模，但是事实上这些坏账并没有消失，只是将风险延后几年，起到暂时掩盖的作用而已。以上的这些手段和方法显示出商业银行的不良贷款和信用风险确实有被掩藏和低估的可能。

(3) 贷款损失准备金计提余额持续升高

受到不良贷款规模持续走高的影响，银行的贷款损失准备金计提余额也在水涨船高。从图 2-4 可以看出，最近 10 年以来商业银行贷款损失准备金计提余额持续走高，截至 2018 年第三季度，贷款损失准备金计提余额达到历史新高 36727 亿元，比上年同期增长了 6594 亿元。同时，由于不良贷款规模增长速度过快，致使近些年商业银行拨备覆盖率从 2012 年第四季度的峰值 295.91% 下降到 2018 年第三季度的 180.73%。但是数据显示，近三年的拨备覆盖率已经趋于稳定。为了促进供给侧改革，真实反映资产质量，2018 年银监会发布了《关于调整商业银行贷款损失准备监管要求的通知》，决定将拨备覆盖率监管要求从原本的 150% 降低到 120%~150%。因此，从数据上来看，商业银行 180.73% 的拨备覆盖率尚处于安全区域，即便与国际银行业相比较，也是远远超过其监管红线。

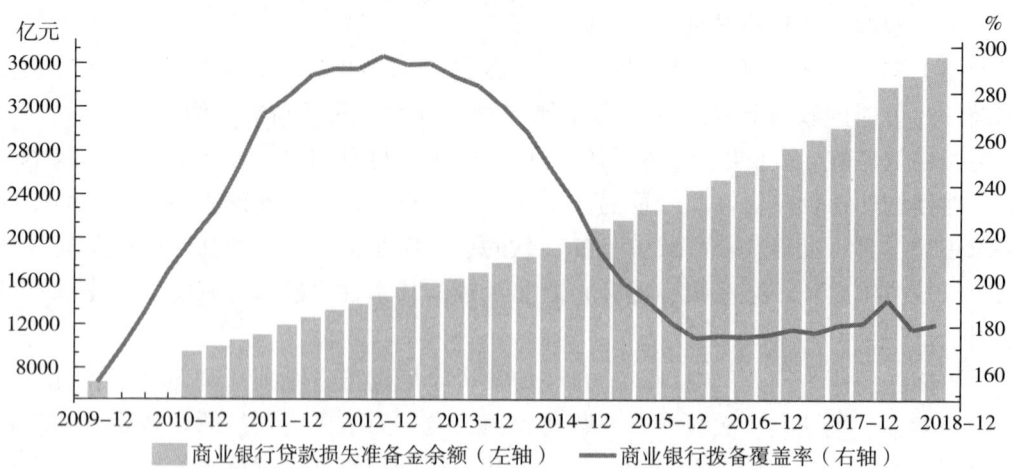

数据来源：Wind。

图 2-4 我国商业银行贷款损失准备金余额和拨备覆盖率情况

总体看来，商业银行的信用风险尚处于安全范围内，但是随着银行不良贷款的持续上升以及信用风险的不断积累，商业银行应加强防范信用风险的集中爆发。

2. 商业银行盈利情况

2019 年 2 月 21 日，央行发布了《2018 年第四季度中国货币政策执行报告》，其中明确表达了要继续深入推进利率市场化改革，健全市场利率定价自律机制。随着我国利率市场化改革的加速推进，商业银行间的竞争压力加剧，银行的盈利和净息差下行压力也在与日俱增。图 2-5 显示，近些年来我国商业银行净息差进入下行通道，特别是 2016 年，由于商业银行经营压力剧增，致使其净息差大幅下降，于 2017 年第一季度降至历史低位 2.03%。之后受到市场利率提高的影响，净息差开始出现反弹，下行压力得以缓解，截至 2018 年第三季度，净息差反弹至 2.15%，比上年同期增长了 0.08 个百分点。

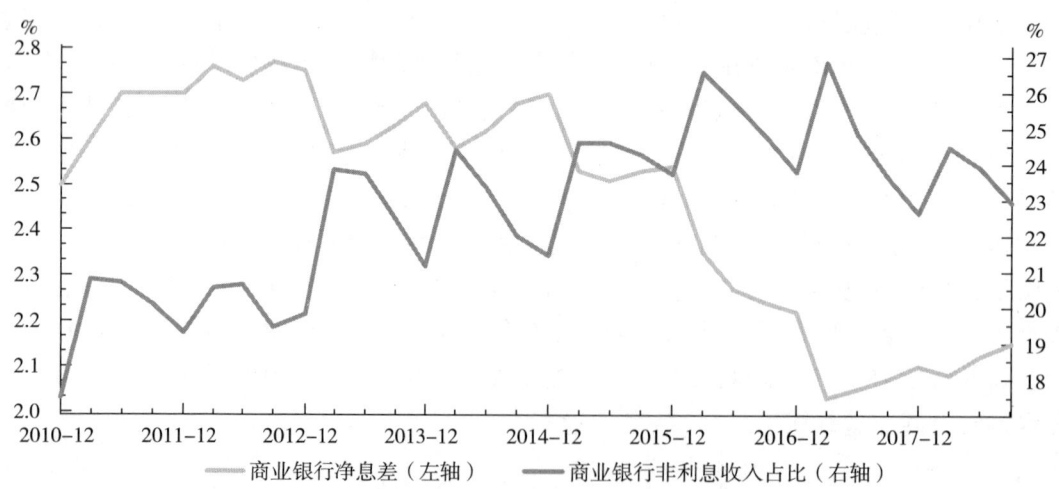

数据来源：Wind。

图 2-5 我国商业银行净息差和非利息收入占比情况

为了抵御净息差收窄的负面影响，商业银行开始加快经营模式转型和新型业务发展进程，将一部分重心从原本依靠存贷利差的传统盈利业务向新型中间业务和个人业务转移，借力互联网积极寻求新的盈利点。图2-5显示商业银行非利息收入占比总体上处于上升趋势，说明转型效果开始逐渐显现。然而，由于受到利率市场化和不良贷款的双重压力，商业银行非利息收入占比的增长和净息差暂时性的回暖并不足以扭转银行净利润增速的放缓。受到净利润增速减慢、净利润增速慢于资本增速等影响，从2012年开始商业银行资本利润率和资产利润率进入下行通道，截至2018年第三季度资本利润率和资产利润率分别为13.15%和1%（见图2-6）。

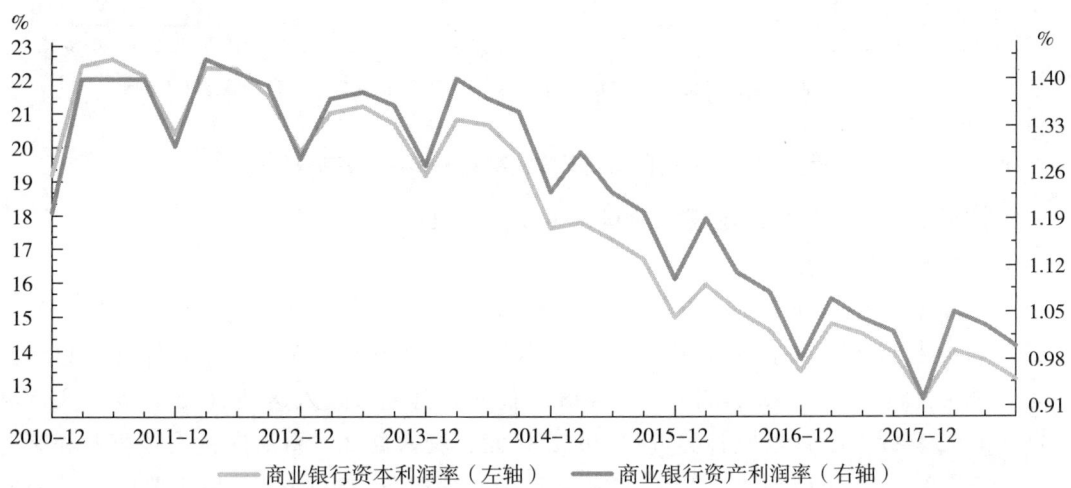

数据来源：Wind。

图2-6 我国商业银行资本利润率和资产利润率情况

（二）广西商业银行信用风险管理现状

我国商业银行不良贷款规模在逐步升高，而其扩散范围也在不断扩大，从最开始的长三角等东部沿海地区开始显现，随后扩散至我国欠发达地区，而广西作为我国与东盟金融交流合作的前沿，其不良贷款也不可避免地出现了大幅度增加。图2-7展示了广西商业银行不良贷款余额和不良贷款率从2012年至今迅猛的增长态势，分别从2012年末的46.4亿元和0.59%升高到了2017年末的223.1亿元和1.6%，涨幅分别达到380%和170%。但是从2015年末开始，不良贷款余额和不良贷款率出现小幅回落，而且总体来看，不良贷款率低于全国平均水平。2017年末，关注类贷款和逾期90天以上贷款分别比年初降低了148.8亿元和46.2亿元，总体来看，广西地区银行业资产质量有所改善，信用风险属于温和可控的范围。下面我们将以柳州银行为例，探讨和分析柳州银行的不良资产和信用风险问题。

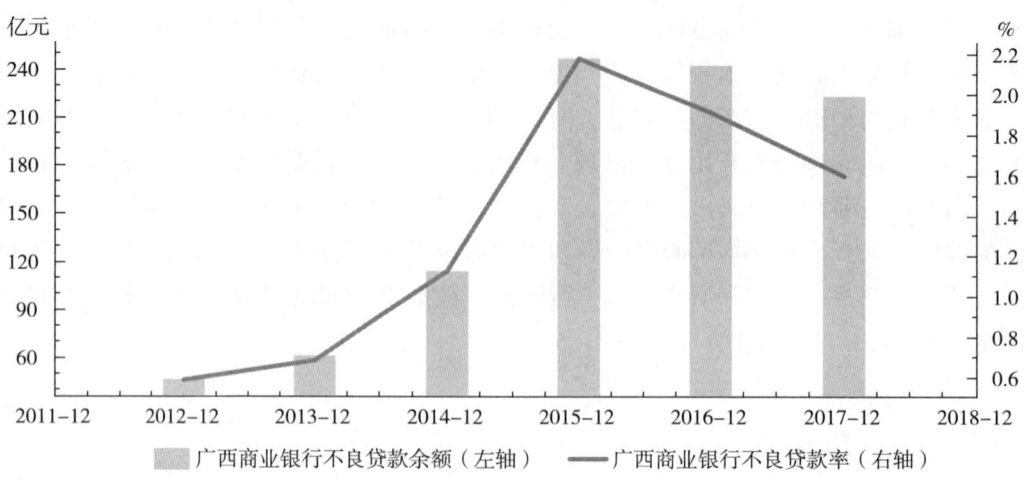

数据来源：Wind。

图 2-7　广西商业银行不良贷款余额和不良贷款率情况

1. 广西商业银行信用风险现状分析——以柳州银行为例

（1）柳州银行贷款分布情况

柳州银行成立于 1997 年，位于广西柳州，是一家地方股份制商业银行。根据柳州银行 2018 年年报显示，截至 2018 年 6 月末，柳州银行总资产 1213.4 亿元，总负债 1105.5 亿元，存款余额 730.8 亿元，贷款余额 478.9 亿元，营业总收入达到 26.5 亿元，实现利润总额 4.92 亿元，累计发放各类贷款 208.3 亿元，贷款资金主要流向批发零售业和制造业。我们从表 2-1 可以看出，批发和零售业以及制造业是柳州银行最主要的贷款流向地。从 2012 年到 2018 年，这两个行业稳稳占据柳州银行贷款流向的一半以上，其中批发和零售业在 2012—2014 年更是独自占有超过一半的贷款流向。这说明柳州银行的贷款行业集中度过高，而这将放大不良贷款产生的风险。

表 2-1　　　　2012—2018 年柳州银行贷款行业分布情况　　　　单位:%

时间	批发和零售业	制造业	房地产业	个人贷款	建筑业	合计
2012	50.55	24.78	8.30	1.25	4.18	89.06
2013	56.78	21.91	4.85	1.55	3.22	88.31
2014	52.27	19.77	4.47	1.32	4.10	81.93
2015	49.42	20.54	7.84	1.26	4.82	83.88
2016	48.07	19.24	13.73	2.63	4.52	88.19
2017	40.16	18.02	12.33	8.93	4.52	83.96
2018 年 6 月	37.10	15.02	12.29	11.22	8.89	84.52

资料来源：柳州银行年报。

当这些贷款集中度较高的行业处于高速发展阶段时，企业和银行都会相安无事，甚至获得丰厚的利润，而一旦这些行业的发展开始受阻甚至出现收缩和衰退时，该行业的中小企业就会率先出现亏损、资金链断裂等经营危机，甚至出现破产，导致违约事件的集中爆发，而银行不良贷款则会大幅度增加，遭受巨额损失。目前柳州银行的贷款大多集中于批发和零售业、制造业、房地产业、个人贷款以及建筑业。虽然数据显示2018年贷款流向有分散趋势，贷款集中度有所缓解，但前五名依旧占据了84.52%的贷款流向，这给柳州银行的不良资产和信用风险的管理埋下了安全隐患。

我们观察上述贷款集中度较高的行业可以看出，其中有的行业已经出现了发展停滞的迹象并开始影响到柳州银行的资产质量。一方面，我国正在加速推进供给侧结构性改革，为了响应国家的号召，广西壮族自治区出台了多个政策文件，积极完成国家下达的化解过剩产能和淘汰落后产能任务，仅2017年广西就取缔"地条钢"产能541万吨，化解了煤炭产业过剩产能246万吨，2018年广西地区去产能任务持续深入，关闭煤矿13处，化解了煤炭产业过剩产能147万吨。目前广西制造业正在向中高端转换，2017年装备制造业增加值同比增长9.2%，但是由于广西传统制造业占比较大，新动能的崛起目前还无法弥补传统产能的萎缩，随着去产能任务的推进，传统制造业的不良贷款规模也在逐步提升，严重影响了柳州银行的贷款质量。另一方面，为了持续抑制房价快速上涨，我国对房地产的调控政策并未放松，房地产行业快速发展的黄金时代已经过去，作为房地产行业领头羊的万达甚至已经开始"去地产化"。而房地产行业的停滞不前也导致建筑业的下行趋势愈加明显，这也将对柳州银行投向该行业的贷款产生负面影响。

另外，表2-2显示，截至2018年6月，柳州银行贷款数额最大的十家客户贷款余额61.27亿元，比年初增加了16.38亿元，增幅达到36.5%，而这十家客户皆是广西地区企业。这些企业中有四家属于关注类贷款，其余六家都是正常类贷款，十家企业贷款占比共计12.78%。由于柳州银行等城市商业银行受到地域和客户限制，容易出现客户大多都在广西地区内的情况，这样的客户高区域集中度与高行业集中度非常相似，都存在安全隐患，可能导致信用风险问题。

表2-2　　　　　2018年6月柳州银行前十大客户贷款分布情况　　　　单位：亿元人民币

序号	客户名称	贷款金额	贷款形态	贷款总额占比（%）
1	广西中旭房地产开发集团有限公司	9.55	关注	2.00
2	广西物资集团有限责任公司	8.69	正常	1.81
3	广西农村投资集团有限公司	7.82	正常	1.63
4	南宁五象新区建设投资有限责任公司	6.29	正常	1.31
5	广西玉柴玉实置业有限公司	5.80	关注	1.21
6	来宾市红河投资有限责任公司	5.00	正常	1.04
7	云南正林实业集团有限公司	5.00	关注	1.04
8	柳州正和桦桂置业集团有限公司	4.50	正常	0.94
9	广西来宾市教育投资有限责任公司	4.49	正常	0.94
10	广西中坚国际贸易集团有限公司	4.13	关注	0.86
合计		61.27		12.78

资料来源：柳州银行年报。

(2) 柳州银行不良贷款情况

作为广西地区非常重要的一家城市商业银行，柳州银行的不良贷款规模跟随着全国趋势一起攀升。从表 2-3 可以看出，柳州银行的不良贷款余额从 2012 年的 1.02 亿元逐步上涨，到 2018 年 6 月突破 11 亿元，涨幅达到 1000%。在不良贷款率方面，从 2007 年开始逐步收窄，2013 年开始出现反转，继而开始大幅度升高，于 2016 年达到峰值 2.47%，近两年又开始小幅回落，截至 2018 年 6 月，柳州银行的不良贷款率达到 2.34%。从数据上来看，近十几年柳州银行的不良贷款率普遍低于全国平均水平，但是从 2015 年开始，柳州银行的不良贷款规模大幅增加，不良贷款率超过全国商业银行平均水平。

表 2-3　　　　　　　柳州银行不良贷款余额和不良贷款率情况

时间	2007 年	2008 年	2009 年	2010 年	2011 年	2012 年
不良贷款余额（亿元）	1.11	1.08	1.05	1.04	1.02	1.02
不良贷款率（%）	2.07	1.78	1.28	0.96	0.76	0.6
全国不良贷款率（%）	6.17	2.4	1.58	1.1	1	0.95
时间	2013 年	2014 年	2015 年	2016 年	2017 年	2018 年 6 月
不良贷款余额（亿元）	1.17	2.18	5.44	9.25	9.61	11.21
不良贷款率（%）	0.59	0.81	1.74	2.63	2.4	2.34
全国不良贷款率（%）	1	1.25	1.67	1.74	1.74	1.86

资料来源：柳州银行年报。

表 2-4 显示，总体来看，自 2012 年以来，柳州银行的贷款质量出现恶化，尤其是 2016 年，正常类贷款占比显著下降，关注类和次级类贷款出现大幅度的增长，说明这一年银行客户违约现象严重，信用风险集中爆发。2017 年和 2018 年不良贷款问题开始改善，信用风险得到缓解，柳州银行关注类贷款呈现持续好转态势，2017 年关注类贷款占比较上年同期下降了 7.3 个百分点，截至 2018 年 6 月，关注类贷款占比 18.79%，比 2016 年最高值降低高达 11.69 个百分点。

表 2-4　　　　　　　柳州银行贷款五级分类情况　　　　　　　　单位:%

时间	正常类占比	关注类占比	次级类占比	可疑类占比	损失类占比	合计
2012	98.35	1.05	0.34	0.26	0.00	100
2013	96.91	2.51	0.37	0.21	0.003	100
2014	90.22	8.96	0.50	0.21	0.11	100
2015	78.41	19.84	0.95	0.48	0.31	100
2016	66.89	30.48	1.78	0.53	0.32	100
2017	74.42	23.18	1.76	0.41	0.23	100
2018 年 6 月	78.87	18.79	1.83	0.32	0.19	100

资料来源：柳州银行年报。

在过去的两年里,柳州银行的贷款质量得到改善,一方面由于广西经济运行平稳,结构不断优化,稳中提质的发展模式缓解了企业的经营压力,改善了广西地区商业银行的资产质量。另一方面由于广西银行业开始着力应对银行信用风险,加强贷前、贷中、贷后的风险控制,全面调整优化存量信贷结构,加大了不良资产的核销力度。

随着商业银行资本监管政策的愈加严格,很多银行的考核指标面临压线的危险。从表2-5可以看出,虽然柳州银行的资本充足率和核心一级资本充足率都达到了国家要求的监管标准,但是总体上呈现出下降的趋势。作为商业银行主要监管指标之一,资本充足率的影响因素很多,监管政策的调整、银行业务的发展、不良资产的变化都会对其产生影响。从目前情况来看,柳州银行不良贷款规模的持续增长是造成资本充足率下行的主要原因,大规模的不良贷款造成风险资产过高,拉低了资本充足率。在拨备覆盖率方面,从2013年开始,柳州银行的拨备覆盖率就进入了下行通道,截至2018年6月,拨备覆盖率下降到161.44%,仅比监管标准高了11.44个百分点,几乎压线。在拨备覆盖率下降的背后,是柳州银行利润率的收缩和广西地区产业结构的调整。受到我国经济增速放缓和广西地区供给侧结构性改革的深入推进的影响,柳州银行的资本利润率出现大幅下降,以往简单粗暴地通过存贷差赚钱的方式已经难以为继,从表2-6可以看出,柳州银行的资产利润率和资本利润率持续下跌,由于2017年柳州银行加大拨备计提力度等原因,资产利润率和资本利润率降到了历史低位,仅为0.07个和0.86个百分点,而长期积累的风险在经济不景气时开始逐渐暴露,不良贷款规模的持续上涨造成拨备覆盖率的下滑。

表2-5 柳州银行贷款五级分类情况 单位:%

时间	正常类占比	关注类占比	次级类占比	可疑类占比	损失类占比	合计
2012	98.35	1.05	0.34	0.26	0.00	100
2013	96.91	2.51	0.37	0.21	0.003	100
2014	90.22	8.96	0.50	0.21	0.11	100
2015	78.41	19.84	0.95	0.48	0.31	100
2016	66.89	30.48	1.78	0.53	0.32	100
2017	74.42	23.18	1.76	0.41	0.23	100
2018年6月	78.87	18.79	1.83	0.32	0.19	100

资料来源:柳州银行年报。

表2-6 柳州银行资产利润率和资本利润率情况 单位:%

时间	资产利润率(监管标准)	资本利润率(监管标准)
2012	1.14(>0.6)	17.13(>11)
2013	1.17(>0.6)	17.75(>11)
2014	1.25(>0.6)	15.37(>11)
2015	0.81(>0.6)	8.70(>11)

续表

时间	资产利润率（监管标准）	资本利润率（监管标准）
2016	0.69（＞0.6）	8.21（＞11）
2017	0.07（＞0.6）	0.86（＞11）
2018年6月	0.62（＞0.6）	7.11（＞11）

资料来源：柳州银行年报。

2. 广西商业银行风险识别

目前广西地区商业银行大多采用以专家评价法为基础的风险控制系统来对贷款业务的信用风险进行识别和评价。当银行客户需要贷款时，银行首先会根据客户的具体情况选定评价项目，然后再给出评价指标，每个评价指标都有自己所对应的评价等级。然后银行会指派信贷工作人员对银行客户进行信用风险的初次评定，信贷人员会通过收集到的客户企业经营状况、财务指标、信用记录等相关信息，根据制定的评价指标来对客户的违约风险进行评价。然后将评审结果良好的客户提交上级进行集中评定。最后再由上级信贷部门进行汇总得到最终的评价结果。

（1）5C要素分析法

在风险识别过程中，商业银行一般基于"5C"的原则，即5C分析法。所谓5C，指的是银行要对借款人以下五个方面进行全面的评估以判断借款人的信用风险程度：

品质（Character）：即银行贷款客户的信用品质，它可以是客户的声誉、诚信度、责任感、商业伙伴对于客户的评价，甚至是银行方面与借款人在接触过程中的直观感受等主观的参考信息；也可以是借款人的社会信用记录、借款人在银行的不良信用记录等客观的评价数据。品质代表了借款人的信用，决定了借款人履行还款义务的意愿，也是借款人还款速度和还款数额的重要影响因素。

能力（Capacity）：即银行贷款客户偿还贷款的能力，一般可以通过客户流动资产、流动负债、还款历史记录、企业经营状况等来进行分析，以便判断贷款客户是否具有履行还款义务的能力。

资本（Capital）：即银行贷款客户的财务状况，可以通过客户企业的资产净值、利润率、流动性等财务指标进行判断，这代表了客户还款的物质保障。

抵押（Collateral）：即银行贷款客户的抵押资产，当银行贷款给客户时，可能会要求客户提供一定的资产作为抵押，一旦客户出现违约无法按时还款，银行就会对抵押品进行拍卖，拍卖所得就作为客户的还款。

状况（Condition）：即可能会导致银行贷款客户违约的外部经济环境，可以通过客户对于经济环境变化的敏感程度以及在经济不景气时客户的还款历史记录作为判断依据。

这五个判定标准并不是一成不变的，由于5C分析法是一种相对主观的判别方法，银行会根据具体情况对贷款客户的其他信息进行考察，例如银行可能会通过了解贷款客户的婚姻状况、子女状况、房产状况等家庭情况以及企业经营时间等经营情况，分析出一旦发生违约，客户将会承担的风险和成本。传统的5C分析法还可以与大数据等信息技术手段相结合，挖掘客户基本信息背后蕴藏的信用风险状况。例如，通过收集贷款客户的年龄、教育水平、婚姻状况、犯罪记录、户口所在地等信息，可能会分析出客户的工作经验、社会关系、家庭稳定性甚至是其风险容忍度等会影响客户违约概率的重要信息。事实上，严格来说所有能够影响贷款信用风险的因素都应该作为判定标准，但是在实际操作中，商业银行特别是城商行等中小商业银行没有精力和成本来对所有的影响因素一一考察，只能够重点关注影响较大的因素和指标。商业银行将收集到的客户信息经过5C要素分析法的分析和衡量，可以初步识别出其中隐藏的信用风险，从而帮助银行判断是否批准客户的贷款申请以及贷款准许发放的金额等问题。

（2）信用状况分析

银行为了决定贷款的具体细节，经常需要对借款企业的资产负债表、利润表、现金流量表等资料进行全面的财务状况分析和调查。商业银行对债务企业的资产负债表进行分析，可以了解和掌握企业的资产和负债流动性，据此可以评价和预测债务企业的短期偿债能力。短期偿债能力决定了债务企业能否拥有在短期内提供充足的现金或者将企业资产迅速转换为现金的能力。除此之外，从资产负债表中的资本结构还可以分析债务企业的长期偿债能力。通常来说，企业的资产负债比越大，则认为企业的长期偿债能力越强。相反，若债务企业资不抵债，银行则会怀疑企业是否具有长期偿债能力。

商业银行从债务企业利润表的分析中可以观察债务企业在一定会计期间的盈利或者亏损情况、企业业务的经营情况等，可以分析出债务企业与同行业内企业以及类似业务的对比情况，从而可以反映出该企业的行业竞争力。此外，利润表中还包含企业的经营收入和成本费用状况等信息，从中可以了解企业在生产经营过程中的不足，判断企业的可持续发展能力。

另外，现金流量表会反映出债务企业的现金变化情况以及企业的项目对现金流量的影响，以此来判断企业在短期内的流动性状况。一般来说，商业银行会收集多个年度的财务报表等资料，通过对以上不同时期的财务信息进行汇总和动态分析，可以预测出债务企业在未来一段时间内可能出现的财务状况和潜在风险，根据预测的财务报表可以估计出债务企业的信用风险，从而可以决定是否为该企业提供贷款、贷款的数额以及贷款的期限等具体事项。

3. 广西商业银行内部评级法的应用

作为巴塞尔协议的一部分，内部评级法已经被多个国家和地区的银行业所采用。我国作为巴塞尔委员会的成员国，也有责任推进内部评级法的应用，目前我国已经有越来越多的商业银行业开始采用内部评级法。作为一个可以有效评定银行信用风险的评级体系，内部评级法是从两个维度进行信用风险度量的：客户评级和债项评级。一般来说，想要衡量某个交易的信用风险，首先需要判定交易主体即银行客户的自身实力和信用，其次需要对于交易产品本身的风险进行计量。客户评级和债项评级正是针对这两类风险而制定的，只有将客户评级和债项评级结合起来，才能从多个维度全面系统地分析其信用风险。

(1) 客户评级

为了达到监管部门的要求,越来越多的商业银行开始借鉴学习各大知名评级公司的经验,建立适合本行发展的客户评级模型。商业银行根据客户的财务报表等信息和资料从偿债能力、盈利能力、经营能力、发展潜力等多个方面对客户进行综合分析,并与银行内部的信用等级判断要求和标准进行比较,从而判定客户的信用等级。我国商业银行的客户信用等级划分大多是在国际通用的评级级别基础上进行扩展,使用大写英文字母"A,B,C"来代表信用评级级别,部分银行还会通过使用"+,-"来对信用级别进行细分。例如中国建设银行的客户评级使用16级评级划分(见表2-7)。从表2-7可以看出,信用等级按照字母顺序排序,越往后则信用越差,风险越大,违约的可能性越高。不同的信用等级对应着不同的客户偿债能力和违约风险概率,即未来一段时间内银行客户发生违约的可能性,根据不同信用等级的客户,商业银行会有对应的贷款政策和风险管理方式。需要注意的是,不同的银行可能有不同的信用等级划分标准和指标,因此企业信用等级在银行间不存在可比性。

表2-7 客户评级信用等级划分情况

序号	信用等级	评级含义
1	AAA	信用极佳,正常情况下无违约风险
2	AA+	信用优秀,企业经营状况良好,违约风险极低
3	AA	
4	AA-	
5	A+	信用良好,风险很低,但是存在影响企业未来发展的不确定因素
6	A	
7	A-	
8	BBB+	信用较好,风险较低,但是经营状况一般,未来的偿债有一定的难度
9	BBB	
10	BBB-	
11	BB	信用一般,存在风险
12	B	信用可接受,需关注风险,未来偿债有较大难度
13	CCC	需防范信用风险
14	CC	信用风险预警
15	C	风险极大,判断会发生违约
16	D	已发生违约

资料来源:中国建设银行资料。

客户评级的作用非常的广泛,首先,它可以作为商业银行的授信评级参考。在银行确定对客户的授信之前,需要对客户做全面的信用评定,而客户评级的结果可以作为授信业务的信用等级评定参考。其次,贷款的定价一直是商业银行关注的重点,尤其是随着利率市场化的推进,使贷款定价更加困难。目前比较流行的定价方式有风险加成法以及我国银行业比较常用的商业银行模式,而这些定价方法都要以客户的信用等级作为参考和依据。

由于客户评级的结果关系银行客户的信用等级,是一个企业能够获得授信的入场券,也可能会影响到银行未来的不良资产状况,因此客户评级必须遵守一套严格科学的流程。一般来说,客户评级并不是一次性完成的,而是要分成多个阶段配合完成。首先,商业银行指派信贷工作人员进行数据和相关信息资料的收集以及去现场对贷款客户做调查研究等前期工作。其次,银行对收集到的相关信息和资料进行清洗和处理并将有效数据导入银行建立的客户评级模型中,以此可以得到对企业客户的初始评级。对于某些比较特殊的客户,商业银行可能无法通过正常流程对其进行评级,此时则需要对这些特殊客户进行评级调整。例如,对于政府机构客户,由于拥有国家主权信用的支持,可以直接将其调整为最高信用级别。对于其他具有政府背景支持或者处于垄断行业地位的国有企业,一般被认为具有极佳信用,也可以进行类似的信用级别调整。通常来说,客户评级系统无法覆盖的客户还包括小部分的境外企业,此时可以根据标准普尔、穆迪、惠誉等国际评级公司对其的信用评级作为参考,再按照本行客户评级标准对其进行调整。最后,专家小组将客户评级结果提交审批部门进行最终的评定,得到最终的评级结果和违约概率。

客户评级将银行客户进行分类,将有问题的企业剥离出去,按照等级决定哪些企业可以获得银行授信以及企业将要支付贷款利率的大小。最后,需要注意的是,客户评级是一个动态的过程,当客户的经营状况发生变化时,商业银行需要对客户的信用信息和资料进行定期的更新和维护,并对其信用等级进行调整。这种动态的评级过程可以帮助商业银行及时地发现潜在的信用风险,具有一定的前瞻性和预见性。

(2)债项评级

客户评级是针对客户进行信用等级的评定以及违约概率的计算,而债项评级则是针对银行某一笔信贷交易本身的信用风险进行评定和度量,计算和预测客户在该笔交易发生违约时商业银行将要遭受的损失数额,因此对于某个客户而言,它有且只有一个客户评级,但是却可以有多个债项评级。债项评级对交易产品的类别、金额、担保方式、交易期限以及交易对手的行业等因素进行分析,以保证对该笔交易进行综合性的风险评定,最终得到交易的风险等级和违约损失率。

债项评级的一个重要内容就是评定计算贷款客户的违约损失率,而违约损失率的计算主要是由产品因素、企业资本结构、企业所处行业以及宏观经济等因素来决定的。所谓产品因素指的是信贷交易产品的细节设计,尤其是抵押品的要求和管理。根据我国企业破产法规定,一旦企业发生破产清算时,其资产要按照先后次序进行分配。在支付破产企业所欠职工以及所欠税款之后,若还有剩余才能清偿普通破产债权。因此,银行客户一旦破产,银行很难收回贷款,将遭受巨额损失。为了避免此类事件发生,银行在信贷交易合同的设计中会要求贷款客户提供抵押品以防客户到期违约无力偿还债务。此时如果客户破产,银行则对其抵押的资产拥有优先受偿权,在银行获得抵押品之后的剩余资产才会按照我国的法律规定进行分配。通过对抵押品的要求和管理,商业银行可以提升贷款的回收率，有效控制违约损失率。除了抵押品，商业银行也开始尝试发展新的技术和手段来应对信用风险降低违约损失率，例如利用信用衍生工具来对信用风险进行缓释和控制。随着以信用违约互换为代表的全球信用衍生品市场的飞速发展，我国也推出了信用衍生产品，尝试启动属于我国的信用衍生品市场。目前，我国已经有越来越多的商业银行开始参与信用衍生产品的交易，尝试通过信用衍生品来有效处置商业银行不良贷款。一般来说，产品因素是计算违约损失率时需要考虑的最重要的因素，也是影响违约损失率权重最大的决定因素。除此之外，外部经济环境也会对违约损失率产生较大影响，通常来说，当经济下行行业萎缩时，企业的盈利能力大幅下降，这会导致违约损失率的升高。另外，从企业的资本结构则可以看出企业的资产和负债状况，同时反映了企业的偿债能力以及企业的违约损失率。

4. 广西商业银行不良贷款的处置

近几年来，银监会一再表示要加速推动商业银行加大不良贷款的处置力度，改善银行资产质量，虽然取得了不错的进展和成效，但是处置速度却始终追不上不良贷款产生的速度，商业银行不良贷款规模依旧在不断地攀升。因此，如何选择正确科学的处置方法提升不良贷款的处置效率也已经成为信用风险管理的一个重要环节，只要处理得当就可以帮助商业银行尽量挽回因客户违约造成的损失。一般来说，商业银行会成立专门的管理部门进行不良资产的处置工作，例如，广西北部湾银行就专门成立了资产保全部门进行不良资产的管理和处置工作。目前，广西地区商业银行大多采用以下几种方式对不良贷款进行处置：

（1）债务催收

对于逾期时间不长并且经调查欠款客户还有还款能力的不良贷款，商业银行大多采用债务催收的方式进行处置。一般来说，商业银行会组织成立专门的清收小组，对欠款客户进行调查，通过催收短信、电话或者上门催收等方式，对照名单逐一落实，采取各种合法的方法进行债务的催收。由于对欠款客户进行上门催收容易引发矛盾，为了避免冲突事件的发生，商业银行会要求催收人员严格遵守银行法规，例如带齐证件和双方贷款合同，避免单独行动等。对于贷款的清收也要注重策略，做到灵活清收，对于清收难度较小的贷款尽量做到全部收回。对于那些经调查确实因资金周转问题而暂时欠款的，可以酌情放宽还款期限，做到具体问题具体分析。许多商业银行已经将不良贷款的处置纳入了考核评价体系，通过制定奖惩标准激励银行清收小组提高催收效率，尽量补救银行资产。

（2）诉讼追偿

债务催收主要是采取非诉讼的合法手段进行追债，若通过催收还是无法收回欠款，那么就只能通过法律手段进行维权了，也就是诉讼追偿。对于尚具有部分信誉的欠债企业来说，通过催收可以收回大部分甚至全部欠款。但是对于部分失信企业而言，即便他们具备还款能力，还是会通过各种理由和恶劣手段拒不还款，而商业银行不是执法部门，无权强制要求这些"企业老赖"执行还款义务，此时就只能诉诸法律。采取诉讼进行追偿时，商业银行会考虑诉讼的成本问题，过高的诉讼费和时间成本是商业银行不愿承担的，有时甚至还会得不偿失，因此商业银行法务部会权衡诉讼的预期成本和收益，尽量保全银行资产。另外，由于广西在执法力度方面与发达地区相比还有待提高，有时即便银行胜诉也会出现执法不力的情况，最终付出极大的人力财力物力却无法收回欠款。因此，广西商业银行在进行诉讼追偿时往往会非常谨慎。

（3）核销

核销是指当不良贷款已经确认无法收回，被认定为呆账时，商业银行从贷款损失准备金中提取一部分冲销不良贷款。但不是所有的不良贷款都能够进行核销，只有满足一定要求和规定的不良贷款才被允许核销。在经过核销之后，不良贷款就从商业银行资产负债表中移除。不良贷款核销的基础是充足的贷款损失准备金，而贷款损失准备金的来源其实就是商业银行的利润，因此核销的本质就是"以丰补歉"，通过将往年银行的利润填补目前的不良贷款，稳定和缓解当前的风险。从近几年核销的情况来看，广西地区商业银行明显加大了核销的力度，核销也已经成为广西银行业处置不良贷款的常用手段。但是不良贷款的核销也是有限额的，不可能无限制地使用，过度采用核销的处置方式也会影响商业银行的盈利能力，不利于长期发展。

（4）批量转让

批量转让是指商业银行将不良贷款进行打包，然后以协商的价格转让给资产管理公司等有资质的金融机构，同时将不良贷款处置和管理的权力也一并转让，此时商业银行就不需要再承担该笔不良贷款的后续工作。需要注意的是并不是所有的不良贷款都可以进行转让，根据《金融企业不良资产批量转让管理办法》的要求，个人贷款、涉及国家安全等资产是无法转让的。对于批量转让的接收方而言，资产管理公司以一个合理的价格购买了不良资产的处置权，一旦这些不良资产无法顺利收回，资产管理公司必然遭受严重的损失，为了补偿这种风险，资产管理公司会尽可能把购买价格压低。因此，批量转让最为关键和困难的就是对于不良资产的合理定价，如果价格过高则买方不会购买，如果价格过低则无法保证银行的利益，而其最终的价格是在经济形势等因素影响下双方博弈的最终结果。

三、广西商业银行信用风险管理存在的问题

（一）广西商业银行信用风险管理方法和体系存在的问题

商业银行信用风险管理体系的建设是一项系统性的复杂工程，它涉及风险识别、风险度量、风险控制等环节。我国商业银行正在借鉴国外先进的信用风险管理体系经验，从过去传统的经验分析的管理方法逐步地向更加客观和科学的定量分析管理方法转换，虽然已经取得了长足的进步，然而与西方发达国家银行业相比较而言，在信用风险管理方法、技术和体系建设等方面仍然有很长的路要走，具体表现在以下几个方面：

1. 专家评价法的不足

在信用风险的识别方面，广西地区商业银行大多采用以专家评价法为基础的分析方法。专家评价法是早期应用范围很广的一种定性描述定量化方法，这种方法的优势和劣势都是十分明显的。作为一种经验判断方法，专家评价法足够的简便和灵活，可以根据具体的评价对象制定对应的评价等级和指标，它的计算方法非常简单，不需要高深的数学模型。最重要的是专家评价法可以在有效数据不足的情况下使用。但是专家评价法的缺点也非常明显，该方法最终得到的评价结果准确与否很大程度上取决于专家的经验和水平，但是专家的专业知识或许并不全面，很可能只是专门研究某一个行业或者某个地域的企业，在专家评审时，往往就会偏向于自己所了解的企业。另外，专家评价法的主观性太强，不同的专家可能会得到不一样的评价结果。事实上，不同银行所遵循的评价指标和标准都有所不同，导致专家评价法的不一致性。最后，由于评价的准确度极大依赖于专家的水平，在采用专家评价法的时候银行需要非常谨慎地选择专家小组的人员构成。

2. 广西银行业数据管理不够规范

随着大数据时代的来临，数据已经成为各行业进一步发展和变革的关键因素和动力，银行业由于业务的特殊性已经积累了海量数据，但是广西商业银行数据管理体系和技术的滞后导致银行无法有效地利用这些资源，反而增加了银行的运营成本，成为累赘。在银行业信用风险管理方面，数据是现代管理体系和技术得以实施的基础，但是有效数据的匮乏导致信用风险定量分析和模型化管理推广困难，而数据匮乏的情况和原因是多方面的。首先，虽然目前银行工作人员被严格要求规范数据的录入和管理，但是多年前由于对数据的重要性认识不足，导致在数据积累的过程中出现历史数据缺失和错误，而数据系统的老旧以及客户提供错误信息等情况使得数据规范问题更加严重。另外，由于商业银行分支机构众多，所收集的数据来源地非常分散，一旦无法实现商业银行内部数据的有效互通，则会浪费大量的有效数据，无法充分利用数据的全部价值。而广西商业银行由于信息系统建设的不完善，各系统之间存在数据互通和共享困难，造成了数据信息的碎片化。

3. 广西银行业内部控制系统不成熟

商业银行内部控制是银行内部制定实施的一整套流程、制度和系统，对可能发生的风险进行动态的控制和管理，从而达到减少风险的目的，满足经营安全性的要求。有效的内控机制是商业银行保证经营安全性的基础，可以大大减少商业银行出现不合规行为和工作失误的可能性，帮助银行提前侦查可能出现的各种风险。银行内控的目标主要包括：保证商业银行运营的有效性、保证交易记录和财务报告等各种记录和信息的准确性、保证商业银行风险管理的有效性、保证商业银行遵循银行业的法律法规以及内部规章制度。想要合理有效地实现这些目标，需要银行员工始终如一地坚持执行内部控制系统。但是受到监管压力增大以及以实现目标为导向管理方式的影响，广西地区商业银行过度关注内部控制目标的完成，反而忽视了内部控制最为重要的规范性原则，造成了内部控制的低效。根据实际情况，其原因和具体表现主要有以下几个方面：

内部控制机制的一个很重要的原则就是银行工作人员操作的规范性，即便是经验丰富的银行员工也会在不经意间出现工作失误，因此只有严格遵守内部控制系统才能最大化地减少错误的出现。但是广西地区商业银行过度关注控制目标的实现，以完成的结果为主要考核指标和奖惩标准，缺少成熟的激励约束机制，造成内部控制工作人员在利益的驱使下为了完成考核指标违反内控规范性原则，甚至出现弄虚作假等舞弊行为。在内部控制规范性和其目标的完成发生冲突时，一旦处理不慎就会造成内部控制机制的失效。

相对于国际银行业先进的内部控制经验相比，我国商业银行内部控制发展较晚，这主要是因为我国商业银行不能完全满足内部控制体系建设的基本条件。事实上内部控制的发展受限于许多条件和因素，例如银行经营规模、市场化程度、技术发展程度、管理水平、员工素质以及工作效率等，只有当这些条件发展成熟时，内部控制才能真正地发挥其作用和效果。虽然我国利率市场化和商业银行改革已经取得了突破性进展，但是由于我国商业银行长期受行政干预影响，离真正的市场化还有一定的距离，特别是广西商业银行工作效率低下问题比较严重。另一方面，广西商业银行管理人员自身风险防范意识的淡薄以及高质量人才的缺失导致银行内部监管制度无法发挥全部功能，这些缺陷使得内部控制的作用无法得到充分发挥。

最后，我国商业银行采取的总分行组织架构形式导致银行的分支机构数量众多，没有强大统一的数据信息系统的支持，各分支机构的数据信息分布过于分散，从而导致商业银行的信息流通不顺畅，内部控制系统无法得到强有力的数据支持。

4. 商业银行监管机制不够完善

随着我国商业银行业务的不断创新和新型金融产品的日益丰富，特别是互联网金融的发展日新月异，传统的法律法规已经满足不了监管需求，但是相关法律法规的更新和完善却始终跟不上金融创新快速发展的节奏。目前我国银行业监管的相关法律法规数量较少，主要有《银行业监督管理法》和《中国人民银行法》等，除此之外还有各地方政府出台的规章制度也在行使银行业监管职能，但是其权威性和有效性却大打折扣。虽然这些法律法规和规章制度可以覆盖大多数传统的银行监管问题，但是已经无力应对与时俱进的金融创新改革，特别是金融衍生品的创新，由于缺乏足够的监管，大大增加了商业银行运营的风险。

随着我国金融行业特别是银行业外资引入力度的加大以及利率市场化的加速推进，我国银行业之间的竞争将前所未有地激烈，银行已经不可能像以前那样依靠存贷利差就能稳赚不赔了，今后银行也存在竞争失败，倒闭关门然后退出市场的风险。但是，这些经营不善的银行想要安全地离场却并不是一件轻松的事情，一旦处理不慎就会产生一系列的社会问题甚至造成区域性金融风险的爆发，因此银行的市场退出需要包括存款保险制度在内的一系列配套制度和相关法律法规的制定作为支持和基础。但是目前的问题是我国银行业缺少对银行退出机制的监管和指导，对于那些不具备竞争力的银行，政府大多通过注资和重组等方式进行援助，而没有顺应市场的规律让其优胜劣汰。这样的做法不仅加重了政府的财政负担，还破坏了市场竞争的公平原则。

5. 信息不对称问题

信息不完全和信息不对称是造成商业银行不良贷款和信用风险的一个很重要的因素，一旦缺少贷款客户的准确信息，银行就无法对信贷业务中隐藏的风险进行有效的识别和防范，提供给客户的贷款可能就会演变成不良贷款。在实际操作中，信贷业务充斥着大量信息不对称问题，从而导致逆向选择的发生。简单来说，银行的贷款利率可以被假定是社会平均信用等级企业借款所需要付出的成本，对于信用等级高的优质客户来说，他们会认为银行提供的贷款利率过高因而不会主动寻求贷款，然而对于信用等级低的高风险客户而言，银行给出的贷款利率有极大的吸引力，为了能够顺利获得银行贷款，有的客户会选择隐瞒不利信息甚至会弄虚作假，在这种情况下，商业银行往往更容易将贷款提供给这些信用等级低的高风险客户。当然在现实情况中，逆向选择问题会比上述简化情况要更为复杂多变，但是其本质基本相同。最终逆向选择问题会演变为银行和客户之间的动态博弈，导致不良贷款或者惜贷情况的产生。对于银行而言，如果无法获取贷款客户的真实准确的信息或者无法识别信贷业务中暗藏的信用风险，那么为了保险起见，银行就会拒绝提供贷款，长此以往就会造成银行惜贷问题，越来越多信用等级不高的企业无法从商业银行获取贷款，从而引发一系列的连锁反应，最终影响我国经济的健康发展。

另外，银行的贷款客户，特别是中小企业，也会成为信息不对称的劣势方，银企之间的信息不对称会增加企业的融资难度。在我国经济增速放缓和银行对于不良贷款管控力度加大的双重影响下，中小企业从商业银行获得贷款已经越来越难。首先，与大型企业相比，中小企业需要的贷款额度很小，但是银行信贷业务的整个审核管理流程却不能有任何缩减，这些金额小但数量庞大的贷款申请在无形中增加了商业银行信用风险管理的难度和成本。其次，银行选择贷款客户的一个重要指标是企业的财务报表等信息，但是中小企业信息披露渠道少，这种信息不对称导致银行获取中小企业的准确信息难度大、成本高，使得银行信用风险防范和识别工作难以开展。另外，当企业获得银行贷款之后依旧存在信息不对称问题，由于银行无法掌握企业使用贷款的准确信息，增加了商业银行贷后信用风险管理的成本。

（二）广西商业银行不良贷款处置存在的问题

1. 不良贷款处置的外部环境方面

（1）不良贷款处置的相关法律法规缺失

近些年我国商业银行不良贷款规模持续快速增长，但是与不良贷款处置配套的法律法规却尚未完善。对于那些逃避债务的企业当前还没有一套完善的法律法规对其进行约束和制裁。即便要求欠款企业偿债的判决生效，这些"企业老赖"也有可能通过各种手段拒不执行判决，目前法律依旧缺少相应的追责机制来应对此类问题。

（2）广西地区的社会信用体系有待进一步发展

2018年广西壮族自治区政府发布了关于广西推进社会信用体系建设的文件，要求建立完善的信用记录，加强社会守信意识，构建对守信和失信行为的奖惩机制。事实上，近些年来在广西区政府和相关监管部门的指导下，社会信用体系的建设已经有了显著的成效，但是与我国发达地区相比，广西地区的社会信用体系还存在不足，例如信用信息的归集和处理等环节制度不规范、对企业失信行为的社会性和舆论的惩罚力度不够、提供信用等级评价和征信等服务的信用机构在广西地区还不够普及等。

2. 不良贷款处置的银行内部管理方面

（1）清收效率低

近几年广西商业银行对债务的清收力度持续增加，清收难度较小的欠款企业几乎都已经完成清收任务，其余的顽固企业能够成功清收的可能性已经越来越小。在我国加速推进供给侧结构性改革的影响下，广西也在积极完成国家下达的化解过剩产能任务，这对传统制造业中小企业的盈利产生影响，削弱了其还款能力，在这种情况下，对这类企业进行清收的难度越来越大。另一方面，对债务清收的追责和奖惩的落实不到位，广西基层商业银行往往通过绩效挂钩的方式来激励银行员工的债务清收工作，事实证明，这种方式在推动难度较低的清收工作取得了不错的进展。但是对于那些故意拖欠的"企业老赖"等难度较大的清收任务，很多清收小组成员能避则避，消极怠工，此时单纯地通过绩效考评的方式已经难以调动员工的积极性，而有效可行的追责机制还不完善，因此最终造成商业银行债务清收的效率低下。

（2）诉讼追偿的成本高

诉讼追偿的成本高反映在金钱成本和时间成本两个方面。首先，商业银行采取法律手段进行追偿时，要花费大量的金钱成本。有时即便银行最终获得了诉讼的胜利，但由于债务企业无力偿还债务，更无法支付诉讼费用，银行只能自己垫付诉讼费用。另外，即使法院判决欠债企业偿还商业银行债务，很多情况下企业依旧会采取恶劣手段逃废债务，最终银行还是无法收回贷款。其次，在诉讼追偿的过程中，银行需要花费大量的时间成本。整个诉讼过程要花费很长时间，特别是近几年不良贷款规模持续增加，诉讼追偿案件时有发生，部分基层法院甚至出现人手短缺的情况，面对如此多的案件也是无能为力。如果遇到债务人失联或者有意躲避等行为，那么诉讼周期还要延长，打数年的官司也是常有现象，整个追偿过程会占用银行大量的时间和精力。

（3）核销的管理不规范

广西部分商业银行的核销管理制度不规范，对核销缺乏有效的内部监管。出于尽快解决不良贷款完成银行考核的目的，广西部分银行忽视甚至纵容员工的违规操作行为，将尚未尝试清收的债务进行核销，造成商业银行的损失。在核销的过程中需要多个部门的相互配合，经手人较多，泄密事件也时有发生，由于管理的不规范往往难以找到泄密的源头，最终造成银行后续的追偿工作难以开展。核销管理的不规范还体现在对已核销的不良贷款疏于管理上，部分银行在对不良贷款进行核销之后就不再关注，甚至认为核销之后的不良贷款不再拉低考核指标，就不需要对其进行处理，最终损害了银行的利益。

(4) 批量转让困难多

首先，并不是所有的不良贷款都可以进行批量转让，个人贷款和涉及国家机关等资产是不能进行批量转让的，其中个人不良贷款在广西银行业中占据很大一部分的比例，将个人不良贷款排除在外会严重缩小批量转让的适用范围和使用频率。其次，在当前持续增大监管力度，调控趋严的大背景下，我国商业银行的不良贷款规模持续增加，批量转让在商业银行处置不良资产方式中的占比进一步提升，逐渐形成资产管理公司等买方地位强势的局面，隐约有掌控议价权的态势，在这种情况下，商业银行如何对不良资产包合理定价，如何与资产管理公司协商价格成为难题。最后，目前存在商业银行与资产管理公司合作，将不良资产交由资产管理公司进行保管，到期后银行再将这些不良资产回购的情况。这种名义上转让不良资产，实际上只是掩盖的做法会对信用风险的准确评估和管理造成不利影响。

(5) 不良资产证券化等新型处置方式发展缓慢

目前，广西银行业大多采取传统方式处置不良资产，而资产证券化、债转股等创新类处置方式尚未普及。事实上，2016年4月19日发布的《不良贷款资产支持证券信息披露指引（试行）》才宣布不良资产证券化业务在2008年金融危机之后重新启动，但只有交行、建行等六家银行被允许成为第一批不良资产证券化试点银行。2016年5月27日，中国银行发行了2008年金融危机之后的我国第一笔不良资产支持证券——总额3.01亿元的中誉2016年第一期不良资产支持证券。之后不久其他几家试点银行相继加快不良资产证券化进程，至2016年末，首批试点银行共发行了14期不良资产支持证券，共计156.1亿元。2017年，第二批不良资产证券化试点银行名单发布，新增光大、兴业等12家商业银行。在试点银行开展业务的过程中也暴露出许多问题，例如业务配套的法律法规不完善，不良资产支持证券产品估值定价难度大，市场不成熟，流动性不足等。而广西本土商业银行的不良资产证券化进展则更为缓慢，事实上中国银监会广西监管局2017年才核准柳州银行开展信贷资产证券化业务，而广西北部湾银行更是在2018年才被获准，作为一种特殊的信贷资产证券化产品，不良资产的证券化业务在广西地区商业银行中全面推广依旧还有很长的路要走。

四、广西商业银行信用风险管理的对策建议

（一）改善广西商业银行信用风险管理外部环境的建议

1. 推进广西企业信用体系的建设

企业信用体系可以为商业银行提供足够透明的企业信用信息，继而帮助商业银行对借款企业进行内部信用评级，决定客户的信用等级。企业信用体系的建立是一项长期工程，需要政府的支持和信用评级机构的积极参与。为此，笔者提出以下几个方面的建议：

（1）营造广西良好的社会信用环境

一方面，改善广西银行业和企业之间的信用环境，建立银企互惠互利的良好合作关系；另一方面要严厉打击恶意逃债的企业，改善和修复银行对中小企业的信用；另外，银行需要深入欠款企业进行实地考察，掌握企业的经营状况和困难，支持企业渡过危机，尽快偿还债务。

（2）积极发展信用服务机构及信用评级体系

目前，我国的信用评级机构主要由债券评级机构和企业评级机构构成，其中，企业信用评级机构主要是为中小企业做信用评级。企业信用评级机构的发展可以为商业银行提供企业信用等级评估参考，缓解由信息不对称而引发的信用风险等问题。目前我国信用评级机构数量正在不断扩大，其配套的法律法规也在逐步完善，但是与国外先进的信用评级体系相比无论是数量还是质量还有很大差距。广西有关部门应给予信用服务机构政策上的扶持，帮助积极拓展市场，扩大对信用服务产品的市场需求，继续推进信用评级公司等信用服务机构的发展。同时要求信用服务机构大力发展技术，增强核心竞争力，通过运用云计算、区块链等信息技术开发优质的信用服务产品。

信用评级是一项复杂严谨的工作，涉及评级方法的选择、评级程序的建立、评级指标的设置等。其中，对定量评级指标的量化研究和对定性评级指标的经验判断是保证整个信用评级过程科学性的核心。针对不同地区、不同行业、不同对象的信用评级，评级指标的选择也会有所不同。在选择评级指标时，必须将所有可能影响信用评级结果的主要因素考虑在内，还要确保评级指标设置的科学性和全面性，因此这是一个非常复杂和困难的过程。西方国家的大型评级机构在信用评级体系特别是评级指标的定量分析研究方面经验丰富，已经形成了一套成熟的体系，我们可以学习他们先进的经验和方法。但需要注意的是，鉴于我国与国外的公司会计和财务制度等都不相同，经济的发展也处在不同阶段，国外的信用评级系统和体系并不一定完全适用于我国。因此，我们应该借鉴国外先进的信用评级方法和经验，并根据我国国情对其进行改造，使其适用于我国，而不是迷信国外技术。

（3）完善企业信息披露制度

我国企业信息披露制度的不成熟是导致银行和贷款企业之间信息不对称问题的主要因素之一。为此，广西相关部门应该建立健全的信息公开制度。首先，应该规范企业会计制度，重点关注会计信息的准确性和真实性，提高企业财务人员的专业技能、业务水平以及职业道德，防止出现虚假财务信息和做假账等诚信问题。其次，将诚信问题从道德约束上升为法律层面，对那些为了获取银行贷款而提供虚假信息的贷款企业，应加大对其的法律惩治。通过法律法规的制定和支持，增强商业银行和贷款客户之间的信任和信息透明度。最后，将广西企业的信用信息充分利用起来，建立广西信用信息平台，通过大数据等技术手段对企业数据进行深度挖掘，加强企业信息的记录和在信用信息平台上的信息交换共享。

2. 完善商业银行信用风险监管的法律法规

随着我国金融业进一步开放，我国商业银行业务和新型金融产品不断创新，现有的金融监管已经跟不上金融创新的步伐，由于缺乏相关的监管法律法规而形成的监管真空大大增加了商业银行的信用风险。另一方面，由于我国信用监管体系尚不成熟，许多企业通过对法律法规的精心研究，试图利用法律漏洞逃避本应承担的债务，给商业银行等债权人带来了严重的损失。在这种情况下，尽快完善相关监管法律体系建设防范商业银行信用风险爆发已是刻不容缓。

第一，对现有的正在实施的法律法规进行修订和补充，填补法律漏洞，使其适用于目前的经济环境。为了保障和维护债权人的合法权益，我国已经制定并实施了一系列的法律法规，但却忽视了对逃避债务行为的惩治，缺少对这种行为进行约束和制裁的法律。在这种情况下，许多负债企业通过利用法律漏洞，用尽各种手段恶意逃避债务。其中，《企业破产法》就是一个典型例子。由于我国的企业破产程序的不规范，许多企业利用这个漏洞通过在破产前转移资产等恶劣手段来逃避债务，损害了商业银行等债权人的合法权益。我国应该针对类似问题制定和完善相关的法律法规和规章制度，让商业银行有法可依，在法律层面的支持下有效管理和控制信用风险。广西监管部门和相关部门要加强对失信企业的制裁，建立失信黑名单数据库，并且将失信黑名单在相关信用信息平台上共享，推进对失信企业法律惩治和社会道德谴责的双重打击。屡教不改多次失信的企业应被广西各级各部门划入失信黑名单，严格审查企业经营的各类项目，在偿还债务之前禁止批准其新项目的申请以及股票上市和发行债券等融资行为，通过建立行政性惩罚制度来杜绝失信行为。与此同时，广西有关部门应将失信行为举报机制充分利用起来，调动群众和社会组织的积极性，积极参与对失信个人和企业的举报，并给予一定的奖励。另一方面，对于诚信示范企业也要有相应的激励政策。例如，可以建立广西诚信企业红名单数据库，将示范企业纳入红名单中，对其项目申请、工程招投标、投资融资等方面给予政策上的支持和帮助，通过树立诚信榜样鼓励行业内企业的效仿和良性竞争。

第二，考虑到西方国家银行业信用风险管理发展的时间较早，有一系列成熟的法律法规作为基础，我国可以学习这些先进的法律法规制定经验，对其进行修改使其适用于我国的经济和法律体系。例如，鉴于2008年全球金融危机过程中金融衍生品展现出的超强破坏力，美国和欧洲监管部门陆续发布了《OTC衍生品改革》等一系列针对场外衍生品的监管改革法案。国际监管组织紧随其后，相继召开了多个会议，表示重点关注对金融衍生工具场外市场交易的监督管理，增强其交易的透明度，通过对衍生品交易对手信用风险的评估重新解释了对金融衍生品的定价和对冲机制。这一系列改革措施的颁布可以有效地防范由金融衍生品所引起的信用风险。我国金融衍生品市场起步较晚，但是近些年发展迅速，商业银行也逐步参与到金融衍生品市场的交易。鉴于商业银行在我国金融体系中的特殊功能，商业银行是我国金融衍生品交易的重点监管对象。但是与西方国家相比，我国的衍生品市场还处于初级发展阶段，尤其是相关法律法规尚未完善。在这种情况下，可以学习西方国家先进的金融衍生品监管体系，制定适合我国国情的金融衍生品市场监管法律。

（二）改善广西商业银行信用风险管理内部管理的建议

1. 加强广西商业银行信息管理系统

数据在商业银行信用风险管理过程中起着至关重要的作用，是建立现代化信用风险管理模型的基础。但是由于广西银行业对数据重要性的认识不足，对数据库的管理起步较晚，许多商业银行尤其中小型商业银行还未形成一套成熟的数据管理体系，基础数据的缺乏也是这些商业银行始终无法有效进行信用风险管理的重要原因之一。因此，加强商业银行数据信息管理系统的建设是提升信用风险管理效率的重要一环，具体可以从以下几个方面着手：

首先，建立商业银行数据管理企业文化，完善数据管理组织体系。商业银行这些年所收集的数据体量巨大，对这些数据的管理是一项复杂长期的工程，商业银行可以尝试建立专门的管理部门负责数据的管理，在其统筹安排下，银行各管理部门通力合作，提高数据管理的工作效率。将数据管理提升到战略层面，纳入商业银行企业文化和考核评价体系当中，明确银行对于数据质量和规范的责任制度，这才能使得银行从业人员在处理日常数据时遵守其规范标准，避免出现数据错误录入等问题。

其次，规范数据标准，实现信息共享。商业银行为了提高业务效率开发了各种各样的应用程序和系统，这些IT系统也为银行收集了海量的数据资源。但是这些IT系统之间往往很难实现数据的互通和共享，使得这些系统成为一个个"孤岛"，最后导致信息碎片化。另一方面，这些内部IT系统并没有形成统一的数据标准，存储在这些系统中的数据来源不同、口径不同，相互转换非常困难。因此，商业银行需要为各个IT信息系统建立统一的数据标准，更加科学地管理数据，将现有的数据转化为有效可用的数据资源。为了更好地实现数据的互通，广西商业银行需要构建银行内部数据共享体系，提升数据的利用率。广西商业银行还可以加强银行间的合作，将数据"脱敏"之后实现银行间的信息交流互通，提高信用风险管理的效率。

最后，鼓励信息科技技术的应用，提高风险管理技术。近些年机器学习、区块链、数据挖掘等信息技术发展迅速，越来越多的金融机构将这些技术与自身业务相结合提高工作效率改变盈利模式。广西地区商业银行应该注重科技人才的引进和培养，加速推进高科技技术在银行信用风险管理中的应用，利用科技驱动风险控制模式的变革，解决信用风险管理存在的问题。例如将大数据技术与银行风险管理相结合可以提高收集信息效率，降低成本，减少人为出错的可能性，使得风险管理具有更高的稳定性。而区块链技术则可以与大数据风险管理相结合，实现优势互补，区块链去中心化等特性可以解决信息碎片化以及信息泄露等问题，有效提高了风险控制的安全性。

2. 完善广西商业银行内部控制系统

内部控制是商业银行信用风险管理必不可少的一个环节，是全面风险管理体系框架中的一个子系统，只有满足内部控制系统的要求，才能确保信用风险管理体系健康稳定的运行。但是广西地区商业银行内部控制执行不规范，对风险的认识不够充分，导致银行经济纠纷事件频发，严重影响了银行各种业务和风险管理的顺利开展。因此，为了确保广西商业银行规范经营，防范各类风险，建议银行从以下几个方面着手完善内部控制机制：

首先，加强内部控制和风险防范的意识。在我国现阶段经济增速放缓以及利率市场化加速推进的双重影响下，我国金融行业尤其是商业银行的竞争愈发激烈，经营压力倍增，依靠存贷利差就能稳赚不赔的时代已经渐行渐远，商业银行想要在竞争中脱颖而出就必须严控风险，积极探索新业务。然而，在这新旧经营理念交替之际，广西部分商业银行未能转变观念，尚未充分意识到规范的内部控制是商业银行保持竞争力，安全健康运营的前提。因此，广西地区商业银行当务之急是通过培训和做好思想工作强化银行人员内部控制和风险防范意识教育，逐步让合规操作成为习惯，熟练掌握内部控制的各项规定和要求。另外，将内部控制的具体步骤细节化，形成监督机制来严格把守每一个环节并将其纳入考核评价体系。

其次，完善广西地区商业银行的内控制度。根据"内控优先，制度先行"的原则，内部控制有效实施的先决条件是建立一套行之有效的内控制度。商业银行可以学习西方国家银行业先进的内部控制经验，在实战中不断试错，积累经验教训，动态地调整和修改银行内部现行的内部控制制度和操作流程。在执行内部控制制度时要确保每一项制度的严格实施，明确各管理部门的职责，各管理部门之间要尽可能独立以便加强部门之间的相互监督，防止出现互相包庇、互相推诿、推卸责任等情况的发生。加大问责力度，建立银行举报制度，对于违规事件一定要按照公平、公正、公开的原则进行处置，做到秉公执法、赏罚分明。

最后，加强银行的稽核监督工作。为了确保内部控制体系的安全顺利实施，商业银行要建立一套系统的稽核体系，坚持稽核监督部门的独立性，以便在不受干扰的情况下进行监督工作。为了保险起见，在稽核部门审核之后，商业银行还需要对其结果进行二次审查。除了内部稽核监督之外，商业银行需要建立双重保险机制，加强与第三方信誉高口碑好的审计机构的合作，联合外部机构对银行内部进行稽核监管工作。

（三）改善广西商业银行不良贷款处置的建议

1. 持续加大清收力度提高清收效率

首先，继续加大广西地区商业银行对债务的清收力度，建立清收工作小组专门负责债务的清收，增加债务清收人员的培训机会，加强业务能力。选定清收督导，负责指导和监督基层商业银行的清收工作，及时地对清收工作进程和工作中出现的各类困难和问题进行指导和反馈，在工作中优化清收方法和策略。对于逃废债务情节严重的企业，清收小组要及时向银行和司法机关反映和举报，协助有关部门对其进行惩治。

其次，广西地区商业银行要加大不良贷款清收工作的宣传力度，对恶意逃废债务的企业要做到及时曝光。加强对拒不还债企业的监控，一旦证实欠款企业具备还款能力则要在第一时间组织清收小组对其开展债务清收工作。

最后，将清收工作纳入绩效考核，落实贷款和清收的责任追究制度，追查不良贷款的来源，要求该笔贷款的受理员工配合清收小组进行债务清收工作，要求银行领导和督察小组定期检查工作完成进展，对于消极怠工的清收工作人员要落实责任追究。相应地，对于清收工作表现优异的员工进行奖励，可以从其清收的不良贷款中按适当的比例提取一部分作为奖金。

2. 规范债务核销的管理

第一，对于银行员工在债务核销过程中出现的违规操作行为，银行可以通过开展指导培训，提升员工的业务能力以及制定奖惩规章制度来加以约束和管理。通过对银行工作人员大力宣传核销规范化操作的重要性，有效预防可能出现的操作风险。

第二，对已经完成核销的不良贷款要加强检查和管理。严格执行银行制定的已核销资产的相关规章制度，定期检查和维护已核销资产，银行应指派相关人员负责已核销资产清收和追偿的后续工作，对消极怠工的要落实责任追究。

3. 提高不良资产定价能力

在商业银行对不良资产进行批量转让过程中，对不良资产合理的定价能够为银行减少成本和风险。广西银行业应建立不良资产评估人才库，吸收估值定价经验丰富的专业人才，增加对银行内部相关人才的培训，增强员工的业务能力。通过学习西方国家银行业先进的不良资产量化定价方法和技术，以商业银行内部的数据库为依托，利用统计分析和大数据等信息技术对不良资产进行建模和估价，提高不良资产批量转让效率。

4. 推广不良资产证券化等新型处置方式

首先，建立健全的不良资产证券化法律法规。西方发达国家的不良资产证券化业务开展有一系列相关法律法规作为基础和支撑，我国由于资产证券化业务开展较晚，在法律层面上还不够完善，监管部门应尽快出台具有实践指导意义的规范性的规章制度，为不良资产证券化业务的开展提供保障。

其次，广西相关部门应加速不良资产证券化业务的推广。目前不良资产证券化业务尚未全面推广到广西地区，该业务的试点银行数量有限，应尽快收集总结试点银行开展此业务的经验教训，组织广西地区商业银行向试点银行学习先进经验。尽快将有资质和实力的银行纳入试点名单，在风险可控的条件下迅速扩大不良资产业务的开展范围，尽快向全国范围推广。

最后，增加不良资产证券化的市场流动性。目前资产证券化业务只允许银行间市场交易，将许多不符合条件的投资者排除在外，以流动性为代价，减少风险承受能力相对较低投资者的参与，以达到控制风险的目的。然而实际情况往往事与愿违，许多投资者借助通道躲避监管间接地进入银行间市场参与交易，这种行为存在严重的风险隐患。因此相关部门应加强对此类问题的监管，并逐步放宽资产证券化市场的交易门槛，在控制风险的前提下盘活产品交易的流动性。

五、商业银行信用风险管理展望

(一) 广西商业银行信用风险展望

在未来的一段时间内，对金融机构特别是商业银行的监管力度预计不会放松，我国宏观经济增速持续下降的趋势短时间内也不会扭转，与此同时广西化解过剩产能和降杠杆等供给侧结构性改革政策也会持续推进，在这些因素的影响下，广西商业银行不良贷款规模进一步增长的压力较大。此时风险管理的重要性开始显现，相比于广西城市商业银行等中小型银行而言，大型商业银行由于资金雄厚，信用风险管理体系相对完善，风控经验丰富，不良资产的管理和处置方式可选择性更多，因此在对抗风险方面更胜一筹，从而会导致广西地区商业银行之间不良贷款率出现分化。预计广西大型商业银行的不良贷款率在未来一段时期内会比较稳定甚至会小幅下降，而广西地区中小型商业银行的资产质量则不太乐观，预计其不良贷款率会进一步增加。在盈利能力方面，一方面是支付宝等互联网金融的飞速发展和激烈竞争使得商业银行的存款被分流；另一方面是广西地区实体企业的低迷降低了对商业银行贷款的需求，因此预计广西商业银行盈利能力依旧要承受压力。

(二) 商业银行信用风险管理展望

首先，商业银行的信用风险管理在未来的发展将逐步从定性管理转为定量化管理和模型化管理。传统的信用风险管理方法更多的是依赖于专业人员的经验和水平，主观性往往比较强。目前我国银行业正在借鉴西方国家银行业成熟的信用风险管理方法，致力于引入和改进信用风险管理模型，在未来 KMV 和 CreditMetrics 等量化模型和信用风险管理系统将在我国银行业的风险管理体系中大放异彩。

其次，以信用衍生产品为代表的新型信用风险缓释和对冲工具将逐步推进和完善。我国早在 2010 年就已经上线了信用风险缓释合约和信用风险缓释凭证等信用衍生产品，但是由于投资者对于这些新型信用衍生工具的不熟悉以及监管政策等原因，信用衍生品市场一直无法得到有效快速地成长。随着相关部门的宣传和推广，信用衍生产品必定会成为信用风险管理的有力工具。

最后，大数据和云计算等信息技术将引领银行业信用风险管理的变革。在商业银行进行信用风险管理的过程中，数据的作用已经变得越来越重要，特别是在定量化和模型化管理逐步成为主流的情况下，大数据和区块链等信息技术可以帮助银行提高收集信息资料的效率，侦查信贷欺诈，提高风险管理的稳定性和安全性，利用这些信息技术，对信用风险进行管理和控制将会很快成为银行业的趋势和潮流。

参考文献

[1] 龚明华. 论金融全球化中的我国商业银行信用风险管理 [J]. 社会科学辑刊, 2004 (1).

[2] 李梦双. 我国商业银行信用风险管理问题研究 [J]. 辽宁教育行政学院学报, 2014, 31 (3): 15-18.

[3] 李晟, 张宇航. 中国上市商业银行信用风险分析及比较——基于 KMV 模型及面板数据 [J]. 中央财经大学学报, 2016 (10): 31-38.

[4] 谭燕芝, 张运东. 信用风险水平与宏观经济变量的实证研究——基于中国、美国、日本部分银行的比较分析 [J]. 国际金融研究, 2009 (4): 48-56.

[5] 王珂, 孟海丽, 杨全. 模糊 CreditMetrics 模型及其在信用风险评估中的应用 [J]. 金融理论与实践, 2016 (2): 59-64.

[6] 夏馨. 巴塞尔Ⅱ框架下我国商业银行信用风险管理效能 [J]. 财经科学, 2007 (8): 15-20.

[7] 谢清河. 金融经济周期与商业银行信用风险管理研究 [J]. 经济体制改革, 2009 (4): 120-124.

[8] 闫晓莉, 徐建中. 中德商业银行信用风险管理比较研究 [J]. 学术交流, 2007 (2): 132-135.

[9] 张忠桢, 张鹏. 中美商业银行信用风险管理的比较分析及对策 [J]. 科技进步与对策, 2002, 19 (5): 138-139.

[10] 周玮, 杨兵兵. 试论现代商业银行信用风险管理的基本要素 [J]. 经济研究参考, 2002 (77): 23-29.

[11] 左晓慧. 基于内部评级法的商业银行信用风险管理 [J]. 经济问题, 2007, 336 (8): 102-105.

[12] Altman, E. I., & Saunders, A. Credit risk measurement: Developments over the last 20 years. Journal of banking & finance, 1997, 21 (11-12): 1721-1742.

[13] Brehm, S., & Macht, C. Banking supervision in China: Basel I, Basel II and the Basel core principles. Zeitschrift für Chinesisches Recht, (2004) 4, 316-327.

[14] Chaibi, Hasna, and Zied Ftiti. "Credit risk determinants: Evidence from a cross-country study." Research in international business and finance 33 (2015): 1-16.

[15] Derbali, Abdelkader, The Current Models of Credit Portfolio Management: A Comparative Theoretical Analysis (October 1, 2012). Int. J. Manag. Bus. Res., 2 (4), 271-292, Autumn 2012.

[16] Gilchrist, Simon, and Benoit Mojon. "Credit risk in the euro area." The Economic Journal 128, 608 (2017): 118-158.

［17］Gordy, Michael B. "A comparative anatomy of credit risk models." Journal of Banking & Finance 24, 1 – 2 (2000): 119 – 149.

［18］Morgan, J. P. "Creditmetrics – technical document." JP Morgan, New York (1997).

［19］Suisse, Credit. "CreditRisk +: A credit risk management framework." Credit Suisse Financial Products (1997): 18 – 53.

［20］Zribi, Nabila, and Younes Boujelbegrave. "The factors influencing bank credit risk: The case of Tunisia." Journal of accounting and taxation 3, 4 (2011): 70 – 78.

［21］Wilson, Thomas C. "Portfolio credit risk" (1997).

（执笔人：郭钏）

3. 广西城市商业银行竞争力发展报告

中国银行业正经历波澜壮阔的改革。国务院金融稳定发展委员会成立，《关于规范金融机构资产管理业务的指导意见》印发，《加快落实银行业和保险业对外开放举措》发布，中国银行保险监督委员会揭牌成立等不断发生的银行业大事和重要文件的颁布，不断要求中国银行业一方面要实现"回归"，服务好实体经济，加快构建普惠金融体系；同时又要求银行业表外业务严格遵循"资管新规"监管要求，多渠道补充资本金，防范金融危险。城市商业银行作为中国商业银行组织体系的重要组成部分，一直是地方区域经济发展和中小微企业融资的重要支撑。广西现有三家法人城市商业银行机构，桂林银行、北部湾银行和柳州银行。截至2017年末，广西城市商业银行资产总额4858亿元，占广西银行业资产总额的13.5%，营业网点437个，金融从业员工7927人，为广西区域经济平稳健康发展提供了强有力的信贷融资支撑和金融服务。

但在中国宏观经济下行压力增大，尤其是外部经济环境不稳定的风险冲击下，广西城市商业银行面临着重大的挑战。一方面受美国贸易保护主义抬头，外部不确定性风险增大，中国经济走势不确定性随之增大，广西作为门户金融的前沿，受外部冲击的风险压力更多，城市商业银行的发展与区域经济的发展紧密相连，经济上的波动将会传导至银行业，广西城市商业银行的经营波动也会加剧，银行净利增速将趋下滑。同时外部经贸环境的不确定性加剧对实体经济的影响，城市商业银行贯彻支持民营经济发展的责任明显增强，加大了银行的经营风险，城市商业银行的不良贷款率可能呈现微升趋势。同时资管新规的颁布，广西城市商业银行的理财业务亟待转型，寻找新的业务盈利增长点是一个漫长的过程。商业银行的竞争力是商业银行生存和发展的外在体现，在机遇与挑战并存新形势下，梳理、分析和提升广西城市商业银行的竞争力，是其进一步稳健发展、加快转型升级和更好地服务广西区域经济发展的关键。

一、商业银行竞争力概念与内涵

商业银行是特殊的企业和特殊的金融机构，其特殊性不仅以利润最大化为其经营目标，同时其经营对象是货币而有别于一般企业，通过存贷款业务创造了构成社会货币供给量的存款货币。因此，在着力维持"盈利性、安全性、流动性"等商业银行经营三性平衡的基础上，商业银行会有效整合各方经营资源，通过科学的存款负债比例管理，重新形成和生成商业银行的有别于竞争对手的商业银行竞争力。

当前国内外学者对商业银行的竞争力并没有形成统一的概念，对其概念和内涵的认识主要分为基于企业发展角度的商业银行竞争力宏观测评、基于一级资本计量的商业银行竞争力排序和基于专家学者研究角度的商业银行竞争力定义。

（一）基于企业发展角度的商业银行竞争力宏观测评

商业银行是企业，因此逐利是其天性，因为只有盈利企业才能生存。瑞士洛桑国际管理开发学院（International Institute for Management Development，IMD）和日内瓦世界经济论坛（World Economy Forum，WEF）从商业银行作为企业发展的角度，认为"国际竞争力是指一国的企业或企业家设计、生产和销售产品和劳务"，企业提供商品的价格以及非价格特性在公开竞争的市场上，与竞争对手相比"更具有市场的吸引力"，因此设计了一整套对竞争力评价的方法，以及涵盖企业国内经济实力、金融竞争力等要素的指标体系，通过对企业竞争力进行计量和分析，每年发布《世界国际竞争力年鉴》和《全球国际竞争力报告》公布企业竞争力排名。在IMD的8类要素290项指标中，金融竞争力是其最重要的一种要素，IMD并将其具体化为资本市场竞争力和金融服务竞争力，其中的金融服务竞争力主要就体现为商业银行的效率竞争力，它通过具体衡量商业银行的效率竞争力来体现货币市场服务质量。

WEF是从事竞争力评价最主要的机构，其主要基于国家宏观层面，认为竞争力的强弱大小主要通过盈利指标来体现和表示，并认为一国竞争力强是由于其"比其竞争对手有用更多财富"。其指标体系主要有12个竞争力支柱要素构成，包括宏观经济稳定性、商品市场效率、金融市场成熟性等，其中金融市场成熟性主要一方面体现为资本市场的竞争力；另一方面主要表现为商业银行的竞争力。

IMD和WEF对竞争力的评价主要基于国家宏观层面，因此他们是对一国金融竞争力的宏观测评，而商业银行竞争力的强弱大小只是一国金融竞争力的一部分，并且只有几个指标来计量，因此不能真正代表一国银行业的全面竞争力水平。

（二）基于一级资本计量的商业银行竞争力排序

英国《银行家》杂志是年度世界1000家银行排名的世界顶级权威杂志，从其办刊以来就为世界银行界和金融界提供金融信息情报，力主打破国家和地域的限制，通过衡量世界各国的商业银行资本充足率状况，进而分析和排名世界各国商业银行竞争力，是世界银行界商业银行竞争力的权威排名。

英国《银行家》杂志立足《巴塞尔协议》规定的资本充足率指标，其计量商业银行竞争力的指标包括各国家和地区商业银行的一级资本、资本实力、经营规模、盈利能力以及经营效率等重要指标，是对商业银行微观分析个体的竞争力的全面分析和反映。但这一商业银行竞争力评估和排名也仍然存在一定的缺陷，首先计量和分析的指标仅包括一级资本、资产规模、盈利效率等几个有效指标，不能全面覆盖商业银行经营的实际情况；同时计量和分析的数据仅依据过去一段时间商业银行发生的数据，仅代表了统计时期的商业银行的竞争力，不能全面衡量和评价微观个体的某一商业银行的全面综合实力和竞争力。

（三）基于专家学者研究角度的商业银行竞争力定义

国内外专家学者对商业银行竞争力并没有形成统一的定义，如鲁志勇、于春良（2002）就认为商业银行竞争力是指商业银行在特定的市场条件下，受供求关系等因素的影响而获得比竞争对手更多财富的能力，或者说是通过资产管理而提供更具有竞争力的金融服务能力。温彬（2004）则认为商业银行竞争力不仅具有自身银行业自身的行业特征，同时其核心竞争力主要体现为组织机构竞争力、金融技术竞争力和人力资源竞争力。中国《银行家》杂志则认为商业银行竞争力是竞争力资产与竞争力过程的结合体，在考量商业银行的竞争力时，不仅要计量分析过去和现在发生的银行数据，同时还要评价分析其发展背后的竞争力过程——核心竞争力，核心竞争力主要包括发展战略、信息科技、组织和流程再造、公司治理、人力资源、产品和服务等六个方面构成。

纵观国内学者对商业银行定义和内涵的理解和分析，总体上研究者认为商业银行的竞争力既包括在市场机制下，商业银行充分利用资源、获取高额利润的能力，这种能力具有相对性，是相对其他同业金融机构而言，要具有持久性而非短暂性，商业银行具备综合运用信息科技、智能科技等的能力，而这种能力最终表现在较其竞争对手所具有赚取更多财富的能力。

二、广西城市商业银行发展及竞争力评价方法

IMD 和 WEF 对商业银行竞争力的评价主要立足一国宏观角度，探讨经济规模、宏观政策、行业效率以及政府对金融业监管模式等宏观指标下金融业尤其是银行业对一国竞争力排名的贡献度，而英国《银行家》和我国《银行家》以及一些国内学者立足商业银行具体的微观角度，研究探讨满足一级资本充足率监管要求下商业银行的规模效益、经营效率、科技水平、公司治理水平等指标下商业银行相较竞争对手的获取财富的能力。

城市商业银行是我国银行业体系的重要组成部分，从其前身城市信用社其就立旨为中小企业融通资金，为地方经济搭桥铺路，20 世纪 90 年代从城市信用社改制成城市商业银行后，其经营规模效率逐渐凸显，市场份额逐步扩大，当前城市商业银行总资产已占中国银行业总资产的 10% 以上，为地方经济的发展、中小企业的发展提供了大量的必不可少的资金融通。在 2018 年中国银行业 100 强的排名中，北京银行、上海银行、江苏银行、浙商银行等一些城市商业排名超过了一些大的股份制商业银行，显示了城市商业银行的蓬勃活力。

广西当前有三家法人城市商业银行机构，桂林银行、柳州银行和北部湾银行，虽起步较晚，但发展迅速，截至 2017 年末，三家城市商业银行设立分支机构 437 个，资产总额 4858 亿元，从业人数 7927 人，为广西区域经济发展提供了丰富的信贷和金融服务。得益于广西区政府的大力支持，广西三家城市商业银行发展迅速，在 2018 年中国银行业

100强的排名中,桂林银行排名72名,北部湾银行排名90名。研究和分析广西城市商业银行竞争力,主要是研究相较竞争对手,广西城市商业银行的持续获取利润、持续稳健运行和持续占领市场的能力。因为三家城市商业银行是微观个体,因此评价广西城市商业银行的竞争力主要基于微观经济个体的角度,并严格按照商业银行经营中"安全性、流动性、盈利性"平衡的指导原则,如表3-1所示,把安全性、流动性和盈利性作为一级评价指标,并用资产收益率、资本利润率、成本收入比、每股净收益4个指标比较广西城市商业银行的盈利性水平,用存贷比、流动性比率2个指标比较分析流动性水平,用资本充足率、核心资本充足率、不良贷款率、拨备覆盖率4个指标比较分析安全性水平。

表3-1　　　　　　　广西城市商业银行竞争力比较指标体系

	一级指标	二级指标	定义
广西城市商业银行竞争力	盈利性	资产收益率	净利润/资产总额
		资本利润率	净利润/平均资本
		成本收入比	(业务管理费+其他营业支出)/(利息净收入+手续费净收入+其他业务收入+投资收益)
		每股净收益	净利润/总股本
	流动性	存贷比	各项贷款余额/各项存款余额
		流动性比率	流动资产/流动负债
	安全性	资本充足率	银行资本/风险加权资产
		核心资本充足率	核心资本/加权风险资产总额
		不良贷款率	不良贷款余额/贷款总额
		拨备覆盖率	(一般准备+专项准备+特种准备)/(次级类贷款+可疑类贷款+损失类贷款)

三、广西城市商业银行竞争力比较分析

本文空间范围限定为广西,城市商业银行选取广西桂林银行、广西北部湾银行和柳州银行3家广西法人城市商业银行,通过整理分析2008年至2017年近10年间的数据来研究和比较分析广西城市商业银行竞争力。

(一)盈利性比较

城市商业银行是股份制企业,企业价值最大化是其最终的目标,而要实现企业最大化,必然要通过对资金的优化配置,实现利润最大化。因此城市商业银行的盈利能力是城市商业银行竞争能力最重要的反映,2008—2017年十年间广西城市商业银行盈利水平如表3-2所示。

表 3-2　　　2008—2017 年广西城市商业银行盈利水平统计分析　　　　单位:%,元

	年份	资产利润率	资本利润率	成本收入比	每股收益
柳州银行	2008	1.27	26.43	50.83	0.39
	2009	0.98	16.83	40.97	0.32
	2010	1.09	17.33	40.2	0.43
	2011	1.06	16.1	41.52	0.46
	2012	1.14	16.33	39.16	0.54
	2013	1.16	17.63	38.57	0.66
	2014	1.25	15.46	38.05	0.64
	2015	0.81	8.68	37.38	0.39
	2016	0.69	8.21	38.82	0.38
	2017	0.07	0.86	35.67	0.04
	平均值	0.95	14.39	40.12	0.43
桂林银行	2008	1.20	27.58	77.15	0.21
	2009	1.33	19.69	37.09	0.33
	2010	1.56	21.97	34.18	0.51
	2011	1.35	20.49	34.62	0.46
	2012	1.21	21.84	33.73	0.57
	2013	1.10	22.42	27.28	0.66
	2014	0.97	17.92	34.85	0.45
	2015	0.62	10.87	32.28	0.31
	2016	0.65	11.56	29.33	0.34
	2017	0.67	11.11	32.95	0.32
	平均值	1.07	18.55	37.35	0.42
北部湾银行	2008	1.14	10.36	40.12	0.08
	2009	0.91	6.81	42.71	0.10
	2010	1.02	11.92	41.83	0.22
	2011	0.92	17.68	34.95	0.10
	2012	0.95	18.42	29.78	0.44
	2013	0.23	3.26	30.27	0.09
	2014	0.12	1.25	31.74	0.03
	2015	0.33	3.27	39.08	0.07
	2016	0.42	4.77	43.51	0.12
	2017	0.53	6.81	43.43	0.17
	平均值	0.65	8.46	37.74	0.14

资料来源:根据各商业银行年报整理。

1. 资产利润率比较分析

资产是商业银行盈利利润的来源，资产利润率反映了商业银行充分利用资产，拓展盈利的能力。从表3-2数据可以看出，广西三家法人城市商业平均资产利润率均大于0.6%的监管标准，其中桂林银行资产盈利最好，平均资产利润率1.07%，柳州银行次之为0.95%，北部湾银行则平均资产利润率刚超过监管的要求标准，为0.65%。

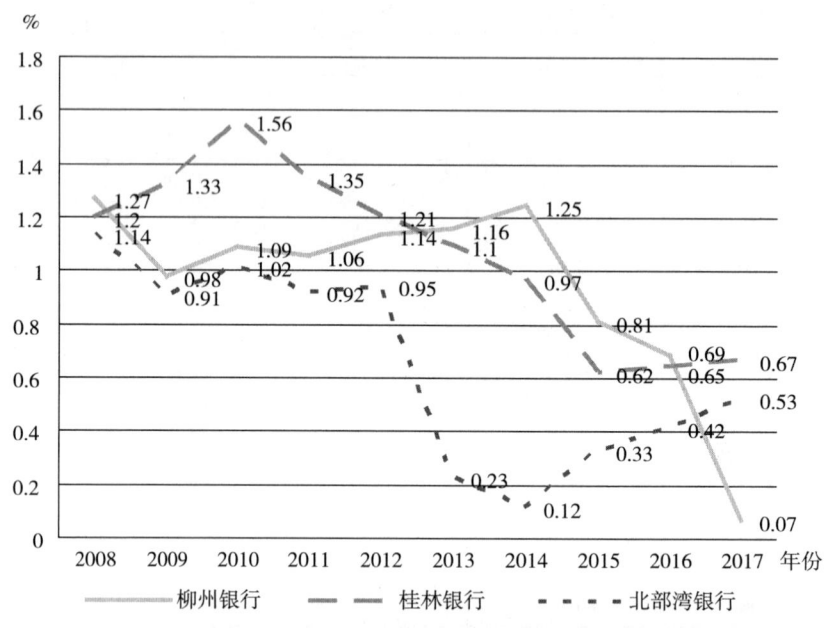

图3-1 广西城市商业银行2008—2017年资产利润率变化趋势

但是从总体上来看，如图3-1所示，广西三家法人城市商业银行资产利润率呈下降趋势，十年间，三家城商行资产利润率下降幅度均在50%以上。桂林银行2012年以来，柳州银行2014年以来资产利润率急剧下降，而北部湾银行2008年以来资产利润率就一直呈下滑趋势，2013年以来资产利用率更是跌破了0.6%的监管标准，2014年资产利润率才0.12，商业银行资产盈利水平堪忧。

2. 资本利润率比较分析

商业银行资本利润率是商业银行净利润与平均资本的比值，用于反映商业银行运用资本获取盈利的水平和能力，直接关系到投资者的权益。2007—2017年10年间，柳州银行平均资本利润率最高，18.55%，柳州银行次之为14.39%，而广西北部湾银行平均资本利润率最低，仅为8.46%。

资本利润率监管标准为不低于11%，广西三家城市商业银行资本盈利水平堪忧，如图3-2所示，三家城市商业银行资本利润率呈下降趋势之外，截至2017年已跌破或下降至11%的监管标准要求，柳州银行2015年以来资本利润率急剧下降，2017年资本利润率仅为0.86%，已远远低于监管标准，而北部湾银行在2015年资本利润率大幅下降到1.25%后，虽略有回升，但还远低于11%的监管标准。

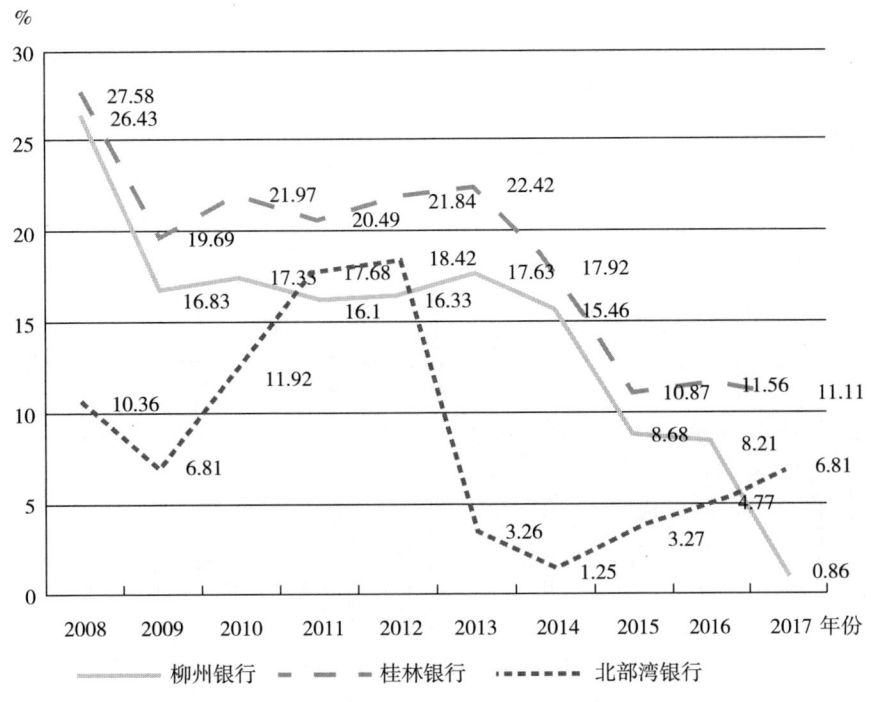

图 3-2 广西城市商业银行 2008—2017 年资本利润率变化趋势

3. 成本收入比比较分析

营业费用是营业成本与营业收入的比值,商业银行的成本收入比是营业成本与利息收入、投资收益等各项收入的比值,反映了银行单位收入并且必须要支出的成本,反映了银行获取收入的能力。2007年初至2017年10年计算分析期间内,柳州银行平均成本收入比最高,为40.12%,桂林银行和广西北部湾银行平均成本收入比相差不多,均略高于37%。

成本收入比监管标准值为小于等于35%,十年间,除北部湾城市商业银行成本收入比先降后升,成本收入比降最低至2012年的29.78%,但之后营业成本居高不下,2015年以来一直在40%左右或者以上,降成本效果不大。柳州银行和桂林银行降低成本效果明显,十年间,桂林银行成本收入比从77.15%降低至32.95%,2013年以来成本收入比一直低于监管标准;柳州银行十年间成本收入比从50.83%降到35.67%,降成本效果虽然比不上桂林银行,成本收入比多年来仍未达到监管标准。

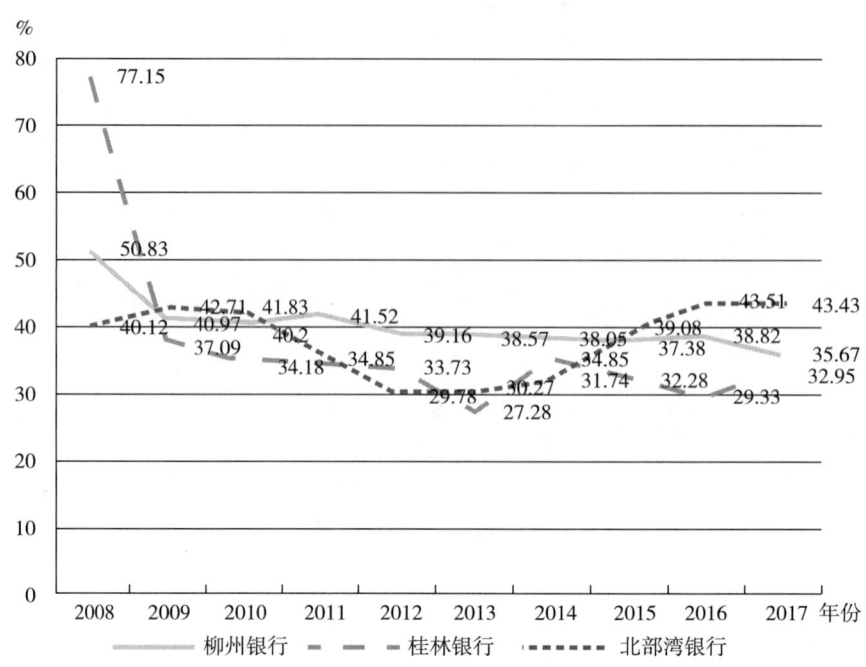

图 3-3　广西城市商业银行 2008—2017 年成本收入比变化趋势

4. 每股收益比较分析

每股收益是指商业银行净利润与商业银行股本总数的比值，代表了普通股股东每股享有的商业银行净利润，反映着企业盈利能力和未来成长潜力。2007—2017 年十年计算分析期间内，广西三家城市商业银行每股收益并不高，其中桂林银行和柳州银行十年平均每股收益率相差不多，为 0.43 元和 0.42 元，北部湾银行平均每股收益较低，仅为 0.14 元。

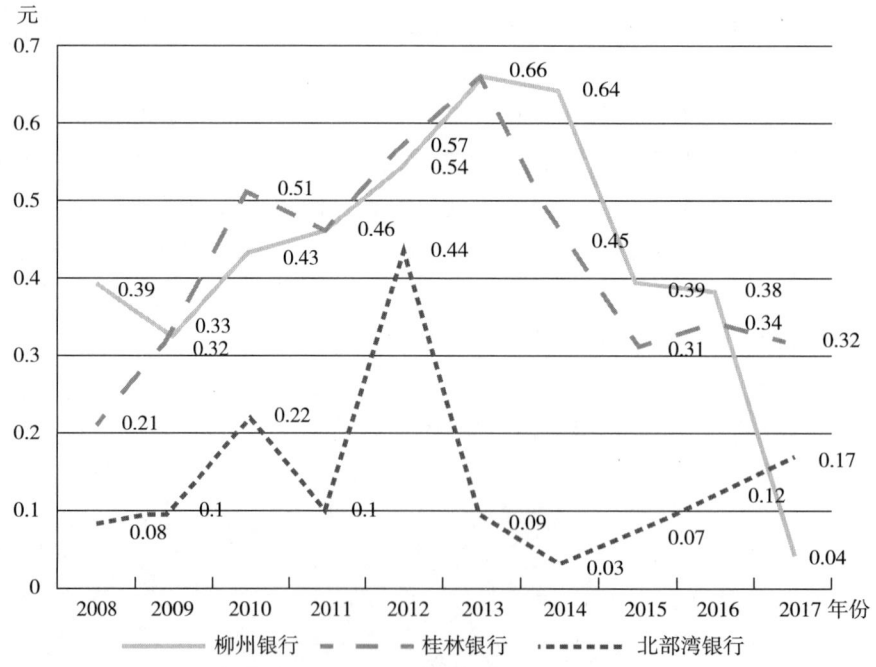

图 3-4　2008—2017 年广西城市商业银行成本收入比变化趋势

同时，随着资产利润率和资本利润率的降低，十年间三家城市商业银行每股收益也呈下降趋势，其中柳州银行每股收益波动幅度较大，每股收益从2012年的0.66元下跌到2017年的0.04元，下跌幅度达93.8%；桂林银行每股收益在2013年达到最高0.66元之后，长期每股收益在0.30元左右；而北部湾银行长期每股收益较低，2012年资产质量短暂改善，每股收益达到0.44元，长期每股收益均为几分钱，但近几年资产收入有所提高，每股收益从最低的0.03元逐渐上升到2017年的0.17元。

（二）流动性水平比较

商业银行流动性反映商业银行及时支付客户全部应付款项的能力，其主要体现在商业银行要时刻满足存款客户的存款取现和转账需求，还要满足客户的贷款需求，2008年至2017年10年间广西城市商业银行流动性能力如表3-3所示。

表3-3　　　　2008—2017年广西城市商业银行流动性水平统计分析　　　　单位:%

年份		2008	2009	2010	2011	2012	2013	2014	2015	2016	2017	平均
柳州银行	存贷比	61.48	52.32	49.73	44.04	41.29	41.42	43.04	43.55	47.82	48.46	47.32
	流动性比率	39.11	61.02	45.37	47.17	49.30	65.88	38.67	46.93	49.97	44.45	48.79
桂林银行	存贷比	67.12	59.56	48.96	44.12	49.65	35.92	35.56	50.06	65.03	60.81	51.68
	流动性比率	34.18	35.39	42.63	44.12	41.27	49.72	58.55	67.86	62.60	62.39	49.87
北部湾银行	存贷比	56.83	56.93	50.39	51.08	63.49	64.71	63.80	63.49	64.98	62.05	59.78
	流动性比率	63.23	48.59	48.26	51.33	45.97	46.56	60.36	43.75	37.05	40.53	48.56

数据来源：根据各商业银行年报整理。

1. 存贷比指标比较

商业银行的存贷比是一段时期商业银行的贷款总额与存款总额的比值，由于商业银行对吸收的存款是要付出利息的，贷款是要付出利息的，但同时商业银行的存款是满足流动性的重要手段，因此存贷比既可以体现商业银行经营的成本，也可以体现商业银行的流动性，当存贷比越高，商业银行经营的成本越小，但流动性就会越小；而存贷比越小，某种程度上代表商业银行存款的规模增长速度超过了贷款规模的增长速度，也可以表示为商业银行满足流动性的手段越好。从表3-3数据可以看出，十年计算期间，柳州银行平均存贷比最小为47.32%，流动性最好，而北部湾银行存贷比最高，平均存贷比为59.78%，流动性较差。

存贷比监管标准要求为不大于75%。2008年至2017年十年间广西三家城市商业银行存贷比均在监管标准内，其中柳州银行存贷比整体呈下降趋势，说明柳州银行流动相压力逐步减轻；而北部湾银行则呈上升趋势，表明北部湾银行流动性压力较大；桂林银行的存贷比起伏较大,总体上看存在着一定的流动性压力。

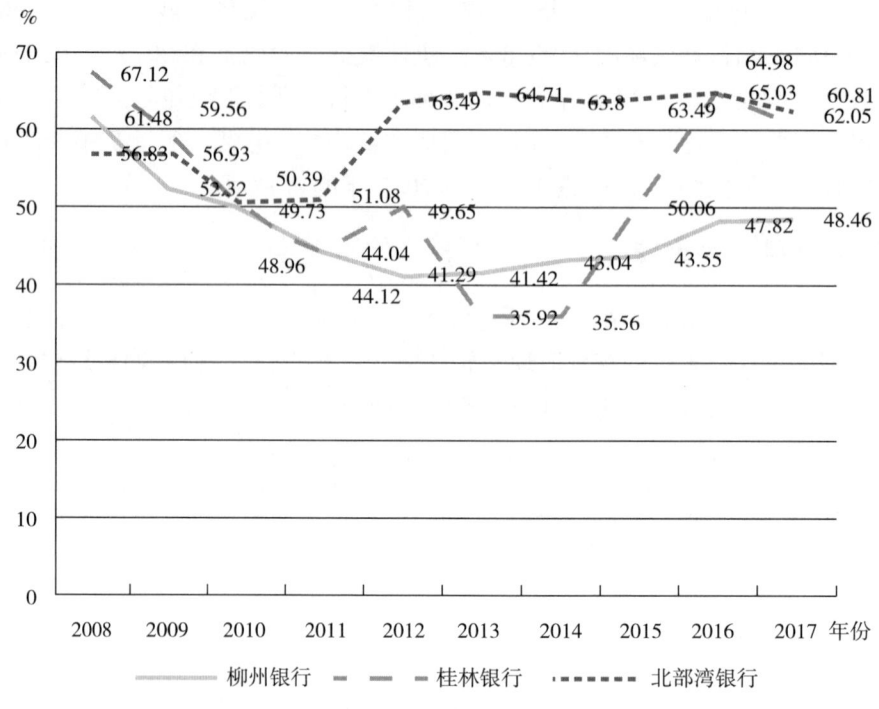

图 3-5 2008—2017 年广西城市商业银行存贷比变化趋势

2. 流动性比率指标比较

商业银行的流动性比率是指流动资产与流动负债的比率,流动性资产主要是现金资产以及可以快速转换为现金的资产,而流动负债主要是商业银行的短期债务以及快要到期的长期债务,流动性比率指标反映了商业银行短期偿债的能力,体现了商业银行短期流动性的大小。十年计算期间,三家城市商业银行平均流动性比率相差不大,均在 49% 左右,其中柳州银行平均流动性比率最小为 48.79%,表明短期偿债能力最好;桂林银行最高,平均流动性比率为 49.87%。

流动性比率监管标准为不低于 25%。长期以来,三家城市商业银行流动性比率均符合监管标准,整体来看桂林银行短期偿债水平呈现上升趋势,流动性比率从 2008 年的 34.18% 上升到 2017 年的 62.39%;桂林银行短期偿债能力起伏不定,但总体与北部湾银行一样,短期偿债水平呈下降趋势,其中北部湾银行流动性水平下降幅度较大,流动性比率从 2008 年的 63.23% 下降到 2017 年的 40.53%,下降幅度达 35.9%。

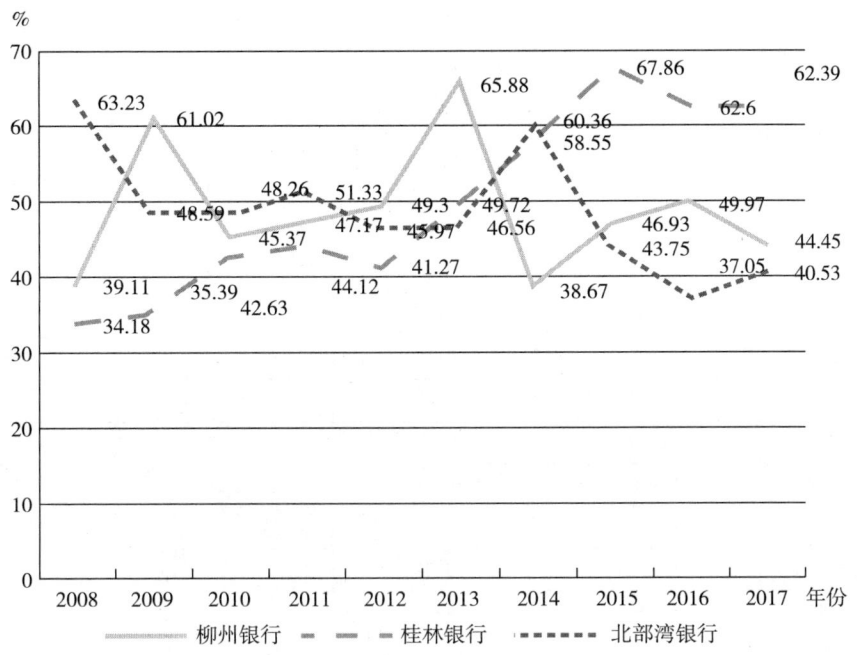

图 3-6　广西城市商业银行 2008—2017 年流动性比率变化趋势

(三) 安全性水平比较

商业银行的安全性是商业银行经营的前提和基础,没有一定的安全性保障,商业银行就无法开展正常的商业经营活动,其主要要求商业银行贷放和投资的资金在不受损失的情况如期收回,另外要求商业银行可以满足客户提取存款的需求,如表 3-4 所示,统计显示 2008—2017 年 10 年间广西城市商业银行资本充足率、核心一级资本充足率、不良贷款比率、贷款损失准备充足率、拨备覆盖率等指标显示的安全性水平情况。

表 3-4　　　　　2008—2017 年广西城市商业银行安全性水平统计分析　　　　　单位:%

	年份	资本充足率	核心一级资本充足率	不良贷款比率	拨备覆盖率
柳州银行	2008	9.12	8.21	1.78	106.50
	2009	13.85	12.53	1.28	193.26
	2010	13.48	12.40	0.96	224.11
	2011	12.51	12.07	0.76	267.39
	2012	10.56	9.59	0.60	472.59
	2013	11.03	9.89	0.59	512.25
	2014	13.51	12.59	0.81	358.25
	2015	12.36	11.36	1.74	226.88
	2016	12.07	11.12	2.63	175.93
	2017	11.47	10.83	2.40	162.38
	平均值	12.00	11.06	1.36	269.95

续表

	年份	资本充足率	核心一级资本充足率	不良贷款比率	拨备覆盖率
桂林银行	2008	10.19	—	1.84	105.01
	2009	13.23	—	1.20	172.87
	2010	13.35	—	0.81	259.18
	2011	12.81	—	0.60	299.05
	2012	12.04	—	0.58	360.14
	2013	11.07	10.15	0.86	328.56
	2014	11.07	10.45	1.25	213.28
	2015	11.09	10.57	1.52	215.07
	2016	11.48	9.06	1.51	182.69
	2017	11.76	9.83	1.49	187.59
	平均值	11.81	10.01	1.17	232.34
北部湾银行	2008	38.09	—	1.91	144.54
	2009	22.34	—	1.52	161.16
	2010	16.98	—	0.98	127.71
	2011	13.85	—	0.52	379.17
	2012	13.05	—	—	436.42
	2013	12.67	—	—	265.73
	2014	15.18	—	—	156.02
	2015	14.77	12.80	—	269.00
	2016	13.17	12.19	—	188.65
	2017	11.74	11.14	—	156.74
	平均值	17.18	12.04	1.23	228.51

数据来源：根据各商业银行年报整理。

1. 资本充足率指标比较分析

资本充足率指标是商业银行的资本净额与商业表内、表外加权风险资产总额的比值，反映了商业银行在未来如果经营不善，存款人和债权人的债权和权益受到威胁时，体现了商业银行的自有资本能够弥补和承担损失的能力和抵御风险的能力，是保证商业银行正常经营、保护债权人和投资人的利益的重要监管指标。2008—2017年十年间广西三家城市商业银行平均资本充足率水平都高于监管标准，北部湾银行平均资本充足率最高为17.18%，柳州银行和桂林银行相差不大，分别为12%和11%，说明了广西三家城市商业银行有着较强的抵御风险的能力。

资本充足率监管标准为不低于8%。十年计算分析期间，柳州银行和桂林银行资本充足率水平变化不大，柳州银行资本充足率水平较高，虽2017年略有下降，但大部分年份均保持在12%以上；桂林银行资本充足率水平比较稳定，2013年以来，均保持在11%

以上，说明桂林银行稳健经营的特性；北部湾银行资本充足率水平波动比较大，2008年资本充足率水平为38.09%，虽远远高于监管标准，但也体现了一定的不合理性，2017年资本充足率水平下降至11.74%，渐趋至合理区间，说明北部湾银行近年来加强对资本充足率水平的科学管理。

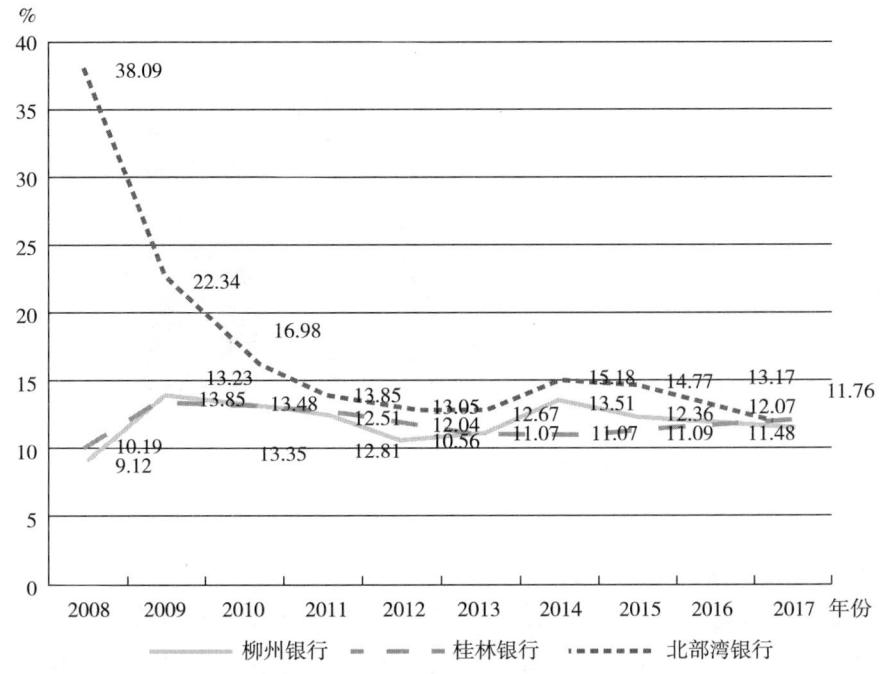

图3-7 广西城市商业银行2008—2017年资本充足率变化趋势

2. 核心一级资本充足率指标比较分析

核心一级资本充足率是商业银行的核心一级资本与商业银行表内、表外风险加权资产总和的比值，反映当商业银行出现经营损失时，能够无条件吸收损失的能力。2008—2017年十年间，广西城市商业银行平均核心一级资本充足率水平北部湾银行最高，平均核心一级资本充足率为12.04，柳州银行和桂林银行次之，分别为11.06%和10.01%，显示了广西三家城市商业核心一级充足率水平相对较高。

2013年我国《商业银行资本管理办法》要求商业银行核心一级资本不得低于5%，因此桂林银行和北部湾银行在2013年和2015年后陆续年报公示了核心一级资本充足率水平。计算期间内，广西三家城市商业银行核心一级资本充足率水平变化不大，均满足并且高于监管标准，近三年来，北部湾银行核心一级资本充足率水平较高，每年均在11%以上，而柳州银行和桂林银行则每年保持在10%以上的水平，在一定程度上显示了三家城市商业银行具备较高的抵御风险的能力和水平。

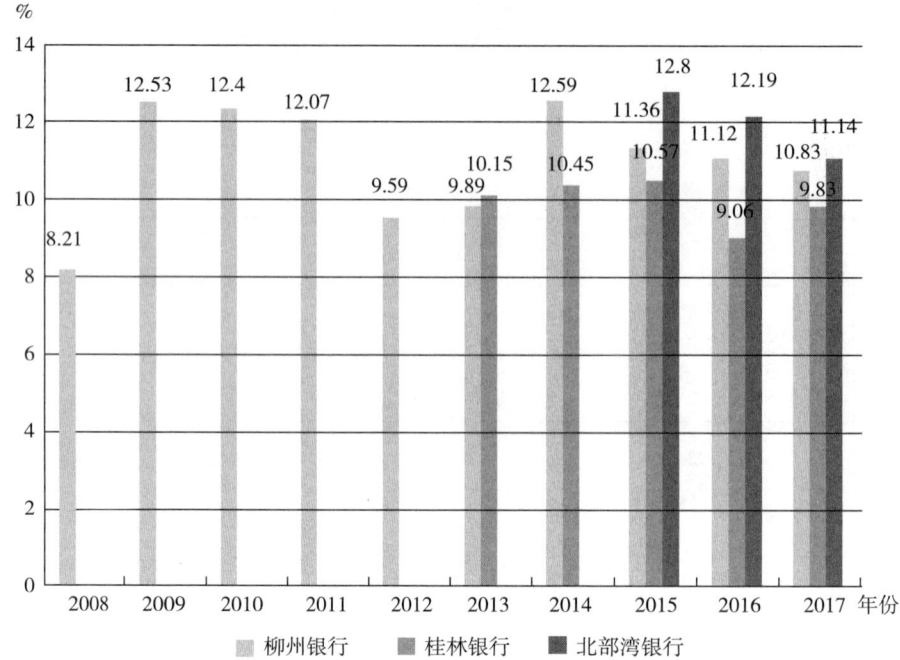

图 3-8 广西城市商业银行 2008—2017 年资本充足率变化趋势

3. 不良贷款比率指标比较分析

不良贷款率是商业银行不良贷款总额与贷款总额的比值,由于贷款分正常、关注、次级、可疑和损失五类,次级类贷款缺陷已经明显,因此不良贷款率又为次级、可疑和损失类贷款总额与贷款总额的比值,反映了商业银行资产状况的安全性。2008—2017 年十年间,广西城市商业银行中柳州银行和桂林银行平均不良贷款率并不高,分别为 1.36% 和 1.17%,说明两个银行在贷款业务方面的审慎管理,但北部湾银行在 2011 年后就没有公布不良贷款率,在一定程度上说明北部湾银行可能存在巨大的贷款损失,致使无法正常公布不良贷款率。

不良贷款率的监管标准为不超过 5%。当前柳州银行和桂林银行不良贷款率在统计期间均保持在监管标准的合理区间内,但近年来,不良贷款率上升幅度很快,柳州银行从 2013 年的 0.81% 的不良贷款率快速上升到 2016 年、2017 年的 2.63%、2.40%,桂林银行 2014 年以来不良贷款率从 1% 的水平上升到近年来的 1.5% 左右的水平,说明两家银行近年来贷款质量存在一定的损失风险。

4. 拨备覆盖率指标比较分析

拨备覆盖率是商业银行实际计提贷款损失准备金与不良贷款总额的比值,反映了商业银行经营是否稳健已经风险是否可控,同时是衡量商业银行贷款损失准备金是否充足的一个关键指标。2008—2017 年十年间,广西三家城市商业银行平均拨备覆盖率均在 200% 以上,其中柳州银行平均拨备覆盖率最高为 269.95%,桂林银行次之为 232.34%,北部湾银行最低为 228.51%,说明多年来三家城市商业银行贷款损失准备金充足,风险可控。

拨备覆盖率的国家监管标准为不低于150%。十年间,广西三家城市商业拨备覆盖率在绝大部分年份均高于国家监管红线,但总体上,三家城市商业银行拨备覆盖率均呈现先上升后下降的趋势,尤其是近两年来,拨备覆盖率均下降到200%水平以下,其中柳州银行和北部湾银行的拨备覆盖率已快接近监管红线,说明这两年来随着经济环境的波动加剧,企业发展不是很景气,广西三家城市商业银行不良贷款有加大的趋势,存在着一定的不良贷款风险。

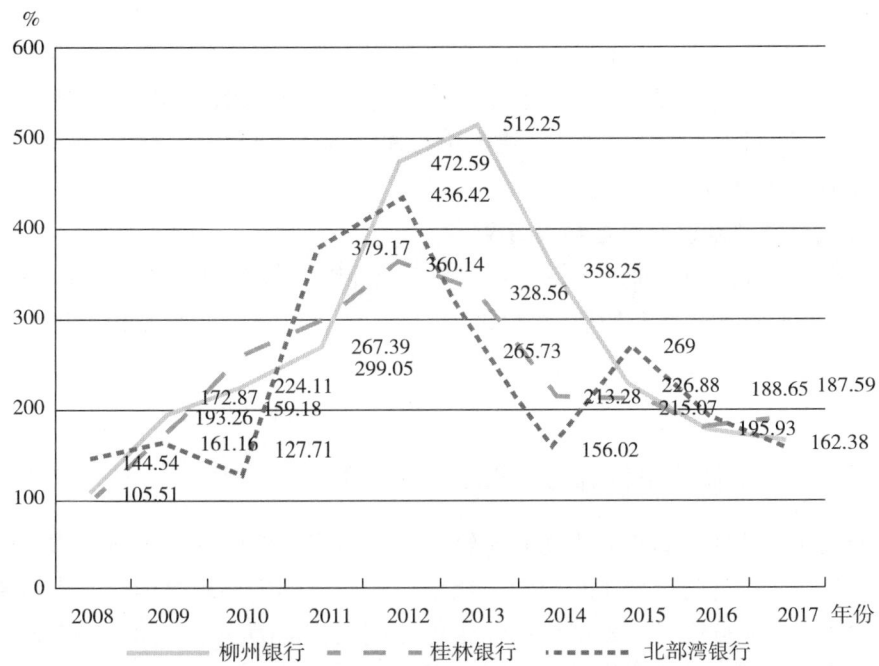

图3-9　2008—2017年广西城市商业银行拨备覆盖率变化趋势

四、广西城市商业银行竞争力比较分析的几点结论

(一) 广西城市商业盈利性水平较低

通过对广西城市商业银行资产收益率、资本利润率和成本收入比等指标比较分析可以看出,近三年来广西三家城市商业银行资产收益率、资本利润率指标已下降至监管要求标准,柳州银行和广西北部湾银行更是远远低于监管要求标准,充分说明了广西城市商业银行盈利性水平较低。数据分析认为广西城市商业盈利性水平较低的原因主要表现在以下几个方面:

1. 利润收入增速不大

2017年桂林银行税后利润128590万元,比2016年增加了25%,但柳州银行2017年净利润仅7824万元,同期减少了57872万元,下降幅度达88.1%,直接导致资产收益率、

资本收益率大幅下降。进一步通过对广西城市商业银行利润收入来源结构分析来看,当前柳州银行和北部湾银行的利润收入来源主要依靠利息净收入,资金利用的渠道相对狭窄。

2. 经营成本增加很快

广西三家城市商业银行在利润增速不明显的同时,其营业成本却相对增加很快。通过年报数据分析可以看出,经营成本中仅业务及管理费成本就一直增加。2017年,桂林银行业务及管理费支出143176万元,同比增加18.7%。

3. 计提坏账准备金增加

近三年来,广西三家城市商业银行不良贷款率不断提升,贷款质量严重下滑,导致资产减值损失一直升高,进一步降低了商业银行的净利润。2017年,桂林银行资产减值损失159295万元,同比增加12.9%;柳州银行连续两年不良贷款达2%以上,北部湾银行没有公布不良贷款率。

4. 每股收益低迷难以吸引社会投资者

长期以来,三家城市商业银行每股收益都不是很高,北部湾银行每股收益大部分年份都不到0.2元,柳州银行每股收益则波动很大,桂林银行每股收益相对稳定但近三年维持在0.3元左右,比较低的每股收益以及波动幅度较大,都难以吸引大量的社会投资者,资金来源渠道的收窄也导致三家城市商业银行的经营利润创造。

(二)广西城市商业银行流动性水平相对较好

从存贷比和流动性比率两个体现商业银行流动性指标的统计分析可以看出,长期以来,三家城市商业银行的存贷比和流动性比率均在监管标准要求之内,三家城市商业银行的流动性比率,充分说明三家城市商业银行短期偿债能力充足。同时贷存比指标显示值不高,说明三家城市商业银行存款业务开展良好,发展良好的存款业务是满足日常流动性最重要的手段。

(三)广西城市商业银行安全性水平存在风险

通过对广西三家城市商业银行资本充足率、核心资本充足率、不良贷款率、拨备覆盖率等指标的数据分析可以看出,广西三家城市商业银行一方面建立了完备的资本充足率风险监管防线,但另一方面不良贷款不断凸显经营风险。

1. 完备的资本充足率监管防线

多年来,广西城市商业银行资本充足率和核心一级资本充足率严格遵守国家对商业银行的监管要求,资本充足率长期保持在11%以上,并且除了北部湾银行之外,柳州银行和桂林银行资本充足率一直比较稳定,同时核心一级资本充足率也保持在10%左右,远高于国家监管要求5%的标准,有效抑制了三家城市商业银行风险资产的膨胀,同时保证了商业银行的正常经营,完备的充足率水平使存款人树立了存款信心。

2. 不良贷款凸显经营风险

商业银行的风险与生俱来,虽然广西三家城市商业银行重视建立完备的资本充足率水平，但却存在一定的贷款风险问题。2015年以来，三家城市商业银行不良贷款率急剧攀升，2012年后广西北部湾银行年报不再公示不良贷款率的背后隐藏着巨量的坏债准备。而不良贷款的急剧攀升，一方面促使三家城市商业银行计提损失准备金金额增大，拨备覆盖率的不断下降使其即将触及监管红线，同时也是商业银行资产质量恶化，利用资产转化利润的能力减弱，进一步导致资产利润率和资本利润率下滑。

（四）相对较弱的广西城市商业银行竞争力水平

商业银行的竞争力主要体现在商业银行经营的安全性、盈利性和流动性水平上。通过对2008—2017年广西三家城市商业银行安全性、盈利性和流动性水平的分析发现，广西三家城市商业银行资产利用效率较低，商业银行净利润增速不高并且还有下滑趋势，这一方面可能因为受地缘位置的影响，2008年以来世界经济波动加剧，广西银行业受外围经济萎缩影响，资产盈利水平下降。另外也可能因为中国经济正处于阵痛调整期，银行业去杠杆，广西银行业加大对风险的控制，资产投资趋于保守，从而导致盈利水平下降。同时当前三家城市商业银行的利润收入结构也不太合理，仅依靠传统的存贷收入难以维持城市商业银行的高速发展。

另外，近些年来三家城市商业银行都不同程度饱受不良贷款损失的影响，一方面说明商业银行的贷款业务审查工作还存在缺陷，商业银行内部的管控制度还有待改革；另一方面也说明商业银行业外部贷款信用风险防范机制还不健全，不良贷款的集中爆发会加剧商业银行经营困难。

因此，综合看来，广西城市商业银行竞争力水平并不高，这也与当前我国《银行家》杂志评选的中国商业银行竞争力100强排名中桂林银行和北部湾银行排名靠后、柳州银行未上榜的结果在一定程度上吻合。

五、提升广西城市商业银行竞争力的政策建议

（一）创新开放发展理念，紧抓构建门户金融战略机遇

2019年2月，构建面向东盟的金融开放门户战略进入实施阶段。广西城市商业银行应在充分发挥地方区域银行优势的基础上，紧抓门户金融战略发展机遇，树立开放发展理念。首先深刻贯彻领会构建面向东盟的金融开放战略对城市商业银行的要求，研究和建立服务构建面向东盟的金融开放门户的战略构想，加强开放心态，立足边境金融、国际金融，助推沿边实体经济发展，通过建立开放的服务宗旨成为服务构建门户金融战略的主力金融支点。其次借助地缘优势、经贸合作往来、金融机构对等沟通便利，加强与东盟各国金融机构建立友好开放合作关系，在双边货币互换、金融服务共享、双向业务代理、风险防范预警等方面建立开放、共赢的多元化合作，建立城市商业银行自身"走出去"的战略，同时还要通过多元化合作"引进来"共同发展。

（二）扎根区域经济发展，提供精准金融支持服务

深刻贯彻"围绕区域经济发展做银行，围绕地方产业发展做银行"的发展理念，做好金融服务与区域经济发展、地方产业发展的桥梁。首先聚焦区域经济发展中的重点领域、重点项目建设以及关系提升人民福利的重大基础设施建设，在担当服务地方经济发展责任的同时，加强银政企合作，提供精准资金融通等精准服务，助推项目尽快建设落地。其次研究分析区域产业和行业发展的金融需求，深刻贯彻"金融回归实体经济"的服务理念，发挥专业优势，通过精准金融服务充分满足自治区制造业、港口、航运、农业等重点产业中技术升级、设施改造、项目建设中的金融需求，通过助力产业经济的繁荣发展，带动城市商业银行自身资产运用，创造营业利润。

（三）创新金融产品，拓宽盈利渠道新空间

坚持"立足广西，面向东盟"的金融服务理念，结合广西和东盟的金融需求特色，多模式、多举措创新金融服务和产品，在为广西和东盟区域经济协同发展的同时不断拓宽盈利渠道新空间。首先创新设计和开发具备智慧金融、科技金融、国际金融、区域金融等特色的金融产品和系列，不断推出以科技技术为依托的智慧金融产品，通过差异化、特色化的金融服务满足不同特点的金融需求。其次结合门户金融战略，创新涉外信贷，大力发展对外投资贷款、本外币贷款、出口信贷、高端制造业出口买方信贷及卖方信贷等涉外信贷品种的创新，在支持中国企业"走出去"的同时，创造银行自身的盈利空间。最后充分利用城市商业银行专业金融服务特点，大力发展表外业务，通过基金、理财等方式汇聚中小投资者资金，在风险可控的保障下，拓宽利润来源渠道。

（四）提升银行金融效率，着力降低经营成本

进一步优化资源配置，释放和激发城市商业银行的经营活力，提高金融供给服务的质量和效率。首先着力降低经营成本，加强科技在金融服务中运用，提高银行工作人员素质，多方面、多形式提高工作效率，从而降低营业成本。其次优化资金来源结构，在"资金缺口"规模指导下，大力发展大额定期存单、回购协议、发行优先股等主动融资渠道，通过主动负债吸收资金，加大资金运用空间，同时综合比较各种主动负债融资的利息成本，科学选择融资渠道，进一步降低商业银行的融资成本。

（五）提高信贷资产质量，化解和防范潜在信用风险

信贷质量低下在大幅降低城市商业银行净利润的同时，也会降低投资者的信心，造成客户流失，严重时可能会引致挤兑危机。广西城市商业银行在满足商业银行资本充足率监管要求的基础上，在日常经营中也要推行全面风险管理。第一，加强对国家和广西区域经济环境、财政和金融政策以及商业银行监管要求等信息的分析和研判，制定更加科学的信贷指导政策，引导信贷流向，并强化对信贷人员的指导。第二，加强风险防范

机制建设,健全贷前、贷中、贷后的信贷风险管理体系,改革和创新风险管控模式,防范不良贷款发生;最后建立全面风险拨备制度,加强风险化解和防范能力。对新增资产业务要把握项目质量,精准投向,对存量不良贷款通过综合运用重组转让、诉讼核销、证券化等手段和方式科学化解。

参考文献

[1] 曹永栋,陆跃祥. 城市商业银行竞争力指标体系及其对策设计 [J]. 改革,2012(1):66-74.

[2] 程惠芳,姚遥江. 浙沪城市商业银行竞争力及其影响因素分析 [J]. 经济地理,2013(7):121-126.

[3] 迟国泰,郑杏果,杨中原. 基于主成分分析的国有商业银行竞争力评价研究 [J]. 管理学报,2009(2):228-233.

[4] 段铷,张彩庆. 商业银行竞争力评价指标体系的设计 [J]. 统计与决策,2005(6):52-53.

[5] 方先明,苏晓珺,孙利. 我国商业银行竞争力水平研究——基于2010—2012年16家上市商业银行数据的分析 [J]. 中央财经大学学报,2014(3):31-37.

[6] 鲁志勇,于良春. 中国银行竞争力分析与实证研究 [J]. 改革,2002(6):61-67.

[7] 姚长辉. 我国商业银行竞争力分析与对策选择 [J]. 经济科学,2001(8):46-61.

[8] 杨家才. 商业银行竞争力及其评价研究 [J]. 金融研究,2008(12):147-162.

(执笔人:王伟)

4. 广西商业银行绿色信贷发展报告

绿色信贷常被称为可持续融资（Sustainable-Finance）或环境融资（Environmental Finance）。绿色信贷的概念源于绿色金融，绿色金融源自绿色文明。绿色文明是人类在经济发展的过程中，过度地对环境的破坏引起了对人类生存环境的严重威胁，从而人类反思经济发展与环境保护之间的关系，应该是人类与自然和谐共生存的，从而倡导不应该采取以破坏环境为代价的粗放式的经济发展模式。于是出现了可持续发展、生态发展、绿色发展等，这些均是绿色文明的组成部分。绿色信贷的界定很多，又从绿色信贷的目标出发，又从绿色信贷的功能出发，又从绿色信贷的流程出发来界定的。总体而言，从贷款的过程来看，绿色信贷就是银行在贷款的过程中纳入借款公司的环境相关信息进行考察评价审核，然后根据考察结果决定贷款情况；从绿色信贷目标而言，绿色信贷是指将资金贷放给企业进行节能降耗的项目、节约资源的项目的贷款；从绿色信贷的功能而言就是指为环境保护、生态文明，生态效益与经济效益协同发展而提供的资金的借贷行为。

2016年8月，中国人民银行等七部委联合发布《关于构建绿色金融体系的指导意见》，进一步明确了我国发展绿色金融的政策框架。2018年12月13部委发布的《广西壮族自治区建设面向东盟的金融开放门户总体方案》（以下简称《总体方案》），标志着广西建设面向东盟的金融开放门户进入实施阶段。《总体方案》提出九大方面二十七大专项任务，其中第五方面是加强金融服务实体经济，其中的一项专项任务是支持广西开展绿色金融改革创新试点。商业银行绿色信贷问题是绿色金融创新发展必不可少的部分。另一方面研究广西商业银行绿色信贷问题为建设生态宜居广西的融资提供参考建议。2017年4月，习近平在广西考察时与基层代表座谈，与代表们有生态保护的约定。习近平指出，广西生态优势金不换，要坚持把节约优先、保护优先、自然恢复作为基本方针，把人与自然和谐相处作为基本目标。生态保护离不开资金对绿色行业的支持，商业银行绿色信贷是资金支持的重要方面。

一、商业银行绿色信贷状况分析

（一）绿色信贷相关政策陆续出台，还待完善

从1995年开始，我国对于如何实行绿色信贷开始探索，经历了起步阶段、推进阶段、发展阶段，出台了一系列的通知、意见以及意见方案等，初步形成了绿色信贷体系，

具体见表 4-1。截至目前，我国绿色信贷政策从信贷的风险管理，已经发展到绿色信贷的评价体系、绿色信贷的考核指标、绿色信贷统计制度等一系列政策制度，并已经有相关的措施来落实。绿色信贷的相关政策制度主要由人行、银监会等机构制定颁布。由于绿色信贷资金的需求与绿色信贷制度的供给由于信息不对称、制度不完善等原因，我国商业银行的绿色信贷资金规模相对较小，绿色信贷实施效果不好。

表 4-1　　　　　　　　　我国金融业绿色信贷政策发展

阶段	主要政策文件	发文部门及时间	形成的措施
起步阶段 （1995—2005）	《关于贯彻信贷政策与加强环境保护工作有关问题的通知》	1995，人民银行	2005 年，人民银行与原环保局将环境执法信息纳入征信管理系统的合作机制
	《关于进一步加强产业政策和信贷政策协调配合控制信贷风险有关问题通知》	2004，国家发改委、人民银行、银监会	
推进阶段 （2006—2008）	《关于改进和加强节能环保领域金融服务工作的指导意见》	2007，人民银行	2008 年企业环境绩效信息纳入人民银行征信系统
	《关于落实环保政策法规防范信贷风险的意见》	2007，原环保局、银监会和人民银行	
	《关于防范和控制高耗能高污染行业贷款风险的通知》	2007，银监会	
	《节能减排授信工作指导意见》	2007，银监会	
发展阶段 （2009 年至今）	《关于进一步加强信贷结构调整促进国民经济平稳较快发展的指导意见》	2009，人民银行、银监会	建立了绿色信贷统计制度，探索将绿色信贷实施成效纳入机构监管评级中
	《关于全面落实信贷政策进一步完善信息共享工作通知》	2009，环保部、人民银行	
	《绿色信贷指引》《银行业存款类金融机构绿色信贷业绩评价方案（试行）》《银行业金融机构绩效考评监管指引》《绿色信贷实施情况关键评价指标》	2012，银监会	
	《关于报送绿色信贷统计表的通知》	2014，银监会	

其中关于绿色信贷的评价，根据人民银行制定的《银行业存款类金融机构绿色信贷业绩评价方案（试行）》，绿色信贷业绩评价每季度开展一次。绿色信贷业绩评价指标设置定量和定性两类，其中，定量指标权重 80%，定性指标权重 20%。后期，人民银行将根据条件变化，酌情调整指标权重。其中，绿色信贷业绩评价定量指标 5 项。绿色信贷业绩评价定性得分由人民银行确定。绿色信贷业绩评价结果纳入银行业存款类金融机构宏观审慎考核。评价指标构成具体见表 4-2。

表 4-2　　　　　　　　　　人民银行绿色信贷的评价指标设置

指标类型	权重	指标构成
定性	20%	由人民银行综合考虑银行业存款类金融机构日常经营情况并参考定性指标体系确定
定量	80%	绿色贷款余额占比、绿色贷款余额份额占比、绿色贷款增量占比、绿色贷款余额同比增速、绿色贷款不良率

现行绿色信贷统计制度已经形成一套规范的流程，该流程通过金融机构、地方银监局和银监会完成，见图 4-1。其中的金融机构主要是各政策性银行、国有商业银行、股份制商业银行、邮政储蓄银行等 21 家主要银行，这些银行将绿色信贷统计报表报给当地银监局，当地银监局汇总辖区内的绿色统计报表并提供分析报告给银监会，银监会通过专项系统对上报的进行接收及处理。如果上报的数据中有跨期异常增减及信贷质量明显下滑的情况，银监会会要求相关银行给予解释说明。统计和监测的指标主要包括信贷余额、资产质量以及贷款支持部分所形成的环境效益等。此外，绿色信贷统计制度还专项统计银行业金融机构涉及落后产能、环境、安全等重大风险企业信贷情况，以此督促银行业金融机构加强融资业务的环境和社会风险管理。统计的频率是地方银监局和国内银行业金融机构每半年开展一次统计工作。虽然从微观上看绿色信贷制度具有可操作性，但从监管角度看，资金的监管等方面，风险的监管等方面还有很多工作要做。

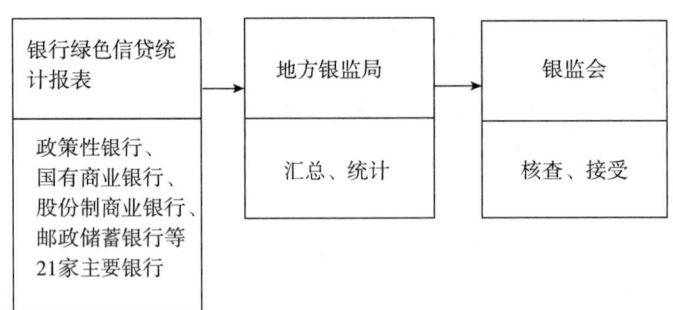

图 4-1　绿色信贷统计流程制度

（二）绿色信贷行业主要集中三类

从可持续发展到清洁生产、节能减排、环境保护，生态经济、低碳经济、绿色经济一直是经济发展过程中追求的目标，但是因为绿色环保产业的发展，与经济发展水平相关，也涉及国际政治等问题，是一个复杂综合性的问题。绿色产业虽然是全面全行业需求，但是考虑到经济发展水平、产业结构等综合因素，绿色产业的发展在各个国家都是循序渐进推进，主要是从高耗能企业、高排放企业、高排放企业等行业开始实施。

国家发展改革委公告了《国家重点节能低碳技术推广目录（2017 年本，节能部分）》（国家发展改革委公告 2018 年第 3 号）。其包括煤炭、电力、钢铁、有色、石油石化、化工、建材等 13 个行业，共 260 项重点节能技术。这些都是绿色信贷行业开展业务的行业。按照银监会对绿色信贷进行统计的行业来看，目前我国绿色信贷行业主要包括两大部分：一是支持节能环保、新能源、新能源汽车三大战略性新兴产业生产制造端的贷款；二是支持节能环保项目和服务的贷款。总体来说，目前阶段我国绿色信贷行业覆盖面较广。具体包括见表4-3。

表4-3　　　　　　　　　　　我国绿色信贷行业分类

大类	细目	说明
节能环保及服务	绿色农业开发项目	将农业生产与环境保护结合起来的生态农业
	绿色林业开发项目	将林业生产经营与环境保护结合起来的项目
	工业节能节水环保项目	为节约能源资源、节水、保护环境提供技术基础和装备保障的产业
	自然保护、生态修复及灾害防控项目	自然灾害的预防、应急准备、灾害救助、灾后恢复重建等项目
	资源循环利用项目	资源节约和循环利用为特征、与环境和谐的经济发展模式的项目
	垃圾处理及污染防治项目	垃圾的焚烧、控制等相关项目
	可再生能源及清洁能源项目	太阳能项目、风电项目、生物质能项目、水力发电项目、其他可再生能源及清洁能源项目、智能电网项目
	农村及城市水项目	农村饮水安全工程项目、小型农田水利设施建设项目、城市节水项目
	建筑节能及绿色建筑	既有建筑绿色改造项目、绿色建筑开发建设与运行维护项目
	绿色交通运输项目	铁路运输项目、航道治理及船舶购置项目、城市公共交通项目、交通运输环保项目，其中城市公共交通项目包括城市公共汽电车客运项目、城市轨道交通项目
	节能环保服务	节能服务、环保服务、节水服务、循环经济（资源循环利用）服务
	采用国际惯例或国际标准的境外项目	清洁能源项目，CDM项目等
战略新兴产业	节能环保	为节约能源资源、保护环境提供技术基础和装备保障的产业
	新能源	新能源的发现和应用的产业
	新能源汽车	采用非常规的清洁车用燃料作为汽车动力来源

（三）绿色信贷供给以大型商业银行为主

由于绿色产业或者绿色项目一般投资回收期长，见效慢，并且具有外部性，一般金融机构不是很积极介入。按照银监会绿色信贷统计中的金融机构来看，在我国进行绿色信贷的金融机构主要是21家银行机构，它们主要是政策性银行、国有银行、股份制银行、专业银行等，具体见表4-4。其中农行、建行、中行、工行等国有大行将绿色金融作为全行业经营转型的重点任务之一；兴业银行、江苏银行制定了明确的绿色金融发展战略，设立了赤道原则，将绿色信贷理念落实到业务中，其中兴业银行2005年最早开展绿色金融业务，并于2008年成为我国第一家"赤道银行"。

尽管银行业实施了"环保一票否决制"，研发了"节能减排专项贷款""清洁发展机制顾问业务""排污权抵押贷款"等产品,但总体而言商业银行进行绿色信贷的积极性不高。

表 4-4　　　　　　　　　进行绿色信贷的主要金融机构

金融机构类型	具体金融机构	主要策略
政策性银行	国家开发银行、中国进出口银行、中国农业发展银行	遵循绿色信贷政策
国有银行	中国农业银行、中国银行、中国建设银行、交通银行	将绿色金融作为全行业经营转型的重点任务之一
专业性银行	中国邮政储蓄银行	遵循绿色信贷政策
其他股份制银行	中信银行、中国光大银行、华夏银行、广东发展银行、平安银行、招商银行、浦东发展银行、兴业银行、民生银行、恒丰银行	兴业银行设立了赤道原则
地方性银行	浙商银行、渤海银行、江苏银行	江苏银行制定了明确的绿色金融发展战略

(四) 绿色信贷规模逐步扩大,需求缺口较大

自 2013 年 6 月末至 2017 年 6 月末,国内 21 家主要银行绿色信贷余额从 4.85 万亿元增至 8.30 万亿元人民币,从绿色农业开发项目、绿色林业开发项目到新能源、新能源汽车行业等 11 类项目,三类行业的绿色信贷规模保持稳步增长。其中,节能环保项目和服务贷款余额从 3.43 万亿元增至 6.53 万亿元。节能环保、新能源、新能源汽车等战略性新兴产业制造端贷款余额从 1.42 万亿元增至 1.76 万亿元。在节能环保项目和服务贷款中,绿色交通项目、可再生能源及清洁能源项目、工业节能节水环保项目的贷款余额及增幅规模均位居前列。绿色农业开发项目、绿色林业开发项目、建筑节能及绿色建筑项目、新能源汽车产业的绿色信贷规模相对较小,具体见表 4-5。

表 4-5　　　　　21 家主要银行绿色信贷情况统计 (贷款余额)　　　　　单位:亿元

指标名称	2013.6	2013.12	2014.6	2014.12	2015.6	2015.12	2016.6	2016.12	2017.6
节能环保及服务贷款小计	34293.74	36853.49	41610.42	44363.86	49734.66	53201.57	55728.24	58090.34	65312.63
1 绿色农业开发项目	216.79	229.30	242.03	304.64	344.37	399.71	376.43	430.89	536.03
2 绿色林业开发项目	167.24	193.78	242.05	251.70	254.31	273.60	333.88	391.72	446.98
3 工业节能节水环保项目	2899.61	3180.76	3470.07	3496.77	3668.49	4076.89	4040.12	4305.81	5056.64
4 自然保护、生态修复及灾害防控项目	918.51	998.50	1275.56	1642.09	1769.92	2161.49	2150.40	2192.44	3378.99

续表

指标名称	2013.6	2013.12	2014.6	2014.12	2015.6	2015.12	2016.6	2016.12	2017.6
5 资源循环利用项目	750.94	848.52	938.60	1110.87	1194.88	1318.80	1436.53	1612.62	1603.18
6 垃圾处理及污染防治项目	1695.80	1834.55	2016.19	2361.36	2628.06	2695.10	2901.39	2785.70	3722.90
7 可再生能源及清洁能源项目	9770.85	10407.39	11615.18	11722.14	12907.12	13973.90	14686.39	15062.76	16103.17
8 农村及城市水项目	738.36	931.94	1029.00	1025.98	1071.54	1257.77	1353.53	1472.43	1921.35
9 建筑节能及绿色建筑	426.51	460.11	565.40	657.22	719.12	966.79	1060.36	1203.03	1347.79
10 绿色交通运输项目	15770.39	17306.91	19773.21	21203.54	24462.14	25273.71	26542.71	27758.91	30151.67
11 节能环保服务	408.84	361.91	349.27	405.89	533.16	595.01	613.14	643.58	672.18
12 采用国际惯例或国际标准的境外项目	329.90	99.82	93.86	181.18	181.54	208.79	233.36	230.46	371.76
战略新兴产业小计	14233.10	15129.60	15606.85	15764.44	16626.67	16864.56	16907.05	16956.52	17644.00
1 节能环保	9692.50	9613.10	9238.63	8890.61	9093.58	8414.54	8020.49	7660.56	7619.05
2 新能源	4336.70	5294.50	6146.40	6647.25	7198.29	8037.95	8353.47	8799.28	9375.08
3 新能源汽车	203.90	222.00	221.82	226.58	334.80	412.06	533.08	496.67	649.88
21家主要银行机构绿色信贷合计	48526.84	51983.09	57217.26	60128.29	66361.33	70066.13	72635.29	75046.87	82956.63

虽然到2016年末，21家主要银行业金融机构的绿色信贷余额为7.51万亿元，但仅占各项贷款余额的8.83%；在2017年末21家银行业金融机构绿色信贷余额为8.30万亿元，占各项贷款余额的比例在9%左右；环境可持续发展需要大量的资金，总体而言绿色信贷规模较小。

（五）绿色信贷质量高、效益好

绿色信贷质量整体良好，不良率远低于各项贷款整体不良水平。21家国内主要银行在2013年、2014年、2015年、2016年底的节能环保项目和服务贷款不良率分别为0.32%、0.20%、0.42%、0.49%；2017年上半年底的不良贷款率为0.37%，比其他各项贷款不良率低1.32%。

绿色信贷的环境效益逐步显现。以节能环保项目和服务贷款为例，按照贷款资金占项目总投资的比例，2017年上半年底节能环保项目和服务贷款预计每年可节约标准煤2.15亿吨，减排二氧化碳当量4.91亿吨，减排化学需氧量283.45万吨、氨氮26.76万吨、二氧化硫464.53万吨、氮氧化物313.11万吨，节水7.15亿吨。

二、广西绿色信贷情况及信贷主体分析

（一）广西绿色信贷规模及效益

广西绿色信贷规模同全国类似，信贷规模虽然逐年增加，总体上缺口大。广西2018年全区计划建设566个生态经济重大项目，总投资近4100亿元，其中2018年计划投资超过400亿元。据统计，截至2018年11月底，566个生态经济重大项目实际完成年度投资429.75亿元，预计全年完成投资436.56亿元，提前超额完成年度任务。其中，绿色信贷资金支持有限。

广西的绿色信贷产生的效益，从每万元GDP消费能源（吨标准煤）、每万元工业产值消费能源（吨标准煤）、污染治理投资完成额（亿元）、公园绿地面积（公顷）、污水处理能力（万立方米/日）来看，总体状况较好。其中，每万元吨标准煤从2005年的1.14逐渐下降到2017年的0.51，呈现逐年下降的趋势；每万元工业总产值消费能源从2005年的0.97逐渐下降到2017年的0.26，除了2016年比2015年稍微高0.1之外，均呈现逐年下降趋势；污水处理能力从2005年的58万立方米/日增加到2017年的323万立方米/日，除2012年与2011年相比有所下降之外，其他年份都呈逐年增长的趋势；绿色公园面积从2005年的5362公顷增加到2017年的14025公顷，呈现逐年增长的趋势；污染治理投资完成额每年的额度不一样，其中2015年最高，达到24.72亿元（见表4-6）。

表4-6　　　　　　　　　　　广西生态文明状况

年份	每万元吨标准煤	每万元工业总产值消费能源	污水处理能力	绿色公园面积	污染治理投资完成额
2005	1.14	0.97	58	5362	10.37
2006	1.06	0.83	61	6055	6.94
2007	0.96	0.72	106	6944	18.19
2008	0.86	0.63	147	7195	14.98
2009	0.85	0.6	187	7560	11.71
2010	0.77	0.47	221	9331	9.28
2011	0.68	0.41	257	10012	12.97
2012	0.65	0.38	254	10753	12.73
2013	0.63	0.36	262	10812	18.32

续表

年份	每万元吨标准煤	每万元工业总产值消费能源	污水处理能力	绿色公园面积	污染治理投资完成额
2014	0.61	0.32	287	11086	17.89
2015	0.58	0.29	303	12111	24.72
2016	0.55	0.3	326	12799	13.04
2017	0.51	0.26	323	14025	8.65

数据来源：广西统计年鉴。

（二）广西绿色信贷系统主体

1. 供给主体

适应经济可持续发展，生态环保等要求，广西壮族自治区积极开展绿色信贷业务。广西的绿色信贷，政策性银行、国有商业银行及其支行以及分行、股份制银行起到了积极带头作用，比如 2007 年，积极开展节能减排项目、循环经济和企业技改等节能环保领域贷款，贷款余额同比增长 36.6%，达到 252.2 亿元的贷款余额。绿色信贷采取的措施主要表现在以下方面：一是优惠利率，比如对于广西红水河龙滩水电站、长洲水利枢纽工程等项目采取下浮 10% 的优惠利率。二是对绿色项目贷款期限延长，比如国家开发银行广西分行根据节能类项目以及燃煤电厂技改类项目的具体情况采用贷款期限的宽限期进行延长最少一年，最多四年的做法。三是出台具体的政策措施，比如国家开发银行广西分行在进行绿色信贷时对信贷的评审增加了内容，比如贷前评审，增加环评，增加对节能、污染物削减等量化指标的评审等。各个银行在实施绿色信贷业务中具体的政策方面，并不完全相同，具体见表 4-7。

表 4-7　　　　　　　　广西绿色信贷主体类型及其具体措施

信贷主体举例		政策措施
政策性银行	国家开发银行广西区分行	对燃煤电厂技改类、节能类项目适当延长宽限期 1~4 年；下浮 10% 的优惠利率；要求贷前评审报告必须包括环评审批外，还增加了节能、污染物削减等量化指标
大型商业银行及股份制商业银行	工商银行广西区分行	下浮 10% 的优惠利率；督促有关高耗能企业客户制定节能任务并将能耗控制目标层层分解到各部门、车间和员工
	农业银行广西区分行	下浮 10% 的优惠利率；制定下发了《关于贯彻节能减排政策切实防范信贷风险的通知》，实施更为审慎的信贷政策
	光大银行南宁分行	下浮 10% 的优惠利率
地方商业银行等	广西北部湾银行	提供 CDM 项目贷款
	广西农村信用合作社	质押担保贷款、担保机构担保贷款、流动资金最高限额循环贷款、小企业信用贷款和联保贷款

广西地方商业银行对于广西的绿色信贷项目积极支持。比如，广西北部湾银行对CDM项目提供贷款，广西各级农村信用合作社对于广西地区的绿色信贷发挥了重要作用。全区各级农信社为促进企业节能减排、提高生态环保效益，对于绿色信贷采取政策公开、制度公开、程序公开、操作公开的措施，积极推进广西绿色信贷工作。广西农村信用合作社对于绿色信贷的措施主要是贷款担保上进行落实及创新，比如采取质押担保、抵押担保、联合担保等方式。在质押担保的运用上比如荔浦联社开办了存货质押贷款业务，桂平联社开办了经营权质押贷款业务；在担保机构担保贷款业务上，如灵川县联社积极与专业担保机构合作；在小企业信用贷款和联保贷款方面，比如鹿寨县、百色市、钦州市及桂平市等积极探索。

广西绿色信贷主体虽然层次较多，从政策性银行到大型商业银行以及股份制银行、地区银行各个层次都具有，但是由于各层次银行的资产规模、负债能力、经营管理模式、风险控制能力等方面的不同，各层次银行在绿色信贷中的作用不尽相同，发挥互补与协同作用。总体而言，包括农村信用合作社以及城市商业银行在内的广西本土商业银行，呈现出以下特征：其一，广西本土商业银行的资金规模小，从表4-8中统计数据可知，从资产规模上看，桂林商业银行的资产规模仅仅为国有大型商业银行的万分之二左右。其二，广西商业银行贷款余额增速较快，从表中可以看出北部湾银行的贷款余额增速达到36.4%。其三，广西本土商业银行的盈利能力不强，比如，2015年盈利能力，三家银行的利润增速只有一家是1.57%，其他两家均是负数增长，这表明风险管理能力需要增强，业务成本需要降低。

表4-8　　　2014—2015年广西城市商业银行与全国大型银行财务数据对比

项目	A 2014年	A 2015年	B 2014年	B 2015年	C 2014年	C 2015年	D 2014年	D 2015年
资产规模	673051	781630	856.0	1098.47	1161.1	1441.3	775.1	925.0
资产规模增速	7.4	10.1	-6.5	28.33	11.8	27.0	14.4	19.3
存款余额	591557.1	676004.7	563.3	—	749.2	1131.6	532.0	669.3
存款余额增速	5.5	14.3	-3.1	—	10.2	51.5	10.8	25.8
贷款余额	426482.0	490005.6	401.3	—	312.9	457.5	242.0	330.2
贷款余额增速	11.6	14.9	5.1	—	29.9	46.0	21.6	36.4
利润总额	—	—	1.3	3.34	19.9	14.9	11.6	9.2
利润总额增速	—	—	-51.9	1.57	10.3	-25.2	16.0	-20.7

数据来源：根据2013—2016年中国人民银行、银监会统计数据整理大型银行数据；根据2012—2014年年报和网站资料整理桂林银行、柳州银行和北部湾银行数据。其中A、B、C、D分别为大型国有商业银行、桂林银行、柳州银行、北部湾银行；资产规模、贷款余额、利润总额单位为亿元，增速为%。

2. 需求主体

由于绿色经济的发展是逐步推进的，分阶段分行业进行。绿色信贷需求主体主要是绿色发展项目或者企业，由于绿色生态环境效益大于企业生态效益，具有很强的正外部性，绿色发展方式的企业生产成本大于社会成本，所以从追求利润的角度，企业的主动性不断，因此绿色信贷的需求主体主要是在政策驱动下形成的，随着政策、制度进一步推进绿色信贷需求主体逐渐增加。从2007年开始，广西进行绿色信贷的需求主体主要是广西壮族自治区的节能环保企业、节能减排技术改造项目、循环经济相关产业及企业等，这些需求主体仍然是当前广西绿色信贷的需求主体。比如在2007年的桂平市金源酒精实业有限公司建设酒精废液厌氧+好氧+生态氧处理系统、生产废水排放调控系统、事故应急处置系统等环保设施项目所需的资金，苍梧县圣绿化工工贸有限公司生产硫酸铜等化工原料等项目所需的资金等。2019年广西将大力推进柳钢防城港钢铁基地一期建设，对汽车产业跨越式改造项目的组织实施都需要绿色信贷资金的支持。

2018年广西对节能环保项目、新能源与清洁能源汽车制造、新材料产业等大力培育，大力支持这些项目的绿色发展，其中有5家企业列入国家2018年绿色制造集成项目。对于传统产业的改造提升项目，糖、铝、机械、冶金"二次创业"和汽车跨越发展项目，这些工业项目耗能相对大，环保任务中，对于这些项目的节能降耗以及生态发展以及重大技术改造，都是绿色资金的需求方。比如崇左东亚中泰产业园糖业循环经济综合利用等项目建设所需资金均属于绿色资金，其项目及企业均是绿色信贷的需求方。

2019年，广西除了积极发展生态工业，同时对通过林下经济做大做强来发展生态经济。做大做强茶叶、水果等特色产业，同时实施生态保护和修复工程，建设生态环境监测网络，加强生态环境的监测。分地区、区域进行生态环保的具体落实，比如对于百色、崇左以及南宁、桂林要保护和修复山水林田湖草生态工程。农业生态项目是广西绿色信贷需求主体的重要组成部分。旅游生态项目是广西近年来绿色信贷需求主体的另一重要组成部分，比如对于漓江生态保护和修复提升工程，桂林国家可持续发展议程创新示范区、生态文明建设示范区的建设等项目，健康旅游示范基地建设、会仙湿地国际旅游度假小镇、乐满地文化旅游康养综合体等重大项目都是绿色信贷主体的需求者。

随着"一带一路"倡议的实施，澜湄流域产能合作项目的实施以及东盟共同体等区域经济的建设与推进，广西发展绿色经济的领域与项目更趋多样化。截至2017年3月底，广西先后与东盟8个国家卡站园区合作，广西园区重点建设项目有89项，有20个项目正在建设或者在推进的进程中，这些项目规模大，投资额大，平均每个项目接近10亿元。在区域经济的建设过程中，区域经济合作项目的生态环保及可持续发展是合作成功非常重要的因素，所以这些项目都是绿色信贷资金的需求方。在已有的国际合作跨境项目中，广西银行业提供了大量的信贷支持，主要支持新能源项目、电子信息项目、医药生物等项目，这些项目信贷审批前对于环评指标都是需要审核的。

3. 监管主体

从全国情况看，绿色信贷的监管主体主要是人民银行、银保监会等，他们是绿色信贷的直接监管者，即监督商业银行等的绿色信贷规模、质量、制定绿色信贷评审的标准指标等；人民银行、银保监会也会监管各大商业银行以及股份制商业银行等在广西境内的支行或分行的绿色信贷情况，因此也是广西绿色信贷的监管主体。广西地区的金融监督管理局、各地的金融办都是绿色信贷的相关对于行业的监管机构，是金融系统的监管。

另外对于绿色信贷的监管还有其他的组织结构，这些组织机构对于绿色信贷的监管不是针对银行业务的管理，主体是从政策导向等方面进行，主要目的在于引导银行资本流向绿色环保、节能减排技改等可持续发展项目或者企业，比如，广西壮族自治区政府等通过制定政策措施，促进绿色信贷的发展。比如2009年，广西通过《广西节能产业与环保产业振兴规划》等一系列的产业政策的出台，支持环保、新能源等绿色产业的发展，达到了节能减排绿色发展的目的。2018年广西出台了《中共广西壮族自治区委员会 广西壮族自治区人民政府关于大力发展生态经济深入推进生态文明建设的意见》，将拓展"绿色信贷"、发展绿色金融作为支持生态经济和生态文明建设的重要资金渠道。随后对绿色信贷的规模做了进一步的要求，比如2018年自治区印发《关于构建绿色金融体系的实施意见》提出，经过5年规划，逐步提升绿色信贷规模，降低绿色贷款不良贷款率，绿色贷款不良贷款率要做到低于小微企业不良贷款率的平均水平等。政府相关组织为了推动促进绿色信贷发展，每年均有相关的政策制度措施出台，表4-9中给出了相关年份的政策制度及其效果。

表4-9　　　　　　　广西壮族自治区部分年份绿色信贷相关政策及效果

年份	主要政策	效果
2007	《节能减排实施方案》	提出节能减排的产业及项目，发展循环经济、淘汰落后产能
2009	《广西节能产业与环保产业振兴规划》《广西新材料产业发展规划》《广西新能源产业发展规划》	支持节能环保、节能减排技改项目的发展
2016	《2016年度生态经济发展建设计划》《九洲江流域水环境补偿协议》	推进流域养殖污水治理、生活污水和垃圾处理、工业污水整治、流域生态环境修复、河道综合整治等工作，流域水质总体呈逐步改善趋势
2018	《固定资产投资项目节能审查实施办法》《广西绿色发展指标体系》《广西生态文明建设考核目标体系》《中共广西壮族自治区委员会广西壮族自治区人民政府关于大力发展生态经济深入推进生态文明建设的意见》	推动绿色信贷的发展、促进多层次绿色金融体系的建立、拓宽绿色产业融资渠道、促进绿色经济的发展

（三）绿色信贷系统是复杂适应性系统

1. 复杂系统的语言描述

复杂系统的定义有数学定义及语言定义，用语言描述复杂系统就是具有复杂性质的系统。系统的复杂性质一般而言体现在四个方面：一是系统具有层次性，即一个系统可以分为很多小系统，每个小系统可以再细分为更小的系统，如此可以层层展开；二是系统具有非线性，即同一层的系统之间以及不同层次的系统之间的相互作用不是简单的线性关系；三是系统之间存在耦合关系，即同一层次的系统之间，不同层次的系统之间具有某种相关性或者相通的地方，彼此之间不是完全不相关或者完全排斥的绝对关系；四是整体系统的功能与子系统功能之和并不相等。

2. 复杂系统基本思想

复杂系统把系统中的各个成员当作一个个积极地向环境或者其他主体进行学习与适应的主体。这种适应与学习的能力表现在与其他的主体的接触或者关系中，本主体能够根据其他主体已经有的信息本主体会相应地采取措施或策略，以便在后续的接触或者联系中能够处于对本主体有利的状态，同样其他主体也有类似的学习与适应的能力，所以在复杂系统中各个主体根据别人的信息改变自己的策略，不断地动态地调整下去，这就是复杂系统的主体的适应性。这种不断动态调整策略的适应性造成了系统的复杂性，从而形成了复杂系统。复杂系统的基本思想就是适应性产生了复杂性。

3. 复杂系统主要特点

复杂适应性系统具有四方面的特点：其一，主体不是主动的、活的，不是机械或者静止的。主体的主动性以及活跃性的强弱决定了系统复杂性的强弱，主体的主动性越强、活跃性越高，系统的复杂性越强。其二，主体与环境的交互作用是系统演化或者进化的动力源泉。复杂系统包含复杂子系统，复杂子系统包含复杂子子系统等，系统具有层次性，从第一层次的系统演化更高一级的系统主要受到主体与环境交互作用的深度、广度以及强度等影响。因为个体与个体之间的信息不对称、个体与环境信息的不对称，在与环境的交互作用的这种深度、广度及强度可能导致同一层次主体变成参差不齐的情况，导致系统结构发生变化，引起系统发生演化或者进化。其三，微观主体的累加不等于宏观主体，低层次的主体演化成高层次的主体时候可能发生了质的飞跃。在复杂系统中微观主体与宏观主体之间不是简单的部分加总求和就是总体的关系，微观主体就如人体的各个肢体及组织或者器官，宏观主体就如完整的人体，宏观主体的功能远远强于微观主体，是微观主体的价值增值体。其四，在复杂系统中考虑了随机因素。因为主体是活的积极的主体，所以主体有随机应变的能力，在特殊情况会采取特殊的策略，一般情况下遵循一般的规律。由于环境特殊或者信息等特殊在系统中不可避免的，所以考虑随机因素是复杂适应性系统不可缺少的组成部分。对于随机因素的描述有很多种方法，其中一般采用的方式是遗传算法以及演化算法。

4. 绿色系统复杂性体现

绿色信贷是发展绿色经济的重要资金来源渠道。绿色信贷的发展一方面受到绿色项目需求方的融资能力以及项目前景的影响，另一方面也受到金融机构进行绿色信贷的成本与收益及风险的考虑的影响，还有监管机构对金融机构的绩效考核的影响。绿色信贷系统是一个复杂适应性系统。该系统主体涉及绿色信贷需求主体、绿色信贷供给主体、绿色信贷监管主体，这三大主体相互作用，相互促进，并且主体之间相互作用，相互适应。

其一，绿色信贷系统的需求主体之间与其他信贷资金主体相互关联的。首先绿色信贷系统的需求主体自身是相互竞争的，同样是节能减排项目或者新能源项目可能由于两个企业的生产规模不同、节能技术等不同，或者抵押品不同，那么绿色信贷资金可能只满足一方而拒绝另一方的可能，因此同类企业之间相互竞争，也可能相互合作。不同类绿色项目之间也存在竞争问题，新能源汽车与新能源项目之间，或者新能源汽车与林业项目之间，由于所处行业不同，生产成本不同，绿色环评标准不同，政策支持力度不同，在绿色资金的申请过程中可能面临不同的待遇及结果。在"一带一路"、东盟共同体、澜湄合作等区域经济发展过程中，广西本土的绿色项目与跨境或跨地区的绿色项目在申请绿色信贷资金的过程可能面临着不同的政策及待遇。为了获得绿色信贷资金这些绿色企业之间相互竞争、相互模仿、相互提高、可能联合、可能淘汰、可能转产等，这些都体现了绿色信贷需求主体之间的相互影响以及相互适应。

其二，绿色信贷供给主体之间相互关联与适应的。绿色信贷的主体有中小型商业银行、股份商业银行、广西地方性商业银行、外资及合资银行等。绿色经济的发展虽然对这个社会的效用非常大，有利于可持续发展，但是对于商业银行而言，由于这些项目大都投资规模大，回收期长，见效慢，并且绿色证明各行各业的标准不一致，比如工业节能减排的绿色认证与林业等的绿色认证差别很大，有些绿色认证技术还不成熟，因此一般商业银行特别是中小型商业银行是惜贷的，那么同层次的银行之间对于绿色信贷项目不是以竞争为主，少数的资质优良、风险小、有优质抵押的除外，因此很多商业银行对于绿色信贷是持观望或者相互模仿的态度的，这样对导致绿色信贷的供给远远不足，绿色信贷的供给主体数量增长不快、绿色信贷余额增长不高、整体绿色信贷供给有限，绿色信贷资金集中在受政策资助大、发展前景好的项目和企业上，这更多的是政策性银行提供的。

其三，绿色信贷监管主体之间相互关联与适应。绿色信贷供给的监管者主要是人民银行、银保监会等金融机构，也有政府等组织的监管。绿色信贷需求者的监管主体主要是行业协会、政府、发改委等政府部门及组织。人民银行、银保监会对绿色信贷的规模、行业、绿色信贷审查等的监管和绿色行业发展程度及阶段有关，在绿色经济发展初期，绿色发展技术以及绿色认证技术不成熟导致绿色信贷的规模不可能高，因此金融机构不可能有一个硬性的资金供给规模的要求，只能是成熟一个促进一个借贷一个，逐步推进，因此金融机构绿色监管的广度、深度、宽度取决于绿色经济发展的广度、深度、宽度等方面。绿色经济发展的具体情况，政府相关部门不仅要考虑本地区经济发展情况、产业发展情况、产业耗能情况，也会结合国家的产业政策、国家的节能减排目标，国家的绿色发展推进的进程，而国家的发展目标不仅与本国的经济相关，也与世界可持续及低碳发展的进程相关，因此绿色信贷的监管主体之间是相互适应的，各级监管之间也是相互适应的，是一个复杂过程。

其四，绿色信贷供给方与监管主体之间是相互适应的。绿色信贷供给主体与监管主体是相互适应的，体现在：对于人民银行、银保监会等监管机构如果只是对银行一个绿色信贷的指导意见，那么信贷规模对于各个银行而言具有选择的余地，如果对于信贷的规模是一个具体的授信额度或者其他的具体目标，那么银行没有灵活的选择，因此监管的程度与绿色信贷授信规模是相关的，银行会根据监管的目标相机决策。在商业银行等绿色信贷规模达不到预期的成效时，人民银行、银监会等监管机构会加强监管的广度与深度，监管机构会根据具体绿色信贷规模以及绿色信贷涉及的行业以及绿色信贷中出现风险等问题，出台相应的政策措施，引导银行等金融机构支持绿色经济的发展。

其五，绿色信贷的需求方与监管者之间是相互适应的。大规模绿色信贷的需求是制度政策等催生出来的，政府等组织机构根据经济发展情况、环境状况、国际政治经济环境等情况来制定绿色产业发展的路径、规模、体系等，这个规划的进程等决定了各个阶段刚性绿色信贷的需求主体的行业、规模以及绿色信贷资金的需求规模。反过来，绿色经济发展的程度、存在的问题，也会使政策不断进行调整，或加快或维持或减缓现有绿色经济推进的步伐，从而进一步影响绿色经济发展以及对绿色信贷资金的需求变动。

其六，绿色信贷供给主体、需求主体、监管主体相互影响，相互适应。绿色信贷需求的程度会促进绿色信贷供给的发展，绿色信贷供给规模大、审批有效而快捷，会吸引绿色信贷需求甚至将潜在的需求激发出来，绿色信贷与需求的发展情况对一国资源配置状况成为绿色信贷监管主体制定政策措施的基本依据。

综合以上可以得出，绿色信贷系统是各个国家之间、国家与工业企业、林业及其他利益相关者主体相互作用、相互适应的结果。这个系统具有层次性，各个主体是一个层次，主体内还分子主体，主体之间形成更大的主体；系统主体相互作用相互适应，不是机械运动；整个绿色信贷系统的功能不是供给主体、需求主体、监管主体的单方面的功能所能代替的，也不是单方面主体功能的叠加；在绿色信贷系统运行的过程中，可能由于一些突发事件，比如国际贸易摩擦、国际恐怖事件等扰动其正常运行，但是绿色信贷这个给可持续发展提供资金渠道的系统不会停止，因此这些事件只能算是随机扰动因素，这些随机扰动因素一定会存在。因此认为它是一个复杂适应性系统。

（四）广西绿色信贷系统要解决的主要问题

广西商业银行绿色信贷的供给主体层次多，但是从信贷规模来看没有找到统一的标准的信贷规模数据，信贷规模相比信贷需求而言缺口较大。广西商业银行绿色信贷的需求项目很多，不仅有工业技改、节能环保项目，在广西参与"一带一路"建设、在东盟共同体建设等区域经济发展中，金融信贷资金流向会影响广西经济发展状况及程度。绿色信贷的风险大，绿色信贷项目所需资金大，贷款的担保如何解决呢？广西商业银行绿色信贷系统中需要解决绿色信贷是银行独自绿色信贷、联合绿色信贷、半独立半联合，在三大类信贷资金需求行业中，银行是趋向区域合作项目绿色信贷、还是广西本土的绿色信贷、绿色信贷抵押是现在财产、将来的财产，是广西绿色信贷项目需要解决的重要问题。

三、广西绿色信贷独立联合与监管演化博弈

演化博弈是研究复杂系统的工具之一,演化博弈论认为群体中主体之间的相互作用是一个动态的不断变化的过程,这个过程是群体中的主体对他们所处的局势的动态变化过程,这个局势由博弈的环境与主体的状态组成。博弈局势与主体的行为是相互依赖的,主体的理性行为是根据博弈的局势来进行调整的,这种调整是不断进化或演化的表现。主体或者参与人的理性,在这里主要是有限理性在演化的进程中被表征出来。理性实际上是参与人在进行选择时所依据的规则,在很多情况下被描述成个体的选择偏好。因此参与人或者适应性主体在对博弈局势的认识与学习中确定动态演化的行为选择规则,或者说决策机制便被称为演化博弈中的有限理性。演化博弈是对经典博弈的延伸与发展,演化博弈可以理解为适应性主体的一种学习行为,它突破了经典博弈的完全理性、共同知识性等理论假设的限制,认为博弈中参与人可以具有有限理性,可以通过总结经验、吸取教训等方式相互学习不断调整自己的行为及决策方式,这种行动决策方式与现实比较贴近与吻合。如何根据具体情况构造动态机制来模拟演化博弈中博弈人的学习和决策过程是国内外学者一直致力于解决的问题,也即是说确定博弈人的学习机制和策略演化的过程是演化博弈问题分析的关键。演化博弈中参与人的动态机制归纳起来主要有复制动态、Logic 动态、BNN 动态、Smith 动态等几种。其中复制动态模型在关于演化生物学、社会学和经济管理学的博弈模型分析中运用得比较多。如周旻、邓飞其(2007)用复制动态演化博弈研究供应链的策略问题;田中禾、孙权(2012)用复制动态演化博弈分析集聚经济下产业集群内竞合行为的影响因素等问题;李守伟、杨玉波、李备友(2013)用复制动态博弈研究产学研合作的稳定性分析;王济川、郭丽芳(2013)用复制者动态模型研究影响效益型团队合作的 6 个相关因素并找出各变量的具体作用。

(一)基本假设

假设1:绿色经济的发展是分阶段分行业的逐步推进的,期初是污染严重的行业,然后是农林业等。

假设2:绿色信贷的供给主体是有限"理性人"。金融机构是企业,以追求利润为目的。目前广西商业银行主要包括广西内国有商业银行、广西本土的商业银行及其他。

假设3:绿色信贷的供给主体的策略选择可能是东盟地区的绿色项目,广西本土的绿色项目,其他的绿色项目。

假设4:绿色信贷的供给主体可以选择单独信贷,或者联合绿色信贷或者部分单独部分联合信贷。

假设5:绿色信贷的供给主体可以接受用现在的财产抵押,或以将来的财产做抵押,或部分现在的财产做抵押部分将来财产做抵押的方式。

假设6:绿色信贷的监督主体是央行、银监会等。对金融机构监管的方式可以是弹

性绩效考核也可以是刚性绩效考核,即定额考核。

假设7:定额目标是指根据绿色信贷资金缺口,有具体的绿色信贷指标。

假设8:弹性目标是指只制定相应的绿色信贷规则及绩效考核标准,没有硬性的任务指标。

假设9:绿色信贷的需求方可以采取的策略是绿色信贷或者不绿色信贷。

假设10:假设绿色信贷的需求主体是有限理性的。

假设11:假设绿色信贷的监管主体是有限理性的。

(二) 博弈模型

1. 博弈的主体

在绿色信贷供给主体与监管主体的博弈中,至少有两个问题需要确定,一是绿色信贷领域及行业,二是绿色信贷独立以及联合的确定,博弈的主体为绿色信贷供给主体与绿色信贷的监管主体。

2. 博弈的策略

绿色信贷供给主体的策略:独立进行绿色信贷;部分联合部分独立信贷;联合信贷。用 x_1 表示独立进行绿色信贷,x_2 表示部分联合部分独立信贷,x_3 表示联合信贷。用 p_1 表示独立进行绿色信贷情况发生的概率;p_2 表示部分联合部分独立信贷发生的概率;用 $(1-p_1-p_2)$ 表示联合信贷发生的概率。

绿色信贷的监管者的策略:定额目标;弹性目标。用 y_1 表示定额目标情况,用 y_2 表示弹性目标情况。用 q 表示定额目标情况出现的概率;用 $(1-q)$ 表示弹性目标时间出现的概率。

3. 博弈矩阵及博弈得益

绿色信贷供给主体在独立绿色信贷的情况下,绿色信贷的监管者采用定额目标的情况下,绿色信贷供给主体的得益为 A_{11},绿色信贷的监管者为 B_{11}。绿色信贷供给主体在独立绿色信贷的情况下,绿色信贷的监管者采用弹性目标的情况下,绿色信贷供给主体的得益为 A_{12},绿色信贷的监管者为 B_{12}。

绿色信贷供给主体在部分联合部分独立的情况下,绿色信贷的监管者采用定额目标的情况下,绿色信贷供给主体的得益为 A_{21},绿色信贷的监管者为 B_{21}。绿色信贷供给主体在部分联合部分独立的情况下,绿色信贷的监管者采用弹性目标的情况下,绿色信贷供给主体的得益为 A_{22},绿色信贷的监管者为 B_{22}。

绿色信贷供给主体联合信贷的情况下绿色信贷的监管者采用定额目标的情况下,绿色信贷供给主体的得益为 A_{31},绿色信贷的监管者为 B_{31}。绿色信贷供给主体联合信贷的情况下绿色信贷的监管者采用弹性目标的情况下,绿色信贷供给主体的得益为 A_{32},绿色信贷的监管者为 B_{32}。

具体的博弈矩阵以及得益情况见表4-10。

表 4-10　　　　　　绿色信贷行业选择：供给者与监管者的博弈

		绿色信贷的监管者	
		(q) 定额目标 y_1	$(1-q)$ 弹性目标 y_2
供给主体	(p_1) 独立信贷 x_1	(A_{11}, B_{11})	(A_{12}, A_{12})
	(p_2) 部分独立部分联合 x_2	(A_{21}, B_{21})	(A_{22}, B_{22})
	$(1-p_1-p_2)$ 联合信贷 x_3	(A_{31}, B_{31})	(A_{32}, B_{32})

4. 基本模型

对于绿色信贷供给主体与绿色信贷的监管者的演化博弈，运用基因复制动态过程的代际交叠模型，有 $\dot{S}_t^i = S_t^i(x^i)[U_t^i(x^i) - \overline{U}_t^i], i = 1, 2$。

（1）绿色信贷供给主体 RD①

下面构造的是绿色信贷供给主体的基因复制动态方程：

$$\dot{p}_1 = p_1[U_1^1 - \overline{U}^1]$$

$$\dot{p}_2 = p_2[U_2^1 - \overline{U}^1]$$

$$U_1^1 = qA_{11} + (1-q)A_{12}$$

$$U_2^1 = qA_{21} + (1-q)A_{22}$$

$$U_3^1 = qA_{31} + (1-q)A_{32}$$

$$\overline{U}^1 = p_1 U_1^1 + p_2 U_2^1 + (1-p_1-p_2)U_3^1$$

（2）绿色信贷的监管者 RD

下面构造绿色信贷的监管者的基因复制动态方程：

$$\overline{q} = q[U_1^2 - \overline{U}^2]$$

$$U_1^2 = p_1 B_{11} + p_2 B_{21} + (1-p_1-p_2)B_{31}$$

$$U_2^2 = p_1 B_{12} + p_2 B_{22} + (1-p_1-p_2)B_{32}$$

$$\overline{U}^2 = qU_1^2 + (1-q)U_2^2$$

$$\dot{q} = q[U_1^2 - \overline{U}^2]$$

5. 模型求解

（1）复制动态方程求解

令 $\dot{p}_1 = 0, \dot{p}_2 = 0$，得到 $\dot{p}_1 = p_1\{qA_{11} + (1-q)A_{12} - p_1[qA_{11} + (1-q)A_{12}] - p_2[qA_{21} + (1-q)A_{22}] - (1-p_1-p_2)[qA_{31} + (1-q)A_{32}]\} = 0$　　①

$\dot{p}_2 = p_2\{qA_{21} + (1-q)A_{22} - p_1[qA_{11} + (1-q)A_{12}] - p_2[qA_{21} + (1-q)A_{22}] - (1-p_1-p_2)[qA_{31} + (1-q)A_{32}]\} = 0$　　②

令 $\dot{q} = 0$，得到

---

① RD 指的是基因复制动态方程。

$$\dot{q} = q\{p_1 B_{11} + p_2 B_{21} + (1-p_1-p_2)B_{31} - q[p_1 B_{11} + p_2 B_{21} + (1-p_1-p_2)B_{31}] - (1-q)[p_1 B_{12} + p_2 B_{22} + (1-p_1-p_2)B_{32}]\} = 0 \quad ③$$

得到系统的 8 个平衡点，$(0,0,0)$，$(0,0,1)$，$(0,1,0)$，$(0,1,1)$，$(1,0,0)$，$(1,0,1)$，$(q_1, 1-p_1, 0)$，$(p_1, 1-p_1, 1)$。

其中 $p_1 = 1 - \dfrac{p_2\{qA_{21} + (1-q)A_{22} - [qA_{31} + (1-q)A_{32}]\}}{qA_{11} + (1-q)A_{12} - [qA_{31} + (1-q)A_{32}]}$

现在对 8 个平衡点的稳定性进行分析，采用非线性系统的局部线性化处理，该系统的雅可比矩阵为

$$\begin{bmatrix} \dfrac{\partial f_1}{\partial p_1} & \dfrac{\partial f_1}{\partial p_2} & \dfrac{\partial f_1}{\partial q} \\ \dfrac{\partial f_2}{\partial p_1} & \dfrac{\partial f_2}{\partial p_2} & \dfrac{\partial f_2}{\partial q} \\ \dfrac{\partial f_3}{\partial p_1} & \dfrac{\partial f_3}{\partial p_2} & \dfrac{\partial f_3}{\partial q} \end{bmatrix}$$

其中，

$f_1 = \dot{p}_1 = p_1\{qA_{11} + (1-q)A_{12} - p_1[qA_{11} + (1-q)A_{12}] - p_2[qA_{21} + (1-q)A_{22}] - (1-p_1-p_2)[qA_{31} + (1-q)A_{32}]\}$

$f_2 = \dot{p}_2 = p_2\{qA_{21} + (1-q)A_{22} - p_1[qA_{11} + (1-q)A_{12}] - p_2[qA_{21} + (1-q)A_{22}] - (1-p_1-p_2)[qA_{31} + (1-q)A_{32}]\}$

$f_3 = \dot{p}_2 = q\{p_1 B_{11} + p_2 B_{21} + (1-p_1-p_2)B_{31} - q[p_1 B_{11} + p_2 B_{21} + (1-p_1-p_2)B_{31}] - (1-q)[p_1 B_{12} + p_2 B_{22} + (1-p_1-p_2)B_{32}]\}$

（2）绿色信贷模型求解

针对绿色信贷情况的演化博弈，假设各种情况发生时，除了列举的状况不同之外，其他的事件（或情况）均相同，于是下面假定情况 1 和情况 2。情况 1 与情况 2 的争论点或者分歧的焦点在于弹性目标或者定额目标得益的大小问题，以及弹性目标与定额目标下得益差额的大小问题。具体的稳定状况见表 4-11 及表 4-12。

从表 4-11 中可以看出，在第一种情况下，稳定均衡是 $(0,0,1)$ 或者 $(0,1,0)$，即绿色信贷供给主体不接受安排的具体任务，绿色信贷的监管者采用定额目标的策略；或者绿色信贷供给主体对部分独立部分联合，绿色信贷的监管者采用弹性目标的策略。从表 4-12 可以看出，在第二种情况下，稳定均衡是 $(0,0,0)$，即绿色信贷供给主体联合信贷，绿色信贷的监管者采用弹性目标。

表 4 – 11　　　　　　　　绿色信贷系统情况 1 局部稳定性分析

平衡点	行列式的符号	迹的符号	局部稳定性
(0, 0, 0)	−	$(A_{12}-A_{32}) + (A_{22}-A_{32}) < -(B_{31}-B_{32})$, −	鞍点
(0, 0, 1)	+	$(A_{11}-A_{31}) + (A_{21}-A_{31}) > -(B_{32}-B_{31})$, +	不稳定
		$(A_{11}-A_{31}) + (A_{21}-A_{31}) > -(B_{32}-B_{31})$, −	ESS
(0, 1, 0)	+	$(A_{12}-A_{22}) + (A_{32}-A_{22}) > -(B_{21}-B_{22})$, +	不稳定
		$(A_{12}-A_{22}) + (A_{32}-A_{22}) > -(B_{21}-B_{22})$, −	ESS
(0, 1, 1)	+	$(A_{11}-A_{12}) + (A_{31}-A_{21}) > -(B_{22}-B_{21})$, +	不稳定
(1, 0, 0)	−	$(A_{32}-A_{12}) + (A_{22}-A_{12}) > -(B_{11}-B_{12})$, +	鞍点
		$(A_{32}-A_{12}) + (A_{22}-A_{12}) < -(B_{11}-B_{12})$, −	鞍点
(1, 0, 1)	+	$(-A_{11}+A_{31}) + (A_{21}-A_{11}) > -(B_{12}-B_{11})$, +	不稳定
$(p_1, 1-p_1, 0)$	0	−		鞍点
$(p_1, 1-p_1, 1)$		−		鞍点

$A_{11} < A_{21} < A_{31}, A_{12} < A_{22} < A_{32}, A_{11} > A_{12}, A_{21} > A_{22}, A_{31} > A_{32}$

$B_{11} < B_{12}, B_{21} < B_{22}, B_{31} < B_{32}, B_{11} > B_{21} > B_{31}, B_{12} > B_{22} > B_{32}$

经济含义：对于绿色信贷供给主体而言，在其他条件均相同的情况下，独立信贷的收益小于部分独立部分联合，小于联合信贷的收益或效用；绿色信贷的监管者的情况正好相反。在绿色信贷的监管者进行定额减排与弹性减排之间，对于绿色信贷的监管者而言定额减排的收益小于弹性减排，绿色信贷供给主体刚好相反。

表 4 – 12　　　　　　　　绿色信贷系统情况 2 局部稳定性分析

平衡点	行列式的符号	迹的符号	局部稳定性
(0, 0, 0)	+	$(A_{12}-A_{32}) + (A_{22}-A_{32}) > -(B_{31}-B_{32})$, +	不稳定
		$(A_{12}-A_{32}) + (A_{22}-A_{32}) < -(B_{31}-B_{32})$, −	ESS
(0, 0, 1)	−	$(A_{11}-A_{31}) + (A_{21}-A_{31}) < -(B_{32}-B_{31})$, −	鞍点
(0, 1, 0)	−	$(A_{12}-A_{22}) + (A_{32}-A_{22}) > -(B_{21}-B_{22})$, +	鞍点
		$(A_{12}-A_{22}) + (A_{32}-A_{22}) < -(B_{21}-B_{22})$, −	鞍点
(0, 1, 1)	−	$(A_{11}-A_{12}) + (A_{31}-A_{21}) > -(B_{22}-B_{21})$, +	鞍点
		$(A_{11}-A_{12}) + (A_{31}-A_{21}) < -(B_{22}-B_{21})$, −	鞍点
(1, 0, 0)	+	$(A_{32}-A_{12}) + (A_{22}-A_{12}) > -(B_{11}-B_{12})$, +	不稳定
(1, 0, 1)	−	$(-A_{11}+A_{31}) + (A_{21}-A_{11}) > -(B_{12}-B_{11})$, +	鞍点
		$(-A_{11}+A_{31}) + (A_{21}-A_{11}) < -(B_{12}-B_{11})$, −	鞍点
$(p_1, 1-p_1, 0)$	0	−		鞍点
$(p_1, 1-p_1, 1)$	−	−		鞍点

$A_{11} < A_{21} < A_{31}, A_{12} < A_{22} < A_{32}, A_{11} > A_{12}, A_{21} > A_{22}, A_{31} > A_{32}$

$B_{11} > B_{12}, B_{21} > B_{22}, B_{31} > B_{32}, B_{11} > B_{21} > B_{31}, B_{12} > B_{22} > B_{32}$

经济含义：对于绿色信贷供给主体而言，在其他条件均相同的情况下，接受独立信贷的收益小于部分独立部分联合，小于联合信贷的收益或效用；绿色信贷的监管者的情况正好相反。在绿色信贷的监管者进行定额减排与弹性减排之间，对于绿色信贷的监管者而言定额减排的收益小于弹性减排，绿色信贷的监管者也是如此。

(三) 结论

结论一，演化稳定均衡状态随绿色信贷供给主体、绿色信贷的监管者的绿色信贷成本与收益的变化而变化。均衡状态不是唯一的。

结论二，绿色信贷供给主体与绿色信贷的监管者之间的演化稳定状态不仅取决于博弈初始状态，还取决于博弈各方的学习策略调整速度。如果初始状态位于演化稳定状态的临界线，那么任何一方的状态发生细微变化，都可能导致演化稳定均衡状态发生变化。绿色信贷的监管者与绿色信贷供给主体在博弈中的学习能力或者适应性不同程度的变化都会对演化稳定状态产生影响。

结论三，从绿色信贷的监管者角度而言，采用弹性目标的策略或采用定额目标的策略均有可能被作为最优策略。

结论四，从绿色信贷供给主体的角度而言，只要不是被硬性地给予具体的任务，其他策略均有可能是最优策略。

四、广西绿色信贷行业与监管演化博弈

(一) 基本假设

假设1：绿色经济的发展是分阶段分行业地逐步推进的，期初是污染严重的行业，然后是农林业等。

假设2：绿色信贷的供给主体是有限"理性人"。金融机构是企业，以追求利润为目的。目前广西商业银行主要包括广西内国有商业银行、广西本土的商业银行及其他。

假设3：绿色信贷的供给主体的策略选择可能是东盟地区的绿色项目，广西本土的绿色项目，其他的绿色项目。

假设4：绿色信贷的供给主体可以选择单独信贷，或者联合绿色信贷或者部分单独部分联合信贷。

假设5：绿色信贷的供给主体可以接受用现在的财产抵押，或以将来的财产做抵押，或部分现在财产做抵押部分将来财产做抵押的方式。

假设6：绿色信贷的监督主体是央行、银监会等。对金融机构监管的方式可以是弹性绩效考核也可以是刚性绩效考核，即定额考核。

假设7：定额目标是指根据绿色信贷资金缺口，有具体的绿色信贷指标。

假设8：弹性目标是指只制定相应的绿色信贷规则及绩效考核标准，没有硬性的任

务指标。

假设9：绿色信贷的需求方可以采取的策略是绿色信贷或者不绿色信贷。

假设10：假设绿色信贷的需求主体是有限理性的。

假设11：假设绿色信贷的监管主体是有限理性的。

（二）博弈模型

1. 博弈的主体

在选择绿色信贷行业领域的部分博弈的主体是绿色信贷的供给机构与监管主体两部分。

2. 博弈的策略

供给绿色信贷供给主体的策略：东盟地区，广西本土地区，其他地区。用 x_1 表示东盟地区，x_2 表示广西本土地区，x_3 表示其他地区。用 p_1 表示非统一技术支撑情况发生的概率；p_2 表示广西本土地区发生的概率；用 $(1-p_1-p_2)$ 表示统一支撑体系+保险机制发生的概率。

绿色信贷需求主体的策略：绿色信贷以及不绿色信贷。用 y_1 表示绿色信贷情况，用 y_2 表示不绿色信贷情况。用 q 表示绿色信贷情况出现的概率；用 $(1-q)$ 表示不绿色信贷情况出现的概率。

3. 博弈矩阵及博弈得益

供给绿色信贷供给主体采用东盟地区的情况下绿色信贷需求主体采用绿色信贷的情况下，绿色信贷供给主体的得益为 A_{11}，绿色信贷需求主体为 B_{11}。绿色信贷供给主体采用以现在的财产做抵押的情况下绿色信贷供给主体采用不绿色信贷的情况下，绿色信贷供给主体的得益为 A_{12}，绿色信贷需求主体为 B_{12}。

供给绿色信贷供给主体采用广西本土地区的情况下绿色信贷需求主体采用绿色信贷的情况下，绿色信贷供给主体的得益为 A_{21}，绿色信贷需求方为 B_{21}。绿色信贷供给主体采用以将来的财产做抵押的情况下绿色信贷需求主体采用不绿色信贷的情况下，绿色信贷供给主体的得益为 A_{22}，绿色信贷需求主体为 B_{22}。

供给绿色信贷供给主体采用其他地区的情况下绿色信贷需求主体采用消费绿色信贷的情况下，绿色信贷供给主体的得益为 A_{31}，绿色信贷需求主体为 B_{31}。绿色信贷供给主体采用其他地区的情况下绿色信贷需求主体采用不绿色信贷的情况下，绿色信贷供给主体的得益为 A_{32}，绿色信贷需求主体为 B_{32}。

具体的博弈矩阵以及得益情况见表4-13。

表 4–13　　　　　绿色信贷供给主体与绿色信贷需求主体的博弈

		绿色信贷需求主体	
		(q) 信贷 y_1	($1-q$) 不信贷 y_2
供给主体	(p_1) 东盟地区 x_1	(A_{11}, B_{11})	(A_{12}, B_{12})
	(p_2) 广西本土地区 x_2	(A_{21}, B_{21})	(A_{22}, B_{22})
	($1-p_1-p_2$) 其他地区 x_3	(A_{31}, B_{31})	(A_{32}, B_{32})

备注：绿色指供绿色信贷，不信贷指不绿色信贷。

4. 基本模型

对于绿色信贷供给主体及绿色信贷需求主体的演化博弈，运用基因复制动态过程的代际交叠模型，有 $\dot{S}_t^i = S_t^i(x^i)[U_t^i(x^i) - \overline{U}_t^i]$, $i = 1, 2$。

（1）绿色信贷供给主体 RD

下面构造绿色信贷供给主体的基因复制动态方程。

$\dot{p}_1 = p_1[U_1^1 - \overline{U}^1]$

$\dot{p}_2 = p_2[U_2^1 - \overline{U}^1]$

$U_1^1 = qA_{11} + (1-q)A_{12}$

$U_2^1 = qA_{21} + (1-q)A_{22}$

$U_3^1 = qA_{31} + (1-q)A_{32}$

$\overline{U}^1 = p_1 U_1^1 + p_2 U_2^1 + (1-p_1-p_2)U_3^1$

（2）需求主体 RD

下面构造绿色信贷需求主体的基因复制动态方程。

$\dot{q} = q[U_1^2 - \overline{U}^2]$

$U_1^2 = p_1 B_{11} + p_2 B_{21} + (1-p_1-p_2)B_{31}$

$U_2^2 = p_1 B_{12} + p_2 B_{22} + (1-p_1-p_2)B_{32}$

$\overline{U}^2 = qU_1^2 + (1-q)U_2^2$

$\dot{q} = q[U_1^2 - \overline{U}^2]$

5. 模型求解

（1）复制动态方程求解

令 $\dot{p}_1 = 0, \dot{p}_2 = 0$，得到

$\dot{p}_1 = p_1\{qA_{11} + (1-q)A_{12} - p_1[qA_{11} + (1-q)A_{12}] - p_2[qA_{21} + (1-q)A_{22}] -$
$\quad (1-p_1-p_2)[qA_{31} + (1-q)A_{32}]\} = 0$　　　　　　　　　　　　　　　　①

$\dot{p}_2 = p_2\{qA_{21} + (1-q)A_{22} - p_1[qA_{11} + (1-q)A_{12}] - p_2[qA_{21} + (1-q)A_{22}] -$
$\quad (1-p_1-p_2)[qA_{31} + (1-q)A_{32}]\} = 0$　　　　　　　　　　　　　　　　②

令 $\dot{q} = 0$，得到

$\dot{q} = q\{p_1 B_{11} + p_2 B_{21} + (1-p_1-p_2)B_{31} - q[p_1 B_{11} + p_2 B_{21} + (1-p_1-p_2)B_{31}] -$

$$(1-q)[p_1 B_{12} + p_2 B_{22} + (1-p_1-p_2)B_{32}]\} = 0 \qquad ③$$

得到系统的 8 个平衡点，$(0, 0, 0)$，$(0, 0, 1)$，$(0, 1, 0)$，$(0, 1, 1)$，$(1, 0, 0)$，$(1, 0, 1)$，$(p_1, 1-p_1, 0)$，$(p_1, 1-p_1, 1)$。

其中 $p_1 = 1 - \dfrac{p_2\{qA_{21} + (1-q)A_{22} - [qA_{31} + (1-q)A_{32}]\}}{qA_{11} + (1-q)A_{12} - [qA_{31} + (1-q)A_{32}]}$

现在对 8 个平衡点的稳定性进行分析，采用非线性系统的局部线性化处理，该系统的雅可比矩阵为

$$\begin{bmatrix} \dfrac{\partial f_1}{\partial p_1} & \dfrac{\partial f_1}{\partial p_2} & \dfrac{\partial f_1}{\partial q} \\ \dfrac{\partial f_2}{\partial p_1} & \dfrac{\partial f_2}{\partial p_2} & \dfrac{\partial f_2}{\partial q} \\ \dfrac{\partial f_3}{\partial p_1} & \dfrac{\partial f_3}{\partial p_2} & \dfrac{\partial f_3}{\partial q} \end{bmatrix}$$

其中，

$f_1 = \dot{p}_1 = p_1\{qA_{11} + (1-q)A_{12} - p_1[qA_{11} + (1-q)A_{12}] - p_2[qA_{21} + (1-q)A_{22}] - (1-p_1-p_2)[qA_{31} + (1-q)A_{32}]\}$

$f_2 = \dot{p}_2 = p_2\{qA_{21} + (1-q)A_{22} - p_1[qA_{11} + (1-q)A_{12}] - p_2[qA_{21} + (1-q)A_{22}] - (1-p_1-p_2)[qA_{31} + (1-q)A_{32}]\}$

$f_3 = \dot{p}_2 = q\{p_1 B_{11} + p_2 B_{21} + (1-p_1-p_2)B_{31} - q[p_1 B_{11} + p_2 B_{21} + (1-p_1-p_2)B_{31}] - (1-q)[p_1 B_{12} + p_2 B_{22} + (1-p_1-p_2)B_{32}]\}$

（2）国内供给模型求解

对于系统模型，假设各种情况发生时，除了列举的状况不同之外，其他的事件（情况）均相同，于是可以假定情况 1 和情况 2。情况 1 和情况 2 的稳定均衡分析见表 4-14 和表 4-15。

从表 4-14 中可以看出，在第一种情况下，稳定均衡是（0，0，1）或者（0，1，0），即绿色信贷供给主体采用其他地区，绿色信贷需求主体采用不绿色信贷策略；或者绿色信贷供给主体采用广西本土地区，绿色信贷需求主体采用绿色信贷的策略。根据表 4-15，在第二种情况下，稳定均衡是（0，0，0），即绿色信贷供给主体采用其他地区，绿色信贷需求主体采用绿色信贷的策略。

表 4-14　　　　　　　　国内供给系统情况 1 局部稳定性分析

平衡点	行列式的符号	迹的符号	局部稳定性
(0, 0, 0)	-	$(A_{12} - A_{32}) + (A_{22} - A_{32}) < -(B_{31} - B_{32})$，-	鞍点
(0, 0, 1)	+	$(A_{11} - A_{31}) + (A_{21} - A_{31}) > -(B_{32} - B_{31})$，+	不稳定
		$(A_{11} - A_{31}) + (A_{21} - A_{31}) < -(B_{32} - B_{31})$，-	ESS
(0, 1, 0)	+	$(A_{12} - A_{22}) + (A_{32} - A_{22}) > -(B_{21} - B_{22})$，+	不稳定
		$(A_{12} - A_{22}) + (A_{32} - A_{22}) < -(B_{21} - B_{22})$，-	ESS

续表

平衡点	行列式的符号	迹的符号	局部稳定性
(1, 1, 1)	+	$(A_{11}-A_{12})+(A_{31}-A_{21})>-(B_{22}-B_{21})$,+	不稳定
(1, 0, 0)	−	$(A_{32}-A_{12})+(A_{22}-A_{12})>-(B_{11}-B_{12})$,+	鞍点
		$(A_{32}-A_{12})+(A_{22}-A_{12})<-(B_{11}-B_{12})$,−	鞍点
(1, 0, 1)	+	$(-A_{11}-A_{31})+(A_{21}-A_{11})>-(B_{12}-B_{11})$,+	不稳定
$(p_1, 1-p_1, 0)$	0	−	鞍点
$(p_1, 1-p_1, 1)$	−	−	鞍点

$A_{11}<A_{21}<A_{31}, A_{12}<A_{22}<A_{32}, A_{11}>A_{12}, A_{21}>A_{22}, A_{31}>A_{32}$

$B_{11}<B_{12}, B_{21}<B_{22}, B_{31}<B_{32}, B_{11}<B_{21}<B_{31}, B_{12}<B_{22}<B_{32}$

经济含义：对于绿色信贷供给主体而言，在其他条件均相同的情况下，采用东盟地区收益小于采用广西本土地区的效用，小于其他地区的效用；绿色信贷需求主体的情况也是如此。在绿色信贷需求主体采用绿色信贷或不绿色信贷策略时，对于绿色信贷需求主体而言绿色信贷的收益小于不绿色信贷的收益，绿色信贷供给主体刚好相反。

表 4-15　　　　　　　　国内供给系统情况 2 局部稳定性分析

平衡点	行列式的符号	迹的符号	局部稳定性
(0, 0, 0)	+	$(A_{12}-A_{32})+(A_{22}-A_{32})>-(B_{31}-B_{32})$,+	不稳定
		$(A_{12}-A_{32})+(A_{22}-A_{32})<-(B_{31}-B_{32})$,−	ESS
(0, 0, 1)	−	$(A_{11}-A_{31})+(A_{21}-A_{31})<-(B_{32}-B_{31})$,−	鞍点
(0, 1, 0)	−	$(A_{12}-A_{22})+(A_{32}-A_{22})>-(B_{21}-B_{22})$,+	鞍点
		$(A_{12}-A_{22})+(A_{32}-A_{22})<-(B_{21}-B_{22})$,−	鞍点
(0, 1, 1)	−	$(A_{11}-A_{12})+(A_{31}-A_{21})>-(B_{22}-B_{21})$,+	鞍点
		$(A_{11}-A_{12})+(A_{31}-A_{21})<-(B_{22}-B_{21})$,−	鞍点
(1, 0, 0)	+	$(A_{32}-A_{12})+(A_{22}-A_{12})>-(B_{11}-B_{12})$,+	不稳定
(1, 0, 1)	−	$(-A_{11}+A_{31})+(A_{21}-A_{11})>-(B_{12}-B_{11})$,+	鞍点
		$(-A_{11}+A_{31})+(A_{21}-A_{11})<-(B_{12}-B_{11})$,−	鞍点
$(p_1, 1-p_1, 0)$	0	−	鞍点
$(p_1, 1-p_1, 1)$	−	−	鞍点

$A_{11}<A_{21}<A_{31}, A_{12}<A_{22}<A_{32}, A_{11}>A_{12}, A_{21}>A_{22}, A_{31}>A_{32}$

$B_{11}>B_{12}, B_{21}>B_{22}, B_{31}>B_{32}, B_{11}>B_{21}>B_{31}, B_{12}>B_{22}>B_{32}$

经济含义：对于绿色信贷供给主体而言，在其他条件均相同的情况下，采用东盟地区收益小于采用广西本土地区的效用，小于其他地区的效用；绿色信贷需求主体的情况也是如此。在绿色信贷需求主体采用绿色信贷或不绿色信贷策略时，对于绿色信贷需求主体而言绿色信贷的收益大于不绿色信贷的收益，绿色信贷供给主体也是如此。

（三）结论

结论一，系统稳定均衡不是唯一的。影响均衡状态的因素有在博弈之初的各博弈方的状态，不同的初始状态有不同的稳定均衡，并且不同的初始状况的变化会影响后续的稳定均衡。不同的抵押政策下绿色信贷供给主体的成本与收益会发生变化，绿色信贷需求主体绿色信贷与不绿色信贷的成本与收益也会发生变化，都有可能导致稳定均衡状态发生变化。影响均衡状态的另外的因素是供给主体与绿色信贷需求主体的学习能力的差异。

结论二，在两种情况三种稳定均衡中，如果期望绿色信贷需求主体绿色信贷，那么绿色信贷供给主体的策略中须有广西本土地区的策略。

结论三，从绿色信贷需求主体而言，绿色信贷或不绿色信贷均有可能作为稳定均衡的策略。

结论四，从绿色信贷供给主体角度而言，无论哪种稳定均衡，单纯的东盟地区不是稳定均衡策略。

五、广西绿色信贷抵押形式的供需演化博弈

（一）基本假设

假设1：绿色经济的发展是分阶段分行业的逐步推进的，期初是污染严重的行业，然后是农林业等。

假设2：绿色信贷的供给主体是有限"理性人"。金融机构是企业，以追求利润为目的。目前广西商业银行主要包括广西本土的国有商业银行、广西本土的商业银行及其他。

假设3：绿色信贷的供给主体的策略选择可能是东盟地区的绿色项目，广西本土的绿色项目，其他的绿色项目。

假设4：绿色信贷的供给主体可以选择单独信贷，或者联合绿色信贷或者部分单独部分联合信贷。

假设5：绿色信贷的供给主体可以接受用现在的财产抵押，或以将来的财产做抵押，或部分现在财产做抵押部分将来财产做抵押的方式。

假设6：绿色信贷的监督主体是央行、银监会等。对金融机构监管的方式可以是弹性绩效考核也可以是刚性绩效考核，即定额考核。

假设7：定额目标是指根据绿色信贷资金缺口，有具体的绿色信贷指标。

假设8：弹性目标是指只制定相应的绿色信贷规则及绩效考核标准，没有硬性的任务指标。

假设9：绿色信贷的需求方可以采取的策略是绿色信贷或者不绿色信贷。

假设10：假设绿色信贷的需求主体是有限理性的。

假设 11：假设绿色信贷的监管主体是有限理性的。

（二）模型构建

1. 博弈的主体

在绿色信贷系统中，绿色信贷方式与项目需求方能否获得信贷资金有关，在此博弈中的两部分为：绿色信贷机构与项目方。

2. 博弈的策略

绿色信贷供给主体的策略：以现在的财产做抵押，以将来的财产做抵押，以现在的财产做抵押＋以将来的财产做抵押。用 x_1 表示以现在的财产做抵押，x_2 表示以将来的财产做抵押，x_3 表示以现在的财产做抵押＋以将来的财产做抵押。用 p_1 表示以现在的财产做抵押情况发生的概率；p_2 表示以将来的财产做抵押发生的概率；用 $(1-p_1-p_2)$ 表示以现在的财产做抵押＋以将来的财产做抵押发生的概率。

绿色信贷需求主体的策略：消费绿色信贷以及不消费绿色信贷。用 y_1 表示消费绿色信贷情况，用 y_2 表示不消费绿色信贷情况。用 q 表示消费绿色信贷情况出现的概率；用 $(1-q)$ 表示不消费绿色信贷情况出现的概率。

3. 博弈矩阵及博弈得益

在绿色信贷供给主体采用以现在的财产做抵押的情况下绿色信贷需求主体采用消费绿色信贷的情况下，绿色信贷供给主体的得益为 A_{11}，绿色信贷需求主体为 B_{11}。在绿色信贷供给主体采用以现在的财产做抵押的情况下绿色信贷需求主体采用不消费绿色信贷的情况下，绿色信贷供给主体的得益为 A_{12}，绿色信贷需求主体的得益为 B_{12}。

绿色信贷供给主体采用以将来的财产做抵押的情况下绿色信贷需求主体采用消费绿色信贷的情况下，绿色信贷供给主体的得益为 A_{21}，绿色信贷需求主体为 B_{21}。绿色信贷供给主体采用以将来的财产做抵押的情况下绿色信贷需求主体采用不消费绿色信贷的情况下，绿色信贷供给主体的得益为 A_{22}，绿色信贷需求主体为 B_{22}。

绿色信贷供给主体采用以现在的财产做抵押＋以将来的财产做抵押的情况下绿色信贷需求主体采用消费绿色信贷的情况下，绿色信贷供给主体的得益为 A_{31}，绿色信贷需求主体为 B_{31}。绿色信贷供给主体采用以现在的财产做抵押＋以将来的财产做抵押的情况下绿色信贷需求主体采用不消费绿色信贷的情况下，绿色信贷供给主体的得益为 A_{32}，绿色信贷需求方为 B_{32}。

具体的博弈矩阵以及得益情况见表 4–16。

表 4-16　　　　　　绿色信贷供给主体与绿色信贷需求主体的博弈

		绿色信贷需求主体	
		(q) 信贷 y_1	$(1-q)$ 不信贷 y_2
供给主体	(p_1) 以将来的财产做抵押 x_1	(A_{11}, B_{11})	(A_{12}, B_{12})
	(p_2) 以将来的财产做抵押 + 以现在的财产做抵押 x_2	(A_{21}, B_{21})	(A_{22}, B_{22})
	$(1-p_1-p_2)$ 以现在的财产做抵押 x_3	(A_{31}, B_{31})	(A_{32}, B_{32})

备注：绿色信贷即消费绿色信贷，不绿色信贷即不消费绿色信贷。

4. 基本模型

对于绿色信贷的需求主体及绿色信贷供给主体的演化博弈，运用基因复制动态过程的代际交叠模型，有 $\dot{S}_t^i = S_t^i(x^i)[U_t^i(x^i) - \overline{U}_t^i]$，$i = 1, 2$。

（1）绿色信贷供给主体的 RD

下面构造对需求进行监管的主体的基因复制动态方程。

$$\dot{p}_1 = p_1[U_1^1 - \overline{U}^1]$$

$$\dot{p}_2 = p_2[U_2^1 - \overline{U}^1]$$

$$U_1^1 = qA_{11} + (1-q)A_{12}$$

$$U_2^1 = qA_{21} + (1-q)A_{22}$$

$$U_3^1 = qA_{31} + (1-q)A_{32}$$

$$\overline{U}^1 = p_1 U_1^1 + p_2 U_2^1 + (1-p_1-p_2)U_3^1$$

（2）绿色信贷需求主体 RD

下面构造绿色信贷需求主体的基因复制动态方程。

$$\dot{q} = q[U_1^2 - \overline{U}^2]$$

$$U_1^2 = p_1 B_{11} + p_2 B_{21} + (1-p_1-p_2)B_{31}$$

$$U_2^2 = p_1 B_{12} + p_2 B_{22} + (1-p_1-p_2)B_{32}$$

$$\overline{U}^2 = qU_1^2 + (1-q)U_2^2$$

$$\dot{q} = q[U_1^2 - \overline{U}^2]$$

5. 模型求解

（1）复制动态方程求解

令 $\dot{p}_1 = 0$，$\dot{p}_2 = 0$，得到

$$\dot{p}_1 = p_1\{qA_{11} + (1-q)A_{12} - p_1[qA_{11} + (1-q)A_{12}] - p_2[qA_{21} + (1-q)A_{22}] - (1-p_1-p_2)[qA_{31} + (1-q)A_{32}]\} = 0 \quad ①$$

$$\dot{p}_2 = p_2\{qA_{21} + (1-q)A_{22} - p_1[qA_{11} + (1-q)A_{12}] - p_2[qA_{21} + (1-q)A_{22}] - (1-$$

$p_1 - p_2)[qA_{31} + (1-q)A_{32}]\} = 0$ ②

令 $\dot{q} = 0$，得到

$\dot{q} = q\{p_1 B_{11} + p_2 B_{21} + (1-p_1-p_2)B_{31} - q[p_1 B_{11} + p_2 B_{21} + (1-p_1-p_2)B_{31}] - (1-q)[p_1 B_{12} + p_2 B_{22} + (1-p_1-p_2)B_{32}]\} = 0$ ③

得到系统的 8 个平衡点，(0, 0, 0)，(0, 0, 1)，(0, 1, 0)，(0, 1, 1)，(1, 0, 0)，(1, 0, 1)，$(p_1, 1-p_1, 0)$，$(p_1, 1-p_1, 1)$。

其中 $p_1 = 1 - \dfrac{p_2\{qA_{21} + (1-q)A_{22} - [qA_{31} + (1-q)A_{32}]\}}{qA_{11} + (1-q)A_{12} - [qA_{31} + (1-q)A_{32}]}$

现在对 8 个平衡点的稳定性进行分析，采用非线性系统的局部线性化处理，该系统的雅可比矩阵为

$$\begin{bmatrix} \dfrac{\partial f_1}{\partial p_1} & \dfrac{\partial f_1}{\partial p_2} & \dfrac{\partial f_1}{\partial q} \\ \dfrac{\partial f_2}{\partial p_1} & \dfrac{\partial f_2}{\partial p_2} & \dfrac{\partial f_2}{\partial q} \\ \dfrac{\partial f_3}{\partial p_1} & \dfrac{\partial f_3}{\partial p_2} & \dfrac{\partial f_3}{\partial q} \end{bmatrix}$$

其中，

$f_1 = \dot{p}_1 = p_1\{qA_{11} + (1-q)A_{12} - p_1[qA_{11} + (1-q)A_{12}] - p_2[qA_{21} + (1-q)A_{22}] - (1-p_1-p_2)[qA_{31} + (1-q)A_{32}]\}$

$f_2 = \dot{p}_2 = p_2\{qA_{21} + (1-q)A_{22} - p_1[qA_{11} + (1-q)A_{12}] - p_2[qA_{21} + (1-q)A_{22}] - (1-p_1-p_2)[qA_{31} + (1-q)A_{32}]\}$

$f_3 = \dot{p}_2 = q\{p_1 B_{11} + p_2 B_{21} + (1-p_1-p_2)B_{31} - q[p_1 B_{11} + p_2 B_{21} + (1-p_1-p_2)B_{31}] - (1-q)[p_1 B_{12} + p_2 B_{22} + (1-p_1-p_2)B_{32}]\}$

(2) 国内需求模型求解

对于系统模型，假设各种情况发生时，除了列举的状况不同之外，其他的事件（或情况）均相同，于是下面假定情况 1 和情况 2。在情况 1 和情况 2 的稳定均衡状态见表 4-17 和表 4-18。

从表 4-17 可以看出，在第一种情况下，稳定均衡是 (0, 0, 1) 或者 (0, 1, 0)，即绿色信贷供给主体采用以将来的财产做抵押 + 以现在的财产做抵押，绿色信贷需求主体采用不消费不绿色信贷策略；或者绿色信贷供给主体采用以将来的财产做抵押，绿色信贷需求主体采用消费绿色信贷的策略。在第二种情况下，稳定均衡是 (0, 0, 0)，即绿色信贷供给主体采用以将来的财产做抵押 + 以现在的财产做抵押，绿色信贷需求主体采用消费绿色信贷的策略。

表4-17　　国内需求系统情况1局部稳定性分析

平衡点	行列式的符号	迹的符号	局部稳定性
$(0, 0, 0)$	+	$(A_{12}-A_{32}) + (A_{22}-A_{32}) > -(B_{31}-B_{32}), +$	不稳定
		$(A_{12}-A_{32}) + (A_{22}-A_{32}) < -(B_{31}-B_{32}), -$	ESS
$(0, 0, 1)$	-	$(A_{11}-A_{31}) + (A_{21}-A_{31}) < -(B_{32}-B_{31}), -$	鞍点
$(0, 1, 0)$	-	$(A_{12}-A_{22}) + (A_{32}-A_{22}) > -(B_{21}-B_{22}), +$	鞍点
		$(A_{12}-A_{22}) + (A_{32}-A_{22}) < -(B_{21}-B_{22}), -$	鞍点
$(0, 1, 1)$	-	$(A_{11}-A_{12}) + (A_{31}-A_{21}) > -(B_{22}-B_{21}), +$	鞍点
		$(A_{11}-A_{12}) + (A_{31}-A_{21}) < -(B_{22}-B_{21}), -$	鞍点
$(1, 0, 0)$	+	$(A_{32}-A_{12}) + (A_{22}-A_{12}) > -(B_{11}-B_{12}), +$	不稳定
$(1, 0, 1)$	-	$(-A_{11}+A_{31}) + (A_{21}-A_{11}) > -(B_{12}-B_{11}), +$	鞍点
		$(-A_{11}+A_{31}) + (A_{21}-A_{11}) < -(B_{12}-B_{11}), -$	鞍点
$(p_1, 1-p_1, 0)$	0	-	鞍点
$(p_1, 1-p_1, 1)$	-	-	鞍点

$A_{11} < A_{21} < A_{31}$，$A_{12} < A_{22} < A_{32}$，$A_{11} > A_{12}$，$A_{21} > A_{22}$，$A_{31} > A_{32}$

$B_{11} > B_{12}$，$B_{21} > B_{22}$，$B_{31} > B_{32}$，$B_{11} > B_{21} > B_{31}$，$B_{12} > B_{22} > B_{32}$

经济含义：对于绿色信贷供给主体而言，在其他条件均相同的情况下，采用以将来的财产做抵押收益小于以现在的财产做抵押 + 以将来的财产做抵押的效用，小于采用以将来的财产做抵押的收益；绿色信贷需求方的情况也是如此。在绿色信贷需求方对于绿色信贷与不绿色信贷之间，对于绿色信贷需求方而言绿色信贷的收益大于不绿色信贷的收益，绿色信贷供给主体也是如此。

表4-18　　国内需求系统情况2局部稳定性分析

平衡点	行列式的符号	迹的符号	局部稳定性
$(0, 0, 0)$	-	$(A_{12}-A_{32}) + (A_{22}-A_{32}) < -(B_{31}-B_{32}), -$	鞍点
$(0, 0, 1)$	+	$(A_{11}-A_{31}) + (A_{21}-A_{31}) > -(B_{32}-B_{31}), +$	不稳定
		$(A_{11}-A_{31}) + (A_{21}-A_{31}) < -(B_{32}-B_{31}), -$	ESS
$(0, 1, 0)$	+	$(A_{12}-A_{22}) + (A_{32}-A_{22}) > -(B_{21}-B_{22}), +$	不稳定
		$(A_{12}-A_{22}) + (A_{32}-A_{22}) < -(B_{21}-B_{22}), -$	ESS
$(0, 1, 1)$	+	$(A_{11}-A_{12}) + (A_{31}-A_{21}) > -(B_{22}-B_{21}), +$	不稳定
$(1, 0, 0)$	-	$(A_{32}-A_{12}) + (A_{22}-A_{12}) > -(B_{11}-B_{12}), +$	鞍点
		$(A_{32}-A_{12}) + (A_{22}-A_{12}) < -(B_{11}-B_{12}), -$	鞍点
$(1, 0, 1)$	+	$(-A_{11}-A_{31}) + (A_{21}-A_{11}) > -(B_{12}-B_{11}), +$	不稳定
$(p_1, 1-p_1, 0)$	0	-	鞍点
$(p_1, 1-p_1, 1)$	-	-	鞍点

$A_{11} < A_{21} < A_{31}$，$A_{12} < A_{22} < A_{32}$，$A_{11} > A_{12}$，$A_{21} > A_{22}$，$A_{31} > A_{32}$

$$B_{11} < B_{12}, B_{21} < B_{22}, B_{31} < B_{32}, B_{11} < B_{21} < B_{31}, B_{12} < B_{22} < B_{32}$$

经济含义：对于绿色信贷供给主体而言，在其他条件均相同的情况下，采用以将来的财产做抵押收益，小于以现在的财产做抵押+以将来的财产做抵押的效用，小于采用以现在的财产做抵押的收益；绿色信贷需求方的情况也是如此。在绿色信贷需求主体采用绿色信贷或不绿色信贷策略时，对于绿色信贷需求主体而言绿色信贷的收益小于不绿色信贷的收益，绿色信贷供给主体刚好相反。

（三）结论

结论一，从需求角度看，国内需求系统稳定均衡不是唯一的。均衡状态不仅取决于绿色信贷供给主体与绿色信贷需求主体的初始状态，也与绿色信贷供给主体与绿色信贷需求主体的学习策略调整速度有关。若初始状态是在演化稳定的临界线，那么绿色信贷供给主体或者绿色信贷需求主体的状态的任何一个细微的调整，都可能会使得博弈的演化稳定状态发生变化。另一方面由于绿色信贷供给主体在被监管时其成本与收益会发生变化，绿色信贷需求主体采用消费绿色信贷与采用不消费绿色信贷策略时的成本与收益也会发生变化，那么可能会导致均衡状态从一种状态向另一种状态转化。

结论二，在两种情况的三种稳定均衡中，如果期望绿色信贷需求主体消费绿色信贷，那么绿色信贷供给主体的监管策略中须有以将来的财产做抵押。

结论三，从绿色信贷需求主体而言，消费绿色信贷或不消费绿色信贷均有可能作为稳定均衡的策略。

结论四，从绿色信贷供给主体角度而言，无论哪种稳定均衡，单纯地以现在的财产或将来的财产做抵押不是稳定均衡策略。

六、结论及政策建议

（一）结论

广西商业银行的绿色信贷效益初步显现，绿色信贷的不良贷款率低于一般信贷的不良贷款率，这个和全国的情况类似。广西商业银行绿色信贷的行业与全国21家主要银行的绿色信贷行业相同，依据广西经济发展情况，在各个发展阶段绿色信贷行业的重要有所不同。广西绿色信贷主体主要是大型商业银行、股份制银行、政策性银行在广西的分支行，广西农村信用合作社以及广西城市商业银行等，覆盖层次多。人民银行以及银监会对绿色信贷给予政策性指导，广西政府等机构在相应的年份对绿色信贷重点行业进行了引导，绿色信贷的规模提出了要求，制定了生态文明建设及评价的指标。

虽然广西的生态效益逐步呈现，但是绿色信贷的规模还需提高，绿色信贷监管的相关制度有待完善及建立，绿色信贷的方式还需要创新。广西壮族自治区在促进绿色信贷发展的过程中，需要解决几个重要的问题：广西本土商业银行承担的责任与大型商业银行广西分支行之间的责任；绿色信贷项目在面向东盟与面向广西本土的选择问题；绿色信贷发展中的抵押品如何解决问题等。由于广西商业银行绿色信贷系统是一个复杂适应性系统。通过演化博弈分析该系统，认为演化稳定均衡状况不是唯一的：在绿色信贷主体独立联合与监管的演化博弈中，绿色信贷供给主体、绿色信贷监管者的稳定均衡状态随绿色信贷的收益与成本而发生变化；从广西绿色信贷行业与监管演化博弈来看，单纯面向东盟地区以及单纯面向广西壮族自治区均不是稳定均衡策略；从广西绿色信贷抵押形式的供需演化博弈来看，单纯地以现在的财产作抵押均不是稳定均衡策略。

（二）政策建议

1. 完善绿色信贷制度

系统地建立绿色信贷制度应从宏观到微观，从资本管理、风险管理、流动性管理，针对绿色信贷的资金供给方的特点，构建普适与特色相结合的制度体系。也即要从全国层面到地区层面，从政策性银行、大型商业银行到地方商业银行等各个层次方面均需要建立，从资本管理、风险管理、流动性管理多层面对商业银行的绿色信贷进行管理，建立相应的制度。

在宏观上，可以尝试对各级银行的绿色信贷规模规定下限的半弹性目标。虽然绿色经济的发展是分阶段进行的，但可以根据绿色经济的发展阶段预测绿色信贷规模的下限。现阶段人民银行关于绿色信贷只是一个货币政策的指导意见，没有对各级银行的相应考核措施。由于绿色信贷项目一般周期长，收益见效慢，涉及绿色认证等专业知识，抵押产品有限，风险高等特点，商业银行一般会对该项目惜贷，少数优质项目除外。在没有硬性考核目标的前提下，商业银行绿色信贷规模很能与需求相匹配。由于各个银行的情况不同，对于绿色信贷的流程及绿色认证的专业限制以及银行适应的过程不同，银行可以对绿色信贷指标进行交易来完成总的信贷规模。对于绿色信贷情况完成好的金融机构应给予相应的奖励。在银行层面，需要银行加强绿色信贷金融创新的研究，加强对绿色金融人才的培养，制定相应的绿色信贷审批制度、管理制度等。

在资本管理方面可以尝试降低绿色资产的最低资本要求，即降低风险权重，引导更多的资金流向绿色经济。国际上越来越多的学者和机构提出了这种观点，这是从银行经营的核心资本出发提出的观点。马骏（2018）指出，通过降低绿色资产的风险权重，可以实质性地激励银行加大绿色信贷的投放力度，推动实体经济加快向绿色和低碳转型。如果降低绿色资产的风险权重不会违背金融监管的宏观审慎原则，那么可以考虑推动降低绿色资产风险以引领资金流向绿色经济。在风险管理方面，建议将环境因素纳入监管的范畴。巴塞尔协议没有将环境因素纳入监管的范围，CISL 和 UNEP FI1（2014）经过研究发现，巴塞尔协议Ⅲ缺乏对环境风险问题的考虑，环境因素是重要的风险来源，环境因素变化会影响银行业的稳定发展。因为绿色经济的发展受到国际国内政治经济社会气候等环境影响，将环境因素纳入绿色信贷监管的范畴非常必要。

2. 采用以将来的财产做抵押的融资方式与保险相结合

商业银行贷款以抵押贷款、担保贷款居多，信用贷款规模不大。由于绿色信贷项目融资过程中面临的难点是绿色融资担保品有限，由于可持续发展是人类发展的永恒的话题，绿色经济项目未来有收益，现阶段由于认识问题和技术问题等原因收益难以体现，那么对于这样的项目可以以未来的收益作为借贷资金还本付息的保证。但是这里也面临一个问题，未来有收益，未来具有不确定性，收益是否有保障？这是绿色信贷融资中资金的供给方很关注的问题，也是难题。那么解决问题的途径在于这样几个方面：首先，对于绿色项目本身而言，其未来市场前景好，可做可行性论证；其次，对于未来存在的风险进行风险转移和分散，主要的风险转移的方式是保险。广西绿色项目主要是循环经济、节能环保、新能源等行业，这些行业是经济发展的新兴行业，市场前景广阔，但行业在发展过程中可能面临的风险主要是技术风险、竞争风险等方面。

可以尝试在绿色经济项目中实现强制性的绿色保险，利用保险市场机制制约污染性投资并提供环境修复资金。由国务院法制办牵头，环保部和保监会参与，制定和出台《环境污染责任强制保险条例》，对有关财税和行政许可支持政策进行细化，然后由专业风险评估机构对损失制定标准，将环境污染责任保险与绿色信贷联合起来，既创新了保险，也分担了绿色信贷风险。

3. 绿色经济行业发展协调好面向广西、面向东盟

东盟金融开放门户落户于广西，广西金融面临着新的发展机遇，广西抓住这个机遇大力提升广西金融的竞争力，同时在美丽中国、生态文明建设中广西利用自身的优势加强绿水青山、节能环保、绿色经济发展的建设。在面向东盟的金融开放门户建设中，广西金融对东盟共同体项目的资金支持，也是绿色资金支持，不然会失去竞争力。因为面向区域合作的金融竞争很大程度上与绿色相关。比如以澜沧江—湄公河为主轴的次区域经济合作早在20世纪90年代初已经开始，截至目前，形成了多种合作机制，主要有GMS经济合作，东盟—湄公河流域开发合作，黄金四角经济合作，湄公河流域持续发展合作等。虽然这些合作机制都是为了推进该流域的发展，但是机制内部及相互间面临着较激烈的竞争。其中GMS经济合作取得了令人关注的成绩，但围绕GMS合作的竞争也很多。由于GMS合作需要的资金量大，而GMS的倡导者亚开行不能提供足够的资金，GMS的成员国大多资金能力有限，因此GMS经济合作的项目需要从外部融资。外部资金与GMS内部以及内部之间竞争重重。为了获得与GMS经济之间更多的项目合作，日本、美国、欧洲、中国等国家及地区之间展开了竞争。这个竞争最终围绕"水安全"展开，美国将环境保护作为"美湄合作"框架的重点领域。日本强调所谓"亚洲循环经济"，将东南亚的回收家电运回日本处理。如果绿色信贷资金主要流向区域经济等项目，那么本土的绿色经济发展的信贷资金势必会受到挤压，在信贷规模一定的情况下，所以广西应该协调好面向东盟的项目与面向本土项目的绿色信贷资金，广西壮族自治区不仅规划全区及各市能耗总量和强度"双控"目标：节能目标及能源消费目标；也需对东盟与广西的结合项目的绿色发展有所规划，使广西既抓住了区域发展机遇，也促进了本土绿色经济的发展，使得经济发展走上新台阶。

4. 行业协同发展

广西绿色信贷发展涉及众多主体的协同合作，离开了任何一方，广西商业银行的绿色信贷难以进一步发展。商业银行绿色信贷的行业协同是一种纵横交错，立体网络的协同。首先，广西商业银行之间的合作。由于广西本土商业银行总体资金规模小，盈利能力与经管能力有待加强，在面对绿色信贷项目时，单个广西本土商业银行无论从资金、管理等方面都需要合作来完成，这样可以降低成本。同时广西本土商业银行也需要与大型商业银行合作，联合做绿色信贷业务，或者完成绿色信贷业务的部分业务，以此相互分担风险、降低成本。在大型商业银行与本土银行的合作中本着优势互补的原则进行。同时银行网络体系建设也需要本土商业银行的联合，以及本土商业银行与大型商业银行的联合。商业银行的联合还体现在需要建立绿色信贷的统一口径及标准，不一致的绿色信贷标准及口径，会造成统计困难，比较失真。

其次，商业银行与其他机构的协作。由于商业银行的绿色信贷涉及环评、环境保护等政策法规，所以商业银行应加强与环保、发改委、人民银行、银监局等部门之间的协作，逐步形成协调议事机制，建立信息通报平台，能够使得商业银行对于国家和部门环保政策法规及时掌握，也能及时掌握当地企业执行环保政策情况，掌握当地企业节能降耗责任考核情况，掌握当地企业"关、停、并、转"情况，同时其他机构对于银行对绿色项目支持也可以让其他部门看见，这样商业银行以及其他机构可以开展沟通协调，适时制订和修订商业银行对绿色信贷的工作目标和工作重点。

商业银行绿色信贷行业协同的关键是建立纵横交错的信息共享平台，即商业银行绿色信贷的大数据建设。这一平台可以由生态环境部组织建立，相关部门提供支持，例如中国人民银行可提供信贷业务方面的指标设计建议并在系统运行维护过程中提供技术支持。这里从横交错的"纵"是指包括污染治理、生态保护、节能降耗、可再生能源发展与促进等各领域的指标体系信息；"横"是指形成面向主管部门、银行业金融机构以及企业的不同界面，并分别为这些类型的用户提供"入口"进行数据输入和维护。银行、企业、监管机构在这个信息系统中享有各自的权限，既保证信息的可获得性，同时也注意商业秘密的保护。

参考文献

[1] 蒙政斌. 商业银行推广条码支付面临的困难及建议——以广西河池为例 [J]. 金融会计, 2019 (2): 76 - 80.

[2] 李燕. 广西城市商业银行风险成因及对策分析 [J]. 现代营销（下旬刊）, 2018 (12): 48.

[3] 陈红, 江雨, 陆艳红, 柯爱娜. 利率市场化大背景下商业银行资产负债结构及盈利能力研究——以广西银行业法人金融机构为例 [J]. 区域金融研究, 2017 (6): 28 - 38.

［4］罗倩匀. 商业银行利用"互联网＋金融"服务扶贫工作的难点分析及建议——以农行广西河池分行为例［J］. 农村金融研究, 2017（5）：29-32.

［5］钟碧兰, 申韬. 利率市场化视角下广西城市商业银行中间业务发展研究［J］. 区域金融研究, 2016（9）：62-67.

［6］姚瑶. 基于 HIROSE 模型的广西本土商业银行品牌价值评估［J］. 经贸实践, 2016（12）：116.

［7］申韬, 谢菲. 广西城市商业银行小额信贷业务风险管理问题研究［J］. 区域金融研究, 2016（4）：56-62.

［8］国务院发展研究中心"绿化中国金融体系"课题组, 张承惠, 谢孟哲, 田辉, 王刚. 发展中国绿色金融的逻辑与框架［J］. 金融论坛, 2016, 21（2）：17-28.

［9］麦均洪, 徐枫. 基于联合分析的我国绿色金融影响因素研究［J］. 宏观经济研究, 2015（5）：23-37.

［10］杨燚, 张日明. 广西地方性商业银行客户满意度分析［J］. 大众科技, 2015, 17（4）：199-200+158.

［11］王金秀, 张澜. 论我国预算、财务和会计"三位一体"改革［J］. 中国财政, 2015（3）：21-23.

［12］袁博, 陈雅琴, 钟碧兰. 广西地方性商业银行小额信贷业务发展研究［J］. 中国市场, 2013（41）：80-83.

［13］张澜. 我国国债期限结构的国际比较研究［J］. 企业导报, 2012（22）：3-4.

［14］张澜. 我国国债对私人投资的挤入与挤出效应实证分析［J］. 知识经济, 2012（20）：86+88.

［15］张澜. 中国地方政府债务融资的国际比较及启示［J］. 经济研究导刊, 2009（25）：50-52.

［16］叶建木, 崔照阳. 商业银行社会责任、绿色信贷与财务绩效［J/OL］. 中国商论, 2019（7）：41-44［2019-04-23］. https://doi.org/10.19699/j.cnki.issn2096-0298.2019.07.04.

［17］何珊. 供给侧改革背景下绿色信贷发展问题研究——以辽宁省绿色产业发展为例［J］. 辽东学院学报（社会科学版）, 2019（2）：30-36.

［18］闫怀艳, 邓迎春, 吕秉梅. 我国五省（区）绿色金融发展比较分析［J/OL］. 科技经济市场, 2019（2）：117-121+128［2019-04-23］. http://kns.cnki.net/kcms/detail/36.1122.n.20190409.1423.108.html.

［19］吴晟, 武良鹏, 吕辉. 绿色信贷对企业生态创新的影响机理研究［J］. 软科学, 2019（4）：53-56.

［20］李爽. 基于演化博弈的低碳经济行为研究［D］. 吉林大学, 2012：5.

［21］周旻, 邓飞其. 供应链上演化博弈的复制动态及演化稳定策略［J］. 统计与决策, 2007（4）：43-44.

[22] 田中禾, 孙权. 集聚经济下产业集群内竞合行为的演化博弈——基于ESS策略的复制者动态分析 [J]. 科技进步与对策, 2012 (3): 52-56.

[23] 李守伟, 杨玉波, 李备友. 产学研合作博弈演化渐进稳定性分析与计算实验研究——基于动态复制系统 [J]. 东岳论丛, 2013 (4): 120-125.

[24] 王济川, 郭丽芳. 抑制效益型团队合作中"搭便车"现象研究——基于演化博弈的复制者动态模型 [J]. 科技管理研究, 2013 (11): 192-196.

[25] 王辉. 为农业绿色发展增添金融底色 [N]. 中国城乡金融报, 2019-04-10 (B01).

[26] 田远佑. 实现绿色金融与绿色产业有效对接 [N]. 金融时报, 2019-04-08 (010).

[27] 谭异初, 贾帅帅. "一区一港"建设背景下海南绿色金融发展对策研究 [J]. 海南金融, 2019 (4): 30-35.

[28] 武戈, 李垚垚. 商业银行绿色信贷及其影响 [J]. 合作经济与科技, 2019 (8): 52-53.

[29] 潘志勇. 关于绿色信贷政策执行情况的报告 [J]. 现代营销（信息版）, 2019 (4): 11.

[30] 中国农业银行安徽省分行课题组, 汪晓健, 冯静生, 赵仁芳, 熊寿求. 对加快发展绿色金融体系的研究——以中国农业银行为例 [J]. 北京金融评论, 2018 (4): 23-48.

[31] 杨泽巍, 俞雅乖. 兴业银行绿色信贷发展水平评价及影响因素分析——基于SWOT研究 [J]. 特区经济, 2019 (3): 139-143.

[32] 陈琪, 张广宇. 绿色信贷对企业债务融资的影响研究——来自重污染企业的经验数据 [J]. 财会通讯, 2019 (8): 36-40.

[33] 曹倩. 我国绿色金融体系创新路径探析 [J/OL]. 金融发展研究: 1-7 [2019-04-23]. https://doi.org/10.19647/j.cnki.37-1462/f.2019.03.06.

[34] 陈琪. 中国绿色信贷政策落实了吗——基于"两高一剩"企业贷款规模和成本的分析 [J]. 当代财经, 2019 (3): 118-129.

（执笔人：余光英）

5. 广西地方性银行业务创新报告

创新是社会经济发展的永恒主题，金融创新是商业银行健康持续发展的坚实基石。近年来，随着外资银行的进入，中国的商业银行面临着严峻的挑战。商业银行作为金融体系的核心组成部分，只有转变思想，大力开展业务创新，才能提高核心竞争力，实现长远发展。

一、我国银行业发展现状

（一）宏观经济稳定运行，为银行业持续健康发展保驾护航

金融是现代经济的核心。银行业的持续健康发展为宏观经济环境提供了动力。经济强，则金融强；如果金融强劲，那么经济就会强劲，这反映了经济与金融之间相互促进的关系。目前，中国的金融融资仍以银行间接融资为主，并形成了银行业与社会经济运行之间的高度正相关关系。经济的稳定增长导致居民收入水平不断提高，城乡居民存款成为中国银行业的重要资金来源。随着居民收入水平的提高，城乡居民的消费能力不断提高，个人消费贷款和住房贷款已成为商业银行的重要利润来源。此外，中国基础设施建设等固定资产投资和大量优秀企业的增长也将为银行和企业贷款提供巨大机遇。2018年上半年，中国商业银行的具体数量为：6家国有商业银行，12家股份制商业银行，133家城市商业银行和859家农村商业银行。

（二）银行业财务状况总体良好，盈利能力进一步增加

1. 资产负债总量不断增长

中国银行业资产负债总额不断增长，国有控股商业银行总资产从2004年的16.93万亿元增加到2018年的98.35万亿元，增长4.81倍，与2017年第四季度相比，2018年第四季度增长了5.97%；股份制商业银行总资产为4702.2亿元，同比增长4.58%；城市商业银行总资产为3434.5亿元，同比增长8.27%。商业银行负债总额为9037.8亿元，比2017年第四季度增长5.63%；股份制商业银行负债总额为4359.38亿元，同比增长4.03%；城市商业银行负债总额为3182.54亿元，同比增长7.76%。具体见图5-1和图5-2。

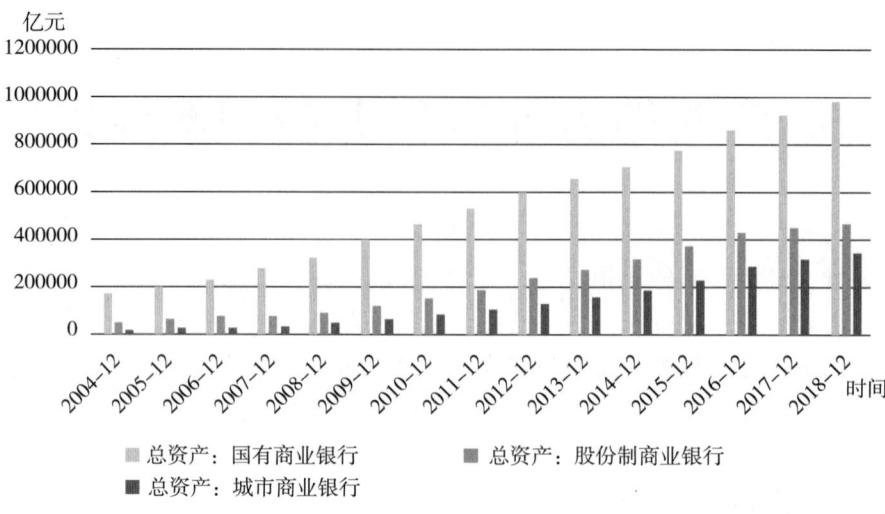

数据来源：前瞻数据库。

图 5-1　国有控股商业银行、股份制商业银行和城市商业银行的总资产

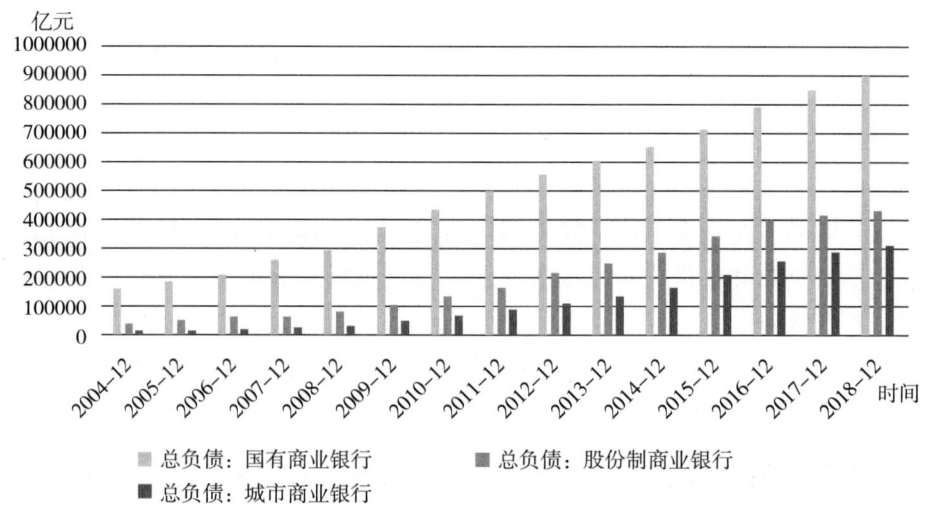

数据来源：前瞻数据库。

图 5-2　国有控股商业银行、股份制商业银行和城市商业银行的负债总额

2. 银行业金融机构存款和贷款呈现同步增长趋势

我国银行业金融机构存贷款呈同步增长趋势，存贷比不断提高。2018年第四季度内外币存款余额较2017年第四季度为182.52万亿元，比上年同期增长7.83%；银行业金融机构本币和外币贷款余额141.75万亿元，同比增长12.85%。存贷比从2010年的64%增加到2018年的74%。具体见图5-3和图5-4。

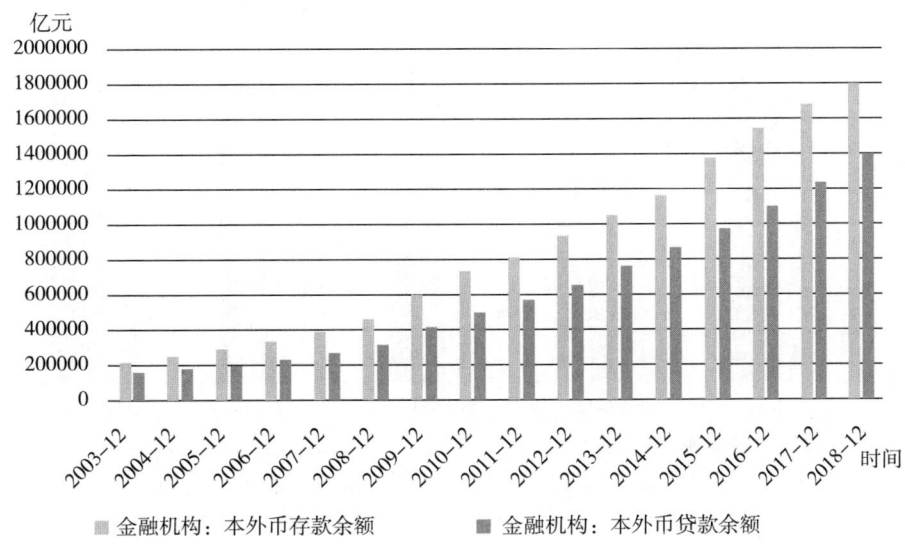

数据来源：前瞻数据库。

图 5-3　银行业金融机构本币和外币存款和贷款余额

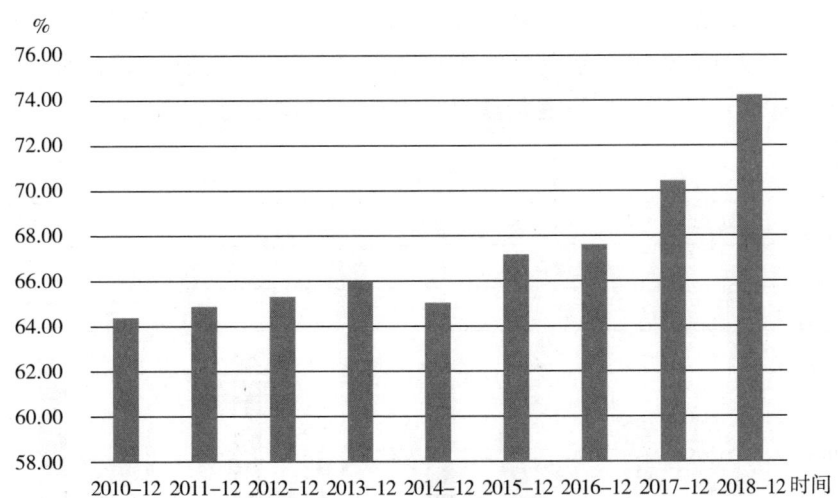

数据来源：前瞻数据库。

图 5-4　银行业金融机构存贷比

3. 各商业银行资本充足率保持稳定

各商业银行的资本充足率保持稳定。股份制商业银行资本充足率为12.76%，城市商业银行资本充足率为12.80%，农村商业银行资本充足率为13.20%。具体见图5-5。

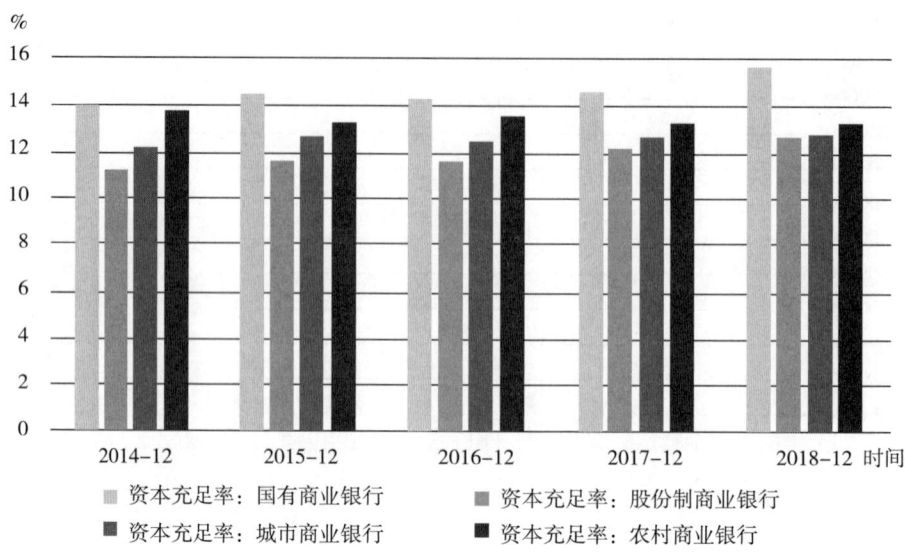

数据来源：前瞻数据库。

图5-5 各商业银行的资本充足率

4. 各商业银行资产质量保持平稳

中国商业银行的资产质量保持稳定。股份制商业银行不良资产余额4388亿元，不良贷款率1.71%。城市商业银行不良资产余额2660亿元，不良贷款率1.79%。农村商业银行不良资产余额5354亿元，不良贷款率3.96%，具体见图5-6。

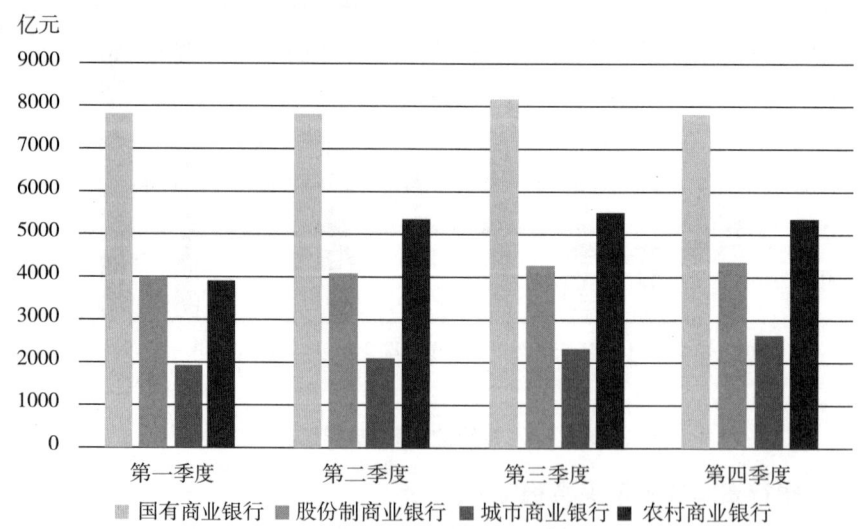

数据来源：前瞻数据库。

图5-6 2018年各商业银行的不良贷款余额

5. 商业银行风险抵御能力充足

我国各商业银行抵御能力充足，商业银行贷款损失准备余额由2018年第一季度的

33973 亿元增加到第四季度的 37734 亿元，增长率为 11.19%；拨备覆盖率为 186.31%，增长率为 2.10%。其中，2018 年第四季度国有商业银行拨备覆盖率为 220.08%，同比增长 10.62%；股份制商业银行拨备覆盖率为 187.41%，下降 2.95%；城市商业银行拨备覆盖率为 187.16%，下降 12.35%；农村商业银行拨备覆盖率为 132.54%，下降 2.79%，具体见图 5-7。

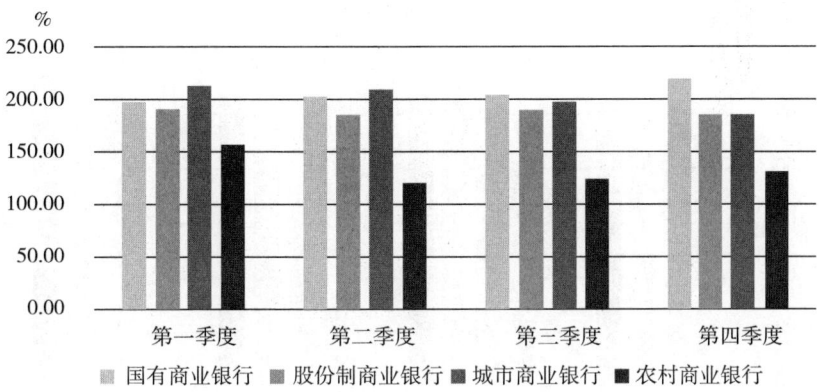

数据来源：前瞻数据库。

图 5-7　2018 年各商业银行的拨备覆盖率

6. 各商业银行盈利能力有所提高

中国商业银行的盈利能力有所提高。2018 年第四季度，国有商业银行净利润 9573 亿元，股份制商业银行净利润 3881 亿元，城市商业银行净利润 2461 亿元，农村商业银行净利润 2094 亿元，与第三季度相比，股份制商业银行净利润增长最快，增长率为 22.08%，具体见图 5-8。

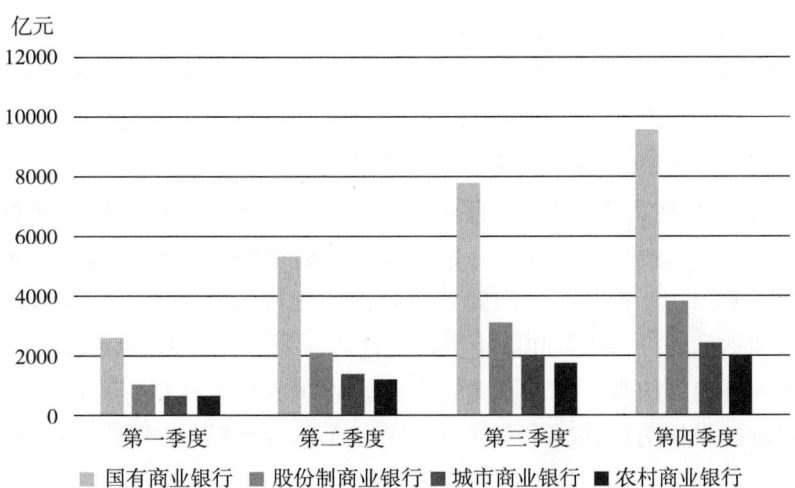

数据来源：前瞻数据库。

图 5-8　2018 年各商业银行的净利润

7. 流动性保持稳健

中国商业银行的流动性保持稳健。其中国有商业银行的流动性比例为52.34%，股份制商业银行流动性比率为65.49%，城市商业银行的流动性比例为60.14%，农村银行的流动性比例为58.77%，具体见图5-9。

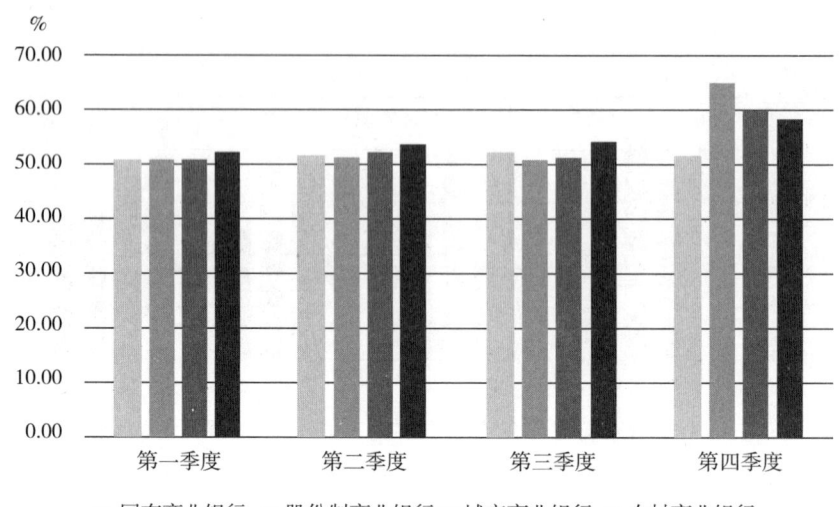

数据来源：前瞻数据库。

图5-9　2018年各商业银行的流动性比例

（三）银行业特别是商业银行的各种业务情况

1. 商业银行资产业务的现状

（1）商业银行资产业务总体情况

商业银行的资产在大型商业银行集中度高。根据银监会截至2018年第四季度的统计，商业银行资产占银行业金融机构总资产的78.27%。其中，大型商业银行占36.67%，股份制商业银行占17.53%，城市商业银行占12.80%。农村金融机构占12.89%。其他金融机构占20.11%。商业银行的资产业务主要包括信贷业务、现金资产业务、投资业务和贷款业务等。其中，信贷业务是商业银行最重要的资产业务，是商业银行的主要收入来源，信贷业务利润的来源是商业银行发放贷款，其利润是银行在一定期间内对本金和利息进行回收，扣除本金后的所得。贷款可分为多种不同类型，如信贷、担保等。贷款业务分为四类，分为正常，关注，可疑和损失；根据产品类型，分为公司贷款，短期贷款，中长期贷款，个人贷款，住房贷款，个人消费贷款等；根据行业划分，它分为制造业贷款，服务业贷款，运输业贷款，批发和零售贷款等。

（2）商业银行信贷资产情况

人民币信贷资金主要以中长期贷款为主。2018年12月，中资大、中小型银行人民币信贷的资金运用情况见表5-1，综合来看，贷款的最大比例是中长期贷款，其次是短期贷款，债券投资，股权和其他投资。对个人来说商业银行中的中长期贷款主要是住房贷款和汽车贷款，随着近年来房价的只涨不跌，人们对住房贷款的需求较大；短期贷款则主要是个人消费贷款为主，大部分借款者通过向银行申请消费贷来维持日常生活需求。对企业来说中长期贷款用于房地产项目的贷款，短期贷款则是用于维持资金的正常运转。具体见表5-1。

表5-1　　　　　中资大、中小型银行人民币信贷资金运用情况　　　　单位：亿元、%

名称	中资大型银行		中资小型银行	
	总值	占比	总值	占比
短期贷款	151026.7	22.95	260744.7	22.70
中长期贷款	486889.1	73.99	329579.1	28.69
票据融资	17974.23	2.73	33926.54	2.95
各项垫款	362.44	0.06	1294.19	0.11
债券投资	251206.5	38.17	183890.4	16.01
股权及其他投资	35189.77	5.35	152689	13.29
买入返售资产	21188.71	3.22	20257.12	1.76
存放中央银行存款	109035.3	16.57	101303.2	8.82
银行业存款类金融机构往来	28749.34	4.37	61922.93	5.39
境外	1829.09	0.28	3021.63	0.26

数据来源：前瞻数据库。

各家商业银行都有个人住房贷款，消费贷款，经营贷款和特殊贷款的业务服务。其中个人住房贷款包括：住房公积金贷款，一手个人住房贷款、个人二手住房贷款、固定利率个人住房贷款、自建住房贷款；消费贷款包括：个人住房消费贷款、个人汽车贷款、个人文化消费贷款、个人学生贷款；经营贷款包括：个人经营贷款、个人助业贷款、个人商用车贷款、个人商用房贷款；特色贷款一般包括：个人质押贷款、个人委托贷款、个人信用贷款。除此之外，大部分商业银行都创新了自身具备的贷款业务，比如工商银行的融e借，用于个人合法合规用途的无担保、无抵押的人民币贷款；建设银行下岗失业人员向中国下岗职工发放人民币贷款的小额担保贷款；交通银行的POS贷款为具有合法业务资格的个人客户提供贷款，可满足客户的生产经营资金需求；北部湾银行的个人农户贷款，向从事农耕或与"三农"经济相关的个人发放指定用途的人民币贷款，满足农户多种贷款需求。

(3) 商业银行信贷资产价格

随着市场供需变化，资金价格随利率变化而变化。贷款利率上升，贷款需求指数下降。2018年第四季度的贷款需求指数为63%，比2017年第四季度的贷款需求指数低4.11个百分点。2018年各项贷款基准利率为：贷款利率在一年（包括一年）内为4.35%，贷款利率在一年至五年（包括五年）的为4.75%。五年以上的贷款利率为4.90%，公积金贷款五年或以下（包括五年）的利率为2.75%。五年以上的贷款利率为

3.25%。2018年资产经营利率结构为：基准利率占18.47%，基准利率上升10%至13.59%，上浮率10%~30%占17.81%。上浮30%~50%占比11.52%，上浮50%~100%占比13.89%，上浮100%以上占比8.45%。具体见表5-2和图5-10。

表5-2　　　　　　　　　　　人民币贷款基准利率

种类	年利率（%）
短期贷款	
六个月（含）	4.35
六个月至一年（含）	4.35
中长期	
一年至三年（含）	4.75
三年至五年（含）	4.75
五年以上	4.90

数据来源：中国工商银行网站。

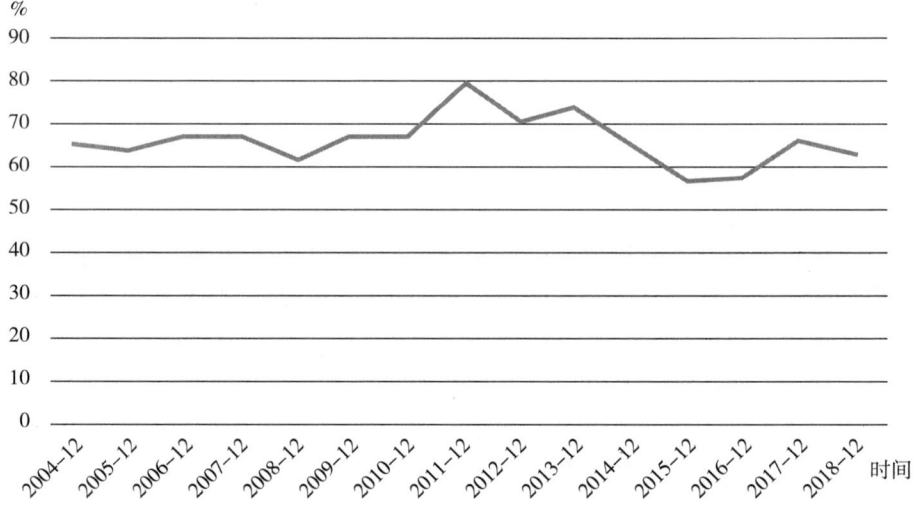

数据来源：前瞻数据库。

图5-10　2014—2018年第四季度贷款需求指数

2. 商业银行负债业务的现状

（1）商业银行负债业务总体情况

商业银行负债业务的规模和结构反映了商业银行资金来源的规模和结构。主要分为存款业务和其他负债业务。在其他负债业务中，根据借款对象的不同，又分为多种不同品种的业务。如发行金融债券，同业拆借，发行短期融资券等。近年来负债总量不断增加，但增速缓慢。2018年第四季度的负债总量为2465777亿元，比2017年第四季度增加137073亿元，增幅为5.56个百分点，较上年下降2.52%。具体分类为：国有商业银行903780亿元，增长5.63%；股份制商业银行4353.8亿元，增长4.03%；城市商业银行

318254亿元,增长7.76%;其他金融机构负债5398.1亿元,增长2.07%。具体见图5-11。从季节性的角度来看,第一季度惯性的增加仍然很大,但出现了明显的下滑。从制度类型来看,国有商业银行仍处于绝对主导地位。2018年第四季度国有商业银行负债总额占银行业金融机构总负债的36.65%,但比例在下降,2017年第四季度国有商业银行占银行业金融机构总负债的36.74%,股份制商业银行上涨0.31%,城市商业银行下跌0.24%,其他金融机构下跌0.30%。可以看出,股份制商业银行的增长率最为明显。

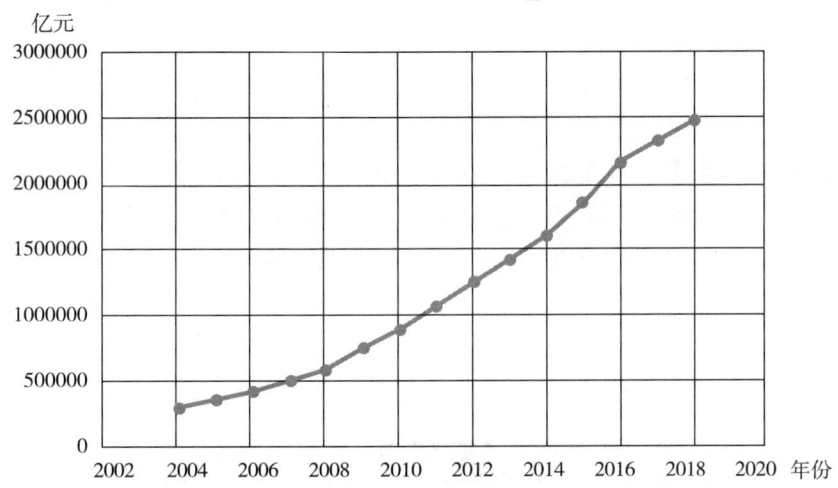

数据来源:前瞻数据库。

图5-11　2004—2018年第四季度银行业金融机构总负债

(2) 商业银行各类存款情况

个人存款增长率高于单位存款,活期存款数量增加,定期存款数量减少。2018年12月,大型银行个人存款总额为40858.27亿元,同比增长8.56%。个人存款活期储蓄增速为6.51%,个人定期储蓄存款下降9.26%;单位存款总额36446.8亿元,同比增长2.54%。中小银行个人存款余额29677.8亿元,同比增长19.66%,其中个人活期储蓄增长率为14.15%。个人定期储蓄的增速为13.36%;单位存款总额39531.96亿元,同比增长3.88%。大型银行的个人存款增速高于单位存款的增速,个人存款中的个人定期储蓄存款呈现下降的趋势,单位存款中的定期存款也是呈现下降的趋势。在中小型银行中个人存款的增速远大于单位存款的增速,且单位存款中的单位活期存款和定期存款相比2017年12月是减少的。上述情况反映了中小型商业银行吸收单位存款的不稳定性。而就单位存款的增长量来讲,中小银行的增长量较大,显示中小银行的发展势头良好,吸引更多的公司将存款储蓄在那里。具体见表5-3。

表 5-3　　　　　　　　2018 年 12 月大、中小型银行的存款明细　　　　　　　　单位：亿元

项目	大型银行	中小型银行
个人存款	408582.7	269678.2
个人活期储蓄	174594.3	80645.34
个人定期储蓄	116945.5	145877.1
单位存款	364446.8	395319.6
单位活期存款	171372.4	159833.3
单位定期存款	70513.23	80071.97

数据来源：前瞻数据库。

3. 商业银行中间业务的现状

（1）商业银行中间业务标准

商业银行的中间业务。顾名思义，中间业务是指商业银行不需要使用自己的资产来为客户进行管理、操作和处理资产，通过提供这些业务来向客户收取费用而获利的行为。其中，结算中介业务和担保中介业务占中间业务很大比例。其他中间性业务包括：担保业务、融资中介业务、管理中介业务、信息咨询业务、电子银行等。2001 年中国人民银行通过的《商业银行中间业务暂行规定》指出了商业银行开展中间业务的审批制度和中间业务类型的详细类型。详情见表 5-4。

表 5-4　　　　　　《商业银行中间业务暂行规定》中间业务品种分类

适用备案制	适用审批制
各类汇兑业务；出口托收及进口代收；代理发行、承销、兑付政府债券	票据承兑
代收代付业务，包括代发工资、代理社会保障基金发放、代理各项公用事业收费	担保类业务，包括备用信用证业务
委托贷款业务；代理政策性银行、外国政府和国际金融机构贷款业务	贷款承诺；金融衍生业务
代理资金清算；代理其他银行卡的收单业务，包括代理外卡业务	各类投资基金托管
各类代理销售业务，包括代售旅行支票业务	各类基金的注册登记、认购、申购和赎回业务
各类见证业务，包括存款证明业务	代理证券业务
信息咨询业务，主要包括资信调查、企业信用等级评估、资产评估业务、金融信息咨询	代理保险业务
企业、个人财务顾问业务；企业投融资顾问业务，包括融资顾问、国际银团贷款安排	开出信用证
保管箱业务；中国人民银行确定的适用备案制的其他业务品种	中国人民银行确定的适用审批制的其他业务品种

从表 5-4 可以看出，中国人民银行定义的中间业务种类繁多，涉及交易、代理佣

金、咨询、财务咨询、担保承诺等。2000年以前，中间业务的种类主要集中在收款和托付、委托收款，银行可以通过这些中间业务进行新客户的开发、更多地吸收银行的存款并且从中增强银行与客户之间的往来。2000年以后，商业银行开始为了增加收入和防范风险进行中间业务创新，主要集中于投资银行业务、财务顾问业务以及结算业务等方面。

（2）商业银行中间业务品种现状

另外，从各银行官网收集了各银行最新中间业务产品信息，制作了表5-5供分析我国目前中间业务品种现状。

表5-5　　　　　　　　　　我国目前中间业务品种现状

推出机构	产品类型	产品名称	产品特色
建行	理财	建行私人银行	提供以私人财富管理、综合金融和专享增值服务为核心的全面金融解决方案
中行	银行卡	长城生肖借记卡（2018狗年版）	中国传统十二生肖纪念卡
农行	银行卡	My Way信用卡（万事达卡）	一款面向年轻消费客群的专属信用卡
工行	电子银行	工银瞬付	使用工行融e行APP，绑定车牌号和支付卡即可自动扣费
民生	银行卡	民生电影主题信用卡	主题信用卡
光大	理财	随心定	众筹理财，购买的人越多，收益越高
北部湾	理财	富桂宝系列	品种、期限多样化
北部湾	电子银行	POS业务	方便资金结算
桂林	电子银行	桂银易付	互联网支付平台，整合了当前市场主流的线上支付工具，满足多样化的支付需求
桂林	直销银行现金管理类产品	桂宝宝2.0	拥有活期一样的便利、理财一样的收益
柳州	银行卡	龙城信用卡	持卡人可在信用额度内先消费后还款
柳州	银行卡	桂民卡	全国公共交通一卡通

数据来源：各行官网最新产品信息。

理财产品一直是各家银行推出的主要中间业务品种，上至国有大型银行，下至中小规模的地方性商业银行，在它们的官网中总会看到各色理财产品。最多有九种类型的理财产品，如债券类型、信托类型、QDII类型等。除人民币外，货币还包括外币和双币。

从图5-12可看出，工商银行开办的借记卡数量多达20种，除了农行、民生、招商开办张数在5种以上，其他的都低于5种。

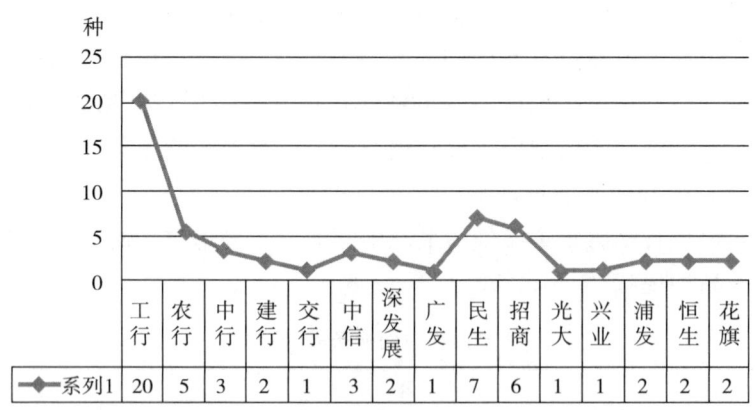

资料来源：由和讯网资料整理得来。

图 5-12 国内 15 家银行开办借记卡张数

表 5-6 信用卡全部分类

类型	产品特色	张数
联名卡	银行与公司联合发行的特定卡种	313
标准卡	规范卡种，特色增值服务较少	233
旅游卡	旅游主题优惠卡，包括结算、积分、商户	67
车主卡	面向私家车主，有各类优惠与保障	38
女性卡	女性专属，有购物、美容等优惠	29
学生卡	针对在校学生，有费用优惠、购物优惠	22
公务卡	中央财政预算公务卡，用公务支出	31
酒店航空卡	针对航空、商旅人士量身定制的信用卡	17
购物卡	向特约单位购物、消费的特制载体卡片	19
美食卡	美食、娱乐消费功能为一体的卡	8
卡通卡	卡通人物、漫画形象为卡面的特色卡	7
体育卡	运动场馆、专卖店优惠卡种	62

当前我国信用卡发行品种丰富，已涵盖十余种类型，涉及人们日常生活的衣食住行各方面。发行品种从以前的以联名卡和标准卡为主，到现在的丰富各异。发行对象也从以往的主要面向公司和个人，到现在的将目标消费群体进行细分，针对女性客户的女性卡、针对学生的学生卡、针对车主的车主卡等。再到以特别消费目的为重点的产品，如旅游卡，购物卡，食品卡，运动卡等。

（3）商业银行中间业务收入处于分化状态

首先，净手续费和佣金收入是存在差异化的。根据 2018 年第三季度上市银行的数据，16 家银行的中间业务收入有缩减的趋势，特别是在城市和商业银行。从前三季度 28 家上市银行的利润来看，16 家银行的手续费和佣金净收入减少。在五大国有银行中，只有中国银行的手续费及佣金净收入略有下降。从上年同期的 69.91 亿元增加到 2018 年前三季度的 685.18 亿元,同比减少 13.83 亿元,下降 1.98%。在 15 家上市城市商业银行中,11 家银行的手续费和佣金净收入下降。仅南京银行,长沙银行,吴江银行和常熟银行同比增长。其中,无锡银行下跌 52.05%,张家港行收入下跌超过 40%,成都银行下跌 31.33%,北京银行,杭州银行下跌超过 20%。具体见表 5-7。

表 5-7　　　　　　　　　　上市银行手续费及佣金净收入

银行	2018 年前三季度	2017 年前三季度	变动幅度/%
工商银行	1137.39	1076.43	5.66
农业银行	623.62	581.37	7.27
中国银行	635.18	1699.01	-1.98
建设银行	965.28	936.49	3.07
交通银行	313.93	306.08	2.56
招商银行	529.81	493.34	7.39
中信银行	326.04	342.16	-4.70
兴业银行	311.75	275.03	13.35
光大银行	277.21	235.43	17.75
浦发银行	299.71	355.51	-15.70
平安银行	237.05	231.61	2.35
华夏银行	130.31	137.89	-5.48
民生银行	361.67	361.78	-0.03
北京银行	74.3	94.56	-21.43
上海银行	44.89	46.17	-2.77
杭州银行	8.88	11.65	-23.77
江苏银行	40.86	46.26	-11.67
南京银行	27.74	26.97	2.86
成都银行	2.06	3	-31.33
贵阳银行	9.01	10.38	-13.20
宁波银行	42.99	44.21	-2.76
郑州银行	12.92	14.36	-10.03
长沙银行	11.13	7.52	48.01
无锡银行	0.7	1.46	-52.05
常熟银行	3	2.93	2.39
江阴银行	0.38	0.42	-9.52
吴江银行	0.63	0.56	12.50
张家港行	0.53	0.98	-45.92

数据来源:Wind 资讯。

其次,业务收入同比下降。由于资管新规的实施,理财产品受其影响非常大,导致中间业务收入出现同比下滑。此外，一些结算、代理和咨询产品受到监管政策、场环境和服务费减少等因素的影响也出现了收入下滑的现象。城市商业银行相对国有银行和股份制银行，其团队科研能力、投资者教育水平等能力有限，导致其手续费及佣金净收入减少更为明显。国内商业银行中间业务收入不均衡，呈现分化，股份制商业银行和国有商业银行等规模大的商业银行中间收入较高，规模小的城市商业银行中间业务收入最低。

最后，各类中间业务的收入差异较大。从表5-8可以看出，商业银行的中间业务主要包括银行卡业务、代理业务、理财业务、托管业务、投资银行业务、咨询业务、担保业务等。虽然各商业银行开展的业务不尽相同，基本上每家银行开展的业务类型都有6~8种，其中，银行卡，代理，财富管理，结算和清算，担保承诺等服务是商业银行中间业务的基本组成部分。如表5-8所示，在中间业务的分类中，银行卡业务占总收益率最大，占32.5%；第二是代理业务，占比14.1%；第三是理财业务，占比13.2%。其中，最少的是担保承诺业务，占比为5.4%。这四项基本业务对商业银行中间业务收入的贡献率为65.2%。这说明银行卡业务、代理业务、理财业务是各商业银行目前的主要品种，其他品种收入都较低，说明收入较低的中间业务开发的力度不强。

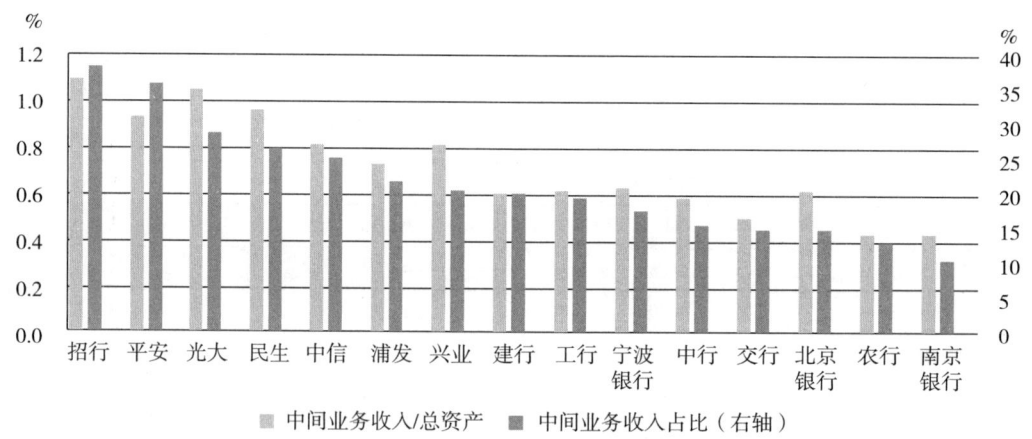

数据来源：Wind资讯。

图5-13　2018年半年报10家上市银行中间业务收入占总资产情况

表5-8　　　　　　　　　　中间业务分类与收入占比情况　　　　　　　　　　单位：%

银行卡业务	32.5
代理业务	14.1
理财业务	13.2
结算清算业务	9.6
托管业务	9.3
投行咨询业务	9.1
担保承诺业务	5.4
其他	6.7

数据来源：Wind资讯。

二、广西地方性银行业务发展现状

(一) 广西经济发展总体情况

1. 整个地区经济运行总体稳定,综合经济实力明显提高

2017年经济运行总体平稳。全年国内生产总值(GDP)2036.25亿元,比上年增长7.3%。根据常住人口计算,全年人均GDP为41955元,按汇率计算相当于6213.90美元,突破6000美元大关创新高。第一、第二和第三产业实现稳定增长,工业结构得到优化。第二产业增加值9297.84亿元,增长6.6%。第三产业增加值8191.54亿元,增长9.2%。其中,第一、第二和第三产业增加值分别占地区GDP的14.2%、45.6%和40.2%。对经济增长的贡献率分别为8.3%、41.9%和49.8%。

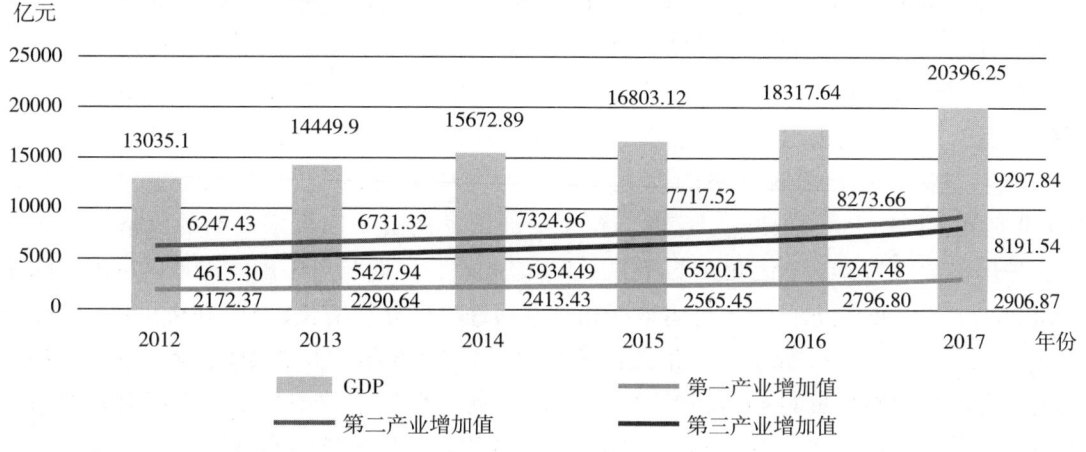

数据来源:广西统计局。

图 5-14 2012—2017 年广西 GDP 及第一、二、三产业增加值

2. 全区经济结构调整稳步推进,产业转型升级明显加快

2017年,区域经济结构优化,三个产业结构比例为14.2:45.6:40.2,第三产业增速比第二产业增长2.6%,第三产业对经济的贡献率比第二产业增长7.9%。服务业已成为该地区经济增长的第一推动力,占GDP比重达40.2%,是2004年以来的最高水平。2017年,广西产业结构加速向中高端发展,比规模以上工业增加8.3%以上,装备制造业增加值比上年增长9.2%,比规模以上工业增长2.1%,占规模以上工业的比重达23.1%。经济需求结构发生了很大变化。全区消费市场变得稳定且有回升现象,消费升级的势态显著。

3. 经济质量得到改善和提高,人民幸福感显著提高

2017年,居民收入加快,区内居民人均可支配收入1905元,比上年增长7.0%,比人均GDP增长率高0.7个百分点。农村居民人均可支配收入的名义增长率和实际增长率分别比城镇居民高 1.6% 和 2.4%。人民的生活和消费水平不断提高。2017 年，全区居民人均消费支出 13424 元，比上年增长 7.5%。全区的精确扶贫成果卓有成效。年贫困发生率为 5.7%，比上年下降 2.2%。全区的就业、物价情况稳定，积极的就业政策不断取得成效，通过创业拉动就业作用明显，2017 年，就业人数超过预期目标，城镇新增就业人数为 446100 人，年度目标为 127.5%。截至年末，城镇登记失业率为 2.21%，比上年末下降 0.72 个百分点。

4. 广西对外贸易总额日趋上升

近几年来广西与东盟、欧盟、亚太经合组织三大经济组织的进出口贸易总额日趋上升。"一带一路"倡议推行以后，2013—2014 年广西与东盟、亚太经合组织的进出口总额呈阶梯式发展，年增长率分别为 667.69%、667.22%，堪称火箭速度，是 2014 年之后不曾再有的增长速度。2017 年，亚太地区广西和亚太经合组织进出口总额为 3153 亿元，占广西贸易总额的 81.03%。2017 年中国—东盟自由贸易区的推动下，广西对东盟国家的进出口总额达到 1893.9 亿元，同比增长 3.7%，占广西本期外贸总额的 49%。由于其地理位置和在"一带一路"倡议的地位，广西与东盟的贸易合作项目已成为"一带一路"的重点建设项目，同时也是"十三五"规划的重点项目。从中—澳双方签订了自贸协定之后，中澳之间进出口贸易总额日有所增，2017 年的进出口总额为 143.3 亿元，同比增长 41.3%。由于原油价格的变化，对广西与中东地区贸易有所影响，进出口为 141.9 亿元，同比上涨 12.3%。广西与拉丁美洲国家的贸易因大宗商品的价格下降而下滑，进出口额仅为 244.3 亿元，下降了 3.1%。此外，广西与对中国香港地区进出口同比下降 26%，为 196 亿元；中国台湾地区和日本的进出口分别增长 8.5% 和 9.8%，达到 98 亿元和 51.2 亿元。"一带一路"沿线国家进出口较 2016 年增长 5.2%，累计完成 210.2 亿元，占广西贸易总量的 54.3%。总之，在"一带一路"倡议引导下，广西对外贸易总额日趋上升，其作为"一带"和"一路"衔接的纽扣作用也逐渐凸显。

（二）广西地方性银行整体发展情况

1. 广西地方性银行发展历程

广西有三家地方商业银行：广西北部湾银行，柳州银行和桂林银行。广西北部湾银行的前身是南宁市商业银行，于 2008 年为响应北部湾经济区建设而成立，北部湾银行 2018 年 6 月末的资产总额为 1689.5 亿元，较年初增长了 7.71%。柳州银行成立于 1997 年，一开始是由地方财政和大型企业组建的，后来吸收个人股份改组后才成立地方股份制银行，注册资金 3.4 亿元。较年初增长了 3.23%。桂林银行前身为桂林商业银行，成立于 1997 年，2010 年更名为桂林银行。截至 2018 年 6 月底，桂林银行总资产为 2037.98 亿元，同比增长 11.99%。在三大本地商业银行进行股份制改革之后，它们以极快的速度在成长。桂林银行，柳州银行，广西北部湾银行在由中国企业联盟发布"2017 中国服务业企业 500 强"中排名分别为第 343 位、第 391 位、第 365 位。广西北部湾银行，桂林银行，柳州银行在英国《银行家》杂志上发表的"2017 全球银行 1000 强"中分别以

15.94 亿美元、15.20 亿美元、11 亿美元的核心资产排名第 529 位、第 545 位、第 665 位。在广西实施"引银入桂"战略后,许多银行已进入广西设立分支机构。广西的本地银行也面临来自同行的竞争压力,在竞争压力中发展迅速。

2. 广西地方商业银行资产负债规模快速增长,对经济的贡献率有所提高

2018 年,广西金融机构第四季度总资产为 38526.67 亿元,比上年同期增长 7.34%。债务总额 3697.53 亿元,比上年同期增长 7.03%。2018 年全年四季度的情况中,受季节因素的影响,第一季度全金融机构的总资产和总负债增长速度最快,第三季度增长速度最慢。2018 年第四季度不良贷款为 705.96 亿元,比第三季度减少 218.42 亿元,不良贷款率为 2.64%,较第三季度下降 0.93 个百分点。全金融机构第四季度的利润为 406.47 亿元,是全年季度最高。近年来,广西的 GDP 增长率位居全国前列,广西地方商业银行的增长速度也非常可喜。在这短短的时间里,桂林银行、柳州银行和北部湾银行的总资产分别扩大了 20 倍、10 倍和 8 倍。2017 年,广西的地方性商业银行共发放贷款 2008.43 亿元,而广西经济的发展则给这三大地方性银行带来 29.32 亿元的利润总额。2017 年,广西第一、二、三产业对 GDP 的贡献率分别为 8.3%、41.9% 和 49.8%,而仅仅工业的贡献率就占了 37.6%。由表 5-8 可知,桂林银行、柳州银行、北部湾银行投放贷款主要集中第二产业与第三产业,前三位主要是批零业、制造业和房地产业,批发和零售业,房地产业是广西服务业快速发展的关键。由此可见,广西经济和广西地方性银行二者之间的关系是互惠互利,相辅相成的。广西经济发展带来了发展空间,广西地方商业银行为广西经济提供了资金。

此外,广西地方商业银行最明显的特点是以当地中小企业和个体工商户以及居民为核心市场和服务对象。因此,相比大银行而言,这些银行与当地经济的发展关系更加紧密,对当地经济发展的好坏极为敏感。因为商业银行主要服务地区和影响范围围绕总部向外延伸,主要服务对象也是当地的中小企业,个体工商户和居民,公司文化会以当地文化作为基础,因此会具有浓厚的地方气息。

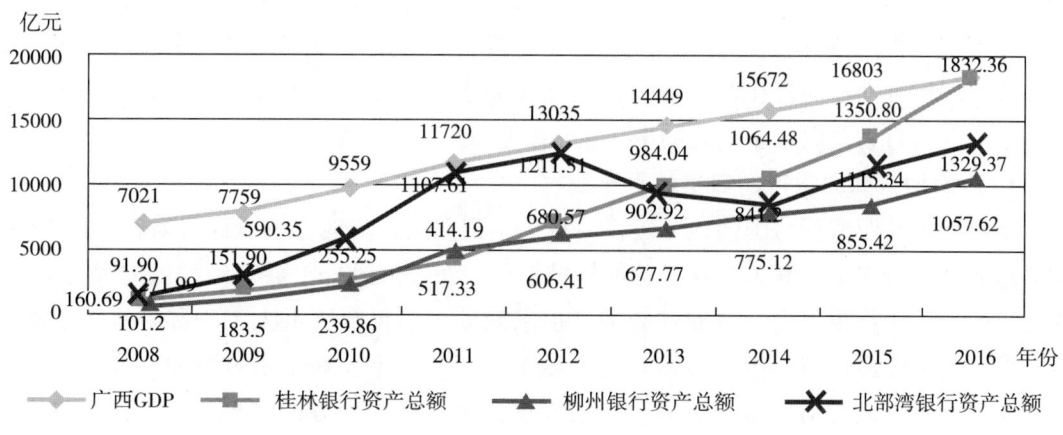

资料来源:国家统计局、桂林银行 2007—2016 年年度报告。

图 5-15 近年来广西 GDP 和广西地方性商业银行资产总额增长情况

表 5-9 2017年广西地方性商业银行贷款投放前三位行业及其分布情况   单位:%

排名	桂林银行		柳州银行		北部湾银行	
	行业	占总贷款比例	行业	占总贷款比例	行业	占总贷款比例
1	批发和零售业	11.60	批发和零售业	40.06	批发和零售业	12.54
2	制造业	13.06	制造业	18.02	制造业	11.31
3	房地产业	16.61	房地产业	12.33	房地产业	6.08

数据来源：桂林银行官网、柳州银行官网、北部湾银行官网。

3. 与国有商业银行相比，地方商业银行的影响力有待提高

2017年北部湾银行、桂林银行、柳州银行的总资产分别为1590.3亿元、2272亿元、1175.5亿元，营业网点分别有77个、72个和107个。北部湾银行的设立是响应国家的北部湾经济自贸区的建设，其影响力网罗左右江革命老区、西江经济带和广西北部湾开发区，共十个地级市。在其19个分行里，南宁市内占10个，总行也设在南宁市。桂林银行64个营业网点中有35个位于桂林地区，影响范围以桂林地区为主，2017年底桂林银行才在百色市建立分行，影响力才逐渐扩大到广西西部地区。柳州银行107个营业网点有56个位于柳州市辖区内，在广西14个地级市中，柳州银行只在8个市设立分行（包括柳州市在内）。广西三家地方商业银行的影响力主要取决于银行的管辖范围。三家当地银行的资产总和未超过广西信用社的总资产。同时期的国有控股的五大行中，2017年中国银行总资产更是达到19.47万亿元，全球10145个分行分支机构，仅广西就有292个网点。国内最大的中国工商银行2017年总资产更是达到了26.08万亿元，仅仅在广西共有443个营业网点。影响范围遍及大江南北，并影响国际市场。相比之下，不论是北部湾银行还是桂林银行或是柳州银行的资产规模就显得非常渺小。与广西农村信用社相比，广西三个地方性银行单在营业网点上就相差甚远，广西农村信用社在广西有2380个营业网点。一般来说，国内大型企业甚至跨国公司普遍优化跨地域限制的资源配置扩大市场和业务范围。在这些企业的发展中，毫无疑问，它们需要与相应的区域银行，跨国银行和集团银行保持密切合作。广西地方商业银行的局限性很难满足大企业的需求，不仅在资产规模方面，而且在服务水平，网络覆盖水平和专业水平方面。因此，这也决定了城市商业银行主要服务于当地的中小企业和居民。

4. 广西地方商业银行的自主性受干扰

广西地方商业银行与国内地方银行，从出生到发展，与地方政府保持着密切的联系。这对地方性银行来说，利弊共存，例如桂林银行，在发展过程中会得到政府的大力支持，受地方政府的干扰也很大。地方政府为了追求政绩，会将解决重大工程和处置企业的融资问题和肩上发展经济的担子转移到地方城市银行的身上。对于地方政府来说，商业银行的快速发展可以带动许多企业和机构的发展，可以增加地方的利税。此外，商业银行引发的连锁反应可以为当地提供更多就业机会，有效缓解当地就业压力。不容忽视的是，商业银行是政府为项目进行融资，安排资金的最佳渠道。当地的商业银行可以带来很多好处，受地方政府的影响很大。广西地方性商业银行都是年轻的银行，在风险识别和控制、合规经营、激励机制、内部控制方面还不成熟，往往会依赖于政府提供的平台，在做决策时很容易受地方政府的干扰，银行的自主性也受到挑战。

5. 广西本地商业银行缺乏市场竞争力

北部湾银行、桂林银行和柳州银行受其自身能力的影响，往往在市场定位和产品设计方面同质化。同质化导致这些当地商业银行在运营和管理方面同质化。广西地方商业银行将中小企业和当地居民作为自己的市场和服务对象。如广西北部湾银行定位是"服务当地经济，服务中小企业，服务社区居民"；而桂林银行的定位为"小企业伙伴银行、市民银行"；柳州银行的定位也是"市民银行、社区银行、中小企业合作银行"，三家银行在市场定位上相差无几。产品的设计和开发都是以当前流通的产品为参考，加以模仿和改进后成为自己的产品，没有自主创新，就难以抓住产品开发的机会，更不用说率先占领市场。

广西的地方性商业银行在与其他大型的商业银行进行竞争时主要依靠高存款利息来抢占市场，争夺客户。而其高贷款利率也让很多客户望而却步。本文将广西地方性银行和部分大中型银行的存贷款的利率进行对比，在存款方面笔者选用的是最具代表性的存款和定期存款利率作为参考；在贷款方面，由于住房贷款利率差别不大就不参与对比，文中主要是对比这些银行在短中长三个期限的贷款利率。从表5-10中可以看出，广西的地方性银行存款利率都比大中型商业银行要高得多，特别是，北部湾银行的存款利率远高于中国银行和上海浦东发展银行。在表5-11的贷款利率中，除了柳州银行的利率以及中国银行和上海浦东发展银行，桂林银行和北部湾银行的利率之外贷款利率不论短期、中期和长期贷款的利率都高于以中国银行和浦发银行为代表的全国性大中型银行。这导致两个问题，一是虽然广西地方性银行以高存款利率吸引到储蓄资金，但是也极大地提高了营业成本。二是广西地方性银行在资产业务方面，尤其是在贷款业务方面处于劣势地位，很容易造成优质客户的流失。这也导致广西本地银行在竞争中没有绝对优势。

表5-10　广西地方性银行与部分大中型银行2017年贷款利率比较

贷款类型		北部湾银行	桂林银行	柳州银行	中国银行	浦发银行
短期		4.6	4.6	4.35	4.35	4.35
中长期	1~5年	5	5	4.75	4.75	4.75
	5年以上	5.15	5.15	4.9	4.9	4.9

资料来源：北部湾银行、桂林银行、柳州银行、中国银行、浦发银行官网。

表 5-11　　广西地方性银行与部分大中型银行 2017 年存款利率比较

存款类型		北部湾银行	桂林银行	柳州银行	中国银行	浦发银行
活期		0.4025	0.35	0.35	0.30	0.30
定期（整存整取）	三个月	2.0250	1.54	1.54	1.35	1.40
	六个月	2.3250	1.82	1.82	1.55	1.65
	一年	2.6250	2.10	2.25	1.75	1.95
	二年	3.5250	2.10	2.73	2.25	2.40
	三年	4.5000	3.85	3.58	2.75	2.80
	五年	5.2250	4.00	4.00	2.75	2.80

资料来源：北部湾银行、桂林银行、柳州银行、中国银行、浦发银行官网。

6. 广西地方性商业银行盈利薄弱

根据各行年度报告分析，在桂林银行和柳州银行的营业收入中，贷款利息收入和投资款项投资收益占比较大，其所占的比率分别为 37.35%、43.83% 和 6.51%、39.63%（见表 5-12）。这也符合我国商业银行的现状：以传统信贷业务为主。相比国内股份制银行而言（本文以浦发银行为例），广西的这些地方性商业银行最主要的区别在于非利息收入在总收入中的比例，由表 5-13 我们可以清楚地看出，桂林银行和柳州银行非利息收入方面存在较大差距。在中国，非利息收入来自支付结算、银行卡、代理、基金托管和咨询服务、银行卡业务收入占非利息收入的最大份额。从中可以看出广西在抢占市场方面的劣势，客户群体范围不广，客流量远比不上股份制银行，何况国有大型商业银行。北部湾银行 2017 年年度报告中显示利息收入为 19.56 亿元，占营业净收入的 89.14%，由此可见，北部湾银行的营业收入单一化。再从表 5-12 可知，北部湾银行、桂林银行、柳州银行的资产利润率分别为 0.54%、0.67%、0.07%，桂林银行的资产利润率刚刚压着 0.6% 的监管指标线，而北部湾银行和柳州银行的数据低于监管线，特别是柳州银行仅为 0.07%。在资本利润率方面，北部湾银行、桂林银行、柳州银行的数据分别为 6.86%、11.11%、0.86%，桂林银行也仅仅过 11% 的资本利润率监管线，而柳州银行和北部湾银行该方面则没有达到监管要求。北部湾银行、桂林银行、柳州银行的成本收入比分别为 43.69%、32.95%、35.67%，均低于 45% 的标准线，仅北部湾银行该数据接近监管标准线。总体而言，广西地方商业银行的盈利能力不强，利润发展空间仍然很大。

表 5-12　　2017 年广西地方性商业银行与浦发银行业务收入分布对比　　单位：%

业务\银行	贷款业务收入	投资款项收入	手续费及中间收入	汇兑等其他非利息收入
桂林银行	37.35	6.51	4.02	0.81
柳州银行	43.83	39.63	2.04	12.85
浦发银行	48.95	23.49	16.24	5.3

资料来源：桂林银行、柳州银行、浦发银行官网。

表 5-13　　　　　2017年广西地方性商业银行的盈利能力情况　　　　　单位:%

项目	监管指标	北部湾银行	桂林银行	柳州银行
资产利润率	≥0.6	0.54	0.67	0.07
资本利润率	≥11	6.86	11.11	0.86
成本收入比	≤45	43.69	32.95	35.67

资料来源：桂林银行、柳州银行、浦发银行官网。

(三) 广西地方性银行业务发展情况

1. 广西地方性银行同质资产业务现状

广西地方性银行同质贷款业务种类多，贷款涉及领域小，竞争压力大。北部湾银行、桂林银行和柳州银行受其自身能力的影响，往往在市场定位和产品设计方面同质化。这些同质化导致当地商业银行在运营和管理方面同质化。广西地方商业银行将中小企业和当地居民作为自己的市场和服务对象。桂林银行目前的个人贷款业务包括个人商业贷款、个人消费贷款、个人住房贷款、个人存款质押贷款和现金分期付款；公司贷款业务目前有小额信贷、贷款融资和票务融资。柳州银行的个人贷款业务包括个人信贷、个人消费贷款、拍卖按揭贷款、个人商品房抵押贷款、个人住房抵押贷款、个人汽车消费贷款和个人商业贷款；公司贷款业务有贷款融资、票据融资。北部湾银行的个人贷款业务包括个人住房贷款、个人汽车贷款、个人商业贷款、个人消费贷款和其他个人贷款；公司的贷款融资业务包括流动资金贷款、动产抵押、固定资产贷款、银团贷款、小微企业综合贷款服务。这三家广西地方性商业银行的个人贷款以及企业贷款业务种类多，涉及的领域大都相同，这就容易形成银行之间的竞争压力。但值得注意的是，桂林银行创新了旅游金融的贷款服务，该贷款包括景区贷、游船贷，这是根据当地地方特色开设的业务，旨在通过为旅游类的企业提供旅游服务方面的贷款，用景区未来的收益权作为质押担保，以借款人的经营收入作为还款来源，向借款人发放贷款，以此为景区的日常运营维修等提供资金。

2. 广西地方性银行贷款资产业务价格较高

大型商业银行比城市商业银行更具优势。广西各市县都有大型商业银行和股份制商业银行。在商业银行中具有一定的地位以及市场份额，借款人更青睐于这些银行，相比城市商业银行，这些银行的资产更大，风险更低一些。由于柳州银行，桂林银行和北部湾银行成立较晚，总资产相对较小，客户资源相对不稳定，那么大型商业银行和股份制商业银行将对这些城市商业银行施加压力。由于广西的经济发展并不是很靠前，导致广西的地方商业银行在区内发展较为快速，但业务范围较为狭窄。

贷款利率方面，除了柳州银行的利率与中国银行和浦发银行的利率齐平之外，桂林银行和北部湾银行的贷款利率不论短期中期和长期贷款的利率都高于以中国银行和浦发银行为代表的全国大中型银行，见表5-14。这导致广西地方性银行在资产业务方面，尤其是在贷款业务方面处于劣势地位，很容易造成优质客户的流失。这也导致广西本地银行在竞争中没有绝对优势。

表 5-14　　　广西地方性银行与中国银行、浦发银行的贷款利率对比

贷款类型		北部湾银行	桂林银行	柳州银行	中国银行	浦发银行
短期		4.6	4.6	4.35	4.35	4.35
中长期	1~5年	5	5	4.75	4.75	4.75
	5年以上	5.15	5.15	4.9	4.9	4.9

资料来源：北部湾银行、桂林银行、柳州银行、中国银行、浦发银行官网。

3. 广西地方性银行负债业务的现状

存款利率高，营业成本高。由表 5-15 可知，广西的地方性银行存款利率都比大中型商业银行要高得多，特别是北部湾银行的存款利率远高于中国银行和上海浦东发展银行。广西地方性银行以高存款利率吸引到储蓄资金，但是也极大地提高了营业成本。截至 2018 年 6 月底，广西三大城市最大的商业银行存款最多的为桂林银行，为 1360.61 亿元。吸收存款最少的是柳州银行，但桂林银行的利息支出额最高，为 9.31 亿元。其中，北部湾银行的利息支出占利息收入的 60%，柳州银行的利息支出占利息收入的 55%。桂林银行的利息支出占利息收入的 55.08%，表明地方商业银行的存款利率高会使得营业成本的增高，从而会影响银行的营业收入。

表 5-15　　　广西地方性银行与中国银行、浦发银行的存款利率

存款类型		北部湾银行	桂林银行	柳州银行	中国银行	浦发银行
活期		0.4025	0.35	0.35	0.30	0.30
定期（整存整取）	三个月	2.0250	1.54	1.54	1.35	1.40
	六个月	2.3250	1.82	1.82	1.55	1.65
	一年	2.6250	2.10	2.25	1.75	1.95
	二年	3.5250	2.10	2.73	2.25	2.40
	三年	4.5000	3.85	3.58	2.75	2.80
	五年	5.2250	4.00	4.00	2.75	2.80

资料来源：北部湾银行、桂林银行、柳州银行、中国银行、浦发银行官网。

表 5-16　　广西地方性银行 2018 年上半年报吸收存款与应付利息详细　　　单位：亿元

银行	科目	期初余额	期末余额
北部湾银行	吸收存款	1008.89	1048.50
	应付利息	8.22	9.03
柳州银行	吸收存款	730.76	803.89
	应付利息	6.65	6.97
桂林银行	吸收存款	1339.50	1360.61
	应付利息	8.26	9.31

资料来源：北部湾银行、桂林银行、柳州银行官网。

如柳州银行2018年6月末存款明细表如表5-17所示，2018年6月末相比2018年初的存款总额下降了9.09个百分点，下降最快的是企业活期存款总额，下降了16.91个百分点，其次是企业定期存款，下降了8.78个百分点，但存款种类中，个人定期储蓄和个人活期储蓄存款相比2018年初是增加的，分别增加了2.47%、0.8%。从整体分类来看，定期存款总额大于活期存款总额，吸收的公司存款总额大于个人存款总额。

表5-17　　　　　　　　　　柳州银行存款情况　　　　　　　　　　单位：万元

项目	2018年6月末	2018年初
存款总额	7307633	8038934
其中：个人活期储蓄存款	925142	932828
个人定期储蓄存款	1157253	1129356
企业活期存款	1956001	2354091
企业定期存款	2983459	3270824
其他存款	285778	351835

数据来源：柳州银行官网。

结合这三家银行以后的存款以及柳州银行的存款详细情况，2018年上半年这三家银行吸收存款的力度较弱，增长幅度较慢。其中北部湾银行的存款增长率为3.93%，存款利息增长率为9.85%；柳州银行的存款增长率为10.0%，存款利息增长率为4.81%；桂林银行存款增长率为1.58%，存款利率增长率为12.7%。这表明一些银行通过增加存款利息吸收存款，但与此同时，存款利息也增加了，导致银行的营业成本变高，说明银行的各类存款吸收不合理性，需要调整银行的存款结构。

4. 广西地方性银行中间业务现状

受短期设立的限制，品牌知名度不如大银行，技术水平，管理创新能力相对较低，物理网络点数较少等不利因素，许多城市商业银行采取差异化竞争策略，通过免除小额账户管理费，账户变更短信通知费，ATM取款费和电子银行转账费来吸收客户。这方面响应了国家减少企业负担的需求，增加了客户的吸引力，但给银行自己的收入增加了困难。北部湾银行，柳州银行和桂林银行推出了免除电子银行转账手续费和全球ATM取款费等优惠措施。北部湾银行、桂林银行和柳州银行开展的手续费及佣金收入主要来源于顾问及信息咨询、电子银行、代理委托和理财等方面，在各自的手续费和佣金收入中，财务咨询业务、代理机构调试业务占很大比例。但这些都是科技含量低、人力物力耗费多的业务。2018年上半年，北部湾银行，柳州银行和桂林银行三家银行的手续费及佣金收入非常低。基本上都在营业务收入的10%以下，其中北部湾银行为7.4%，柳州银行为4.61%，桂林银行为7.6%。这很难与中国的五大国有商业银行相提并论。

表 5-18　　2018 年上半年广西地方性银行手续费及佣金收支情况　　单位：万元

	北部湾银行	柳州银行	桂林银行
营业收入	145699	120673	314685
手续费及佣金收入	10696	5564	23765
手续费及佣金支出	1087	936	21244

资料来源：北部湾银行、桂林银行、柳州银行官网。

桂林银行的中间业务有：代理销售基金业务、代理保险业务、第三方存管业务、广西交通违法罚款、POS 收据、智能扫描收款平台、代销实物贵金属、存款证明、银证转账、代发工资；北部湾银行的中间业务有：第三方存管、个人存款证、收款业务、个人贵金属交易。目前，两家银行的中间业务分为两类：个人类和公司类。这三家银行的中间业务仍然是传统的接受客户的委托为主，不占用银行自身的手续费为特点，虽然也出现了代为垫资、承担风险的信用行为业务，但都是以代收代付为主的，这就让中间业务的规模显得有限了，业务品种比较单一了，同质化现象突出，没有形成自己特色，以至于这三家银行中间业务发展较落后于国内中间业务的总体水平，表明其仍有很大的创新空间。

银行卡年费收入少。目前，北部湾银行，柳州银行和桂林银行的银行卡类型分为社会保障卡，校园卡，贵民卡，借记卡和官方卡五种。其中柳州银行目前的银行卡共有 14 种，分别是：柳州市民卡、柳州银行桂民卡、龙城联盟柳州市民卡、社保卡、白金卡、龙卡、贵宾卡、工会卡、城市联盟卡、南丹银卡、华硕联名卡、柳高校园卡、柳铁职业学院卡、养老保险卡。柳州银行 2018 年上半年，累计发行借记卡 3616565 张，累计卡均存款 2302.66 元；存量卡均存款 2782.27 元。累计发行用于公务开支的贷记卡 4622 张，全年累计交易金额 21390.81 万元。共发行 8358 张信用卡，全年累计交易金额为 1793.922 万元。2018 年上半年，借记卡交易收入 169.6 万元，年费收入 85.5 万元，合计 255 万元，占中间业务收入的 27.24%。

三、互联网时代广西地方银行业务创新的机遇和必要性

（一）互联网时代广西本土银行业务的创新机遇

1. "互联网+"金融的发展状况

自推出以来，"互联网+"行动计划渗透到国民经济生活的各个方面，已成为各行业创新发展的新途径。在金融领域，随着互联网技术的快速发展，第三方支付、P2P 网络借贷、众筹融资、网上银行等新形式的融资如雨后春笋般涌现。互联网金融以其门槛低、成本低、灵活高效等优势弥补了传统商业银行的薄弱环节，对商业银行造成显著冲击。互联网金融从刚开始的不受信任到发展为现在的态势，原因在于其具有传统商业银行所具备的安全性。由于传统商业银行没有便利性和普及性，它打破了传统商业银行的时间

和空间限制。客户几乎可以随时随地利用网络进行业务办理,而传统的商业银行却面临着时间和空间上的制约,便捷的操作对商业银行的传统信用模式产生巨大影响。第三方支付是在银行和商户两者之间建立起一个支付结算通道,用来实现资金的转移支付,是人们日常消费中支付的得力助手。近年来,我国的第三方支付交易平台数量不断增加,从最初的支付宝、微信支付发展到现在的京东支付、百度支付、云闪付等,其规模也一直在高速增长。P2P和在线借贷是互联网上的个人对个人贷款服务。目前,P2P和在线借贷是许多小微企业和个人实现融资的重要渠道。当然,P2P和在线借贷因其高风险而受到人们的批评。它为未来发展蒙上阴影,需要加强对P2P和网上贷款的监管。规范其发展,使其能够安全有效地为小型和微型企业提供资金。众筹是一种依托互联网将大众手中的闲散资金聚集起来,进而实现项目的一种融资方式,其具有小额分散性、开放性、高效性等特征。众筹融资在中国仍处于起步阶段,交易规模不大,发展不够成熟。经过2015年的迅速发展、2016年的低速运行,2017年变得相对平稳。2016年仅有220亿元的交易量,2017年前6个月的融资额也只有110.16亿元,和商业银行的贷款规模相比甚微。

2. 互联网技术的快速发展为广西地方银行业创新提供了资源

(1) 互联网技术的快速发展为广西地方银行业的创新提供了载体

近些年来,大数据、云计算、人工智能和区块链为代表的新兴科技层出不穷,为产业创新提供了有效供给。科技的发展赋予了广西地方性银行进行业务创新的载体,使其可以从产品和服务供给方层面给予金融客户丰富的智能化选择。

(2) 提高金融互联网普及率,为广西地方商业银行创造商业机会

表 5-19　　　　　　　　　互联网金融的使用人数和渗透率

年份	人数(亿人次)	渗透率(%)
2013	3.24	52.26
2014	4.12	63.38
2015	4.89	71.91
2016	5.33	74.03
2017	5.92	76.02

数据来源:2013—2016年中国互联网金融年鉴。

金融行业与网民生产生活密切相关,在迈入信息化时代的今天,各行各业的网民都将被金融互联网化渗透。如表5-19所示,2013年到2017年间,互联网金融使用人数从3.2亿人次增加到5.92亿人次,增长了82.71%;互联网金融渗透率也从52.26%升至76.02%,增加了23.76%。在"互联网+"时代中,广西地方性银行应把握住这一发展浪潮带来的时机,利用互联网技术加强业务创新,创造更大的收入增长点。

3. 互联网政策的有效推行,为广西地方性银行业务创新提供了便利

在信息时代,互联网对人们生活的影响逐渐加深,因此国家越来越重视互联网经济

的发展。自提出"互联网+"概念以来,它已经能够在互联网创新成果的经济和社会发展中发挥更好的作用。国家继续实施"互联网+"行动,如"宽带中国",大数据战略和数字经济国际合作。这些"互联网+"政策的实施为广西当地商业银行提供了便利,广西地方商业银行在不受到政策限制的条件下将金融技术用于创新,也为广西地方商业银行指出了业务创新的发展路径和带来资源。广西地方商业银行应充分利用国家"互联网+"政策优势提供的便利,抓住"互联网+"的机遇,争取突破传统业务利差日趋减少的瓶颈,力求业务创新以实现利润的增收。

(二) 网络时代广西地方银行业务创新的必要性

2013年,互联网金融开始蓬勃发展,现在已经成为互联网时代金融传播的重要形式,它对广西地方商业银行的发展产生了巨大的负面影响。在国家实施积极推动行业"互联网+"的情况下,互联网金融对广西的商业银行传统业务造成的收入下降和利率下降的影响将更加严重。因此,广西地方商业银行必须开展业务创新。以下将基于互联网金融对广西本地商业银行贷款业务、存款业务和支付结算业务的影响,通过实例阐明了广西地方商业银行业务创新的必要性。

1. 互联网金融贷款快速发展对广西地方商业银行的贷款业务产生了影响

(1) 发展互联网金融借贷的主要商业模式

首先,P2P网贷的发展情况。由于银行贷款的灵活性和便利性,中国P2P在线贷款发展的第一年是在2007年,其投资回报率相对较高。今天P2P在线贷款已成为银行贷款的重要补充。通过表5-20中的数据,可以看出中国P2P在线借贷的发展情况。

表5-20　　2012—2017年P2P网贷公司数量和P2P网贷成交量

年份	P2P网贷公司数量(家)	借贷资金总量(亿元)
2012	298	212
2013	800	1058
2014	1575	2528
2015	2595	9823
2016	4624	20638
2017	5970	28049

数据来源:网贷之家2011—2017年P2P行业年度数据报告。

如表5-20所示,P2P网贷真正迸发是在2013年:P2P在线借贷公司的数量已从2012年的298家增加到800家,增幅超过2.5倍;借款资金总额从2012年的212亿元增加到1058亿元,增长近5倍。截至2017年,中国共有5970家P2P在线借贷公司,借款资金总额增加到2804.9亿元,规模巨大。

其次,众筹平台的发展情况。众筹是一种新颖的融资方式:融资人在互联网平台上发布融资项目,并提前预设好一定的融资目标,主要通过无偿募捐或者有偿融资的形式来募集资金。中国的众筹平台于2011年首次亮相。目前，中国的众筹平台主要包括天使、众筹、追梦、淘宝众筹和京东众筹。它的出现和发展为小微企业和个人投资者提供了良好的融资途径。

表5-21　　　　　　2011—2017年正常运营众筹平台数量和融资总量

年份	正常平台数量（家）	融资总量（亿元）
2013年及之前	48	3.35
2014	142	21
2015	283	114
2016	427	224
2017	209	220

数据来源：盈灿咨询。

如表5-21所示，众筹在2014年有了爆发式的发展：2014年正常运营的众筹平台跃升至142个，比2013年及以前增加了94个，增幅超过三倍；融资总额为114亿美元，是2013年及之前的27.65亿美元的6倍多。在2014年后的几年里，也都获得了良好的发展。截至2017年底，众筹总额超过580亿元。

（2）互联网金融贷款的快速增长影响了广西本地银行贷款业务

互联网金融的融资低门槛，不仅消除了消费贷款需求者的困扰，而且极大地缓解了中小微企业的融资窘境，因此，它与广西地方性商业银行的贷款业务形成竞争。以下通过表5-22广西地方性商业银行贷款数据的情况，结合前文介绍的互联网金融借贷主要业务模式的发展情况，分析广西地方性银行贷款业务在互联网金融发展中的影响。

表5-22　　　　　　2011—2017年广西地方性银行发放贷款总量及其增长率

年份	贷款额（亿元）	增长率（%）
2011	496	1.35
2012	688	38.56
2013	770	12.03
2014	940	22.04
2015	1182	25.72
2016	1598	35.23
2017	2008	25.67

数据来源：2012—2017年广西地方性银行官网公布的年报数据。

P2P网贷真正爆发是在2013年。通过表5-22可知，2013年之前，广西地方性商业银行的增速是一个急速上升的趋势，而到了2013—2016年，增速却是一个不断减慢的趋势，说明广西地方性商业银行贷款业务受到了P2P网贷的一定影响。

2013年广西地方性商业银行贷款的增速比2012年少了26.53%，2015年的增速相比2014年的增速少了3.68%。而众筹平台的爆发式增长是在2014年，由于影响有一定的延后性，所以 2015 年广西地方性商业银行贷款增速放缓更大，这种情况主要是由于众筹平台的爆炸性增长和 P2P 在线借贷的进一步发展。进入 2016 年，广西地方性商业银行贷款的增速比 2015 年的增速高 9.15%，下滑趋势得到遏制。这很大的原因可能是众筹平台进入了转型期，平台数量和融资总额都有所减少，发展放缓。虽然广西地方性商业银行贷款业务的增速下滑趋势得到缓解，但增速增加得并不明显，在 P2P 网贷及众筹规模依然庞大以及趋向更良性发展的趋势下，广西地方商业银行贷款业务的影响将是一个持续的状态。因此，广西地方商业银行必须开展业务创新。

2. 互联网货币资金的快速发展影响了广西地方商业银行的存款业务

（1）以余额宝为代表的互联网货币基金发展迅速

互联网货币基金实现了支付交易和资产增值的结合，并且比银行的监管体系宽松，所以发展得更自由。在此背景下，货币基金类产品得到发展，客户理财入门的门槛低，比如余额宝、零钱宝等，实现了客户在互联网上用小额资金就可以进行理财。截至 2017 年 7 月，全国有接近 630 个运营的货币基金平台，总规模约为 5 万多亿元。

在众多互联网货币基金中，与支付宝相关的余额宝是发展最快，规模最大的。如图 5-16 所示，截至 2017 年末，余额宝交易规模已突破 1.5 万亿元，比开始发展的 2013 年增加了 8.5 倍。

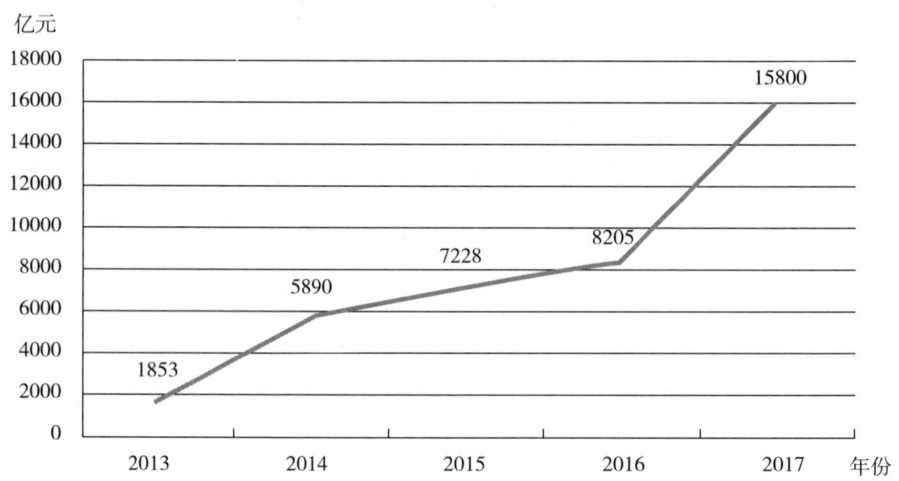

数据来源：2013—2017 年余额宝交易规模数据。

图 5-16 2013—2017 年余额宝发展规模

（2）以余额宝为代表的互联网货币资金影响广西地方商业银行的存款业务

货币资金总额是互联网金融存款资金规模的重要组成部分。余额宝这类基金投资的资产组合中的很大一部分是银行存款，安全性较高，而且具有创新性，主要体现为购买便捷、低门槛、日结收益、流动性高、随存随取。这些优势是广西地方性商业银行传统存款业务无法做到的，所以客户存款转移到互联网货币基金是必然趋势。

以下通过表 5-22 中广西地方性商业银行存款增速，以及互联网货币基金中占比最大的"领头羊"余额宝交易规模增速变化,解释互联网货币基金对广西地方商业银行存款业务的影响。

表 5-23　　广西地方性商业银行存款、余额宝交易规模增速情况

年份	广西地方性商业银行存款增速（%）	余额宝增速（%）
2010	17.93	—
2011	0.00	—
2012	12.90	—
2013	8.73	—
2014	6.11	217.86
2015	8.02	22.72
2016	11.08	13.52
2017	7.69	92.57

数据来源：广西地方性银行各年报整理数据、余额宝交易规模统计数据。

如表 5-23 数据显示,2013 年以前,广西地方性商业银行的存款增速在 10% 以上。此时,余额宝等互联网货币基金尚未爆发。2013—2014 年,广西本地商业银行存款增速迅速放缓,跌幅均在 10% 以下。而 2013 年余额宝爆发,并且到 2014 年第一季度增速达到了 192.12%。可以看出,余额宝等互联网货币基金的爆发对广西本地商业银行存款业务的发展产生了重大影响。2015—2016 年余额宝增速快速放缓,2016 年增速下降到了 13.52%,比 2014 年的增速减少了 200 多个百分点;此时,广西本地商业银行存款增长率较 2014 年上升近 5 个百分点。这说明广西地方性商业银行存款业务的发展和余额宝这类互联网货币基金的发展有着密切的关系。即使这段时间内广西地方性商业银行的存款增速有所上升,但是相比 2013 年之前 10% 以上的增速来说,还是一个下滑的态势。因此,余额宝等互联网货币基金的发展对广西本地商业银行存款业务的发展产生了影响。进入 2017 年,余额宝又进入了一个蓬勃发展的时期,增速达到了 92.57%;广西地方性商业银行存款增速在 2017 年则下降到 7.69%,比 2016 年少了 3.39%,可以看出余额宝的高速发展在很大程度上使广西地方性商业银行存款业务的发展速度变得缓慢下来。可以预见的是,在余额宝这类货币基金大规模扩张的情况下,互联网金融对于广西地方性商业银行存款业务的影响将进一步加剧,因此,广西地方商业银行必须进行业务创新,防止存款进一步转移。

3. 第三方互联网支付快速发展影响了广西本地商业银行的支付结算业务

(1) 第三方互联网支付正在迅速发展

以阿里的支付宝和腾讯的微信支付、财付通为代表的第三方互联网支付是第三方支付的子行业。第三方互联网支付和电子商务是一种共生关系。如表 5-24 所示,从 2012 年到 2016 年,第三方互联网支付的用户数和交易规模呈上升趋势。

表 5-24　　　　2012—2016 年第三方互联网支付行业用户和交易规模

年份	用户（亿）	交易规模（万亿元）
2012	2.21	3.66
2013	2.6	5.37
2014	3.04	8.08
2015	4.16	11.87
2016	4.75	19.13

数据来源：智研咨询。

（2）第三方互联网支付影响广西地方商业银行支付结算业务的发展

互联网金融中的第三方互联网支付，它取代了广西地方商业银行的网上银行支付功能。这使得广西地方商业银行无法收取传统的异地以及跨行转账支付的费用。它影响了广西本地商业银行的支付结算业务。2013 年，互联网金融的发展实现了质的和量的飞跃。根据图 5-17，第三方互联网支付的交易规模已经增长到 5 万亿元以上，并将持续到 2013 年之后的 2017 年。其交易规模增长了 45% 以上，第三方互联网支付行业蓬勃发展。

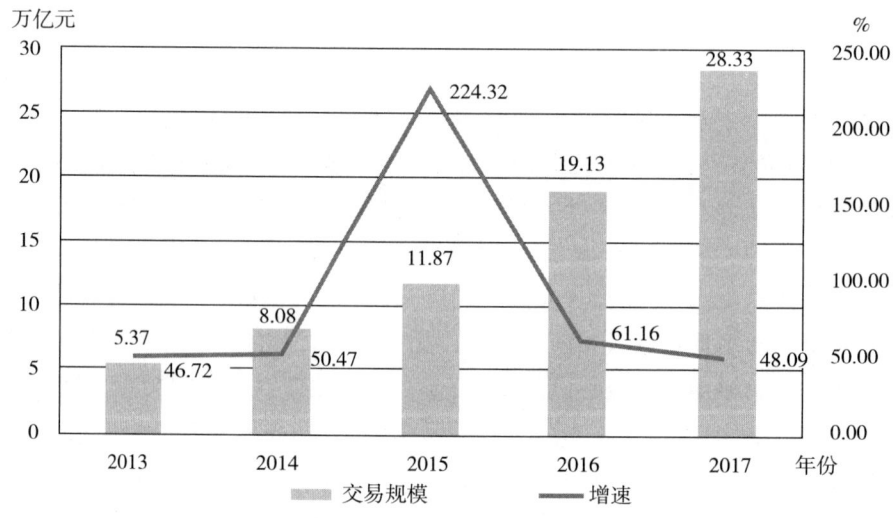

数据来源：智研咨询。

图 5-17　第三方互联网支付市场交易规模情况

以下是图 5-17 中第三方互联网支付市场交易量的情况，以及图 5-18 中广西本地商业银行的手续费和佣金净收入情况，分析第三方互联网支付快速发展对广西地方商业银行中间业务的影响。

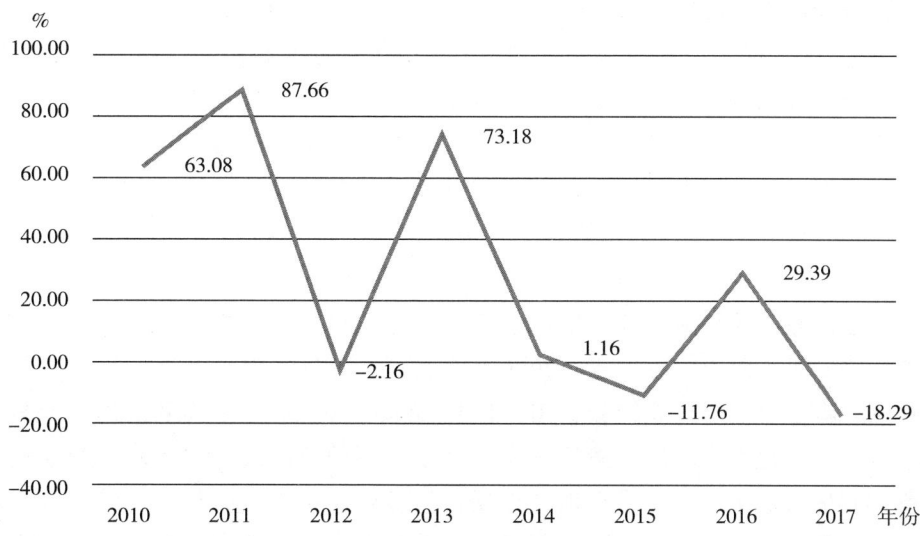

数据来源：广西地方性各银行年报。

图 5-18　2010—2017 年广西地方性商业银行手续费及佣金净收入的情况

从图 5-18 可以看出，广西本地商业银行的地方手续费和佣金净收入处于波动状态。2010 年与 2011 年手续费及佣金净收入比例迅速增长。截至 2012 年，广西地方商业银行手续费及佣金净收入首次出现负增长。增速从 2011 年的 87.66% 下降到 -2.16%，下降了 89.82%，结果表明，2012 年第三方互联网支付的快速发展对广西地方商业银行的中间业务产生了巨大影响。而在 2013 年以后，广西地方商业银行中间业务的收入相对比较慢。2017 年甚至为 -18.29%，表明广西地方商业银行的中间业务受到第三方互联网支付的影响。发展一年不如一年，进行业务创新迫在眉睫。

（三）广西地方商业银行风险

1. 信贷领域拓宽，信贷风险因子增加

根据国家发展和改革委员会网站，国家发展和改革委员会、教育部等 17 个部门联合发布了《关于大力发展实体经济，促进就业的积极稳定发展的指导意见》。《意见》指出，要大力发展实体经济，注重稳定和促进就业，更好地维护和改善民生。深化促进创新和创业，促进新市场参与者的就业吸收。针对经济社会发展的传统动能削弱和新动能培育和推动的需要，自治区党委和政府实施了创新驱动的发展战略，促进创新、有序、健康大力推进群众创业和创新，以调动微观主体的积极性、新势力和新动能来继续发挥力量，促使经济社会发展释放新的活力。2017 年，该地区新增市场实体 473700 个，比上年增长 13.2%，平均每天 1300 户。创新不断涌现，为新经济的增长提供强有力的技术支持。截至 2017 年底，每万人口发明专利数量为 3.81 件，比上年增长 27.0%。全年签订技术合同营业额 39.41 亿元，比上年增长 27.0%。随着 2017 年广西创业创新效果的显现，政府必将出台更加优惠的政策支持大众创业，北部湾银行、桂林银行、柳州银行在

支持创业创新的过程中将作为重要的资金提供者,将对加大区内的创业需求的资金供给。在创业创新的发展过程中,将会有许多风险因素对本地商业银行的信贷业务构成挑战。

(1) 房地产企业风险和房贷管理风险日益增加

近年来,房地产业快速发展的同时积累了巨大的风险,而银行信贷中房地产贷款及住房按揭贷款占比越来越大,房地产业在广西地方商业银行的投资计划中起着至关重要的作用。房地产行业素有经济发展"火车头"之称,房地产行业对其他行业,如制造业、建筑业、批发零售业均有或多或少的作用。创业创新潮流首先会推动房地产的兴盛。可以肯定的是,在创业创新潮流的推进过程中房地产将会以较高的速度发展。如何控制房地产业的贷款对广西地方商业银行来说非常重要。另外,房地产业将带来高回报,但承担相应的风险。房地产行业给银行带来的信贷风险有:房企风险和房贷管理风险。由于我国未来对待房地产方面的政策不确定,国家对不动产的管理以及地方政府的干扰对房地产业都有很大的影响,如果房地产出现销售障碍,那么对银行来说将会面临信贷风险。而在房贷管理方面,因为房地产属于资金密集型行业,资金数额巨大,如果在贷款管理方面做不到位,就会增大信贷风险。

(2) 客户信用级别信息不准确诱发信贷风险

由于"一带一路"的区位优势和实体经济的发展,广西为投资者带来了巨大的机遇。在创业创新进行过程中,将会不断涌进优秀的人才,而这些人由于生活的环境、教育水平、工作环境、个人的思想不同,对银行贷款而言,将会加大审批的难度。因为没有往年的数据作为对比,银行很难确定客户的信用级别,如果仅靠近段时间的数据,或者征信系统来了解借款人的资信情况可能不够全面。这往往就是引起信贷风险的关键因素。

(3) 服务的区域性导致信贷风险过于集中

当地商业银行本身具有浓厚的地方色彩,主要服务于当地经济。如北部湾银行服务于南宁市,在 77 个网点中,有半数以上是在南宁地区。这强烈的地方色彩在城镇化过程中会加剧其弊端的凸显:被动型、管理难、关联性大。因为北部湾银行的总部和半数网点是在诞生地,可以说南宁地区是北部湾银行得以生存和发展的土地,南宁地区的矿床对北部湾银行非常重要。一旦贷款方面与南宁地区的借款人不能达成共识,北部湾银行就显得很被动,在贷款管理的难度也会增大。尽管桂林银行、柳州银行正在努力跨区提供服务,但服务的区域还是相对集中的。

2. 政府干预导致当地银行信贷风险增加

近年来广西的基础设施建设发展非常迅猛,作为基础建设的重要资金提供方的广西的地方性银行面临着来自国内和国外的信贷风险。地方性商业银行在其发展过程中受到政府的影响是非常巨大的,推动经济结构调整和转型升级,是当前广西经济工作的战略重点。广西地方政府投身于基础设施建设,而由于广西特殊的地理位置,基础设施建设涵盖国内外地区,地方商业银行当然会成为融资和监管资金的重要渠道。由广西 2017 年统计年鉴了解到,2016 年广西基础建设投资共计 7988 亿元,而来自国内的贷款 1011 亿元，其中地方贷款938亿元。地方性商业银行主要服务于区域经济的特点决定了其必然会受到政府干扰，政府会将自身受到的压力转移到银行身上，由此会影响银行的战略判断，从而加大信贷风险。另一方面在政府积极推进项目促进投资的前提下，还可能出现这些投资项目的存在与实际诉求脱轨、规划不清的问题，后续建设会存在重复建设、总体过剩或者是项目承载性差的局面，最终使资金迟迟无法回收，造成信贷风险，这些问题将导致流动性风险，战略风险和更复杂的市场风险，这将使信贷风险更加严重。

3. 同业竞争压力引发信贷风险

广西落后的经济直接导致广西各行业人力资源缺乏，尤其是经济金融人才。对于中国经济和金融发展最发达的长江三角洲和珠江三角洲地区来说尤其如此。政府实施"引银入桂"战略后，上海浦东发展银行、招商银行、兴业银行、广发银行、中信银行、华夏银行、民生银行等股份制银行已进入广西设立分支机构。不仅争夺原有地方银行的市场和客户资源，也分流了广西地区原有的经济金融人才资源，使得广西地方商业银行的发展一直很困难。全国性股份制银行基于品牌、规模和实力、较为完善的管理机制以及有效的晋升和激励机制成为区内金融人才的心仪之地。全国股份制商业银行与广西的地方性商业银行相比，在工作、环境、压力、成长空间、待遇、管理模式方面都有很大的优势，也就成为区内外金融人才的第二选择。广西的地方性商业银行当前虽然壮大的势头猛烈，但是其规模与商业银行和全国性股份银行相比依旧天冠地屦。其规模小，影响范围小，服务对象主要是当地中小企业和个体工商户的特点是其在"引银入桂"战略中，在对外贸易快速发展的背景下，它面临着巨大的竞争压力，是造成信用风险的重要原因。而其风险集中表现为以下几点：

（1）同业竞争加大信贷风险

自"引银入桂"战略实施以来，全国知名的股份制银行纷纷进入广西，争夺广西地方的市场和客户资源。广西地方商行同质化，粗放化的发展模式，与精细化、个性化的全国性股份制银行相比处于劣势地位。广西地方商业银行的优质资源必然会受到其他银行的强力抢夺。在实体经济的服务下，广西信贷市场进一步扩大。而为了在竞争中稳固自己的地位，在广西的金融业中占有一席之地，广西地方商业银行会参与到"储蓄大战"和抢夺客户的竞争当中，但其在竞争中的优势并不大，就只能从放低贷款的标准、加大关联交易、进一步利用当地民族的区域情感以及以优惠利率和扩大授信额度来维持老客户等措施来扩大自己的竞争优势。由北部湾银行、桂林银行、柳州银行的年报可知这三家最大的贷款客户行业分布占比排前四有：批发和零售业、制造业、房地产业、建筑业。这就会引发很多的风险问题，贷款的质量不高，关联交易数额持续增大，贷款区域、行业集中化，这些都会加大其信贷风险。

（2）地方商业银行自身的管理问题导致信用风险增加

自"引银入桂"战略开展以来，众多国有商业银行分流了原本就缺乏的经济金融类专业的人力资源，地方商业银行规模小，范围小。资本不够雄厚、管理与激励机制的问题很难吸引到更多高素质的人才。对外的经济贸易快速发展，加上地方性商业银行因为自身的规模和不成熟的管理与激励机制，使人才缺乏的弊端更加凸显。缺乏人才给当地商业银行的业务带来了很多麻烦。贷前调查不细致，对抵押物估值过大，贷中执行不严格，对资产管理不到位，贷后监督力度不足等问题，甚至出现只贷不管，以贷谋私的情况，从而导致短借常用，此借彼用，企业信用评级过高等问题，最终加剧了信贷风险的产生。

4. 外国银行的冲击导致当地商业银行的风险增加

广西地方政府发布"广西投资促进三年行动计划"后，广西的投资促进力度明显增强。随着国务院《关于促进外资增长若干措施的通知》的发布，对外资进入国家的限制明显减少，外商投资规模将进一步扩大。外资进入广西后将为区内经济注入活力，也将会冲击广西地方性商业银行原有的发展模式，埋下新的信贷风险的种子。

（1）外资银行业务优势对当地商业银行的影响

国务院在《通知》里明确将放松对外资跨入金融业的准入限制，也就是说外资银行可以进入广西设立分行。海外的一些国家在金融方面的研究比国内的要更有深度，国外的银行发展时间比国内的更为长久，在管理和业务方面的经验更加丰富。外资银行参与到广西的金融体系中后，广西地方性商业银行将面临"吃剩饭"的问题。外资银行的中间业务成熟，外汇业务领先和金融创新能力很强，即使短时间内还无法抢夺国有大银行的市场份额，但是随着时间的推移，外资银行的业务被认可之后，广西的地方性商业银行的优质客户可能会选择业务能力更强，管理能力更好，盈利水平更高，服务更为完善的外资银行。此外，外资银行在人才培训和薪酬方面更具备优势。被外资银行"过滤"后留下的客户在信用或者偿债能力方面会存在或多或少的不足，地方性商业银行没有更多的选择，只能降放贷标准吃"剩饭"，加上人才的流失，地方性商业银行在风险识别计量检测控制方面可能不够到位，这将为广西地方商业银行"吃坏胃"奠定基础。

（2）信息不对称累积信贷风险

外资如果不是以外资银行的形式进入广西，它将会通过两个方面影响到广西地方性商业银行：一个是以外资入股银行，然后参与管理；另一个是设立企业。广西当地商业银行的前三大产业是批发零售业，制造业和房地产业。从广西统计局发布的广西利用外资分析来看，广西2017年实际利用外资达到50亿元。中外合资企业和外资企业主要以利用外资的方式使用，每个企业约占一半。在行业分布上外资注入制造业的额度占实际利用外资总额的71%，这与广西地方性商业银行贷款的投放方向有所契合。随着企业数量的增加，贷款需求也随着增加。一般来说，外资企业都具有较高的信誉和良好的还款能力，成为银行争相夺取的"优质客户"，加上为了引进外资，当地政府还允诺诸多好处，外资企业可能会利用银行间的竞争和政府迫切引进外资的态度为自己谋好处。外资企业可能提出提高授信额度、信用贷款和降低贷款利率等要求，地方性商业银行因为与地方政府特殊的联系，在决策上会受到地方政府的干扰，加上其本身在同业竞争中处于劣势地位而盼望政府在其中牵桥搭线，最终选择妥协。由于外企一般都具有跨国背景，广西地方性商业银行在审查过程中很难了解到详细的信息，对外企的基本情况、贷款可能带来的风险了解不清、对外企的财务状况没有诸多的参考,从而很难估计其授信情况。加上广西地方性商业银行本身的风险控制制度就不完善,综合性人才的缺乏,最终干扰到银行的判断,这将导致信用额度过高而无法超过可控风险,因为信息不对称会导致道德风险和逆向选择,银行也面临资金难以回收的风险。

5. 旅游业发展的不确定性激发信贷风险

服务实体经济作为出发点和落脚点,进一步聚焦国家"一带一路"倡议下,广西与东盟的人文交流进入新的发展阶段,直接推动了广西交通运输业、旅游业和教育业的发展,其中旅游业发展最为突出。2017年,广西旅游共接待海外游客5124400人次(其中包括来自东盟国家的145万人次)。境外游客消费达到144.8亿元,2013年该数据为391.54万元和96.1亿元。旅游业在此刺激下发展迅速,在广西754个旅行社中桂林地区内的旅行社有267家,排行区内第一。根据广西最新的旅游业规划可知,广西旅游业到2020年国际旅游消费的总目标是152亿元,设立35条国际航线,利用发挥桂林景区的招牌,建造大旅游圈,以桂林国际旅游胜地带动广西旅游业前行,建设更为完善的旅游产业体系。当前很多区内的旅行社与东盟国家的旅行社建立合作关系,并将业务拓展境外。作为广西区内的地方性商业银行在广西旅游业有着不可推卸的责任。当前广西地方性商业银行累计为旅游业提供近20亿元的贷款,为广西旅游的发展注入新的活力,在这种良好的发展势头下,广西地方性商业银行将会看好旅游业,并继续加大贷款金额,但是区内入境游客主要来源于东盟各国,而中国在南海问题与东盟部分国家存在争议,政治环境并不安定稳固,一旦发生争端,对广西旅游业尤其是将业务方向面向东盟的旅游公司来说将会蒙受很大的损失,因此,当地商业银行将产生信用风险。

6. "三农"项目的高风险增加了信贷风险

广西积极实施中央农村第一、二、三产业整合发展项目,以此增强农村发展活力,促进农民收入持续快速增长。积极探索和发展各类农村产业整合方式,培育多元一体化实体,建立多形式的利益共享机制和实施机制。扩大产业链,提升价值链,拓宽增收链,走上实施农村一二三产业整合发展项目的新路子,开创了新格局。同时,广西将鼓励和支持银行业金融机构在县内设立分支机构和营业网点,增加小微以及"三农"的特许经营权。鼓励金融机构在县内建立村镇银行,加大空白县域的发展。2017年,县级"三农"金融服务室数量增长30%以上,到2020年实现行政村全覆盖。在加大县域信用力度方面,突出"三农",产业转型升级,中小企业发展,人民生活保障等重点。重点发展县级特定城镇,工业园区,农业示范区和旅游项目,加快金融业务和产品创新。随着农业、农村和农民新格局的形成,地方商业银行对"三农"的支持不可或缺。商业银行加大信贷投放力度就会增长其自身的不良贷款的不稳定性,就会产生更多的信贷风险。

7. 小微贷款积累信贷风险

"互联网+企业家创新"倡议是国务院《关于积极推进"互联网+"行动的指导意见》中提出的重点。而中小微企业是"互联网+创业创新"的主力军,是国家经济包容性增长的必要条件,是保持国民经济平稳较快发展的重要基础,是人民生活和社会稳定的重大战略任务。截至 2017 年底,广西小微企业贷款余额 4453.52 亿元,同比增长 17.81%,与同期各类贷款增速相比,增幅为 5.28 个百分点。广西小额贷款额度为 65 亿元,已经使用 50 亿元,余额同比增长 31.58%,利用率高达 76.92%。自支小贷款开办以来,累计发放 23 笔,共计 140 亿元,有效提升了金融机构的资金实力,至少带动金融机构扩大 210 亿元的小额信贷投入,为实体经济注入资金。随着小微企业数量迅猛增长,其对贷款需求增大,金融机构的贷款投放也将增大。由于小微企业的经营状况难以稳定,其中有部分行业的利润率过于低下,难以达到银行放贷的要求,而政府要求降低小微企业的融资成本,银行将增加坏账的可能性,这将导致信用风险。

四、广西银行业务创新理念

(一)资产业务创新

1. 优化贷款结构

商业银行将贷款用于不同目的,将贷款业务分为投资贷款、工商业贷款以及消费和房地产贷款。广西的商业银行可以根据自身的地域优势开发有针对性的个人与企业的贷款服务,调整贷款结构,加重对小微及其他企业的服务,降低个人与企业贷款的比重差距。通过创新不同领域的贷款业务,提供更多形式的贷款,惠及更多的借款人,不仅是为广西经济,同时也能够为广西北部湾经济区的开放和中国—东盟自由贸易区的建设服务。

2. 传统贷款业务与"互联网+"融合

在传统业务的基础上可以打造网点、自助设备、农村金融服务室、移动终端、互联网金融平台为一体的金融服务网络。打造服务客户的移动化支付钱包、金融超市。不断打造品牌相关系列金融产品,提升智慧金融、科教金融、国际金融、县域金融及保全金融等特色金融品牌。围绕与生活相关的"医、食、住、行、游"等场景,加强与支付宝、微信等网络支付端合作,加强与金融科技公司合作,提升大数据的收集、共享、研究、利用水平,这样可以优化流程并扩展服务范围,从而有效改善客户的金融服务体验。

3. 制定新产品的营销机制

商业银行通过开展需求分析以及产品开发工作,做好用户测试,开展试点营销等行为,以使营销方案更具有特色性,同时做好信息的沟通以及反馈,转变服务方式,使被动的服务方式转向主动;设立自身特色的品牌策略,吸引更多不同层次的客户。商业银行在开展市场营销活动的时候,不仅是传统的线下营销,也应该开展线上营销渠道,树立品牌意识,提供个性化的服务。

4. 进行差异化特色发展

广西的地方商业银行想要在激烈的竞争中争取优质客户,减少次级客户以减少信贷风险,必须要进行差异化特色发展。广西地方商业银行的存贷款利率高于国有银行和国有股份制银行，因此在贷款业务中处于劣势。而这时，银行就必须进行差异化定价，首先要将市场和客户细分，然后优质的客户和次级的客户、发展速度和盈利能力不同的行业，在全面分析借款企业的经营状况，还款能力和信用评级后，晋升使用对产品定价浮动权，确保定价不偏离现实，然后针对不同级别的客户采取不同的定价。在存款方面也不能"一刀切"，根据地区的不同，同地区的存款压力的不同，确定存款利率，在保证满足客户的期望的同时降低利息成本。其次是产品和服务的差异化，将客户的需求细分，按照不同的功能和需求进行不同程度的服务。最后的经营重心差异化，要学会利用其本身的灵便性，根据每个地区的行业发展、政府的支持方向以及当地人民生活习惯划分，将营业的业务进行差异化发展，力争最大限度地迎合当地的经济发展。在市场需求中，政策方向发生转变需要迅速调整自己的经营方向，最早最快地选择最优的客户。

（二）负债业务创新

1. 以客户需求为中心，开发新产品

在原有的存款产品基础上，开发流动性高、收益率高、稳健性高的新型存款产品，根据不同的风险承受能力或不同的投资偏好，公司分配不同期限，风险加权比例和投资渠道的债务产品。同时，充分利用互联网，结合网点体验式营销，开展网络营销，提高在线办理业务效率，减少客户奔波、等待时间，及时高效地满足客户需求。提高客户服务水平，扩大银行负债来源。在商业银行存款产品趋于同质化的情况下，加强有针对性的客户服务创新是有效扩大负债规模，调整债务结构的重要突破。为了改变服务心态，增加客户自助业务的在线渠道，扩大信息咨询服务的种类，可以在激烈的市场竞争中做大做强银行债务业务。

2. 加速债务产品的创新，挖掘客户的潜在需求

金融产品的销售越来越受到银行的重视，各种金融理财产品也在不断涌现。财富管理产品市场的快速扩张对银行优化债务结构和推广创新金融产品产生了积极影响。然而，在财富管理产品市场快速扩张的背后，更关键的是财富管理产品的不断创新。银行应更加注重挖掘客户的潜在需求，加快特定类型客户的产品创新，以避免债务风险，促进债务结构的合理转变，同时扩大负债规模。

（三）中间业务创新

1. 加快业务转型，向国有商业银行和股份制商业银行靠拢

地方商业银行的中间业务发展跟不上国有商业银行、股份制商业银行的步伐，需要转换经营机制，积极向国有商业银行、股份制商业银行的方向转变经营策略，大力拓展中间业务，寻找新的利润增长点。地方商业银行应以中间业务为主要业务，通过调整业务结构和客户结构，创造新的盈利模式。同时，建立功能齐全、效率高、通用性强的中间业务平台，为中间业务的拓展提供更快、更好、更强的技术支持，逐步提高自身的自主创新能力。此外，我们必须树立自己的品牌意识，创造具有自身特色的品牌力量，扩

大未来的市场空间，提升其整体价值。

2. 大力拓展新业务领域，增加市场份额

鉴于广西商业银行业务种类繁多，同质化程度较低，竞争程度较低，有必要明确商业银行的商业市场定位，提高其市场研究能力；注重市场细分和客户分层，加快新产品开发步伐；我们必须大胆创新，转变思维，把握转型，抓住创新，重点发展创新、高科技、高附加值、低占有率的中间业务产品。增加业务产品的服务功能。同时，设计全新的产品体系，要尝试别的银行所没有的或不敢尝试的业务领域，加大业务范围。此外，加快建立与经济发展水平相适应的整体营销机制，增加金融产品的营销力度。目前，广西地方商业银行应重点推进财富管理业务，保险代理，银行卡，信托产品，银行间和基金结算服务。我们将在收集和支付服务方面做得更好，并通过综合服务平台和互联网的优势进一步扩展我们的业务领域。

3. 推动中间业务发展电子平台建设

现代金融业务创新是银行业中间业务发展的趋势。商业银行业务与技术密切相关。需要加快现代信息技术的发展和商业银行电子平台建设的步伐，这必将有利于商业银行增加业务创新的供给。它可以大大降低商业银行的金融交易成本，优化资源配置，不断拓展业务领域，扩大商业银行的利润来源。

五、广西地方商业银行创新对策

（一）改变传统业务概念，加强传统业务转型

互联网金融的便利性是互联网金融的突出优势。因此，广西地方性商业银行应在传统经营理念方面进行改变，用互联网化的思维加强对传统业务的改造。首先，在对传统贷款业务进行改造时，广西地方性商业银行可开通多渠道线上融资形式，所有贷款流程都可在网上进行操作，并在满足规则的前提下减少贷款审批流程，节省客户融资的时间成本。其次，在对传统存款业务进行改造时，要注重一些流程的电子化、快捷性，比如开通 ATM 刷脸存取款功能，解决客户排队难、密码忘记而带来的不便。最后，在对传统中间业务进行改造时，广西地方性商业银行的网上银行支付 APP 可开通声音付款、刷脸付的方式，通过消除输入密码的烦琐步骤，节省了客户的时间。

（二）加强与企业的合作，拓宽互联网金融发展的渠道

广西地方商业银行业务种类多，资金充裕，具有小型互联网金融平台无法比拟的规模优势和资产优势。同时，广西地方性商业银行内部的内控机制相对完善，外部有银监会和央行的有效监管，因此风险控制能力较强。在业务创新的过程中，广西地方性商业银行要充分利用自身优势，以积极主动的姿态，加强与企业的合作，拓宽发展互联网金融的渠道。

1. 加强和电商平台合作，增加业务创新的渠道

电子商务平台一般拥有广泛的客户基础，通过客户消费记录可以实时了解客户的金融服务需求情况，电商平台会有商家进驻，可以掌握与其合作的众多中小微企业和商家的信用及销售情况等数据。双方合作的话，广西地方性商业银行可以利用电商平台记录的大数据获取良好的营销分析，以便提供针对性强力的金融产品和服务；并且开展合作的话，业务基本都是在线上操作，节约了时间和人力成本。广西地方性商业银行应充分利用自身信贷资源丰富、支付结算业务体系完善和风险控制系统完善的优势，积极配合电子商务平台，实现资源的共同利用。

2. 加强与互联网公司的技术合作，增加业务创新的载体

互联网金融正在兴起，广西地方商业银行的传统业务迫切需要利用互联网技术进行创新，以摆脱缩小传播的弊端。因此，广西地方性商业银行可以通过加强和互联网公司的合作，一方面可以获取先进的技术自身进行产品开发和服务创新；另一方面也可以通过双方让互联网公司的技术人员参与到产品研发中，不仅可以节约聘用技术人员的成本，它还有助于开发更个性化的产品。

（三）完善线上银行和线下网点设施的构建，增强金融服务的普惠力度

1. 重视基层网点的智能化建设，增加线下金融服务便捷性的普惠力度

近年来，互联网金融受到大众欢迎的原因之一在于它的普惠性，重视金融的平等性与大众化参与度，由于没有传统的银行业务，因此对客户的选择有很多限制。因此，广西地方商业银行应对互联网金融影响的重要对策是关注包容性金融的发展。目前，广西地方性商业银行几乎在各个县市都设置有分支机构，网点覆盖面广，构成了连接城乡的地理优势，线下普惠金融力度较大。但是依据切身体验来看，广西地方性商业银行许多县域基层网点缺乏智能化建设，经常可以看到客户排长队的情况。因此，广西地方商业银行应加大对基层网点智能化建设的投入，完善基层网点的金融基础设施建设。让各行各业的客户享受到更便捷，高效的服务。比如，可以在基层网点引入"超级柜台"这类电子自助设备，实行智能化服务新模式，加速电子化的业务发展来改变银行柜面业务流程烦琐的问题，从而吸引更多的客户。同时，考虑到乡镇客户文化程度不高的情况，银行网点应积极配备相关人员在设备旁边进行指导使用智能化设备，帮助客户更好地办理业务。再如，在基层银行网点应配置免费 WiFi 服务，并给出明显的引导标志，为客户办理业务智能化提供便利，实现办理业务的方式从纸质向电子化转变。

2. 建立直接银行模式，以加强金融服务的在线包容性工作

加大线下网点智能化建设投入的同时，广西地方性商业银行也要加强线上银行的建设，进一步增强金融服务的普惠力度。直接银行是一种网上银行模式。广西地方商业银行可以通过建立直接银行模式来增强在线金融的包容性。

对于银行而言，最广泛的客户基础还是来源于数额庞大的小微企业以及个人客户。广西地方性商业银行建立直销银行时，应把目标群体放在传统银行比较忽视的小微企业和个人客户上,以此进一步扩大客户基础。同时,直销银行的建立也可以结合特色化产业来构建。比如可以水产资源为特色构建直销银行,通过线上银行服务便捷的优势和线下水产资源丰富的有效整合,这个时候直销银行就可以以特色化吸引更多有投资水产资源需求的企业和有消费水产资源需求的客户进行使用,扩大客户基础。

(四)结合自身市场定位和优势进行特色化经营

商业银行应当进行深入广泛的市场调查,分析中间业务品种类型的供求状况,及时了解客户的反馈信息,结合当地经济情况挖掘未深度开发的市场。依据自身的规模与实力,树立开展中间业务的战略目标,加强中间业务品种的创新能力,改变现阶段中间业务主要是劳动密集型业务的状况,创新低成本、高收益的技术型企业,并采取适当的营销策略。明确自身优势进行特色化经营,尽量避免产品同质化现象,争取在某一中间业务类型上做大做强,不断改进,逐步形成自己的品牌优势,打造自己无法复制的核心竞争力。在坚持以当地经济,中小企业和城乡居民为服务对象的同时,北部湾、桂林、柳州这三家银行必须努力"做好",而不是盲目"做大"。利用自身所处的毗邻东盟各国的地域优势,丰富中间业务品种类型,加大资金投入打造特色品牌,积极拓展国际业务,积极开发东盟客户,利用处于边境优势增设营业网点,大力发展边境贸易结算、结售汇和东南亚旅游信用卡,灵活扩展承诺和中间业务,如资产证券化。

(五)重点培育"零售银行+金融科技"的发展模式

随着信息技术和技术社会的迅速发展,技术创新不断改变着人们日常生活的方方面面。人们的消费需求、行为习惯、生活体验都朝着更加高效便捷的方向走去。零售银行开始抓住机遇,结合金融科技,为客户带去更美妙的金融体验和更高效的金融服务。与此同时,传统的银行业遇到互联网科技企业,如京东、阿里巴巴、腾讯、百度等新对手,这些公司凭借着在技术、金融监管、组织形式和管理理念方面存在的优势,对传统银行薄弱的业务发动攻击,快速建立新的业务领域并继续影响银行的业绩。此外,国有银行开始与互联网金融巨头合作,如与中国银行建立联合金融和金融实验室;农行与百度一起共建智能银行;工行与京东合作,全面启动金融业务合作;建行与阿里一起打通信用体系。

1. 充分利用个人数据进行精准营销

传统银行与互联网跨界企业相比,拥有的优势之一就是掌握着丰富的客户资源,客户的资信情况是传统银行展开零售银行业务的重要法宝。在全球管理咨询和技术服务领域有着杰出表现的埃森哲公司,在对来自全球各地的客户进行了详细的调查后,认为一家可以长远发展的银行除了具备维持银行自身的传统价值和观念的特质外,它还应提供满足客户需求的数字体验。该公司还发现客户希望在个人信息安全保密的前提下,能为银行提供更多的个人信息,以便获得银行更具有针对性的个性化服务。

2. 开发可与技术金融机构进行比较的在线服务产品

对于作为移动智能终端受众最广泛的群体——年轻一代人来说，手机银行所提供的金融服务，已基本上能够替代传统银行的角色。阿里巴巴，京东和苏宁等科技巨头的崛起应引起银行的警惕。因为它们并不致力于成为一家真正的银行，而是希望通过"蚂蚁金服""京东白条""苏宁金融"等"微银行"的平台服务，来吸引更多的客户。通过线上操作，为客户省去了网点渠道的麻烦。虽然这类互联网金融机构没有具备金融牌照，但还是有使银行丧失非常宝贵的支付数据控制权的可能。尽管这类互联网金融企业对银行业务造成了不小的冲击，但由于这些新兴企业在客户信息和个人隐私方面的声望不及传统商业银行，因此，传统商业银行应该利用这一点进行精准营销。此外，商业银行还应采用"在线+离线"商业模式来更新现有的零售银行销售渠道。开发新的线上产品，利用科技创新为客户提供定制化和个性化的金融产品，尽量满足客户在时间和空间上的需求，为客户带来持续不断的即时体验和优质服务。

3. 重点发展智能投顾业务

见证了智能投顾业务在财富管理行业获得的巨大成功后，越来越多的人开始逐步接受甚至信赖智能投顾，因为他们觉得人工智能对数据的分析处理会比人脑分析更可靠、客观。其中，年轻一代和中、高净值客户被智能投顾的快速反应能力和相对更实惠的资费选择深深吸引，因此也更信赖和看好智能投顾业务。

4. 部分领域应当保留物理渠道和人工服务

银行必须意识到，即使是年轻客户，智能手机银行金融服务也无法完全取代传统服务网点。对于某些零售业务来说，人工渠道所提供的即时服务，对于问题的解决是智能化银行渠道和服务远远不能相比的。成功的零售银行应该是全方位、多渠道的营销模式，不能完全地用数字化服务替代传统的物理渠道和人工服务，两者应结合起来，以实现在线和离线服务之间的无缝连接。

（六）建立健全现代银行组织管理体系

1. 建立和完善现代银行的管理和组织机构

商业银行滋生信贷风险的根源在于没有建立和完善现代银行的管理和组织机构，目前广西银行组织结构是传统的总分行结构，该组织的设计也符合现代管理的要求。但是在实际运行上，股东会对董事的经营决策进行干扰，董事有时可以做出超出自身权利的决定，而监事会却无法真正监督董事。广西商业银行的大股东里有半数以上是有国企或央企背景，因此政府通过股东就能干预银行的决定。因此，商业银行应进一步规范股东大会，监事会，董事会，高级管理人员的审议制度和决策程序，明确各方的权利和义务，特别是以监事会为核心的监督制度。如此才能逐步降低政府对银行的影响。

2. 建立完善的人才管理制度

广西商业银行缺乏专业能力强，综合素质高的经济金融人才。而导致这个问题的原因主要有三个，一是广西专业性很高的高等财经类院校很少，地区经济金融类人力资源匮乏。二是广西金融业不发达，人才外流。三是在人才竞争和培养方面不占优势，导致优秀人才纷纷跳槽。而北部湾银行要应对信贷风险，必须建立完善的人才管理制度，才能招得到人才，留得住人才。首先要改变当前的"有关系者上"和"有上没有下"的晋升制度，应通过多渠道进行考核，在公平公正公开的基础上采用"达者为先，优者先上"的晋升制度。而在人才培养方面则是采取专业化针对性训练和培养等措施提升员工专业能力，并进一步主动招聘国内外风险管理行业精英，从员工中抽选优秀人才进行综合培训作为管理干部储备，从而建立一支技术够硬、能力够强、综合型的风险控制团队。其次，逐步推进全行信贷管理人员推行专业等级制和升级鼓励制度，从而建设更专业的信贷队伍。

3. 坚定自身的市场定位，加强创新

市场定位是银行的路灯，这与银行的生存有关。广西商业银行的战略定位是"立足广西，面向东盟"，但广西地方商业银行在经营过程中面临着国有商业银行和股份制银行。即使外资银行的激烈竞争也是广西商业银行面临的主要信贷风险来源之一。而为了从根本上应对风险，必须加强金融创新，主动优化金融供给，不断满足新时代金融消费者新需求，争夺优质客户，减少信贷风险的产生。

（七）完善地方银行，共同提高竞争力

广西的三家地方性商业银行因为规模小，影响范围小，从而影响其业务的发展，在同业竞争中处于劣势地位，北部湾银行、柳州银行和桂林银行不论在市场定位上，影响范围还是业务经营上都不冲突，如果三家银行联合起来，将整合成一个影响力较大的银行，那么它就扩大总资本接近 5000 亿元，在广西范围内鲜有对手，结合起来以后，可以减少略有重复的经营网点减少经营成本，拥有强大的资产总额也就意味着应对风险的能力更强一些，也有更多用于风险监控的资金，人才培养方面的资金也更加充足，盈利能力也随之上升，在跨区域发展和参与区内竞争中都能拥有较大的优势，从而抢占更多的优质客户、占领更大的优质市场，从而大大减少信贷风险。

（八）完善风险管理机制，提高创新业务的安全水平

1. 促进产品安全技术的改进，加强业务系统的安全性

互联网的发展，不仅让金融的互联网化有了载体，也给了不法分子实行金融违法犯罪的工具，给银行和客户的资金安全造成威胁。因此，广西地方性商业银行在进行业务创新时，也要加强对产品安全技术的投入，注意使用完善化的互联网技术，坚决严格遵守金融产品进入市场的标准，维护客户的合法权益。一方面，广西地方性商业银行加强业务系统的安保工作，可以在创新的金融产品中融入相关的安全技术。比如可以以快捷K码、便携K令、安全K宝为技术基础，在智能化金融平台上设立3K移动支付体系，合理满足客户快速，安全的移动财务需求。另一方面，广西地方性商业银行可以通过利用技术进行创新，促进业务流程的简化，降低风险的发生。例如，广西本地商业银行可

以利用先进的智能识别和无纸化办公技术，实现柜台业务的电子交易系统。实现业务流程和管理的电子化，以减少潜在的风险。

2. 加强风险组织体系建设，提高抵御风险的能力

银行内部员工都是直接接触金融产品以及客户信息的人，因此增强内控机制十分重要。广西地方商业银行应加快风险管理体系有效建设的完善，提高抵御风险的能力。一方面，广西地方性商业银行的管理层要制定完善的关于业务创新风险防范的政策，并组织员工进行学习，从制度层面，加强银行员工的风险意识，防范内部员工的一些风险行为。另一方面，银行应引进管理金融风险的技术人才，加强安全技术的研发，提高抵御风险的能力。

3. 加强完善监管法规

中央银行需要建立一套完整的商业银行业务创新法律程序，制定统一的银行交易管理标准，使银行交易的整个过程具有相应的法律依据。监管法规必须稳定，持续和透明，以确保受监管实体产生明确的长期创新预期，不会抑制其创新动力，并增加其创新成本。提高监管水平和效率，建立务实高效的监管体系。要进一步加强基层监管部门与商业银行之间的信息沟通，及时掌握市场信息。同时，商业银行要根据自身建立有关于风险的管理和交易的咨询机制，使得银行的各项业务交易都具备风险防范的举措，在确保客户安全的同时也能确保银行自身的安全。

4. 扩大服务范围，削弱地方性风险和行业风险

当地商业银行的发展非常本地化，主要是因为它依赖于当地政府和当地人民在发展过程中的支持。为了削弱广西商业银行承担的信贷风险，商业银行未来需要将业务扩展，将资金合理分配到其他行业和其他地区。将自己的影响力覆盖到广西各地区，分散过于集中的贷款，各个地区对于本地区的资源各有其倾向，因而行业发展的优惠政策也有所倾向。商业银行向各地区的贷款利差有利于地方政府分散和削弱地方风险。

5. 稳固客户群体

一个稳定的客户群体对于银行来说至关重要。银行要避免自己原有的客户群体流失。原有的客户群体是银行赖以生存的根本，必须要时常加强和这一基本群体的交流沟通，找出他们对银行的意见，改正自身的不足之处，努力巩固好这一群体。对于一些新兴的客户群体，银行要密切关注，积极掌握他们的需求动态，可以利用互联网等平台扩大对信贷对象的评估，专注于向信誉良好的公司或个人提供贷款，并考虑风险因素，为客户定价贷款。对于信用评级较高的客户，他们可以优惠利率贷款，而对于信用评级较低的客户，就采取较高的利率进行放贷，这样可以最大限度地降低风险，提高效率。

6. 健全中间业务的风险管理机制

银行业是一个高风险行业。新的中间业务已经出现，形成了或有资产。为促进中间业务的发展，央行必须不断加强金融监管。商业银行不仅要大力拓展中间业务，还要增强风险意识。在风险预警方面，中间业务风险权数进行划分。中间业务应根据不同的风险权重划分低风险和高风险业务，并采取相应的对策；在风险约束方面，有必要制定一套有效的管理方法和内部控制制度,并分开运作和监督。加强审计职能,形成自律,严格的监督机制,实现稳定的经营目标。

参考文献

[1] 国家统计局.2018年国民经济和社会发展统计公报[R].国家统计局网站,2019.

[2] 中国人民银行.2018年金融市场运行情况[N].中国人民银行网,2019.

[3] 佚名.2018年金融统计数据出炉12月末M_2增速8.1%[N].中国金融新闻网,2019.

[4] 李国辉.2018年第四季度货币政策执行报告解读 全面准确理解稳健货币政策内涵[N].金融时报,2019.

[5] 普益标准.2018年上半年中国城市商业银行排行[N].财富投资新时代,2019.

[6] 何婉祯.互联网金融发展对金融抑制的影响[D].浙江大学.2017.

[7] 苏漫.互联网金融对我国商业银行主营业务及效益影响的实证研究[D].杭州电子科技大学.2015.

[8] 宋华,廖娟娟.浅析第三方支付机构与商业银行的竞合关系[J].吉林工商学院学报,2017(33):62-66.

[9] 陆岷峰,陆顺."互联网+"下的商业银行模式[J].市场观察,2016:61-63.

[10] 史济辉,胡滨,李婕."互联网+"商业银行个人理财业务创新发展探析[A].信合金融,2017(4):85-86.

[11] 银监会.银保监会发布2018年银行业四季度主要监管指标数据[N].中国人民银行网站,2019.

[12] 徐海昆,赵鹏.商业银行资产经营现状分析及策略[J].招商银行,2010.

[13] 魏雯.我国商业银行资产业务创新及其分析[R].西北大学,2010.

[14] 高明.浅谈基层商业银行的资产业务创新[J].经济师,1997.

[15] 梁荣栋,周磊.国有大型商业银行发展现状及信用风险展望[J].债券,2018.

[16] 王轶昕,程索奥."穿透式"监管背景下商业银行资产管理业务转型发展研究[J].改革与战略,2018.

[17] 杨海燕.我国商业银行主动负债业务发展探索[J].经济纵横,2007.

[18] 毛怡萱.大数据环境下商业银行小微贷业务创新研究[J].金融天地,2018.

[19] 谢剑芸.第三方支付对商业银行传统业务的影响及对策研究[J].同济大学,2018.

[20] 李艳.对国有商业银行业务创新的思考[J].时代金额,2017.

［21］余琼花．对新形势下我国商业银行中间业务创新与发展的思考［J］．财经论坛，2017．

［22］徐卓．关于对我国商业银行金融业务创新的分析［J］．时代金融，2017．

［23］王亚辉．"互联网＋"背景下商业银行业务创新发展问题研究［A］．金融理论与实践，2015（12）：65－69．

［24］董俊峰．银行业互联网金融蝶变［J］．清华金融评论，2016：99－101．

［25］高思敏．互联网货币基金对商业银行盈利能力影响的研究［D］．浙江大学，2017．

［26］郑薛蓉．第三方支付对上市商业银行中间业务的影响研究［D］．山西财经大学，2017．

［27］马文捷．服务实体经济视角下我国商业银行普惠金融风险防范研究［J］．现代金融，2017（39）．

［28］张晨龙．商业银行小微企业贷款业务与风险控制研究［D］．山东农业大学，2014．

［29］刘云．商业银行信贷风险及对策分析［J］．时代金融，2018（4）．

［30］新常态下商业银行信贷风险及管理措施［J］．中国国际财经，2018（4）．

［31］陈丹．供给侧改革背景下我国商业银行信贷风险的防控［J］．产业与科技论坛，2018（3）．

［32］孙伟超．商业银行信贷资产风险及防范措施［J］．经贸实践，2018（2）．

［33］朱世明．浅谈商业银行信贷风险防范［J］．财经界，2018（2）．

［34］叶香．经济下行期我国商业银行信贷风险管理研究［D］．江西财经大学，2018（1）．

（执笔人：陈超惠）

6. 广西小额联保贷款信用风险报告

党的十八大以来，习近平总书记在中央多次重要会议上、在深入各地的调研考察中，强调了坚持"三农"工作重中之重的地位，深化农村改革需要多要素联动。农村金融改革是"三农"工作的重点，是把握"金融服务实体经济"的本质要求，坚持市场化发展和政策支持有机结合，通过深化改革，将加快健全开放包容、适度竞争、鼓励创新、风险可控的农村金融体系。

随着我国改革开放取得的伟大成功，我国的工业和制造业已经跃居世界第一，工业部门的生产效率提升飞速，而与此同时，我国的农业由于受到自然环境和人均农业用地较低的客观因素影响，农业生产效率提升缓慢，我国的农业部门的融资正经历"金融抑制"，农村和农民普遍难以获得支持农业生产的金融贷款，这种现象在广西尤为突出。根据2018年广西壮族自治区第三次全国农业普查数据显示，广西的农村户口人数为1246.95万人，规模农业经营户农业生产经营人员为31.12万人，广西农村居民家庭生产性固定资产长期低于全国平均水平，这从侧面可以看出广西农业农村出现了"金融抑制"的现象。同时广西不仅是我国的西部欠发达地区，也是贫困人口大省，2017年底，广西壮族自治区有建档立卡贫困人口267万人、贫困村3001个、贫困县43个未脱贫摘帽，广西的扶贫工作艰巨，离我国实现2020年全面消除贫困的宏伟目标还有较大的差距。广西农村农业发展缓慢，农民生活不够富裕的主要原因是，农村地区的金融融资相对过小，而造成这种现象的原因是金融机构对农村金融的风险认识片面，只看到风险，没看到机遇。

农村小额贷款从20世纪70年代在孟加拉国农村贫困地区运行的联保贷款取得成功以后，被世界各国纷纷复制，我国在20世纪90年代末引入农村小额联保贷款业务。随着党和政府对"三农"问题的重视及"普惠金融"政策的推广，农村小额联保贷款在全国大部分范围内推广，已经成为我国"金融扶贫"的一大法宝。2015—2017年，我国P2P民间融资平台不断出现了爆雷的现象，信用风险出现增大的迹象。目前在我国经济运行转入平稳运行和"稳金融"的背景下，防范化解农村信贷出现重大风险是农村金融工作的重要任务。随着我国小额联保贷款的深入推广，农村信贷余额不断增大，信用风险也在不断增大，小额联保贷款的信用风险分析和管理将有利于稳定农村金融工作，进一步提高农村金融服务农业实体经济、满足农村地区经济社会发展和农民生活生产需要的能力，为我国在2020年全面建成小康社会，为我国2020年实现农村贫困人口全面脱贫提供稳定的金融支持。

一、广西农村小额贷款基本情况

（一）广西农村金融发展现状

2008年10月，党的十七届三中全会通过了《中共中央关于推进农村改革发展若干重大问题的决定》以后，广西农村金融取得了较快的发展，农村金融机构不断发展壮大，金融资产规模日益扩大，涉农贷款余额逐年增长，农村金融生态持续优化，有力地支持了广西农村农业经济发展，为广西农村地区的扶贫脱贫工作起到了重要的作用。广西从实现全面建成小康社会奋斗目标的新要求出发，对新形势下推进农村金融改革发展作出了全面部署，明确要求坚持为农服务的方向，稳定和发展农村服务网络，突出支持重点，创新金融产品，完善服务机制，强化政策保障。

2008年，广西区人民政府及人民银行南宁中心支行分别下发了《关于扩大农村金融改革工作方案的通知》和《关于扩大农村金融服务改革试点工作的指导意见》以后，广西小型农村金融机构得到了全面的发展。从图6-1广西小型农村金融机构营业网点数来看，由于2006年四大商业银行筹备上市，纷纷撤销乡镇一级的营业网点，导致广西小型农村金融机构营业网点数从2005—2008年出现了急剧下降的情况，随后得益于成立于2005年的广西农村信用社快速发展，将广西乡镇一级的农村金融机构营业网点数恢复并扩大，截至2018年9月，广西农村信用社共有91家县级农村合作金融机构，机构网点2367个，从业人员2.5万多人，是全区人员数量最多、服务网络最广、资产规模最大、资金实力最强、对"三农"和地方经济支持力度最大、纳税最多的一家银行业金融机构。

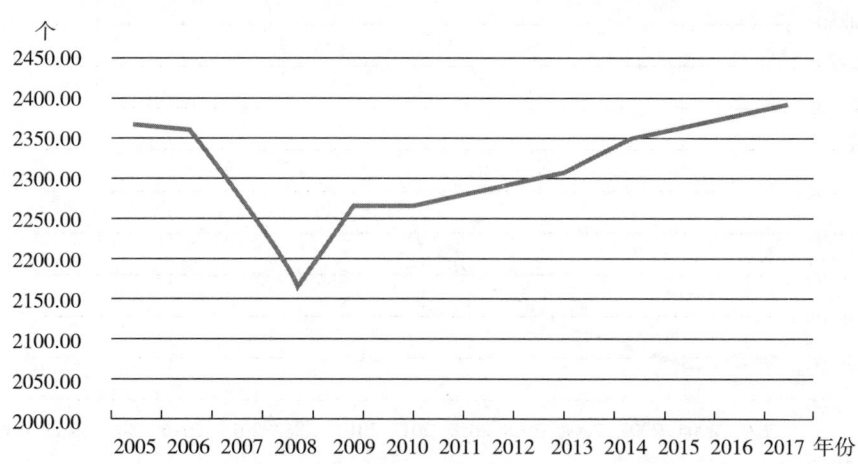

数据来源：Wind 资讯。

图6-1 2005—2017年广西小型农村金融机构营业网点数

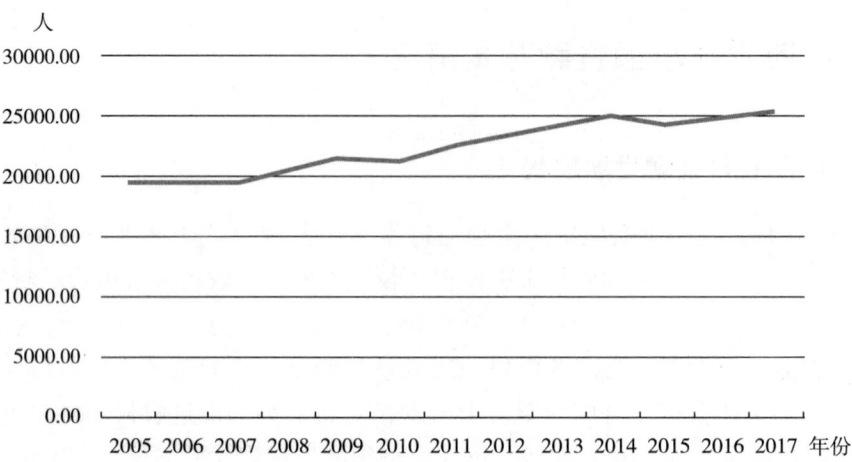

图6-2　2005—2017年广西小型农村金融机构从业人数

数据来源：Wind资讯。

从图6-3广西小型农村金融机构资产总额来看，经历了2008年全球金融海啸的低潮以后，广西小型农村金融机构资产总额的增速从2009年开始到2014年处于较高的增加速度，在受到2015—2016年两年的P2P金融热的影响而增速较小后，随着我国将要在2020年实现全面小康社会和消灭贫困的历史性时刻的到来，广西小型农村金融机构资产总额再次以高速增加。总的来看，广西农村金融在四大国有商业银行撤出乡镇一级网点后，通过2005年成立的广西农村信用社开展农村金融服务，弥补和发展了农村金融服务，并且取得了飞快地发展。

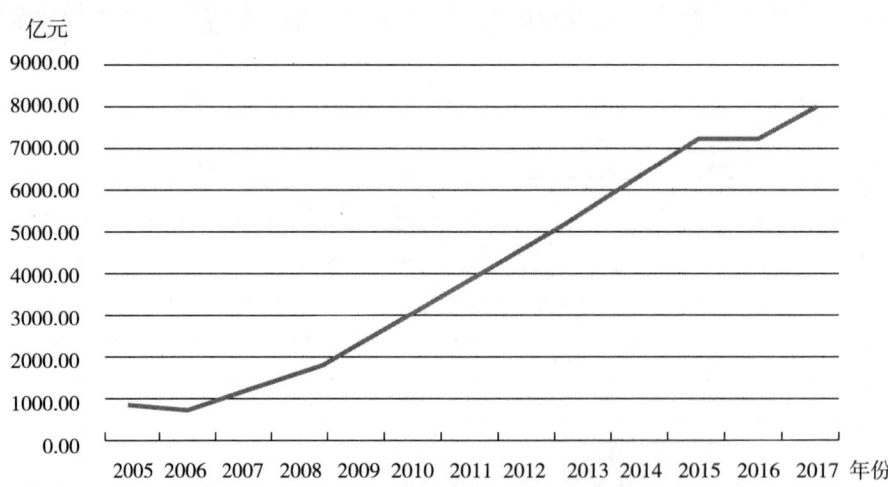

数据来源：Wind资讯。

图6-3　2005—2017年广西小型农村金融机构资产总额

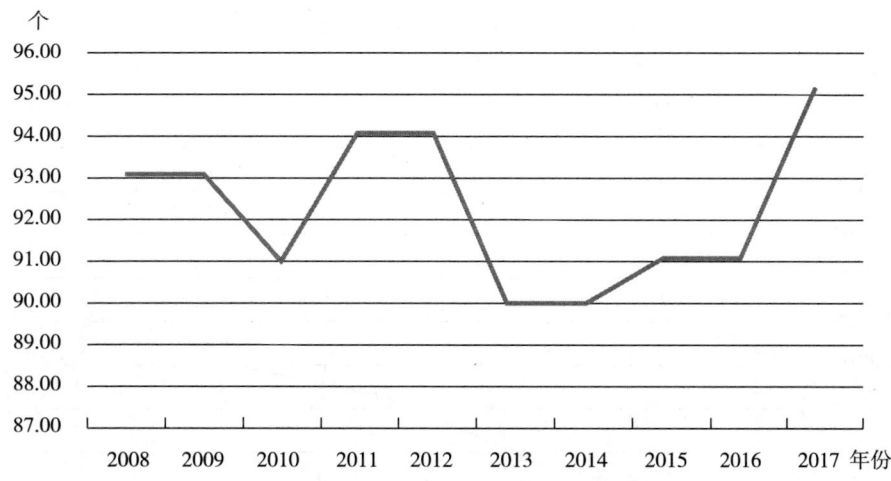

数据来源：Wind 资讯。

图 6-4 2008—2017 年广西小型农村金融机构法人机构数

2006 年 12 月，中国银监会发布了《关于调整放宽农村地区银行业金融机构准入政策 更好地支持社会主义新农村建设的意见》，鼓励社会资本参与农村金融服务，在全国范围内新型农村金融机构发展迅速。新型农村金融机构是指，根据以上 2006 年银监会的意见，按有关规定设立的村镇银行、贷款公司和资金互助社。新型农村金融机构的建立，有利于建立健全农村金融组织体系，推动农村金融供给主体多样化，构建多层次、梯度化、广覆盖的农村金融市场组织体系的要求，从深度、广度和多维度服务农村农民的金融需求。

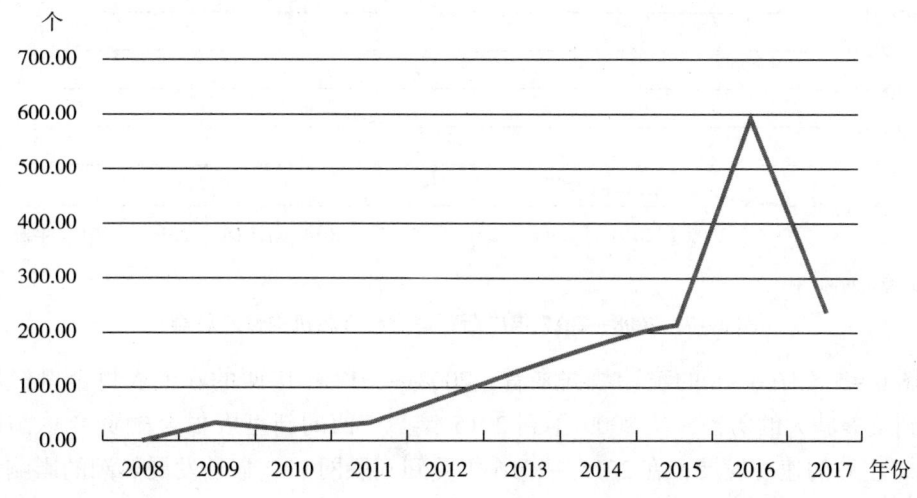

数据来源：Wind 资讯。

图 6-5 2008—2017 年广西新型农村金融机构营业网点数

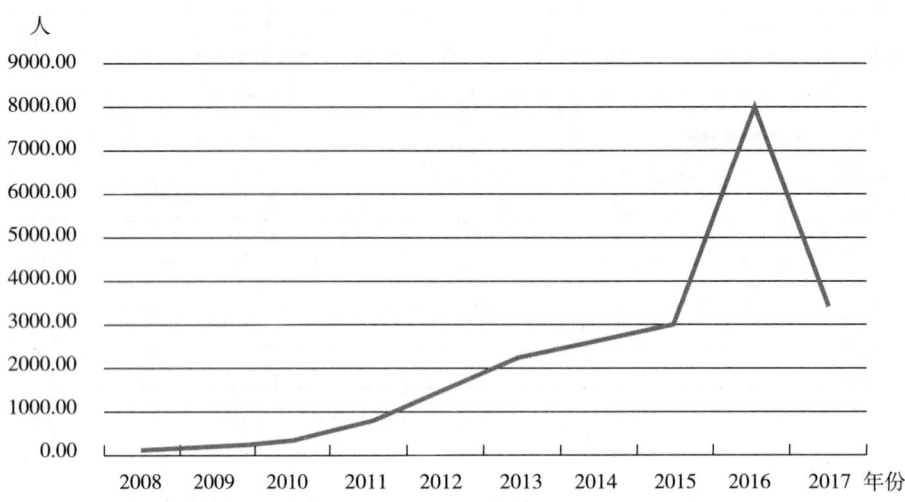

数据来源：Wind 资讯。

图 6-6　2008—2017 年广西新型农村金融机构从业人数

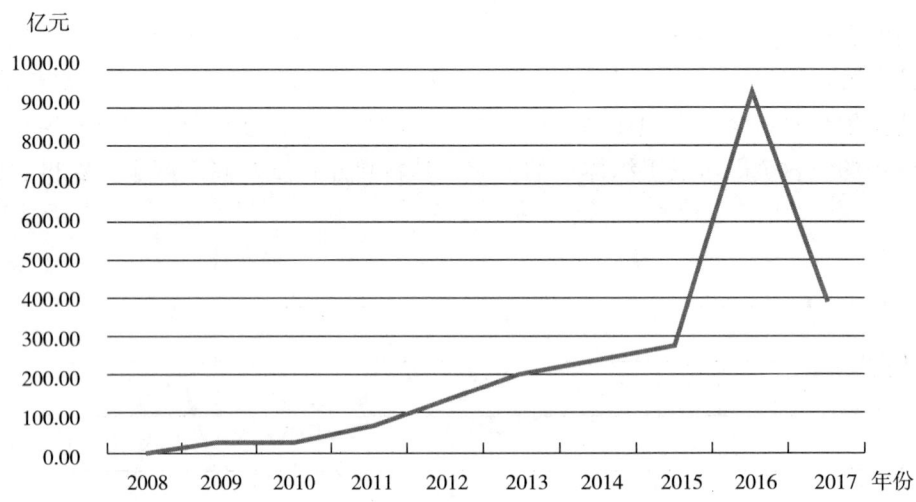

数据来源：Wind 资讯。

图 6-7　2008—2017 年广西新型农村金融机构资产总额

从图 6-5 至图 6-8 的统计数据来看，2008—2017 年广西的新型农村金融经历从无到有再到发展壮大的历程，从 2009 年到 2015 年，广西的新型农村金融资产总额以年增长率 30% 左右的速度发展，在 2015—2016 年受到互联网 P2P 金融发展热潮的影响，到达顶峰的 920 亿元，随着 2017 年互联网 P2P 金融的爆雷，广西的新型农村金融资产总额回落至 400 亿元左右。从广西新型农村金融机构营业网点数和从业人员以及法人机构数来看，也受到了 2017 年互联网 P2P 金融爆雷的影响，从 2017 年的高点回落。

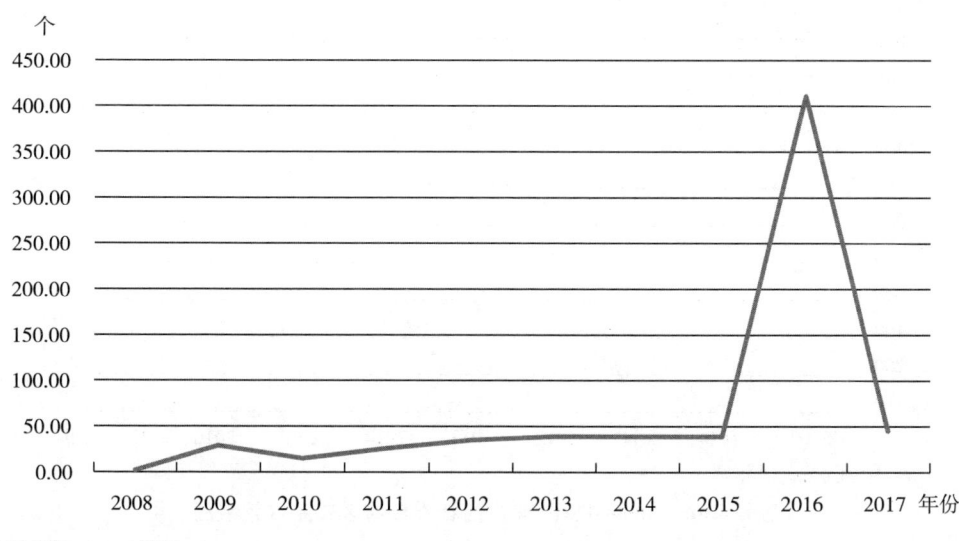

数据来源：Wind 资讯。

图 6-8 2008—2017 年广西新型农村金融机构法人机构数

虽然广西的新型农村金融出现了 2017 年的发展低谷，但是从总的发展趋势来看，广西的新型农村金融有利于引入民间资本进入农村金融市场，通过农村信用体系建设，形成了良好社会信用环境，改善县域一级的金融生态环境。2017 年，广西壮族自治区人民政府办公厅发布了《关于金融支持县域经济发展的实施意见》，鼓励改善和创新金融服务农村经济发展的方式和途径，发挥金融在发展壮大农村经济上的重要作用，推进农村经济金融良性互动、健康发展。按照构建多层次、梯度化、广覆盖的农村金融市场组织体系的要求，鼓励各金融机构在县域一级发起成立村镇银行，规范小额贷款公司发展，推动小额贷款公司业务向县域发展，建立和完善农村信用体系，探索金融扶贫新路径。

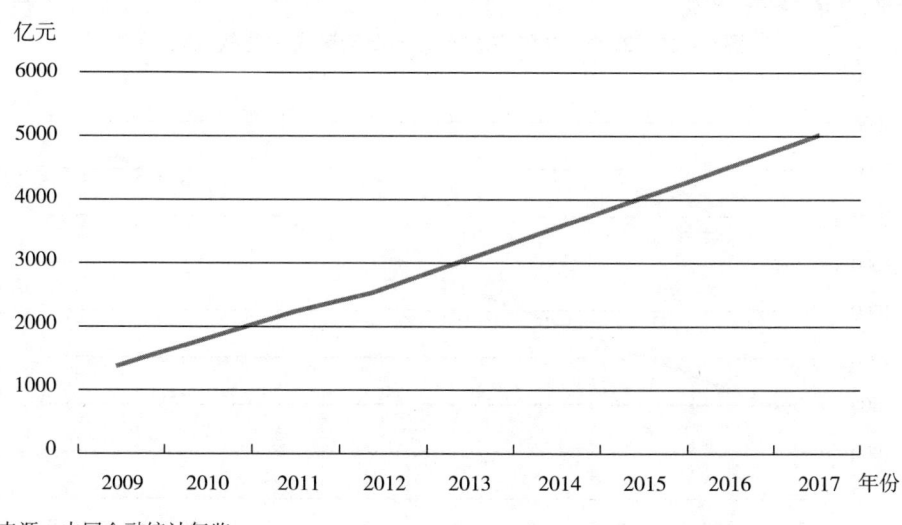

数据来源：中国金融统计年鉴。

图 6-9 2009—2017 年广西壮族自治区农村贷款余额

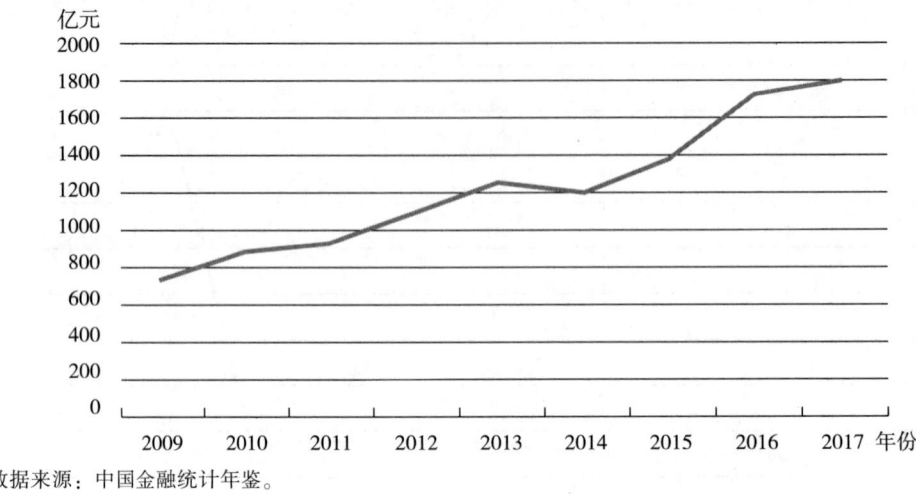

数据来源：中国金融统计年鉴。

图 6-10 2009—2017 年广西壮族自治区农业贷款余额

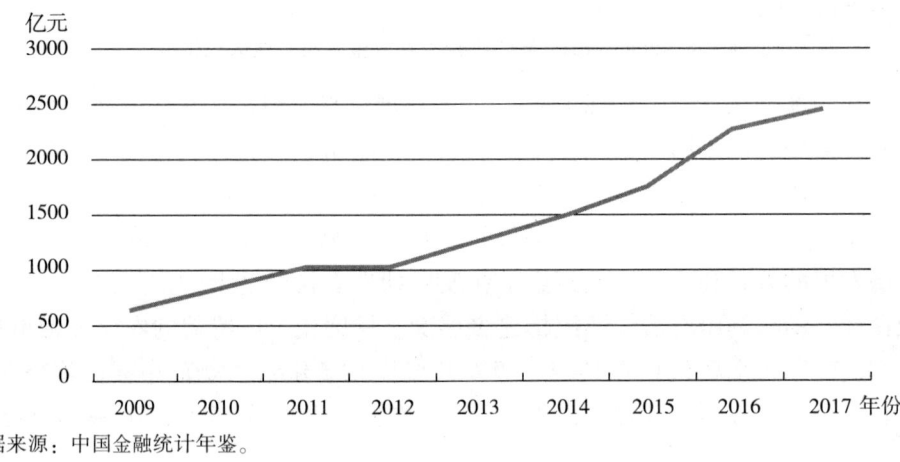

数据来源：中国金融统计年鉴。

图 6-11 2009—2017 年广西壮族自治区农户贷款余额

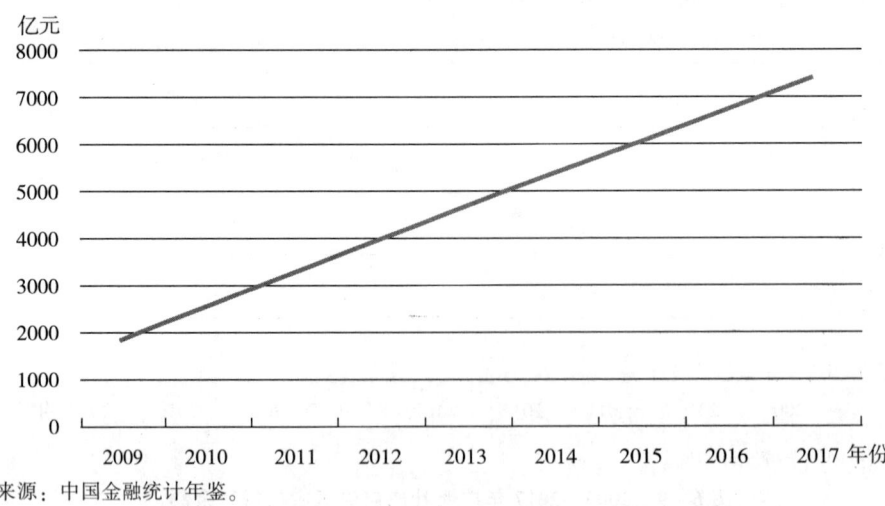

数据来源：中国金融统计年鉴。

图 6-12 2009—2017 年广西壮族自治区涉农贷款余额

从图 6-9 至图 6-12 的统计数据来看，2009—2017 年广西的农村金融发展飞快，广西农村贷款余额从 2009 年的 1368 亿元增长到 2017 年的 5003 亿元，增长了将近 3.5 倍，平均年增长率为 27%；广西农业贷款余额从 2009 年的 745 亿元增长到 2017 年的 1802 亿元，增长了将近 1.5 倍，平均年增长率为 18%；广西农户贷款余额从 2009 年的 648 亿元增长到 2017 年的 2452 亿元，增长了将近 3.7 倍，平均年增长率为 30%；广西涉农贷款余额从 2009 年的 1907 亿元增长到 2017 年的 7403 亿元，增长了将近 3.2 倍，平均年增长率为 26%。

近年来，广西农村金融改革稳步推进，农村金融服务水平不断提高，不断加大"三农"重点领域贷款投放力度，广西农村合作金融机构因地制宜开展县级农商行达标组建工作。2017 年年末，已组建 26 家农村商业银行、16 家农村合作银行、49 家农村信用社。广西农村金融生态环境得到不断地完善，各项贷款余额不断增加，为农村经济和农业生产提供了金融支持，为广西实现"两个建成"提供了保障，为我国全面建成小康社会保驾护航，为我国 2020 年实现全面脱贫提供金融支持。

（二）广西农村小额贷款的主要模式

目前在广西农村开展农户小额贷款业务的金融机构主要是广西农村信用社，同时商业银行和政策性银行也有各自针对不同贷款项目的农村小额信贷，开展的主要业务有：

（1）农户小额信用贷款。农户小额信用贷款是广西农村信用社针对个体农户的信用贷款，主要是为了解决农户在农业生产经营过程中出现的资金短缺问题，以推动农户的生产经济项目为贷款目标，促进农户在种植、养殖及其他农业经济发展有关的生产经营。农户小额信用贷款最大的特点就是简化了贷款手续，充分考虑到当前农村农民缺少合格的抵押品的特点，通过对申请贷款农户进行信用评分，给予农户授予最高额度为 5 万元的信用贷款。虽然贷款没有抵押品，但是从目前实施的效果来看，农户小额信用贷款的还款率较高，实现了农户和金融机构的双赢局面。

（2）农户联保贷款模式。从 1997 年开始，为了解决"三农"问题和农村金融抑制问题，我国引入农户小额联保贷款项目，目前实施较多的是两户联保、三户联保、五户联保及十户联保贷款。农户小额联保贷款制度是针对居住在同一辖区内有借款需求的，而且无直系亲属关系的农户为对象的，并且通过自愿形成联保小组的借款人。金融机构向联保小组的所有成员发放贷款，但是联保小组的每一个成员都对联保小组的其他成员的贷款有连带责任，即若联保小组有一个成员没有归还贷款，则其他成员有义务负担未归还贷款。农户小额联保贷款的主要特点是：通过农户自愿组成联保小组的过程，筛选和甄别了贷款对象，同时通过联保小组形成了有效地对发放贷款使用情况的监管，有利地节约了贷款的管理成本，同时提高了贷款的还款率。

（3）"公司+基地+农户"贷款模式。在农业产业化和规模化，在农业产业链上形成种植养殖、农产品加工、配送、销售一体化的当地农业龙头企业。"公司+基地+农户"贷款是以公司、农户为贷款主体，以农产品生产基地为纽带，而发放种植养殖运输销售等农业产业化的生产经营贷款。"公司"是指从事农副产品收购、储运、加工及农业生产资料供应、技术服务等的农业产业化龙头企业。公司以产品和基地为纽带，向在基地从事种植、养殖农户提供技术和产品质量标准，与农户签订生产包销合同或订购合同，并按市场保护价格定向收购等。"基地"是指具备一定地域和特定条件的农产品生产区域，连接农业产业化公司和农户，基地一般由公司确定。"农户"是指在基地内从事种植、养殖生产，并与公司签订了生产和销售订购合同的农户。该贷款模式的设计理念借用了供应链金融的模式，通过对农业产业化龙头企业进行支持，以及对形成农业产业链的前提——农户种植、收购、加工等上下游提供相应的信贷支持，不仅满足企业发展的资金需求还对上下游客户提供延伸的金融服务，降低风险，形成农户、企业、银行等多赢局面。

（4）"合作社+农户"贷款模式。该模式是面向农民专业合作社及其成员的一种贷款，农民专业合作社是指按照《中华人民共和国农民专业合作社法》规定，经工商行政管理部门核准登记的农民专业合作社。农村信用社向辖内农民专业合作社及其成员发放的贷款。农民专业合作社及其成员的贷款额度分别根据信用状况、资产负债情况、综合还款能力和经营效益等情况合理确定。农民专业合作社的贷款额度原则上不超过其净资产的70%；对农民专业合作社的贷款期限原则上不超过1年，对农民专业合作社成员的贷款原则上不超过2年。

表6-1　　　　　　　　　几种主要农村小额贷款模式比较

	小额信用贷款	农户联保贷款	公司+基地+农户	合作社+农户
贷款额度	小	中等	极大	大
贷款风险	大	中等	中等	小
涉及人数	小	中等	极大	大
管理便利度	小	中等	大	大
抵押品覆盖度	小	小	大	大
违约相关性	小	中等	大	大
违约损失	小	中等	极大	大
贷款利率	高	高	小	中

从表6-1的比较来看，与其他三种区别最大的是"公司+基地+农户"贷款，其涉及从事农副产品收购、储运、加工及农业生产资料供应、技术服务等的农业产业化龙头企业，目的是推动农村产业链的发展，与其他三种更倾向于支持农户个人简单生产的贷款相比，其规模更大，涉及人数最广，贷款额度是几种贷款中最高的，毋庸置疑，如果发生违约情况，违约损失自然是最大的，而农民专业合作社贷款额度是依据各种经营效益来发放的，而且有农民专业合作社参与进来，形成了一个较小的规模，与另外两种只有农户参与进来的贷款相比，贷款额度和违约损失自然会大一些，涉及人数也较广。在本人看来，对这几种贷款方式而言，贷款额度、涉及人数、违约损失三种指标是与贷款

规模呈正相关的，小额信用贷款：（1）针对的是个人，小额联保贷款；（2）针对的是三到五户组成的联保小组，农村专业合作社贷款；（3）涉及了一个较小规模的组织，即"公司+基地+农户"贷款；（4）涉及的是龙头企业，贷款规模逐渐增大，三项指标自然也是逐渐增大。而四者的违约风险：（1）发放贷款是基于农户的信用，没有任何抵押和担保，故风险最大；（2）是小组成员之间互相担保，有一定的制约，风险其次；（3）是基地组织的法律地位不明确，农民可以自由进出，也存在一定的违约风险。

（三）广西农村小额贷款信用风险管理现状

农村小额贷款是推动农业农村经济发展的重要融资方式和渠道，为推动农业经济增长、促进农民就业等方面发挥着不可或缺的作用。然而农业作为相对低效率产业，农业农村贷款对于金融机构来说则是弱质资产，其信用风险是巨大的。随着广西农村信贷的不断发展，融资业务不断地从深度和广度推进。从市场分层的角度来看，广西农村信贷业务开始进入次级贷款业务的阶段，金融机构不仅面临巨大的信用风险，同时随着业务的扩大，也面临着巨大的操作风险和管理风险。目前广西金融机构对农村信贷的信用风险管理模式比较落后，主要还是基于业务流程管理模式为主，可以总结为以下几点：

1. 农户贷款资格认定制度

目前，广西农户贷款资格认定制度主要针对农户申请小额农村信贷的资格认证，其认证的主要内容为，借款人居住地是否符合金融机构营业区域之内，并且有固定的住所；借款人是否具有完全民事行为能力，信用观念强；借款人是否有一定的经济收入来源，具有清偿贷款本息的能力；借款人的贷款用途是否符合要求条件。

2. 农户信用评级制度

广西农户信用评级制度目前主要靠实地调查获得，主要通过金融分支机构客户经理对申请贷款的农户进行实地调查，通过了解取证农户的家庭财产、收入、信誉状况、生产经营状况和资金需求等情况。同时，金融分支机构建立以行政村为单位的农户信用等级评定小组，对申请农户进行信用等级评定。信用等级评定小组由支行行长、分理处主任、包村（片）客户经理、村委会干部和村民代表等组成，根据村委会干部和村民代表提供的农户信誉、还款记录、所从事生产经营活动的主要内容、经营能力、偿还能力等实际情况，按照农户信用等级评定办法，对申请人进行信用等级评定。农户信用等级每两年评定一次，次年复评，并根据农户信用记录、生产经营情况对农户的信用等级进行适当的调整。

3. 贷款管理制度

目前，广西农户小额信贷贷款管理制度要求，客户经理每年至少检查走访一次借款农户，及时了解和掌握农户借款是否按约定用途使用、生产经营情况是否正常。对随意变更贷款用途和转借他人使用的应及时采取相应措施，并提前收回贷款，取消其小额农贷资格。对逾期的小额农贷，客户经理应及时了解和掌握小额农贷逾期的原因并进行催收。对恶意赖债的应及时采取措施或依法提出诉讼。

4. 内部管理制度

目前，广西农户小额信贷内部管理制度，要求小额农贷实行客户经理"包放、包收、包效益"的"三包"责任制和贷款责任终身追究制。即每个客户经理管辖若干个村（组）的农户调查、评级核贷、贷后管理、贷款收回等工作。客户经理对农户调查的真实性负责，并承担小额农贷信贷管理和信贷风险的责任。分支机构要具体量化小额农贷发证面、贷款面、利息收回率和到期贷款收回率等指标，与客户经理的绩效工资挂钩，并制定具体的考核细则，对客户经理进行业绩考核。

（四）广西农村小额贷款风险管理存在的问题

广西地处我国西部地区，金融行业发展较为落后，其管理模式也相对沿海城市陈旧，广西农村信贷风险管理存在的突出问题有以下几点：

1. 缺乏广西农村社会信用体系

在全国发达沿海地区已经建立健全社会信用体系的情况下，广西全区没有建立农村社会信用体系，对于农村小额信贷的发放只有在发放前对客户进行贷前调查，这样难免贷款人与当地信用评级小组成员事先打招呼，通过合谋提供虚假信息，从而难以获得真实准确的信用信息。

2. 信用评级方法缺少科学性和客观性

目前，广西信用评级主要依靠当地信用评级小组成员提供的农户信誉、还款记录、生产经营活动、经营能力、偿还能力等数据，数据的评判充满了主观性，而且信用评级的方法和方式落后，只是简单地得出信用级别，很难判断借款人的信用风险以及违约造成的贷款损失。

3. 信贷管理制度落后

由于广西金融机构普遍客户经理每年至少检查走访一次借款农户，没有形成经营与风险监控分离信贷管理体制，由于放贷人和监管人都是客户经理，很容易导致客户经理为了掩盖发放贷款时出现的问题，使得贷款后的监控没有实际执行，并且诱发客户经理与借款人形成合谋，提供虚假的监控信息，导致贷款更大的损失。

4. 违约风险管理不足

对于贷款业务来说，违约风险是金融机构管理的主要风险，违约风险具有多风险点、多模式的特点，需要金融机构进行连续动态地管理贷款业务的违约风险。目前，广西对农村小额信贷的违约风险管理仅仅是建立贷款资产的风险关注程度和贷款损失准备金制度，被动地等到贷款到期时违约的发生，缺少在贷款中期对违约风险的预警，并提早干预地减少违约风险措施。

二、广西农村小额贷款信用风险分析

广西的农村小额信用贷款从1999年开始发展至今，取得了巨大的发展，目前广西农村信用社共有 91 家县级农村合作金融机构，加上商业银行和政策性银行，到 2017 年末，广西涉农贷款余额超过 700 亿元人民币，其中农户小额信用贷款和农户联保贷款占据了 70% 左右的贷款。随着我国经济进入产业结构调整的平稳发展阶段，农业作为发展较为落后的产业，广西的涉农贷款面临着较大的风险。

（一）农户小额信用贷款违约风险分析

农户小额信用贷款的主要特点是小面额，面向个体农户，无抵押，面向农业生产具体的农业种植、养殖或生产经营项目。这几个特点决定了农户小额信用贷款蕴含着巨大的信用风险。

（1）面向农业生产具体的农业种植、养殖或生产经营项目的信用风险。农业作为靠天吃饭的产业，具有巨大的自然灾害风险，而广西作为自然灾害风险多发的地区，沿海地区的风灾，山区的旱寨，以及西江流域的水灾，随着全球气候变暖，厄尔尼诺现象更加频发的爆发。同时，广西大部分地区属于山区，缺少大的平原，地质条件恶劣，土地较为贫瘠，难以实施农业产业化，使得广西农业的种植业和养殖业还处于落后的手工作坊式的生产模式，生产效率低下。而占广西农业一大部分的甘蔗产业受到国外竞争者的低成本挑战，也不具有任何优势。在这种情况下，针对农业种植、养殖或生产经营项目的农户小额信用贷款面临着项目收益率较低，甚至受到自然灾害影响导致项目亏本的风险，农户收入来源缺少，从而导致农户的还贷压力过大，广西的农户小额信用贷款信用风险较大。

（2）面向个体农户和贷款无抵押容易造成道德性风险。农户小额信用贷款是一种无抵押的信用贷款，由于广西的农村农民普遍较为贫苦，自身的流动资产较少，同时受到政策的约束，农村土地缺少流动性，与其他贷款相比，由于"无抵押"的特点，导致农户产生不用归还的思想。同时，广西的农村教育普遍落后，农民的教育水平不高，而且农村地区存在封建迷信思想，农民的诚信意识差，思想落后，长期受到扶贫款项支持生活养成了惰性思想，"等靠要"思想过重。一旦看到有人通过违约不用还钱，自己也做出"逆向选择"。

（3）农民流动性风险。随着我国经济快速发展，工业和服务业吸纳了大量的农民工，广西是农民工外出务工的大省，广西现有 925.57 万农民工，其中去广东就业的人就达到了 647.9 万，占总人数的一半还多。农民工只有春节和农忙季节返乡，之后就进城务工。对于农户小额信用贷款发放后，多年不见借款人的情况层出不穷，而同时由于法律和制度的约束，处置违约农户的住房财产和土地使用权仍然无法实施，增大了农户小额信用贷款的信用风险。

（二）农户联保贷款信用风险分析

虽然从贷款模式的设计上来看，农户联保贷款通过借款人自愿形成联保小组的方式来发放贷款，在一定程度上解决了农户小额信用贷款的横向监督和借款人筛选的问题，但是由于农户联保贷款还是面向农业生产项目，因此从农业项目的低收益率来看，贷款本质上存在违约风险，而且农户联保贷款还是一种无抵押贷款，这个特点更容易产生道德风险。

1. 自愿组团是否有助于择优筛选还是串通合谋

联保小组自愿组成联保小组的过程主要依赖借款者的私人信息，试图利用联保条款约束，仍然可以在银行与借款人之间存在信息不对称劣势的情况下，形成借款者对联保小组构建中对其他借款者的择优筛选。然而金融机构的客户经理对于联保小组的每个成员都无法做到100%的甄别，在现实中联贷联保模式却有助于借款人形成"弱+弱"的联保小组，而非预期的"强+强"的联保小组，从而为金融机构的贷款增加了信用风险。

2. 联保小组成员经营的项目不能相同于横向监督

联保贷款明确规定，联保小组成员不能经营相同的农业生产项目，在农户经营各自的项目条件下，农户各自为政，而且经营不同的项目还互相监督，与农民的事不关己，高高挂起相悖，很难形成有效的横向监督。

3. 连带条款的最优违约

由于联保小组成员之间没有直系亲属关系，在我国农村几千年的宗族传统来说，其他联保小组的借款人都是外人，虽然合同签了要互相负有连带责任，在好的经营状况下，小组成员还相互合作，一旦出现有借款者经营不好的情况，其他小组成员恐怕避之不及，更不用说替对方偿还贷款了。在现实中，联保小组成员之间针对连带责任的违约层出不穷，经常见诸报刊和新闻，显然连带责任的对于小组成员的负担过重，因此自能选择违约。

4. 联保小组人数与系统风险

由于联保小组贷款是在一个地方金融机构发放的，其小组成员也来自同一个地区，而同一地区的农业生产经营状况很容易受到政策和地方市场波动的影响，也就是受到同一个系统风险的影响，系统风险将影响联保小组所有成员经营的项目，非常容易造成全部或大部分成员的项目失败，从而造成联保小组全体违约，因此联保小组人数的选择需要考虑地方系统性风险的影响。

总的来讲，农户联保贷款由于通过形成贷款小组的模式，引入了连带责任，从很大程度上降低了贷款的管理和监管成本，但是同时由于连带责任的引入，以及联保小组成员农业经营项目之间相关性，使得联保贷款存在着违约风险集聚的现象，同时由于联保小组成员的选择过程中可能出现逆向选择，使得联保小组由"弱+弱"成员组成，增大了联保贷款的违约风险。

三、基于 Logistic 模型的广西小额信用贷款风险实证分析

广西是我国西部农业大省，农村贫困人口规模较大，农业生产资金问题一直是投放不足，在很大程度上制约了广西农户个人收入和农村整体经济的增长速度。广西农村小

额信贷业务始于 1999 年发展至今，广西农村贷款的主要形式，已经为广大农户的农业生产经营规模提供融资服务。然而相比较工业，农业是一种生产效率较低，受到自然环境影响，而且风险较大的产业，同时由于广西农村信用体系建立较晚，农户小额贷款的信用风险评估体系极不完善，导致农村金融风险过大。农户小额贷款的信用风险评估体系的建立有利于开展小额贷款的业务，并且在"稳金融"的大背景下，有利于控制和管理农村金融风险过大的问题。

本文基于广西某银行在贵港市开展农户小额贷款业务的相关数据，使用交叉表对变量指标进行筛选，通过 Logistic 回归模型，研究影响农户小额贷款业务违约风险的影响因素；利用 Logistic 回归方程建立广西农户小额信贷的信用评分模型，并检验该模型的有效性。

（一）Logistic 回归模型

农户小额贷款中借款者能否按时归还贷款是一个两值问题，信用风险关注的是这个两值问题的概率大小。谭飞燕和李孟刚（2014）利用 Logistics 模型分析了农户信用风险的主要影响因素，分别从农户个体、家庭特征、项目生产经营状况的几大类选取指标，其实证结果显示农户经营项目规模和家庭收入等因素对信用风险的影响较为显著。潘雅琼和宋泽群（2015）建立的 Logistic 模型实证研究发现，农户家庭劳动力人数和家庭总资产是农村小额信贷的主要风险来源。朱莹和吕德宏（2015）通过对农户进行分类研究发现，不同组别的农户的信用风险是不同的，说明了农村小额信贷市场具有分层的现象。

在很多情况下都能碰到反应变量为二分类的问题，线性回归的模型对这类问题的拟合效果通常不好，在 1970 年，Cox 提出了 Logistic 模型，通过引入以前用于人口学领域的 Logistic 变换，成功地解决了上述问题，建立 Logistic 回归模型表述如下：

$$p_i = \frac{1}{1 + e^{-z_i}}$$

其中：$z_i = \beta_0 + \sum_{j=1}^{m} \beta_j F_{ij} + \varepsilon_i$

其中 F_{ij} 为农户小额信贷信用风险评定的影响变量，β_j（$j = 0, 1, 2, \cdots, m$）为需要判定的系数。P 的函数对象呈 s 形分布，且为递增函数，$p \in (0, 1)$，因为

$$\lim_{z \to \infty} p = \lim_{z \to \infty} \frac{1}{1 + e^{-z}} = 1 \qquad \lim_{z \to -\infty} p = \lim_{z \to -\infty} \frac{1}{1 + e^{-z}} = 0。$$

对于农户 i，（$i = 1, 2, \cdots, n$）若 $p \approx 0$，表明信用状况较差，若 $p \approx 1$，表明信用状况较好，称 p 为守信率。

令 $p_i(y_i) = p_i^{y_i}(1 - p_i)^{(1-y_i)}$

其中 $y_i = \begin{cases} 1, \text{表示公司的信用状况较好} \\ 0, \text{表示公司的信用状况较差} \end{cases}$

采取极大似然函数法求参数，n 个农户独立的，则样本的联合密度似然函数为

$$L = \prod_{i=1}^{n} p_i = \prod_{i=1}^{n} p_i^{y_i}(1-p_i)^{(1-y_i)}$$

两边取对数：

$$\ln L = \ln \prod_{i=1}^{n} p_i^{y_i}(1-p_i)^{(1-y_i)}$$

$$= \sum_{i=1}^{n} \left[y_i \ln \frac{p_i}{1-p_i} + \ln(1-p_i) \right]$$

$$= \sum_{i=1}^{n} \left[y_i z_i - \ln(1+e^{z_i}) \right], \text{其中} z_i = \beta_0 + \sum_{j=1}^{m} \beta_j F_{ij} + \varepsilon_i$$

其中 F_{ij} 为农户信用风险评定的影响变量，即上述的四个主成分。使上述函数达到最大，求出系数 β_j ($j=0, 1, 2, \cdots, m$)，求偏导数且等于0：

$$\frac{\partial L}{\partial \beta_0} = \sum_{i=1}^{n} \left[y_i - \frac{1}{1+e^{-z_i}} \right] = 0$$

$$\frac{\partial L}{\partial \beta_j} = \sum_{i=1}^{n} \left[y_i - \frac{1}{1+e^{-z_i}} \right] \times F_{ij} = 0 \quad (j=1,2,3,4)$$

通过最大似然估计所得的似然比的概率作为引入变量的标准，最后估计出 Logistic 回归模型的系数。在农户小额信用贷款中，把因变量 Y 定义为：$Y=1$ 代表违约农户，$Y=0$ 代表非违约农户。在模型中，如果某农户在 Logistic 回归方程计算出其 P 的估计值小于0.5，则该客户被认为是信用良好的农户，即 $Y=0$，反之 $Y=1$。

（二）指标选取与实证分析

本文通过数据调查得到广西某银行在贵港市开展农户小额贷款业务的相关数据，一共有3200个样本，其中出现违约的农村小额贷款样本有141个。本文用于研究农户小额贷款信用风险的候选指标如表6－2所示。

表6－2　　　　　　　　　农户小额信贷违约风险指标体系

指标项	取值范围
年龄	30~60岁
文化水平	小学、初中、高中
家庭未成年人人数	0~5人
劳动人口	0~3人
房屋价值	5万~40万元
总收入	2万~10万元
合同金额	0.5~5元
合同长度	1~3年
借款用途	农、林、牧、渔业生产经营和农户其他生产经营
执行月利率	0.0475%~0.06525%

从表6－2的数据来看，变量的取值多为连续变量，考虑到 Logistic 模型得出的结果

只有两个，本文将部分非量化变量进行量化处理，并将部分量化变量做分阶分类处理，详见表6-3。

表6-3　　　　　　　　　农户小额信贷违约风险指标体系

指标项	量化	变量名
合同金额	金额取整（0~6）	C1
合同长度	1~3	C2
借款用途	种植1，养殖2，经营4，委托经营5，其他3	C3
执行月利率	0.0475~0.06525	C4
年龄	以年龄为数值	C5
文化水平	小学3，初中2，高中1	C6
家庭未成年人人数	1~2人取值为1，2人以上取值为2	C7
劳动人口	1~2人取值为2，2人以上取值为1	C8
房屋价值	20万元以上取值为1，20万元以下取值为2	C9
总收入	5万元以上取值为1，5万元以下取值为2	C10

在3200个农户小额贷款数据中，贷款的金额全部为5万元，这就说明贷款金额是非影响因素，在研究中应该剔除。在应用统计学中，通常用交叉表来初步分析自变量和因变量的关联性，下面将使用该工具进行初步统计，计算优势，详见表6-4。

表6-4　　　　　农户小额信贷违约风险指标体系变量的基本统计结果

指标项	量化	违约数	总数	违约率
合同金额	1万元以下	64	386	0.165803109
	1万~2万元	55	215	0.255813953
	2万~3万元	0	77	0
	3万~4万元	2	414	0.004830918
	4万~5万元	0	41	0
	5万元以上	0	2068	0
合同长度	1年以下	57	92	0.619565217
	1年	68	192	0.354166667
	2年	13	1489	0.008730692
	3年	3	1424	0.002106742
借款用途	种植1	10	126	0.079365079
	养殖2	88	825	0.106666667
	其他3	42	537	0.078212291
	经营4	1	248	0.004032258
	委托经营5	0	1465	0

续表

指标项	量化	违约数	总数	违约率
文化水平	高中 1	11	77	0.142857143
	初中 2	71	1610	0.044099379
	小学 3	59	1515	0.038943894
家庭未成年人人数	1~2 人取值为 1	76	1608	0.047263682
	2 人以上取值为 2	56	1593	0.035153798
劳动人口	1~2 人取值为 2	79	1047	0.075453677
	2 人以上取值为 1	62	2154	0.028783658
房屋价值	20 万元以上取值为 1	71	1612	0.044044665
	20 万元以下取值为 2	64	1575	0.040634921
总收入	5 万元以上取值为 1	74	1610	0.045962733
	5 万元以下取值为 2	67	1591	0.042111879

从表 6-4 可以看出，合同金额在 1 万~2 万元的贷款违约率最高，而合同金额越高违约率越小，这表明农户小额信贷的信用评级起到一定筛选借款人的作用；合同长度越小的贷款违约率最高，同时一年内合同的贷款只占总数的 3% 左右，这表明农户小额信贷的每年审核制度起到了一定的作用；从借款用途贷款来看，种植和养殖的违约率较高，这体现了农业是弱质产业的特点；从农户的文化水平来看，由于高中毕业人数样本过小，这个数据并不具有代表性，而初中毕业和小学毕业的违约率相差不大，这可以看出农户贷款的风险特征明显；从家庭未成年人人数来看，1~2 人和 2 人的家庭相差不大；从劳动人口来看，2 人以上家庭的违约率明显小于 2 人以下家庭；从房屋价值和总收入来看，违约率在分类中差别不大。

从统计以上的分析来看，可以去除的因素为借款用途，文化水平，家庭未成年人人数，房屋价值，总收入，本文利用剩下的五个因素合同金额，合同长度，执行月利率，年龄，劳动人口建立 Logistic 个人信用评分模型，并利用 Eviews10 进行参数估计，利用参数的显著水平剔除显著的参数，最后得到以下实验结果，如图 6-13 所示。

从以上的实验结果来看，该 Logistic 模型通过 P 检验，而且各个解释变量都具有很高的显著水平，模型的拟合度较高。这个 Logistic 回归模型现实，农户小额贷款的违约风险可以解释为合同金额，合同长度，执行月利率，年龄，劳动人口的方程：

$$p_i = \frac{1}{1 + e^{-(-15.04 - 1.49c_1 - 1.41c_2 + 267.53c_4 - 0.11c_5 - 1.49c_8)}}$$

```
Dependent Variable: Y
Method: ML - Binary Logit (Newton-Raphson / Marquardt steps)
Date: 05/13/19   Time: 08:02
Sample: 1 3201
Included observations: 3201
Convergence achieved after 10 iterations
Coefficient covariance computed using observed Hessian
```

Variable	Coefficient	Std. Error	z-Statistic	Prob.
C	−15.04856	2.445868	−6.152647	0.0000
C1	−1.497788	0.227098	−6.595325	0.0000
C2	−1.410336	0.206772	−6.820724	0.0000
C4	267.5368	28.95162	9.240824	0.0000
C5	0.112202	0.035188	3.188625	0.0014
C8	−1.492609	0.258198	−5.780871	0.0000

McFadden R-squared	0.809645	Mean dependent var	0.044049
S.D. dependent var	0.205235	S.E. of regression	0.100138
Akaike info criterion	0.072507	Sum squared resid	32.03799
Schwarz criterion	0.083887	Log likelihood	−110.0470
Hannan-Quinn criter.	0.076587	Deviance	220.0940
Restr. deviance	1156.229	Restr. log likelihood	−578.1146
LR statistic	936.1352	Avg. log likelihood	−0.034379
Prob(LR statistic)	0.000000		

Obs with Dep=0	3060	Total obs	3201
Obs with Dep=1	141		

图 6-13　Logistic 个人信用评分模型的回归结果

从其估计的参数来看，农村小额信用贷款的合同金额越小，违约的风险越大；农村小额信用贷款的合同长度越短，违约的风险越大；贷款的执行月利率越大，违约的风险越大；贷款人的年龄越大，违约的风险越大；农户的家庭劳动人口越小，违约的风险越大，这与客观经验相符合。

在被剔除的变量中，本文发现借款用途，文化水平，家庭未成年人人数，房屋价值，总收入与农户小额贷款违约风险的关系并不显著。贷款者的借款用途和文化水平与农户小额贷款违约风险的关系并不显著，这表明了农村信贷具有较大的地区系统性风险，与贷款项目和经营者能力没有太大的关系；家庭未成年人人数与农户小额贷款违约风险的关系并不显著，这表明了农村小额贷款的用途主要用于农业生产经营，并没有被挪用到未成年人教育上；而房屋价值和总收入被 Logistic 模型剔除虽然有些出乎意料，但也是合理的，这表明农村房屋价值虽然有较高的估价，但是由于土地没有实现市场化交易，因此农村房屋的高估值并不能保证农户还贷的能力；而家庭总收入较高与农户小额贷款违约风险的关系并不显著，表明当前农户小额信用贷款的发放条件和审核流程，可能会激励借款者通过虚报家庭总收入，提高获得贷款的可能性。

(三)结论

本文通过建立农村小额信贷信用风险 Logistic 回归模型与实证分析,在初步筛选的 10 个变量有:合同金额,合同长度,执行月利率,年龄,劳动人口,借款用途,文化水平,家庭未成年人人数,房屋价值,总收入,其中有 5 个变量在 0.01 水平上显著,它们是:合同金额,合同长度,执行月利率,年龄,劳动人口。通过对 Logistic 回归模式的实证结果分析,得出以下结论:(1)农村小额信用贷款的违约贷款具有地区系统性风险,与所在地区的社会经济发展状态紧密相关;(2)短合同和小额合同的违约率较高,这从侧面看到农户小额信用贷款信用风险管理机制起到一定的效果;(3)农村房屋价值与农村小额信用贷款的违约风险无关,这表明了农村房屋无法作为信用贷款的抵押品。

四、广西农村小额贷款信用风险管理的政策建议

一直以来,广西是农业人口和贫困人口大省,但是一直不是农业大省,这与农业和农村缺少金融投资有关;随着 1999 年农村小额信用贷款和农户联保贷款业务的展开和扩大,有力地促进了广西的农业和农村的发展。但是,信用风险巨大是农村贷款的本质,加强农村小额贷款的信用风险管理不仅有利于提高农村金融业务水平,还有利于进一步扩大农村金融的服务范围,本文为此提出以下几条政策建议:

(一)在《个人贷款管理暂行办法》的基础上加强建立科学、完善、严谨的农户小额信用贷款评级授信体系。促使农户小额信用在健康、稳健的环境中运作,就要将农户评级授信工作放在重要位置,我国各地的农村信用社等级评定的方式主要凭借评定人员的经验,客观性有待提高,在实际工作中,信用社相关人才缺乏,在进行农户小额信用贷款建档等工作时均采用传统手工操作和办理,由村组干部负责处理相关不可或缺的基础工作,使农户小额信用贷款的建档、评定、授信等环节偏离甚至违背了农户小额信用贷款管理准则,体现出各地信用社目前没有一套完整、科学、合理评级授信系统。农村信用社正面临着创新改革发展的重要时期,准确地依据《个人贷款管理暂行办法》,根据地方实际情况建立一套适合自己的科学、严谨、实用的农户小额信用贷款评级授信体系,有针对性地解决各个操作环节存在的问题,才能做好农户小额信用贷款的相关工作。

(二)大力推动农村信用社合规文化建设,实现信用社先进队伍的组建,促使队伍达到思想先进、精明干练、善于经营管理、有冲劲的目标。加强员工的职业道德、工作能力、管理水平和诚信干练品质的教育和培养,有利于改善农村信用社内部环境,发扬优良传统,高质量的员工有助于减少工作中道德风险发生概率。农村信用社应与中华民族的诚实守信、敢闯敢拼的优良传统相结合,根据不同地区的情况不断完善和修改培训员工的方式、储备人才的方式和择优任用方式,促成高素质员工和敬业精神为核心的人力资源管理体系的建设,摒弃不良风气,加快促成农村信用社合规文化建设,创造公平、公正、公开、择优的用人环境,在信用社各个部门打造一支跟上时代步伐,不断创新发

展,有战斗力的信合队伍。

（三）试行设立风险拍卖机制,分情况拍卖处理已形成信用风险的小额贷款农户。可以通过法律途径解决的问题,首先采用法律途径解决,但由于农户社会关系复杂、居住分散,对于转移、隐匿财产伪造困难的农户,法律难以判别情况的真实性。对于这部分不良贷款应分情况处置,由于农村信用社内部员工受贿等违规操作造成的,追究其责任,按照相关规定责令其限期收回贷款,必要时进行赔偿。由于农户失信问题、恶意不按时归还欠款、逃避债务造成的,尝试由县级信用联社主持制定一套科学、完善、有针对性、实用性强的奖罚并重的不良贷款管理规则,申请司法部门介入,由风险管理部门具体负责实施的风险贷款拍卖领导小组,根据贷款风险系数大小,将风险贷款本息进行合理定价,以公开竞争的方式公平、公正拍卖,由竞拍者以现金的形式取得风险贷款所有权,充分利用竞拍人员复杂的社会关系,在司法部门规定的最高本息限额内进行合法收贷,允许他们从中赚取一定的差额作为劳动报酬,开辟一条化解农村信用社小额农户信用贷款风险的新途径。

（四）建立健全合理制定激励约束机制和农户小额信用贷款风险管理内控制度。随着时代的发展,当前农村信用社的激励约束机制已不适用,注重约束淡化激励是银行业的诟病:只要贷款发生风险,不管员工是否尽职完成,都会归为违规操作的责任,这种预防风险的办法也挫伤了员工的工作积极性。农村、农业和农民是农村信用的主要负责对象,建立健全一套科学、完善、严谨、实用的农户小额贷款贷后管理责任追究制度是人性化的体现,用制度管理人、用行为规范人、用纪律约束人,严格规范行业操守,将贷款管理责任细分落实到人;建立健全考核机制,重点突出对业务与监督线相结合,扩大责任追究的覆盖面,若使得信贷员所承担风险的比例与获得利益的比例严重失衡,必然不利于农户小额信用贷款的推广与发展;建立健全尽职免责制度,具体调查分清人为与客观因素,分情况进行责任追究,对人为因素造成的贷款风险一追到底,不向不实情况低头;建立和完善信贷管理预警机制、决策机制、监督机制、责任追究机制,细化贷款管理各个环节的责任,全面监控每笔贷款;提高信贷员的积极性,奖惩分明,加大奖惩力度,彻底消除信贷员对信贷工作的侥幸心理,牢固树立一线信贷员的敢做敢当,积极工作的意识。

参考文献

[1] 周振海. 基于垄断和价格管制条件下的中国农村小额信贷市场分析 [J]. 金融研究, 2007 (8): 182 - 190.

[2] 王卓. 农村小额信贷利率及其需求弹性 [J]. 中国农村经济, 2007 (6): 62 - 70.

[3] 李小鸽. 国际农村小额信贷成功经验的借鉴与启示 [J]. 农村经济与科技, 2017, 28 (3): 141 - 142.

[4] 温华. 我国农村小额信贷的法律制度建设 [J]. 农业经济, 2018, 378 (10):

121-122.

[5] 程琳. 我国农村小额信贷纠纷解决经济分析及完善路径 [J]. 求索, 2017 (1): 149-154.

[6] 孙文中. 创新中国农村扶贫模式的路径选择——基于新发展主义的视角 [J]. 广东社会科学, 2013 (6): 207-213.

[7] 谭民俊, 王雄, 岳意定. FPR-UTAHP 评价方法在农户小额信贷信用评级中的应用 [J]. 系统工程, 2007 (5).

[8] 张国政, 陈维煌, 刘呈辉. 基于 Logistic 模型的商业银行个人消费信贷风险评估研究 [J]. 金融理论与实践, 2015 (3).

[9] 谭飞燕, 李孟刚, 吴伟. 我国农户信贷约束及其影响因素分析 [J]. 统计与决策, 2014 (21).

[10] 罗雨柯, 符刚. 农户小额信贷可获得性的影响因素实证分析——基于四川省兴文县农信社的调查数据 [J]. 农村经济, 2015 (9).

[11] 赵岩青, 何广文. 农户联保贷款有效性问题研究 [J]. 金融研究, 2007 (7a): 61-77.

[12] 谢世清, 李四光. 中小企业联保贷款的信誉博弈分析 [J]. 经济研究, 2011 (1): 97-111.

[13] 唐红娟, 李树杰. 农户联保贷款的运行机制及其实践分析 [J]. 金融理论与实践, 2008 (6): 28-31.

[14] 刘峰, 许永辉, 何田. 农户联保贷款的制度缺陷与行为扭曲: 黑龙江个案 [J]. 金融研究, 2006 (9): 174-181.

[15] 周怀峰, 黎日荣. 中小企业联保贷款的约束机制及成员规模的确定 [J]. 中南财经政法大学学报, 2011, 189 (6): 113-120.

[16] 江能, 邹平, 王泽丽. 联保贷款联保小组规模研究 [J]. 企业经济, 2007 (10): 130-132.

[17] 江能, 邹平, 王泽丽. 联保贷款客户自动筛选机制研究 [J]. 金融理论与实践, 2007 (11): 3-5.

[18] 张婷. 农户联保贷款的风险管理探析 [J]. 统计与决策, 2009 (3): 146-148.

[19] 杨峰. 我国农户联保贷款的制度缺陷与优化 [J]. 农村经济, 2011 (10): 67-70.

[20] 张正平, 肖雄. 我国农户联保贷款的发展条件: 基于演化博弈论的分析 [J]. 农业技术经济, 2012 (5): 60-69.

[21] 吴祖光, 万迪昉, 罗进辉. 风险态度、合作行为与联保贷款契约: 一个实验研究 [J]. 金融研究, 2012 (4): 169-182.

[22] 江能, 邹平, 王泽丽. 组员规模对联保贷款信贷风险的影响机制分析 [J]. 统计与决策, 2007 (23): 42-43.

[23] 黎日荣. 社会资本视角下中小企业联保贷款的优势分析——基于与农户联保贷

款的比较 [J]. 南方金融, 2011 (9): 26-30.

[24] 徐超, 周宗放. 中小企业联保贷款信用行为演化博弈仿真研究 [J]. 系统工程学报, 2014, 29 (4): 477-486.

[25] 熊芳, 潘跃. 社会资本对农户联保贷款效应影响的实证分析 [J]. 统计与决策, 2015 (10): 168-171.

(执笔人：农国平)

7. 广西互联网金融发展报告

虽然互联网金融为广西普惠金融的开展提供了充分的支持,但是互联网金融的冲击可能会导致广西银行面临一定的风险,需要通过加强监管等措施推动广西互联网金融健康稳定发展。

一、互联网金融发展现状

互联网金融的概念在 2012 年被谢平和邹传伟正式提出。他们认为互联网金融涵盖传统银行、证券、保险和交易所等金融中介和市场,以及瓦尔拉斯一般均衡对应的无金融中介或市场情形之间的所有金融交易和组织形式(谢平,邹传伟,2012)。2015 年 7 月,中国人民银行、工业和信息化部、公安部、财政部、国家工商总局、国务院法制办、中国银行业监督管理委员会、中国证券监督管理委员会、中国保险监督管理委员会、国家互联网信息办公室联合印发了《关于促进互联网金融健康发展的指导意见》(以下简称《指导意见》)。《指导意见》对互联网金融作出的定义如下:互联网金融是传统金融机构与互联网企业利用互联网技术和信息通信技术实现资金融通、支付、投资和信息中介服务的新型金融业务模式。互联网金融业务经营的主要形式包括互联网支付、网络借贷、股权众筹融资、互联网基金销售、互联网保险、互联网信托和互联网消费金融等。从 2014 年开始,互联网金融已经连续五年被写入政府工作报告,从最初 2014 年促进互联网金融健康发展,到 2015 年互联网金融异军突起,到 2016 年互联网金融要规范发展,到 2017 年警惕互联网金融风险,再到 2018 年健全互联网金融监管。这可以反映出国家对互联网金融的重视程度以及行业的发展状况。

中国的互联网金融起步虽然较晚,但是发展比较快。北京大学数字金融研究中心联合上海新金融研究院和蚂蚁金服集团编制了一套"北京大学互联网金融发展指数"。在 2016 年 7 月发布的第三期指数中描述了从 2014 年 1 月到 2016 年 3 月我国互联网金融的发展状况。如图 1 所示,以 2014 年 1 月为基期(设定为 100),全国互联网金融发展指数经过短短的 27 个月,从基期的 100 上升到 2016 年 3 月的 430.3,每年翻一番,这说明我国互联网金融在快速发展。

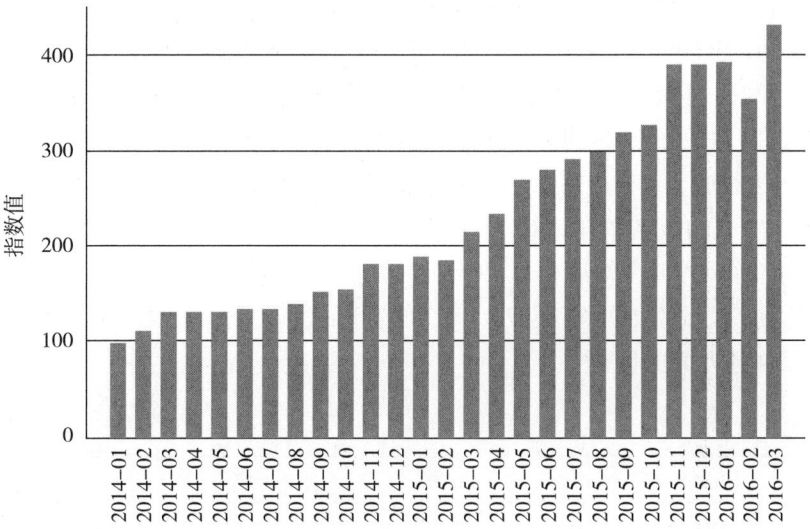

数据来源：北京大学互联网金融发展指数。

图 7-1 全国互联网金融发展指数

虽然全国互联网金融的发展很快，但同时，不同的区域之间也存在着明显的发展差异。以 2016 年 3 月的指数为例，如图 7-2 所示，最为发达的是上海市、北京市、浙江省、广东省、福建省和江苏省，指数都超过了 500，最高的上海市指数达到了 846.09。发展水平最低的是青海省、西藏自治区、甘肃省、云南省、新疆维吾尔自治区、内蒙古自治区和贵州省，指数均未超过 300。广西壮族自治区的互联网金融发展指数为 324.57，排在全国的第 21 位，低于全国的平均发展水平 430.3，与国内发达省市有着很大的差距，不到上海市指数的 40%。

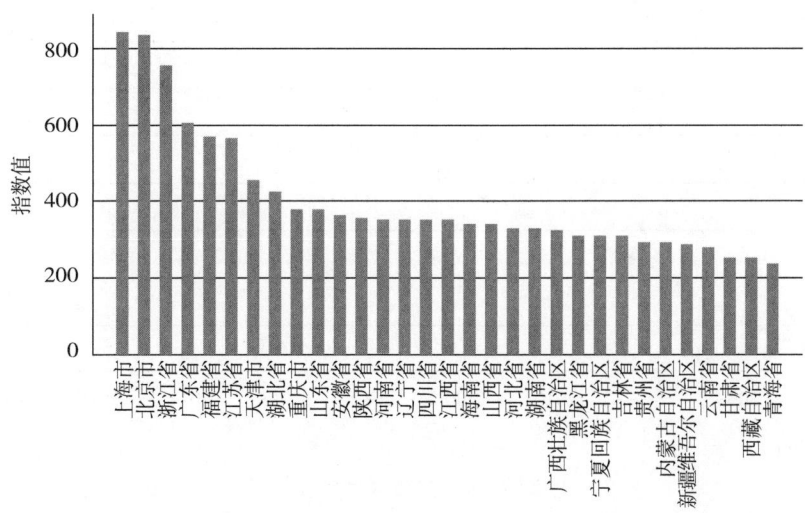

数据来源：北京大学互联网金融发展指数。

图 7-2 各省、市、自治区 2016 年 3 月互联网金融发展指数

广西壮族自治区的互联网基础建设发展良好，在2016年已经做到了互联网宽带村村通（见图7-3）。网民普及率快速上升，从2007年的11.9%增长到2016年的46.1%（见图7-4）。网民规模直线上升，从2007年的560万增长到2016年的2213万（见图7-5）。广西的网站数在2008年底到达一个峰值，有35972个，之后呈现下降趋势，在2011年年中到达谷底，有11978个，随后快速上升，在2018年底网站数达到了52818个（见图7-6）。广西的域名数在2008年年中处于一个小高峰，有15.5万多个，之后渐趋回落，在2001年年中到达谷底。从2011年底开始，增长迅速，直到2016年底趋于稳定，域名数达到52万多（见图7-7）。互联网基础建设只是互联网金融的一个起点，具体发展需要综合各方面的因素。

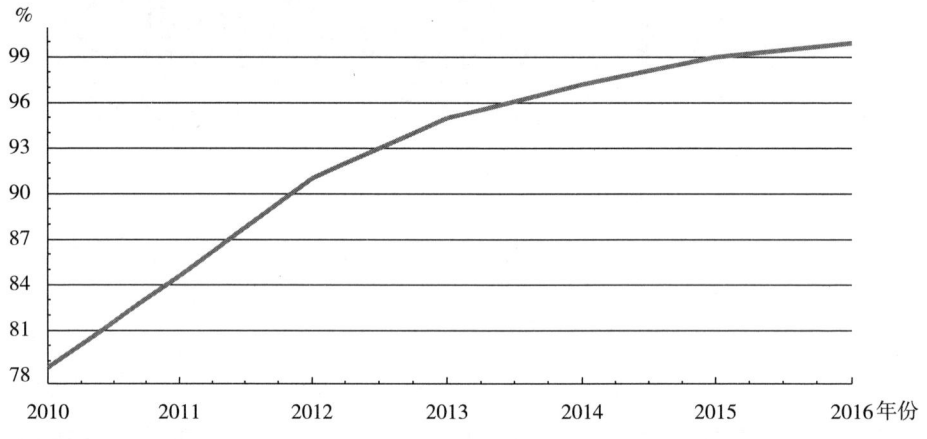

数据来源：Wind。

图7-3　广西开通互联网宽带业务的行政村比重

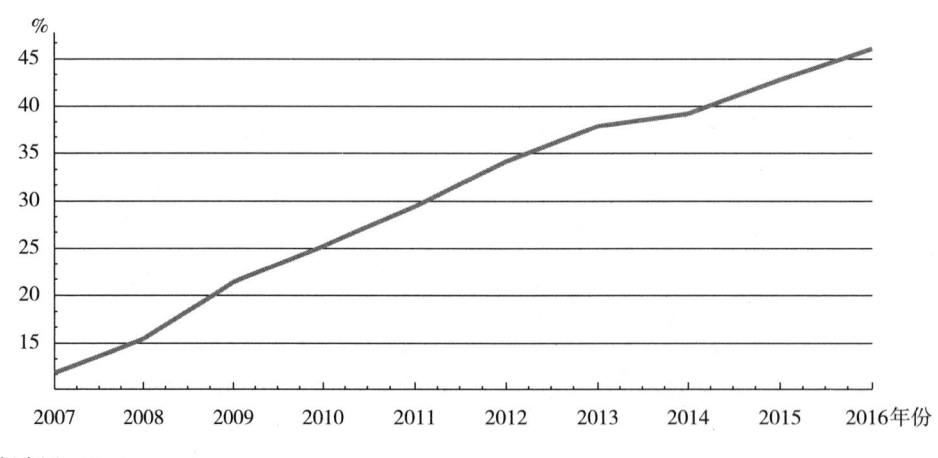

数据来源：Wind。

图7-4　广西网民普及率

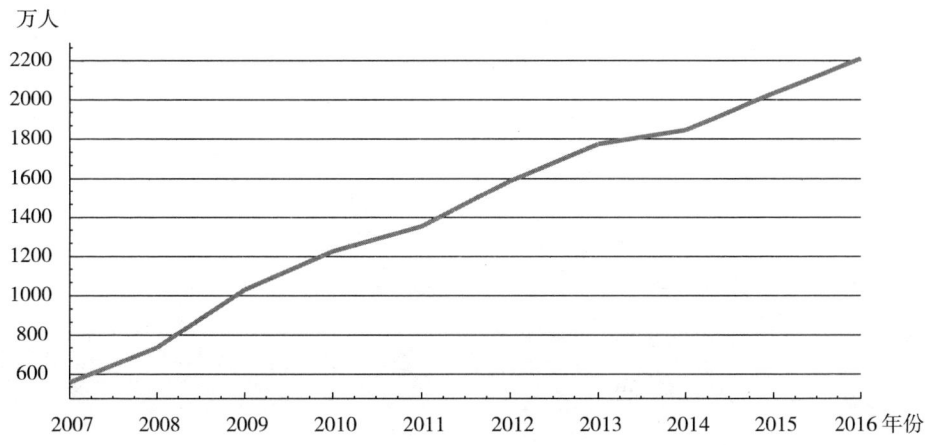

数据来源:Wind。

图7-5 广西网民规模

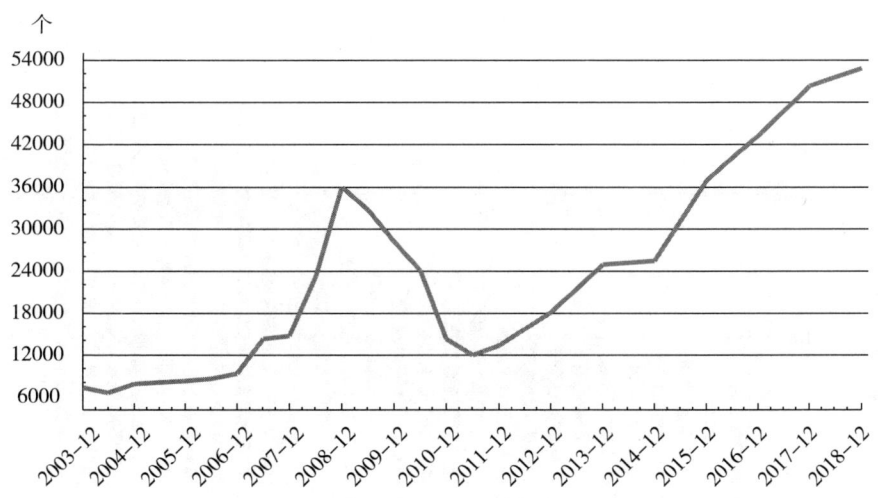

数据来源:Wind。

图7-6 广西网站数

图7-8描述了广西壮族自治区从2014年1月到2016年3月互联网金融的发展状况,和图7-1的对比表明广西这些年互联网金融的发展趋势和全国的趋势基本一致。互联网金融发展指数从2014年1月的67.94上升到2016年3月的324.57,增长速度甚至超过了全国的平均速度,但由于互联网金融前期基础较差以至于快速发展后的水平仍未达到全国平均水准。

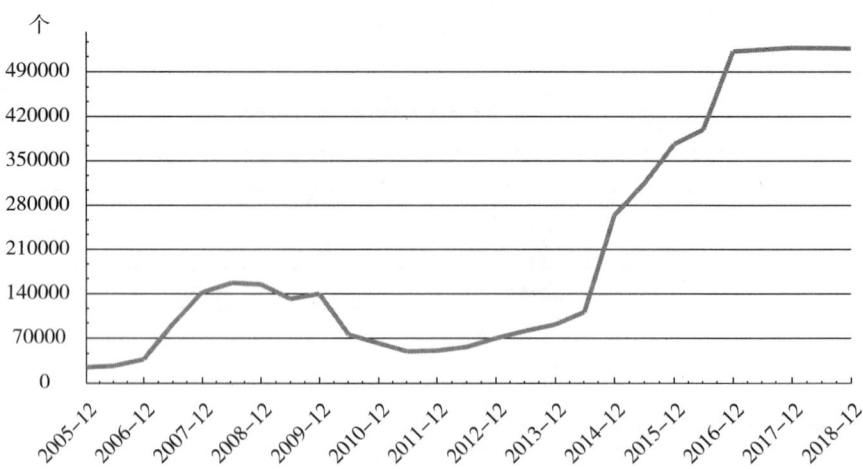

数据来源：Wind。

图 7-7　广西域名数

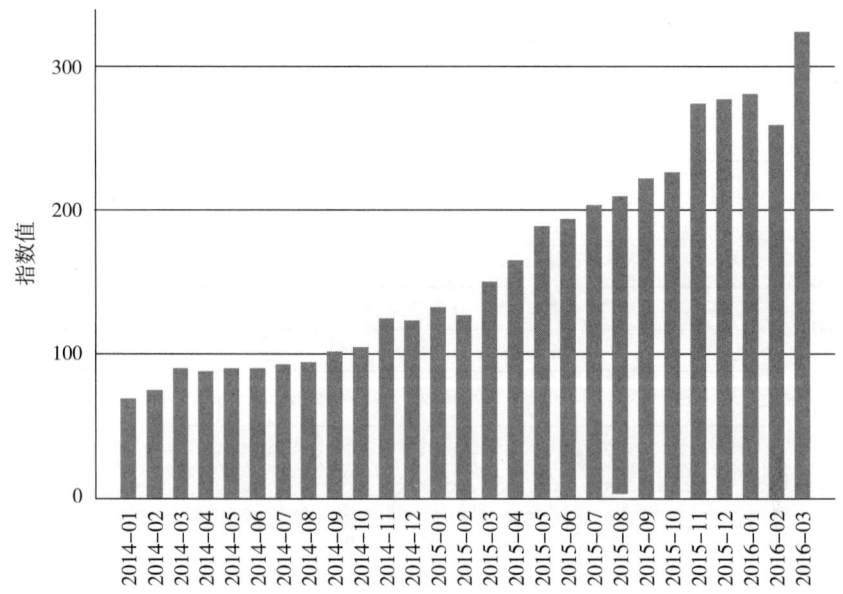

数据来源：北京大学互联网金融发展指数。

图 7-8　广西壮族自治区互联网金融发展指数

2016年3月的数据中，广西壮族自治区互联网金融发展指数最高的城市是省会南宁市，它的指数值为499.83，在全国335个地级市中排名第44位，高于全国的平均水平。然而广西的发展并不均衡，各城市之间差异很大。2016年3月的数据如图7-9所示，互联网金融发展水平最高的南宁市的指数大约是发展水平最低的河池市的指数的2.2倍。河池市的互联网金融发展指数在全国335个地级市中排名第296位。处在广西的14个地级市中有9个地级市的互联网金融发展指数没有超过300，除南宁市之外，只有北海市、柳州市、防城港市、桂林市4个城市的互联网金融发展指数超过了300。仅有两个城市，南宁市和北海市的互联网金融发展指数高于400，其中仅南宁市的指数超过了全国的平均水平。

广西壮族自治区是中国对东盟开放合作的前沿窗口，是"一带一路"倡议有机衔接的重要门户。2013年，中国人民银行、发展改革委、财政部、商务部、海关总署、国务院港澳事务办公室、国务院台湾事务办公室、中国银行业监督管理委员会、中国证券监督管理委员会、中国保险监督管理委员会、国家外汇管理局经国务院批准联合颁布了《云南省 广西壮族自治区建设沿边金融综合改革试验区总体方案》。沿边金融综合改革试验区包括广西的南宁市、钦州市、北海市、防城港市、百色市、崇左市。主要任务是推动跨境人民币业务创新，完善金融组织体系，培育发展多层次资本市场，推进保险市场发展，加快农村金融产品和服务方式创新，促进贸易投资便利化，加强金融基础设施建设的跨境合作，完善地方金融管理体制，健全金融改革风险防范机制与跨境金融合作交流机制。张国成（2015）介绍自2013年以来，广西的首府南宁市便以建设沿边金融综合改革试验区为契机，不断发展金融改革创新，完善金融组织体系，在跨境人民币业务上取得了一定的成果。《云南省 广西壮族自治区建设沿边金融综合改革试验区总体方案》的颁布为广西带来了大力发展金融市场的新机遇，势必会为广西互联网金融的发展带来新的正面冲击。

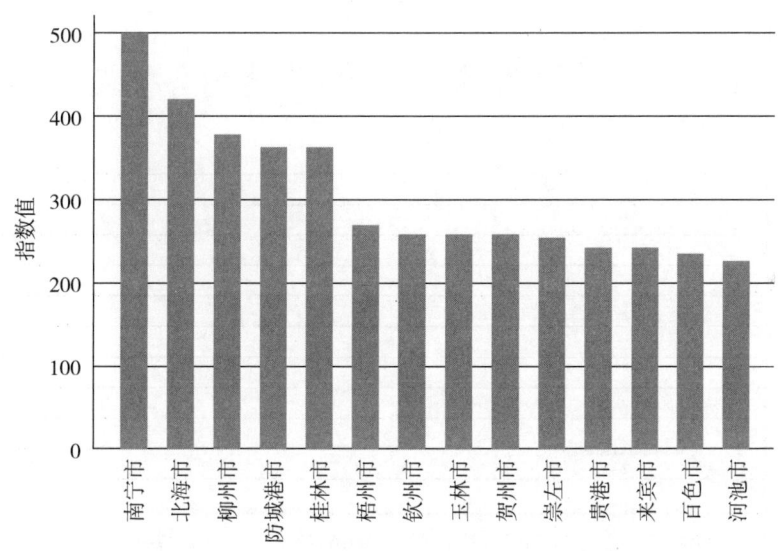

数据来源：北京大学互联网金融发展指数。

图7-9 广西壮族自治区各市2016年3月互联网金融发展指数

互联网金融的快速发展对传统金融业产生了不小的影响。互联网银行、互联网基金销售和互联网保险是传统金融业面对新挑战做出的相应变化。从图7-10可以看到网上银行的交易规模增长迅速，从2003年的24.3万亿元到2016年的2369.8万亿元，13年间增长了将近100倍，交易规模还将持续增长。图7-11统计了2014年到2018年间使用互联网进行理财的用户规模。从图可见用户规模也是持续增长。2014年6月，用户规模为 6383 万人，到了 2018 年 12 月，用户规模上升到 1.5138 亿人，4 年间用户规模增长了 2 倍多。关于互联网保险，中国保险行业协会发布的《2017 中国互联网保险行业发展报告》指出，截至 2016 年年底，全国共有 124 家保险公司经营互联网保险业务，其中经营互联网人身保险业务的公司有 64 家，经营互联网财产保险业务的公司有 60 家。这些年的发展同其他传统金融业一样迅速，2011 年，经营互联网保险业务的保险公司仅有 28 家，5 年间数量增加了 5 倍。

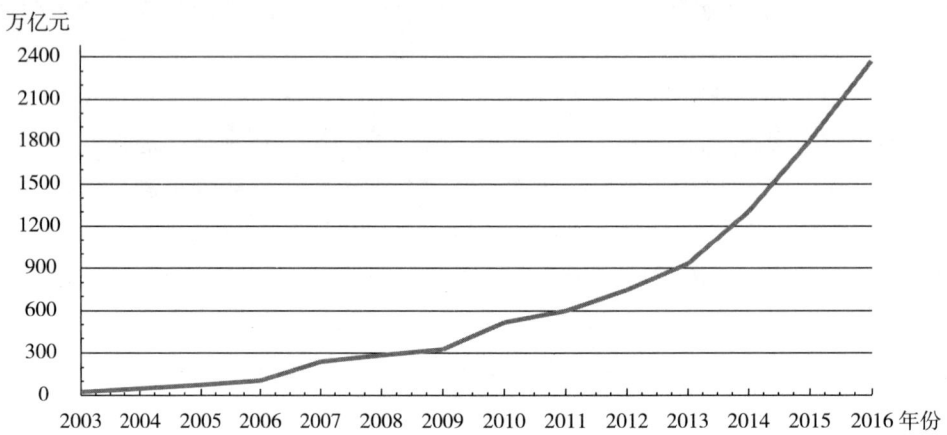

数据来源：Wind。

图 7-10　网上银行交易规模（艾瑞）

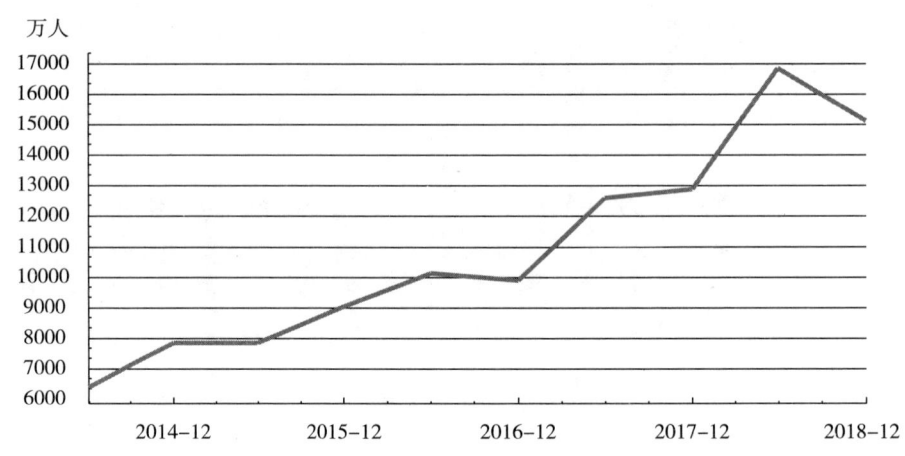

数据来源：Wind。

图 7-11　互联网理财用户规模

下文将通过描述广西互联网支付，股权众筹融资和网络借贷的基本情况来分析广西互联网金融的发展状况及其面临的问题。

二、第三方支付

《指导意见》中对互联网支付的定义如下：互联网支付是指通过计算机、手机等设备，依托互联网发起支付指令、转移货币资金的服务。图7-12描绘了从2007年第一季度到2017年第四季度，中国第三方互联网支付的季度规模。在此期间，中国的第三方互联网支付飞速发展，市场规模从2007年第四季度的351亿元增长到2017年第四季度的71000亿元，市场规模增长了200倍，10年间每年的平均增长达到了20倍。

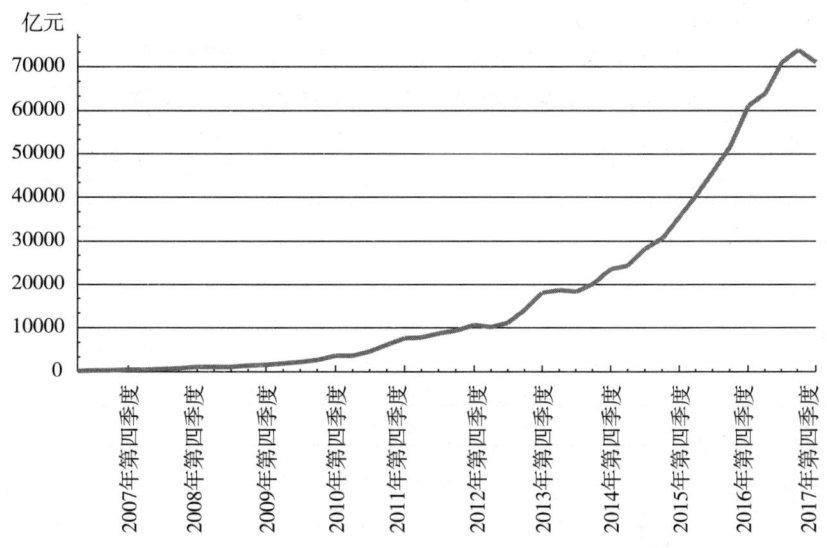

数据来源：Wind。

图7-12 第三方互联网支付市场规模（当季值）

据艾瑞网2018年的报告指出，中国2018年第三方移动支付的交易规模已经达到了190.5万亿元，相比2017年增长率为58.4%。据此预计，在2019年交易规模将达到264.1万亿元，到了2020年交易规模将会高达331.4万亿元，增速自2018年后趋于平稳，不再是超过50%的高增速。

纵观第三方支付的发展状况，余额宝的出现是第三方支付飞速发展的一个重要契机。从图7-14余额宝规模的季度数据可以看到，从2013年第四季度到2018年第四季度，余额宝的规模从1853.42亿元增长到11327.07亿元，短短五年间余额宝的规模增长了6倍多。尽管2017年到2018年余额宝的规模出现了下降，但这些年的增长依然惊人。随着新技术的不断演进开发，扫码支付变得日益平常。2018年，线下扫码支付的交易规模从第一季度的3.5万亿元翻了一番到第四季度的7.2万亿元。2017年，线下扫码支付交易规模占移动支付总体交易规模的比例仅为5.2%，到了2018年，这个比例已经上升到11.2%，同样翻了一番。艾瑞预测，随着线下扫码支付技术越来越安全可靠，它的发展在短期内依然会是移动支付规模的一个主要增长点。

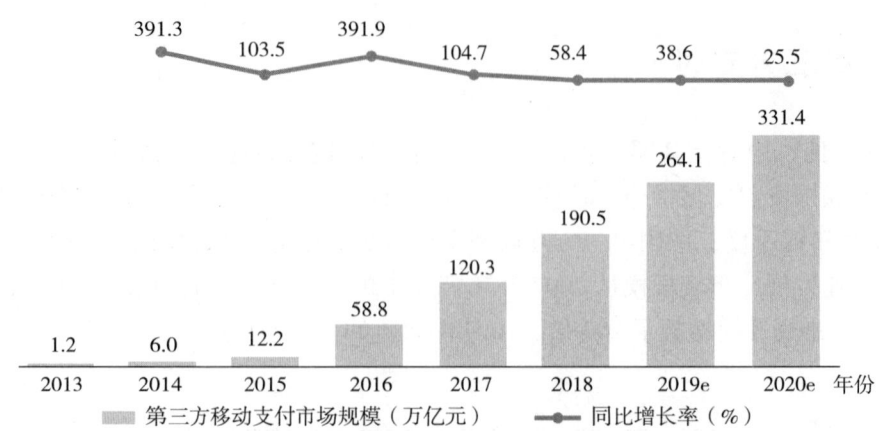

图 7-13 2013—2020 年中国第三方移动支付交易规模

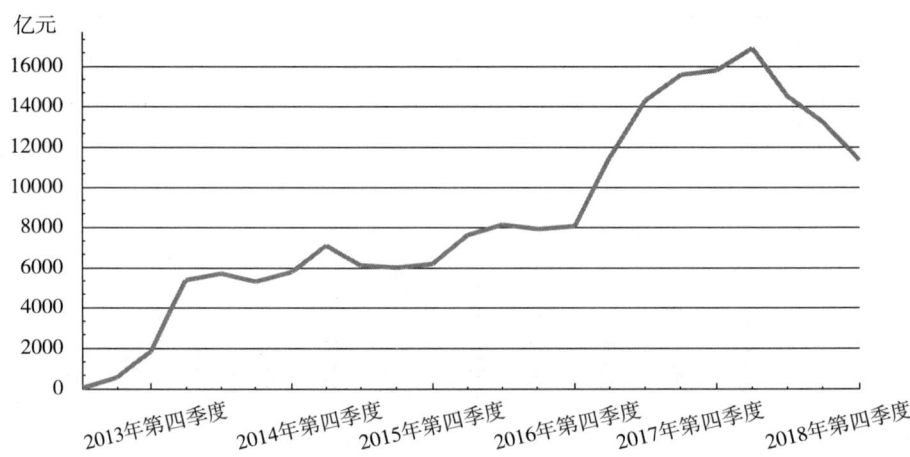

数据来源：Wind。

图 7-14 余额宝规模

第三方移动支付的迅猛发展，出现了一大批第三方支付企业，但随着竞争日益加剧，逐渐形成了市场份额较为集中的状态。如图 7-16 所示，在 2018 年第三方移动支付市场中，支付宝所占的份额比例超过了一半，高达 54.3%。排名第二位的财付通市场份额为 39.2%，它与支付宝的所占份额之和超过了 90%，其他众多第三方支付企业的市场份额之和不到 10%。图 7-17 描绘了支付宝中的货币基金余额宝的发展情况。2013 年 6 月，余额宝的规模只有 42.44 亿元，到了 2018 年 12 月，余额宝的规模达到了 11327.07 亿元。规模的最高峰值曾在 2018 年 3 月达到了 16891.85 亿元。发展的速度之快令人咋舌，5 年间增长了 250 倍。支付宝和财付通分别依托淘宝和腾讯，拥有庞大的客户群体以及丰富多彩的支付场景，并且它们仍然积极地发展新的支付场景，在通过各种措施维持老用户的同时也在不断吸引新的用户。短期内，它们在第三支付市场中的绝对优势地位无人能够撼动。

7. 广西互联网金融发展报告

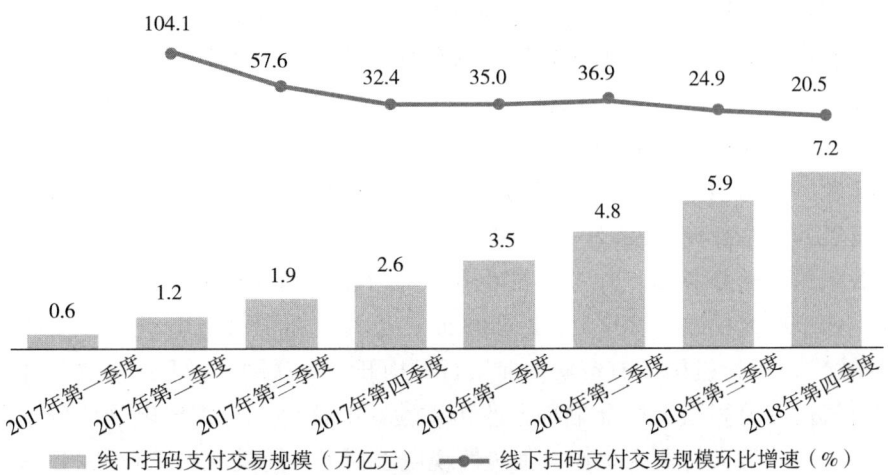

图 7-15 中国线下扫码支付交易规模

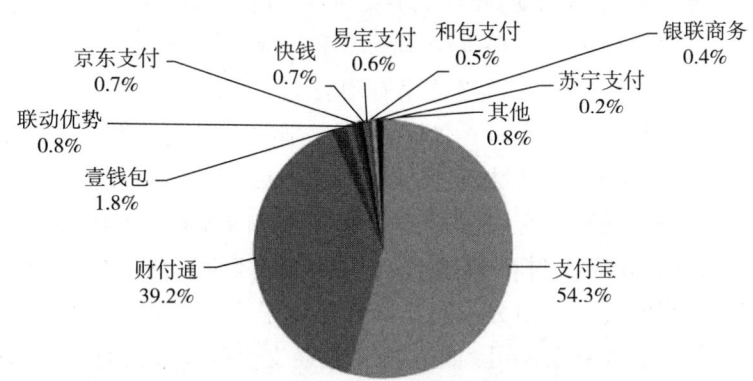

图 7-16 2018 年中国第三方移动支付交易规模市场份额（艾瑞）

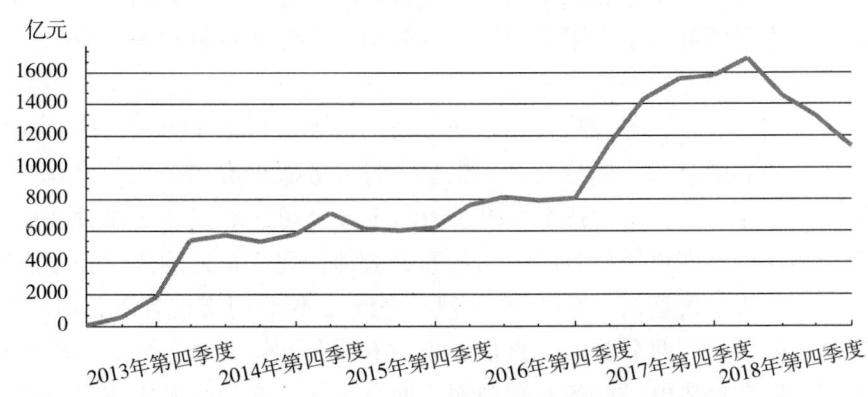

数据来源：Wind。

图 7-17 余额宝规模

2015年6月广西壮族自治区人民政府颁布了《关于支持第三方支付产业发展的若干意见》。提出了规范发展，重点支持；有序竞争，合理集聚；鼓励创新，高效服务的三条基本原则。规划了广西发展第三方支付的主要任务和重点工作：加强政策支持，促进集聚发展；拓展行业应用，鼓励纵深发展；强化配套设施，营造发展环境。为了让第三方支付产业在广西健康持续发展，意见中提出要加强对第三方支付产业发展的组织领导，建立广西第三方支付产业发展联席会议，建立健全组织协调机制，引导第三方支付机构依法规范经营。2015 年 12 月，自治区政府办公厅颁布了《关于促进全区跨境电子商务健康快速发展的实施意见》，鼓励银行和依法取得互联网支付业务许可的支付机构开展跨境电子商务人民币结算业务、外汇支付业务，力争将广西建设成为中国—东盟跨境电子商务基地。南宁市人民政府 2017 年 2 月颁布了《关于加快跨境电子商务发展的若干意见》，鼓励南宁市银行机构或有资质的非银行机构开展互联网支付和跨境支付业务。鼓励第三方支付机构充分利用沿边金融综合改革试验区的优势，与跨境电子商务平台和银行业金融机构开展跨境支付业务合作，促进跨境电子商务、跨境支付产业共同发展。

根据《中华人民共和国中国人民银行法》等法律法规，中国人民银行制定了《非金融机构支付服务管理办法》，为了加强对从事支付业务的非金融机构的管理，向满足条件的支付机构办法支付业务许可证。根据中国人民银行网站上的信息，迄今为止获得支付业务许可的公司有支付宝（中国）网络技术有限公司，银联商务股份有限公司，财付通科技支付有限公司等一共 238 家公司。在 2018 年，中国人民银行南宁中心支行发布的数据显示，在广西一共有 39 家支付机构获得了支付业务许可，其中有 3 家为广西本地支付机构，分别是广西恒大万通支付有限公司，广西支付通商务服务有限公司和北海石基信息技术有限公司。其他 36 家支付机构如下：通联支付网络服务股份有限公司广西分公司，拉卡拉支付股份有限公司广西分公司，资和信电子支付有限公司广西分公司，深圳市快付通金融网络科技服务有限公司，北京海科融通支付服务股份有限公司南宁分公司，易宝支付有限公司广西分公司，银联商务有限公司广西分公司，随行付支付有限公司广西分公司，上海富友支付服务有限公司广西分公司，福建国通星驿网络科技有限公司广西分公司，快钱支付清算信息有限公司南宁分公司，上海汇付数据服务有限公司南宁分公司，杉德支付网络服务发展有限公司广西分公司，上海盛付通电子支付服务有限公司广西分公司，平安付科技服务有限公司广西分公司，平安付电子支付有限公司广西分公司，中汇电子支付有限公司广西分公司，银盛支付服务股份有限公司，嘉联支付有限公司广西分公司，北京钱袋宝支付技术有限公司南宁分公司，现代金融控股（成都）有限公司广西分公司，中付支付科技有限公司广西分公司，北京畅捷通支付技术有限公司广西分公司，深圳瑞银信信息技术有限公司广西分公司，付临门支付有限公司广西分公司，卡友支付服务有限公司广西分公司，点佰趣支付有限公司广西分公司，乐刷科技有限公司广西分公司，联动优势电子商务有限公司广西分公司，广州合利宝支付科技有限公司广西分公司，天下支付科技有限公司广西分公司，广东盛迪嘉电子商务股份有限公司广西分公司，易生支付有限公司广西分公司，先锋支付有限公司广西分公司，联通支付有限公司广西分公司，支付宝（中国）网络技术有限公司广西分公司。

广西的网民规模在 2016 年就达到了 2213 万（见图 5），网民普及率为 46.1%，第三方支付随着网民规模的提高也逐渐普及开来。从图7-18广西每周电影网络售票占比可见一斑,在2015年底网络售电影票的比例为69%,到了2018年网络售电影票的比例稳定在80%左右。由此可知,第三方支付的普及已经渗入到人们的日常生活中。

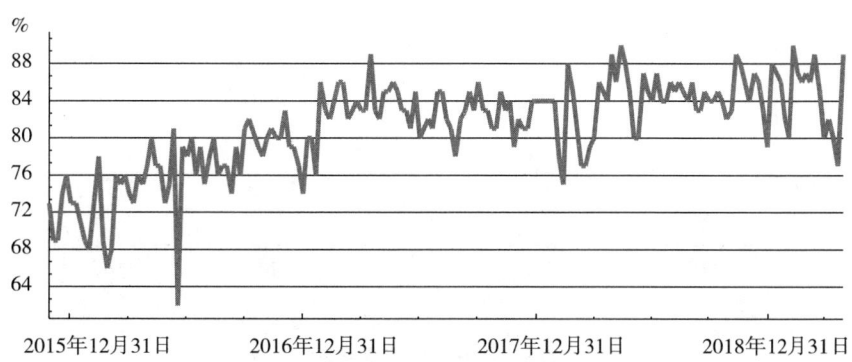

数据来源:Wind。

图7-18 广西每周电影网络售票占比(当周值)

随着技术不断地创新,第三方支付还将会改变人们的日常生活方式。对广西而言,与东盟的开放合作,将会加快第三方支付在广西的发展,提高人民币在东盟国家的竞争力、影响力和辐射力。作为中国对东盟开放合作的前沿窗口以及"一带一路"政策有机衔接的重要门户,在广西推广与东盟贸易人民币的结算,吸引更多的高质素的电商入驻广西,这都会有助于提升广西金融服务在周边国家和地区的影响力,为广西的第三方跨境支付发展带来新机遇和新挑战。

三、众筹融资

《指导意见》中指出股权众筹融资主要是通过互联网形式进行公开小额股权融资的活动。具体而言是指项目发起人借助网络众筹平台向大众投资人公开发出的融资申请,并承诺项目成功后向投资人提供产品或服务、股权、债权等回报的一种新型互联网融资模式。筹资项目必须在发起人预先设定的时间内达到或者超过起初设定的目标金额才算成功。项目一旦成功,发起人即可获得资金。筹资项目完成后,参与筹资的支持者将获得发起人事先承诺的回报。如果筹资项目在设定的时间内没有达到目标金额,项目失败,项目已经获得的资金将全部退还给支持者。随着众筹行业的不断发展,众筹的形式也在不断变化,在我国存在着股权众筹、奖励型众筹、捐赠型众筹等不同形式的几百家众筹平台。从图7-19可看到从2013年到2017年我国的众筹平台数的发展情况,在2013年众筹平台只有29家,到了2016年众筹平台数量达到427家,3年间增长超过了14倍。经历2016年的高峰之后,在2017年众筹平台数量大幅下滑,下降到了209家,跌幅超过了50%。可见在金融监管日益严格的背景下,一些发展不好,运营不规范的众筹平台退出市场,众筹行业迈进规范期。

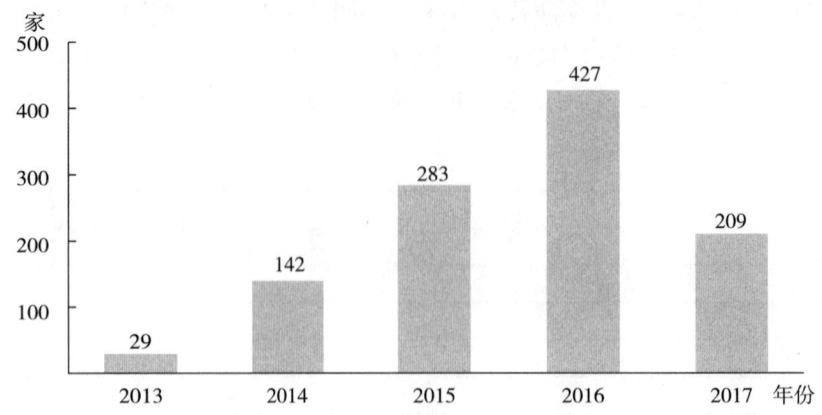

数据来源：盈灿咨询。

图 7-19 众筹平台数

相比 2016 年，2017 年众筹平台总数量减少了 218 家，但实际新增有 113 家。数量减少主要体现在一些平台主动停业或者选择转型，其中倒闭平台数量高达 270 家，转型平台 8 家，跑路、提现困难及下架众筹板块的平台数量为 53 家。从众筹行业退出的这 331 家平台，出现问题和转型的重要原因是由于众筹行业发展前期，法律法规不够健全，一些平台为了追求速度，扩大规模，罔顾风险。随着金融监管日益趋严，这些平台就陷入不规范经营的泥沼。另外一些平台规模较小，在市场的激烈竞争中无法与巨头平台抗争，只有选择退出舞台。

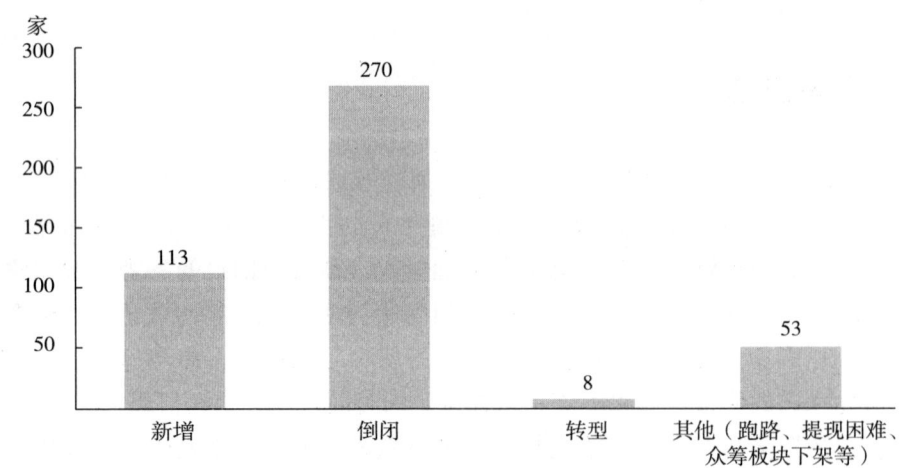

数据来源：盈灿咨询。

图 7-20 2017 年全国平台发展情况

在 2013 年及之前，众筹行业的筹资金额仅为 3.35 亿元，随着众筹平台数量的快速增加，到了 2016 年筹资金额上升至高点，达到 224.78 亿元，是 2013 年的 70 倍，2014 年的 10 倍。尽管 2017 年众筹平台数量相比 2016 年减少了一半，但是筹资金额只有略微减少，全年筹资额共有 220.25 亿元。与 2015 年相比，2017 年的平台数量虽然较少，但筹资金额却比 2015 年提高了将近两倍。这也进一步说明众筹行业步入健康发展期。

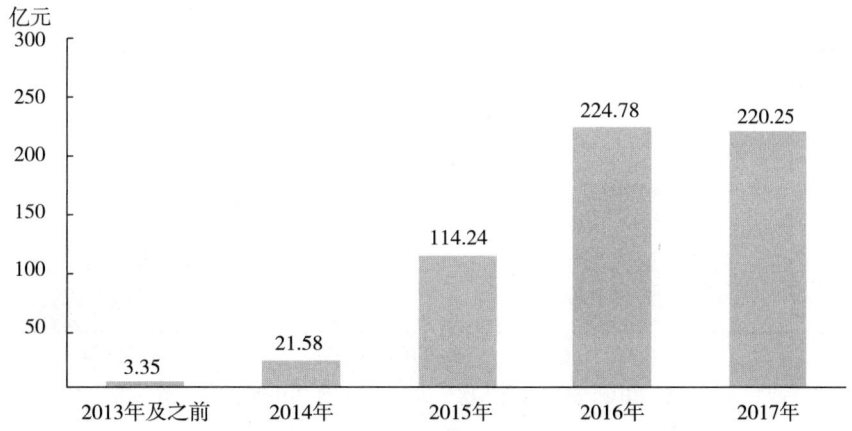

数据来源：盈灿咨询。

图 7-21　众筹行业筹资金额

下文利用盈灿咨询的相关数据，阐述 2017 年和 2016 年我国众筹平台的基本情况。2017 年，在正常运营的众筹平台中，奖励众筹平台的数量最多，有 95 家。数量第二高的众筹平台是非公开股权融资平台，有 71 家。第三高的众筹平台类型包含两种众筹类型及以上的混合众筹，有 34 家。公益众筹平台依然属于小众，仅有 9 家。由于对股权融资众筹平台的监管尚未明确，阿里、腾讯等巨头旗下的非公开股权融资平台都暂停了相关业务。

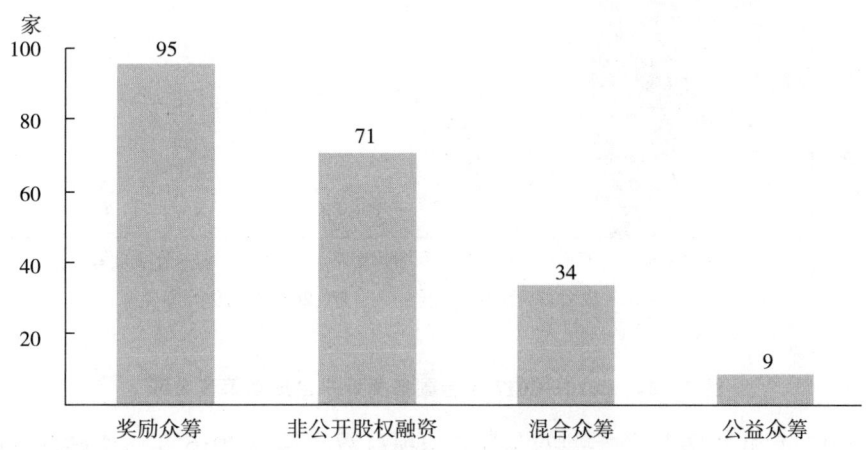

数据来源：盈灿咨询。

图 7-22　2017 年全国众筹平台不同类型分布

2017 年全国众筹行业总投资达 4473.32 万人次，相比 2016 年，减少了 6481.35 万人次，下降 59.16%。奖励众筹和公益众筹，相比 2016 年，下降的比例都超过了 50%。究其原因，2017 年出现问题和选择转型的平台数量有 331 家，风险的上升，削弱了投资者参与众筹的热情，提高了投资者选择被市场高度认可的龙头平台的激励。

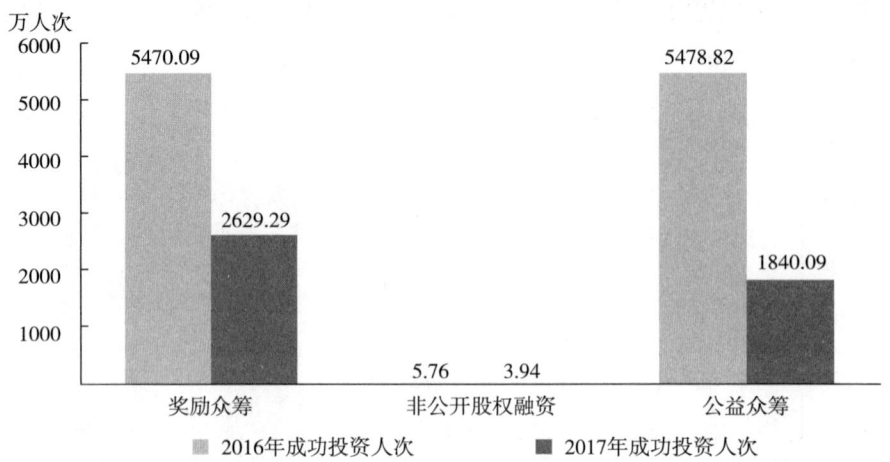

数据来源：盈灿咨询。

图7-23 2016—2017年全国众筹投资人次

对比2017年和2016年各类型众筹的成功筹资金额。相较2016年，奖励众筹的筹资金额增加了28.03亿元，达到了195.3亿元；非公开股权融资的筹资金额下降了31.54亿元，减至21.44亿元；公益众筹的筹资金额减少了1.02亿元，降至3.51亿元。

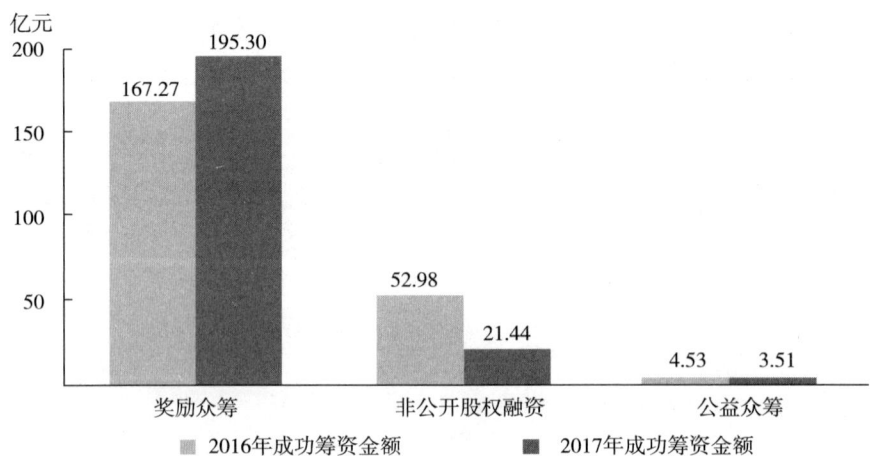

数据来源：盈灿咨询。

图7-24 2016—2017年全国各类型平台成功筹资金额

对比2017年和2016年各类型的众筹成功项目数。相较2016年，奖励众筹的成功项目数减少了18054个，降至36641个；公益众筹的成功项目数增加了2776个，升至17374个；非公开股权融资的成功项目数大幅减少，超过了8成的减幅，降至472个。

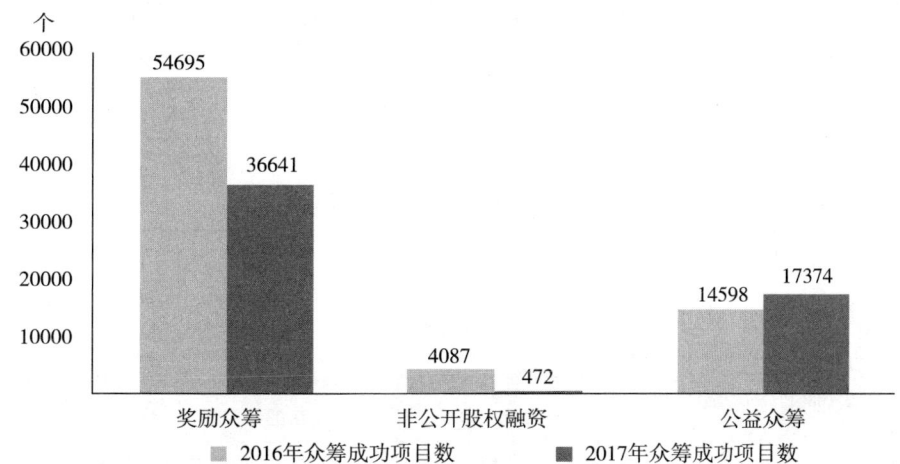

数据来源：盈灿咨询。

图 7-25　2016—2017 年全国各类型平台众筹成功项目数

图 7-26 展示了 2017 年全国各类型众筹平台的细分情况。各众筹平台的经营方向主要有两大方向，一个方向是细分领域的专业垂直众筹，如汽车众筹、影视文化众筹、创投类众筹等。其中数目最少的新能源众筹平台仅有 1 家，最多的是汽车众筹平台，有 35 家。影视文化平台数量位居第二，有 21 家。数量超过 10 家的有创投类众筹平台和消费店铺类众筹平台。其余的平台的数量都小于 10 家，分别是公益类 8 家，房产类 6 家，农业类 5 家，医疗类 3 家以及民宿类 2 家。另一个方向是综合类众筹，是指该类平台的主要众筹业务类别包含以上垂直众筹的业务两种及以上。这类平台的数量最多，达到 100 家。

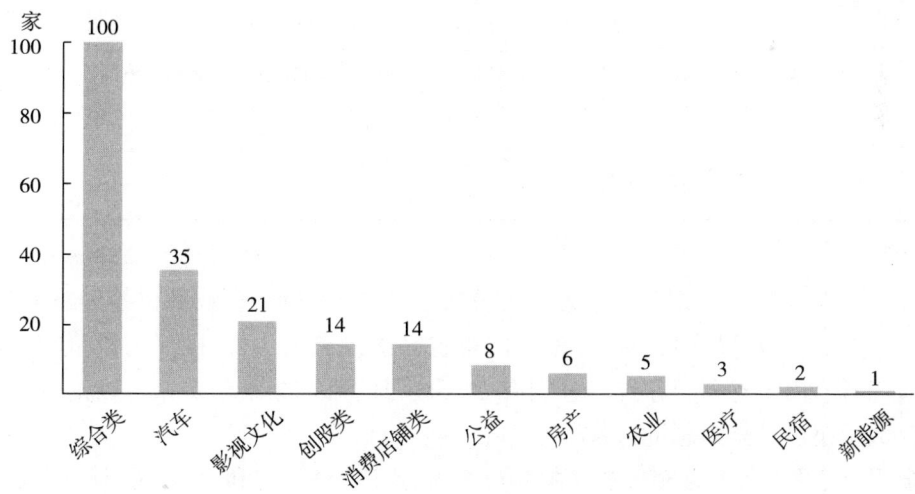

数据来源：盈灿咨询。

图 7-26　细分 2017 年全国众筹平台项目领域

表 7-1 呈现了 2017 年全国十大热门众筹项目，每个项目的投资都超过了 9 万人次。

第一大热门项目是京东众筹发起的"云猫智能门锁 指纹密码锁"项目，投资接近20万人次，高达195448人次。第十大热门项目也是京东众筹发起的"精武鸭脖武汉老味道卤味零食"项目，投资达92060人次。从这十大热门项目可以看出，受欢迎的项目主要关于吃穿住行，日常生活。

表7-1　　　　　　　　　　　2017年全国十大热门众筹项目

平台	项目名称	项目特点	投资人次
京东众筹	云猫智能门锁 指纹密码锁	作为一款智能门锁产品，将蓝牙、手机、指纹、密码、钥匙等多种开锁方式集于一体，既安全，又智能	195448
小米众筹	大方1080P高清云台摄像机	高速云台，全景视角+智能辅助检测，能带给人更加方便的摄像体验，帮你记录生活的每一刻	178625
京东众筹	全新一代迈腾 领世登场	大众迈腾新品，在MQB/B平台基础上，集合了多项科技，是一款超越B级、比肩C级的商务新旗舰	159681
淘宝众筹	【政府推荐】中国甜糯玉米之乡非转基因玉米	绿色、有机、非转基因、真空保鲜、可追溯产地、无任何添加玉米	135344
苏宁众筹	9.8折抢筹苏宁卡O2O购物节折上折	苏宁云商集团发行的可以在线上苏宁易购商城、苏宁易购APP、线下门店等渠道购买苏宁自营商品使用的代金卡	132607
淘宝众筹	化妆刷电动清洗器 刷毛干净，化妆更美丽	清洗器的超高转速，可让灰尘、化妆品残留等迅速脱离刷毛，彻底清洗化妆刷，快速甩干	111423
苏宁众筹	Hey！这里的现金能翻10倍	苏宁易购APP现金翻红包券，红包可叠加，支持5元可返50元红包，支持10元可返100元红包	110000
小米众筹	小方智能摄像机	1080P全高清画质，配备红外夜视，移动供电，手机直连，还有语音功能	100000
小米众筹	韩红爱心暖秋重阳 尊老敬老公益行动	由北京韩红爱心慈善基金会发起，免费实施白内障复明手术，敬老院义诊，捐建急救室、救护车	93050
京东众筹	精武鸭脖武汉老味道卤味零食	精选英国樱桃谷鸭，多种香辛料精确配比，传统古法卤制，是吃货们的福音	92060

数据来源：盈灿咨询。

2017年，从全国层面来看，众筹平台分布在18个省市，多数都位于经济发达地区。北京市的众筹平台数量最多，有57家，广东省其次，有42家，接下来数量较多的是上海市、浙江省、山东省和江苏省，分别有27家、21家、17家和9家。以上六个省市的众筹平台数量超过了全国总量的80%。

从全国众筹平台筹资金额来看，在2017年北京市、浙江省和上海市位居前列，筹资金额分别达到54.84亿元、50.65亿元和31.25亿元，占全国总额的比例分别为25%、23%和14%，三省市的总量超过了全国总量的一半。筹资金额超过20亿元的还有山东、广东和江苏三省。其余省市的筹资金额总量较少，仅有7.3亿元，占全国总量的比例仅为3%。

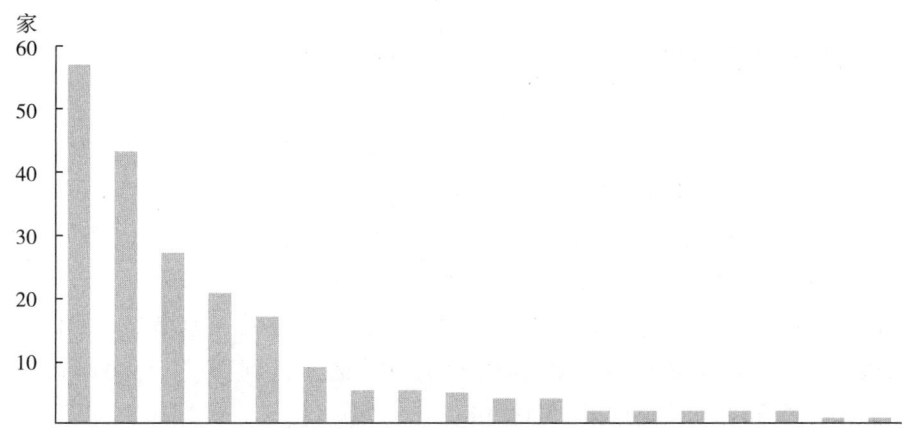

数据来源：盈灿咨询。

图 7-27　2017 年全国各省份众筹平台数量

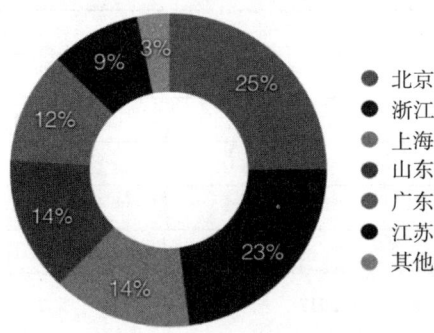

数据来源：盈灿咨询。

图 7-28　2017 年全国各省份筹资金额

从以上的分析可以看出，经济发达地区众筹平台的发展大大领先于其他省市，中短期内众筹筹资规模依然是由这些发达省市所决定的。具体看广西的众筹平台，在众筹家（http：//www.zhongchoujia.com）网站上共统计了 5 家广西众筹平台，其中八桂众筹、孵蛋网、众筹在线和众筹网均显示已经下线，而唯一显示运营中的越梦众筹平台的网页已经过期。随着监管的加强，风险的上升，投资者会选择投资那些有着互联网巨头背景的龙头平台，经济欠发达的省市的众筹平台生存的空间逐步缩小。在竞争激烈的大环境下，一些具有较强针对性的举措可能引来新的机会，唐美婷（2015）提出桂林可以从观光游走向休闲体验游，开发桂林乡村旅游，发展旅游众筹是提升桂林旅游品质的一个有效举措。张晓江和李伟（2017）介绍了在南宁召开的广西第一届香蕉农场主众筹采购大会。

四、P2P 网络借贷

《指导意见》中指出网络借贷包括个体网络借贷（即 P2P 网络借贷）和网络小额贷款。个体网络借贷是指个体和个体之间通过互联网平台实现的直接借贷。网络小额贷款是指互联网企业通过其控制的小额贷款公司，利用互联网向客户提供的小额贷款。

2009 年全国 P2P 网贷平台的交易规模只有 1.5 亿元，之后连续两年，交易规模都未达到 100 亿元。从 2012 年开始，P2P 网贷平台的交易规模开始飞速增长，2013 年交易规模接近 1000 亿元，2016 年交易规模已接近 15000 亿元，到 2017 年交易规模已高达 23240.03 亿元，八年间增长超过了 15000 倍。

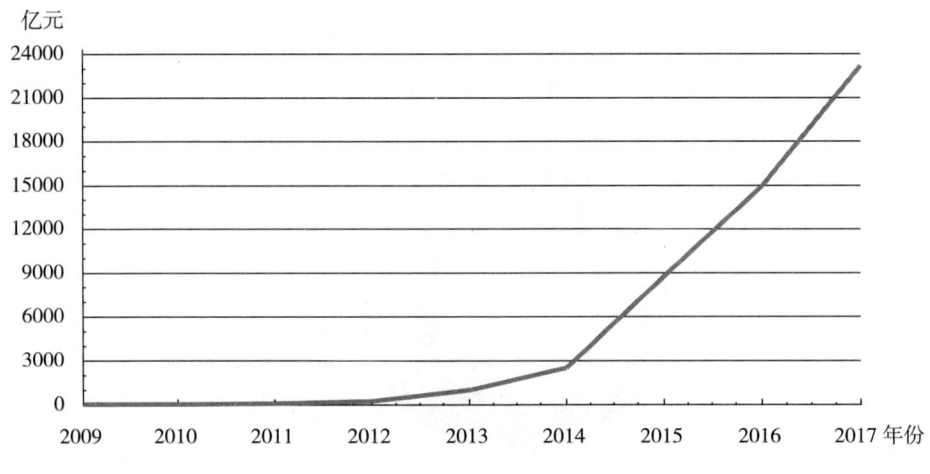

数据来源：Wind。

图 7-29　P2P 贷款交易规模

P2P 网贷行业的快速发展，一些平台的相关公司选择 IPO 上市，截至 2018 年年底，共有 9 家成功在境外上市（境内暂还未有相关公司完成上市），其中 7 家公司均选择在美国市场上市。主要原因是国内上市门槛较高，要求公司的盈利达到一定标准，而美国市场对公司的盈利要求较低，上市等待期较短。这 9 家公司上市之后，只有点牛金融一家股价上涨，其余 8 家都有较大跌幅，超过了 30%。

2018 年底，全国正常运营平台的数量为 1021 家。2010 年，全国的运营平台仅有 23 家，到 2012 年，运营平台已达 132 家，2015 年，运营平台数量上升到最高峰，达到 3464 家。随之平台数量连续三年呈现下降趋势，2016 年有 2568 家，2017 年有 2240 家。2018 年相较于 2017 年平台数量减少了一半，主要原因是在 7 月和 8 月风险集中爆发，造成多家平台停业。

表7-2 上市P2P网贷平台相关公司

平台	股票代码	上市时间	上市地点
宜人贷	YRD	2015.12.18	纽交所
信而富	XRF	2017.04.28	纽交所
和信贷	HX	2017.11.03	纳斯达克
拍拍贷	PPDF	2017.11.10	纽交所
爱鸿森	AIHS	2018.03.16	纳斯达克
51信用卡	02051	2018.03.20	港交所
小赢科技	XYF	2018.09.19	纽交所

数据来源：网贷之家。

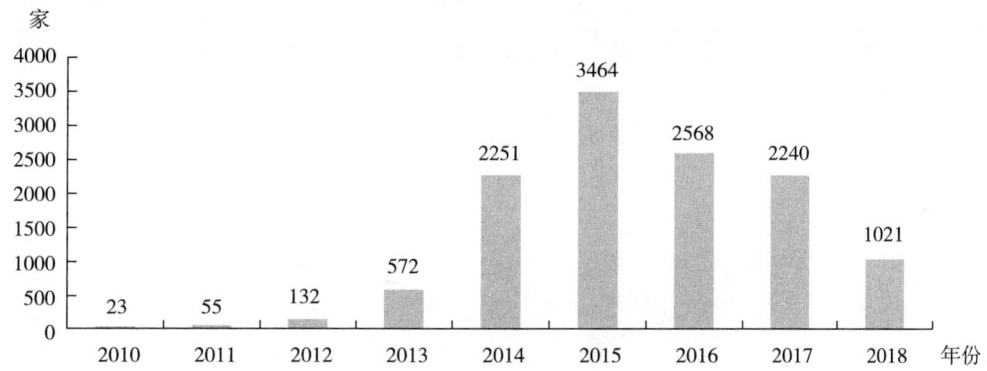

数据来源：网贷之家。

图7-30 P2P网贷正常运营平台数量

具体来看全国各省市P2P网贷正常运营平台数量。在2018年底，正常运营平台数量居多的都处在经济发达地区，十分集中。排名第一位的是广东省，有236家，紧随其后的是北京市，有211家，排名第三位的是上海市，有114家。前三位的平台数量超过了全国总量的一半，占全国总量的比例高达55%。除了广东省、北京市和上海市之外，其余各省市的平台数量都不到100家。广西壮族自治区的平台数量仅有16家，排在全国的第15位。

自2013年以来，网贷行业的综合收益率就呈现下降的趋势。2013年的综合收益率达到21.25%，之后逐年减少，在2017年综合收益率不足10%，仅为9.45%。到2018年，综合收益率有微小回升，涨到9.81%，主要是由于平台爆雷数量增多，为了稳定市场，一些平台采取了加息的手段。

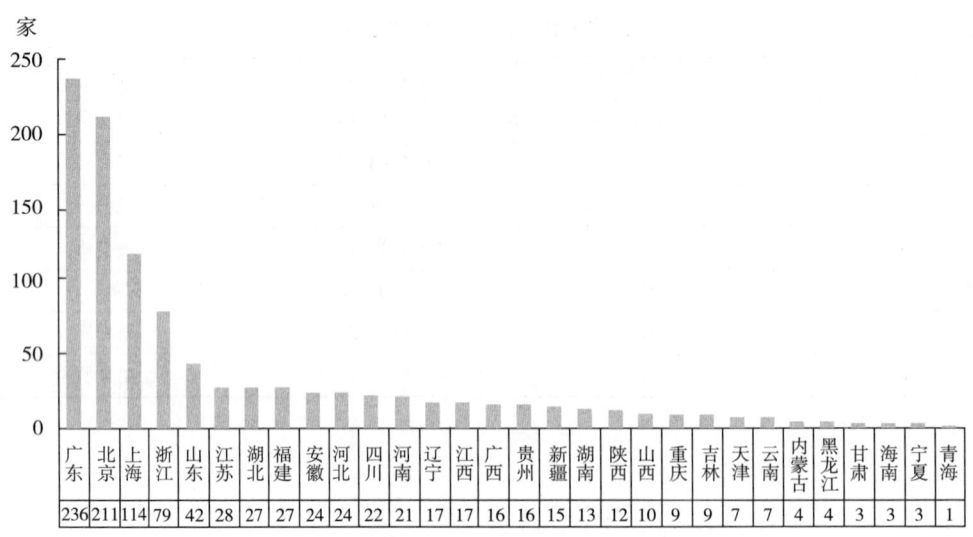

数据来源：网贷之家。

图7-31 2018年底各省市P2P网贷正常运营平台数量

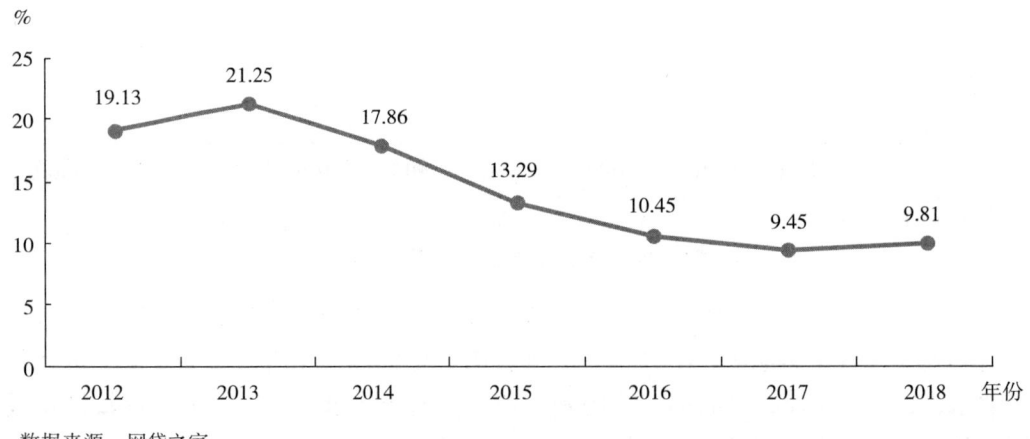

数据来源：网贷之家。

图7-32 P2P网贷行业综合收益率

P2P网贷的一个重要指标是借款期限。从2013年开始，P2P网贷的借款期限就呈现上升的趋势。2013年，平均借款期限为4.73个月，之后每年均有所增长，2017年至2018年增长的幅度最大，从9.16个月上升到12.65个月。这主要反映出随着行业发展渐趋稳定，监管日益严苛，"期限短、高利率"的小平台逐步退出市场，龙头平台更愿意发布长期项目标的，于是平均借款期限增长。

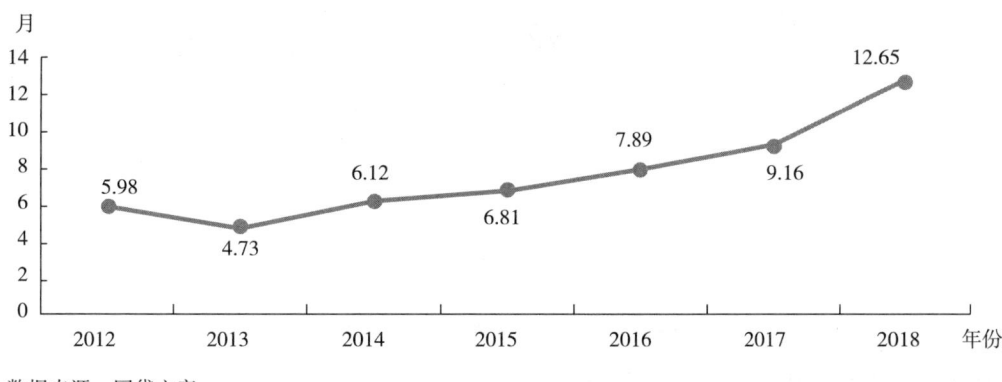

数据来源：网贷之家。

图 7-33　P2P 网贷行业平均借款期限

由于 2018 年 P2P 网贷行业爆发了不少风险事件，各平台的成交量和投资人数都受到较大影响。2018 年出借人数和借款人数大约分别为 1331 万和 1992 万，相比 2017 年，分别减少 22.3% 和 11.19%。P2P 平台的风险主要由出借人即投资人承担，因此借款人数会远远高于出借人数。

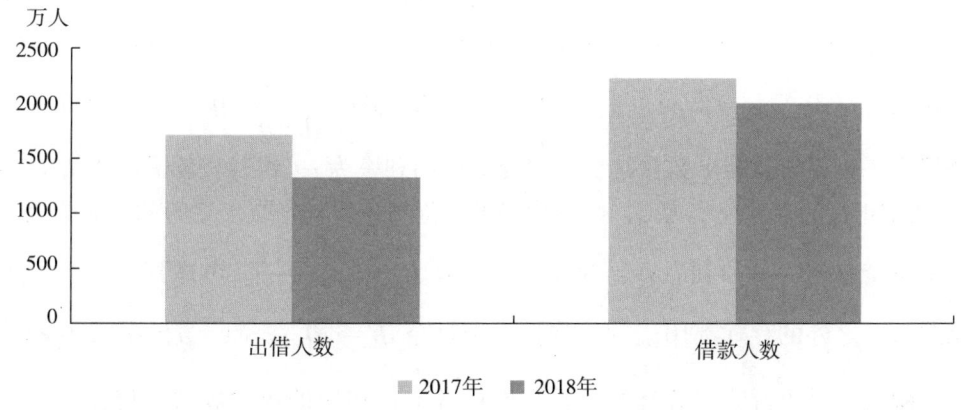

数据来源：网贷之家。

图 7-34　对比 2017 年与 2018 年 P2P 网贷出借人数、借款人数

从不同业务类型来看贷款余额。市场中的借款人只有两类，一类是企业，称其为企业贷；另一类是个人，根据是否有抵押物将个人借款分为个人信贷和个人抵押贷。个人信贷主要包括没有抵押物的个人消费贷款，个人抵押贷则包括车抵贷、房抵贷、艺术品质押等。个人信贷已经成为 P2P 网贷行业的基石。2018 年，个人信贷的贷款余额占比最高，达到 84.49%。企业贷的贷款余额占比为 10.14%，个人抵押贷的贷款余额占比不到 10%，仅为 5.37%。

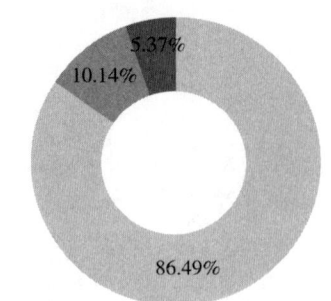

数据来源：网贷之家。

图 7-35 对比 2017 年与 2018 年 P2P 网贷出借人数、借款人数

伴随着 P2P 网贷的快速发展，个人和企业的贷款业务必然会影响到商业银行的收益，进而让商业银行选择不同的风险承担行为，力求维持稳定的收益。本文采用顾海峰和杨立翔（2018）关于互联网金融约束下银行风险承担行为的模型设定，对 P2P 冲击下银行风险承担行为进行分析。理论模型的设定如下：市场中存在一个以利润最大化为目标的代表性银行，它的资产负债表为 $R+L=D+K$。其中，R 为法定存款准备金，D 为存款，$R=\rho D$，ρ 为法定存款准备金率。L 为银行贷款额，K 为银行资本。发放贷款的存款比例为 $D/L=(1-K/L)/(1-\rho)$，记 $k=K/L>0$，则 $D/L=\dfrac{1-k}{1-\rho}$。由于在贷款市场中，贷款利率越高，银行贷款需求数量越少。记贷款市场利率为 i，银行贷款需求为 $L=\bar{L}-L_1 i$，$L_1>0$。假定银行的存款利率为 i_0，则贷款利息收益与存款利息支出之间的差异为 $iL-i_0 D$，于是每单位贷款与存款的利息差异为 $\Delta i=i-i_0 D/L=i-i_0\dfrac{1-k}{1-\rho}$。考虑到银行不可能将所有的除准备金之外的存款都用于发放贷款，于是令 $iL-i_0 D=i(1-\rho)D-i_0 D<0$，即 $i<\dfrac{i_0}{1-\rho}$。同时，对银行的权益资本需要给投资者支付相应的风险收益，记作 $i_k=\dfrac{i_0}{1-\rho}+\alpha$，此处 $\alpha\geq 0$ 为一个常量。从此式可知给投资者的收益 i_k 要比贷款市场中的利率水平 i 高，对投资者所承担的风险有一定补偿。本文仅分析银行的风险承担行为，为此假设银行的经营成本只源于管理贷款业务而产生的监管成本，银行对贷款业务监管的严格程度越高，贷款业务产生的监管成本也就越高。由于一般成本函数具有严格凸和二阶连续可导的特性，假定银行的监管单位贷款的成本函数为 $C=\dfrac{1}{2}cq^2 L$，$c>0$ 表示监管成本系数。$q>0$ 表示银行监管的严格程度。P2P 的高速发展会影响到银行的存贷利差，降低银行的利润，记 P2P 的发展规模为 p，设定存贷利差 Δ_i 为 p 的函数，$\Delta i=i(p)$，$\dfrac{d(\Delta i)}{dp}<0$。受到 P2P 的冲击，银行会努力改善自身管理办法，提高对贷款的监管效率，从而降低监管成本系数，于是假定 c 也为 p 的函数，$c=c(p)$，$\dfrac{dc}{dp}<0$。

根据模型的以上假定，代表性银行的利润最大化问题归结为求解下面的有约束的最优化问题。令银行的利润为 π，则最优化问题为

$$\max \pi = \max_{L,D,K} \{q[iL-(D-R)i_0/(1-\rho)]-i_k K-C\}$$

相应的约束条件如下：

$$R+L-D+K \Rightarrow (1-\rho)D+K=L, \quad k=K/L$$

$$L=\bar{L}-L_1 i$$

$$i_k = \frac{i_0}{1-\rho}+\alpha$$

$$\Delta i = i-i_0\frac{1-k}{1-\rho}, \quad \Delta i = i(\rho), \quad \frac{d(\Delta i)}{dp}<0$$

$$C=\frac{1}{2}cq^2 L, \quad c=c(p), \quad \frac{dc}{dp}<0$$

对此有约束的最优化问题进行求解。代表性银行面临着两个阶段的选择，在第一阶段选择最优的贷款利率 i^*，在第二阶段选择最优的监管严格程度 q^*。模型的求解采用逆向归纳法。将利润函数化简成关于 L 和 q 的函数：

$$\max \pi = \max\left\{q[i-(1-k)i_0/(1-\rho)]-i_k k-\frac{1}{2}cq^2\right\}L$$

先求解在第二阶段银行监管严格程度的最优选择，此时假设 i 为外生变量，据最大化一阶条件 $\frac{\partial \pi}{\partial q}=0$，可以将银行监管严格程度的最优选择 q^* 表示为 i 的函数，$q^* = \frac{i-(1-k)i_0/(1-\rho)}{c}$ 将第二阶段最优的 q^{**} 代入到 $\max \pi$ 中，再求解在第一阶段银行贷款利率的最优选择，代入后 $\max \pi$ 简化为

$$\max \pi = \max\left\{\frac{[i-(1-k)i_0/(1-\rho)]^2}{2c}-i_k k\right\}L$$

由于 $\Delta i = i-i_0\frac{1-k}{1-\rho}$，所以上式可以简化为

$$\max \pi = \max\left\{\frac{(\Delta i)^2}{2c}-i_k k\right\}L$$

据最大化一阶条件 $\frac{\partial \pi}{\partial i}=0$，可以求得第一阶段银行发放贷款的最优利率 i^*。因为 $L=\bar{L}-L_1 i$，记一阶条件 $F=\frac{\Delta i}{c}L-\left[\frac{(\Delta i)^2}{2c}-i_k k\right]L_1=0$，则可以得到贷款需求函数如下：

$$L(i^*)=\left[\frac{i^*-(1-k)i_0/(1-\rho)}{2}-\frac{ci_k k}{i^*-(1-k)i_0/(1-\rho)}\right]L_1$$

接下来考察 P2P 和银行存贷利差的关系。由于 $q^*=\frac{i-(1-k)i_0/(1-\rho)}{c}$，则有：

$$\frac{\partial^2 q^*}{\partial p\partial(\Delta i)}=\frac{\partial q^*}{\partial i}\times\frac{\partial^2 i}{\partial p\partial(\Delta i)}+\frac{\partial q^*}{\partial(\Delta i)}\times\frac{d(\Delta i)}{dp}$$

其中，$\dfrac{\partial q^*}{\partial i} = \dfrac{\partial q^*}{\partial (\Delta i)} = \dfrac{1}{c}$，再应用隐函数求导法则可以得到：

$$\dfrac{\partial^2 i}{\partial p \partial (\Delta i)} = -\dfrac{\partial^2 F}{\partial p \partial (\Delta i)} \times \dfrac{1}{\partial F / \partial i}$$

其中，$\dfrac{\partial F}{\partial i} = -L_1 \left(\dfrac{3\Delta i}{2c} + \dfrac{i_k k}{\Delta i} \right) < 0$，又有，$\dfrac{d(\Delta i)}{dp} < 0$，$\dfrac{\partial^2 F}{\partial p \partial (\Delta i)} = -L_1 \left(\dfrac{\Delta i}{2c} + \dfrac{i_k k}{\Delta i} \right) \times \dfrac{d(\Delta i)}{dp} > 0$，整理得到：

$$\dfrac{\partial^2 q^*}{\partial p \partial (\Delta i)} = \dfrac{2(\Delta i)^2}{3(\Delta i)^2 + 2ci_k k} \times \dfrac{d(\Delta i)}{dp} < 0$$

上式表明，P2P 通过减小银行存贷利差来减弱银行在贷款业务上的盈利能力，当贷款收益较小时，银行会选择降低监管严格程度的水平，选择主动承受较高的风险所带来的高收益，以此来抵消贷款业务上利润的削减。

再来考察 P2P 和银行监管成本的关系。同样由 $q^* = \dfrac{i - (1-k) i_0 / (1-\rho)}{c}$，可得

$$\dfrac{\partial^2 q^*}{\partial p \partial c} = \dfrac{\partial q^*}{\partial i} \times \dfrac{\partial^2 i}{\partial p \partial c} + \dfrac{\partial q^*}{\partial c} \times \dfrac{dc}{dp}$$

其中，$\dfrac{\partial q^*}{\partial i} = \dfrac{1}{c}$，$\dfrac{\partial q^*}{\partial c} = -\dfrac{\Delta i}{c^2}$，由于 $\dfrac{dc}{dp} < 0$，有 $\dfrac{\partial^2 F}{\partial p \partial c} = \dfrac{i_k k L_1}{c} \times \dfrac{dc}{dp} < 0$，同样应用隐函数求导法则可得：

$$\dfrac{\partial^2 i}{\partial p \partial c} = -\dfrac{\partial^2 F}{\partial p \partial c} \times \dfrac{1}{\partial F / \partial i} < 0$$

于是有：

$$\dfrac{\partial^2 q^*}{\partial p \partial c} = -\dfrac{3(\Delta i)^2}{c^2 [3(\Delta i)^2 + 2ci_k k]} \times \dfrac{dc}{dp} > 0$$

上式表明，P2P 的冲击会促使银行提高自己的经营效率，增强自身的创收能力，从而减弱银行为了高利润主动承担较高风险的激励。

根据上面的理论模型可知，P2P 的冲击对银行风险承担行为的影响机制体现在减小银行存贷利差和降低银行监管成本这两个渠道，它带来的综合影响是不明确的，取决于这两个渠道产生的相对影响大小，从式 $\dfrac{\partial q^*}{\partial p} = \dfrac{\partial^2 q^*}{\partial p \partial (\Delta i)} + \dfrac{\partial^2 q^*}{\partial p \partial c}$ 可知，求和的两个算式其中一个 $\dfrac{\partial^2 q^*}{\partial p \partial c}$ 大于零，而另一个 $\dfrac{\partial^2 q^*}{\partial p \partial (\Delta i)}$ 小于零，从而 $\dfrac{\partial q^*}{\partial p}$ 既可能大于零也可能小于零。顾海峰和杨立翔（2018）利用 2007 年至 2016 年 107 家中资银行的年度面板数据，细致分析了互联网金融与银行风险承担的关系。根据他们的发现，可以认为 P2P 冲击与银行风险承担有着显著的正相关性，P2P 冲击越大，银行承担的风险也越大，也即是降低银行监管成本这个渠道带来的正向影响比减小银行存贷利差这个渠道带来的负向影响更小，最终使得银行承担更多的风险。

为了应对 2018 年出现的多家平台爆雷停业，削减行业风险。2018 年 8 月，全国 P2P 网络借贷风险专项整治工作领导小组办公室向各省市网贷整治办下发了《关于开展 P2P

网络借贷机构合规检查工作的通知》以及《P2P合规检查问题清单》，提出合规检查包括机构自查、自律检查和行政核查，并要求检查须在2018年12月底之前完成。自查重点内容包括：（1）是否严格定位为信息中介，有无从事信用中介业务；（2）是否有资金池，有无为客户垫付资金；（3）是否为自身或变相为自身融资；（4）是否直接或变相为出借人提供担保或承诺保本付息；（5）是否对出借人实行了刚性兑付；（6）是否对出借人进行风险评估并进行分级管理；（7）是否向出借人充分披露借款人的风险信息；（8）是否坚持了小额分散的网络借贷原则；（9）是否发售理财产品募集资金（或剥离到关联机构发售理财产品）；（10）是否以高额利诱等方式吸引出借人或投资者加入。

将P2P网贷平台按照各自称为停业、转型及问题平台的原因分类，有停业、暂停发标、转型、提现困难、经侦介入、跑路及网站关闭七大类。下文中问题平台包括提现困难、经侦介入、跑路和网站关闭这四大类平台。停业及转型平台包括停业、暂停发标和转型三类平台。通过数据来看历年来P2P网贷停业、转型及问题平台的数量变化趋势。在2013年及以前，停业、转型及问题平台不到100家，到了2016年达到顶峰，停业、转型及问题平台有1721家，之后两年总数量有所降低，2017年的数量为723家，2018年的数量为1279家。虽然，停业、转型及问题平台的总数量相比2015年在减少，但2018年问题平台的数量却比2016年的要高，共有658家问题平台。由表7–3可见，停业、转型及问题平台数累积到2018年，已达5409家，涉及出借人数高达215.4万人，贷款余额达到1766.5亿元。影响最大的是2018年，涉及的贷款余额有1434.1亿元，而2018年之前停业、转型及问题平台涉及的贷款余额仅有332.4亿元，不到2018年的三分之一。

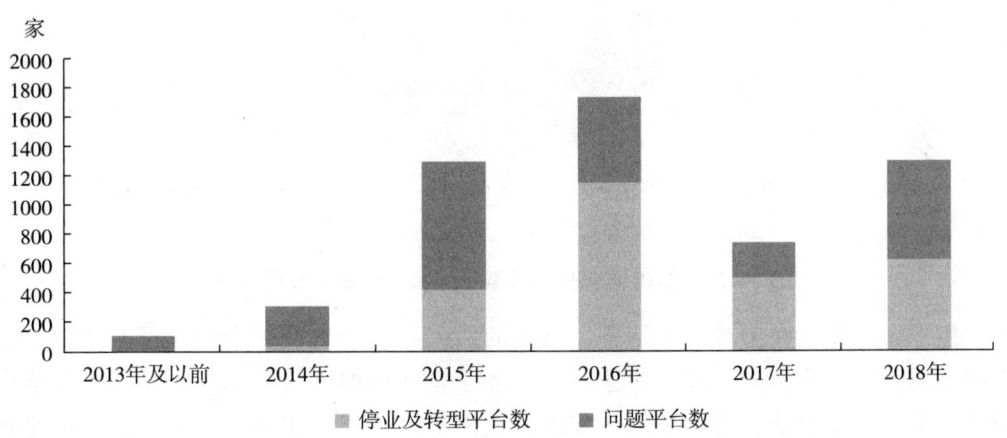

数据来源：网贷之家。

图7–36 P2P网贷行业停业、转型及问题平台

表7-3　　　　　　　　　　P2P网贷停业及问题平台

时间	停业及问题平台数	涉及出借人数（万人）	涉及贷款金额（亿元）
2013年及之前	94	1.6	16.2
2014年及之前	395	6.3	68.4
2015年及之前	1686	27.2	167.9
2016年及之前	3407	45.4	265.9
2017年及之前	4130	57.6	332.4
2018年及之前	5409	215.4	1766.5

数据来源：网贷之家。

从2018年停业、转型及问题平台发生的原因分布来看，问题平台占比超过了一半，达51.45%。其中，提现困难的平台占比为24.24%，经侦介入的平台占比分别为19.08%，跑路平台占比分别为3.44%，网站关闭的平台占比为4.69%。停业及转型平台占比为48.55%。其中，停业的平台占比最高，为29.24%，暂停发标的平台占比为18.29%，转型平台占比最低，仅为1.02%。

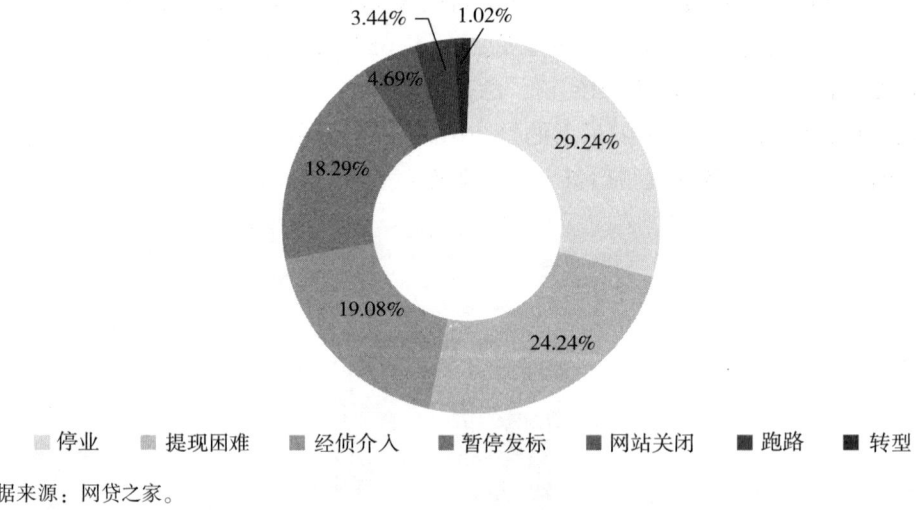

数据来源：网贷之家。

图7-37　2018年停业、转型及问题平台事件类型分布

大量平台停业、转型及产生问题，可能的原因是由于这些平台经营经验不足，无法应对激烈的竞争。为此进一步分析这些平台的正常运营时间。从图7-38可见是运营时间较长的平台宣布停业、转型及产生问题的比例更高一些。正常运营4年以上的平台的占比最高，将近三成，为30.42%。正常运营3年至4年，2年至3年以及1~2年的平台占比分别为28.85%，16.73%和19.78%。正常运营不足1年的平台占比最小，仅为4.22%。

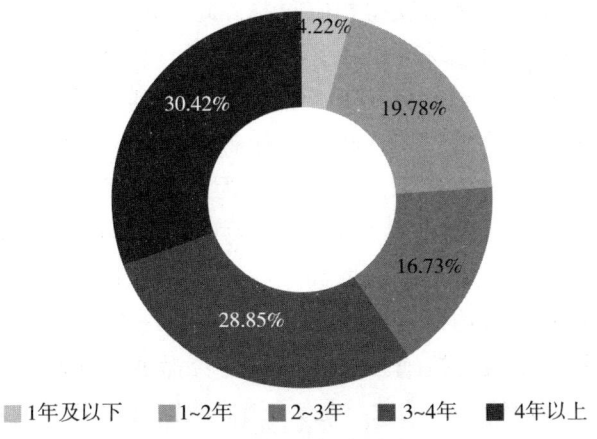

数据来源：网贷之家。

图 7 – 38　2018 年停业、转型及问题平台正常运营时间分布

接下来通过构建博弈模型来分析 P2P 借贷存管制度的监管，解析加强监管的必要性。设定市场中 P2P 的借贷存管仅有三个参与方，分别为政府监管部门、商业银行和 P2P 网贷平台。对于政府监管部门而言，我国的 P2P 业务正处于发展时期，如果对 P2P 各个平台监管过多，则可能会阻碍 P2P 的进一步发展，使得 P2P 的规模低于社会的需求。但是如果对 P2P 各个平台不进行监管，放任它们自由发展，则会造成 P2P 的业务风险过高，增加发生金融风险的可能性。简而言之，政府监管部门面临着一个两难选择，为了简化分析假定政府监管部门有两种行动可以选择，一种是对 P2P 网贷平台严格监管，另一种是对 P2P 网贷平台放松监管。如果对 P2P 网贷平台采取严格监管的措施，则监管部门势必要付出较高的监管成本，设严格监管的成本为 c，放松监管的成本为 0，$c>0$。相较于放松监管，严格监管可以使得 P2P 市场有序发展，而放松监管则会提高 P2P 网贷平台爆雷清盘的可能性，由此会对政府的声誉造成较大的负面影响，记声誉损失的成本为 α，$\alpha>0$。当政府监管部门发现 P2P 违规经营时，将会对 P2P 网贷平台进行处罚，罚金为 k，$k>0$。

对于商业银行而言，P2P 网贷平台是一个新鲜事物，还处在波动发展的状态，有较高的不确定性，如果对 P2P 网贷平台提供存管业务，一旦 P2P 网贷平台产生较高风险，导致平台爆雷清盘，则会给商业银行带来巨大的经济损失，并对其信誉产生巨大负面影响。如果不对 P2P 网贷平台提供存管业务，将来 P2P 网贷平台稳定发展，则会损害商业银行的长远利益。与政府监管部门一样，商业银行也面临着两难选择，同样设定商业银行可以选择为 P2P 网贷平台提供存管业务，或者拒绝为 P2P 网贷平台提供存管业务。当商业银行为 P2P 网贷平台提供存管业务时，P2P 网贷平台的不同选择给商业银行带来不同的收益。如果 P2P 网贷平台合规经营，那么商业银行能够获得存管业务的收益 b，$b>0$ 以及使用资金的收益 d，$d>0$，同时付出相应的运营成本 e，$e>0$ 且 $b+d>e$。若 $b+d\leqslant e$，那么商业银行将没有为 P2P 网贷平台提供存管业务的动机。当商业银行为 P2P 网贷平台提供存管业务，而 P2P 网贷平台违规经营，造成投资者损失，这将会对商业银行的声誉带来严重影响，记此声誉损失为 s，$s>0$。当商业银行拒绝为 P2P 网贷平台提供存管业务时，它不用付出运营成本也无法获得相应收益，此时收益为零。

最后从 P2P 网贷平台的角度来看，为了持续发展，它有着与商业银行进行存管业务合作的意愿，有信誉良好的商业银行为其背书，容易得到市场的认可。但是在信息不对称的情况下，为了攫取较大利益，P2P 网贷平台有激励向商业银行提供虚假信息以便获得商业银行的支持，并可能通过采取一些违规行为或者高风险操作来追求额外收益。为此，假设 P2P 网贷平台与其他两个参与方一样有两种行动可以选择，一种是合规经营，获取正常收益，另一种是违规经营，获取高额收益。当商业银行愿意给 P2P 网贷平台提供存管业务时，P2P 网贷平台选择合规经营得到的收益是 f，P2P 网贷平台选择违规经营得到的收益是 g。如果商业银行拒绝为 P2P 网贷平台提供存管业务，则 P2P 网贷平台合规经营时的收益是 h，违规经营时的收益是 i。当商业银行为 P2P 网贷平台提供存管业务时，P2P 网贷平台将向商业银行支付成本 b。四种情形下 P2P 网贷平台收益的关系是 $g-b>f-b>i>h>0$。当 P2P 网贷平台违规经营被政府监管部门发现时，则会受到相应的违规处罚，记此处罚为 k，$k>0$。

为了便于分析，设定政府监管部门、商业银行和 P2P 网贷平台三个参与方的时间线如下：第一阶段，政府监管部门选择对 P2P 网贷平台采取严格监管还是放松监管；第二阶段，商业银行和 P2P 网贷平台的选择同时进行。假定政府监管部门选择严格监管时，一旦 P2P 网贷平台违规经营，必定被监管部门发现，从而将受到处罚。为简化分析，假定政府监管部门选择放松监管时，无法检查到 P2P 网贷平台的违规经营，于是 P2P 网贷平台也将不会受到惩罚（此处的假设较强，实际中放松监管并不等于不监管，只要是监管就有可能查到 P2P 网贷平台的违规行为，只是查获违规行为可能性相比严格监管下要小一些）。记政府监管部门的策略是严格监管和放松监管，商业银行的策略是接受和拒绝（指接受或者拒绝 P2P 网贷平台的存管业务），P2P 网贷平台的策略是合规经营和违规经营。由此政府监管部门、商业银行和 P2P 网贷平台三个参与方的博弈树如图 7-39 所示。

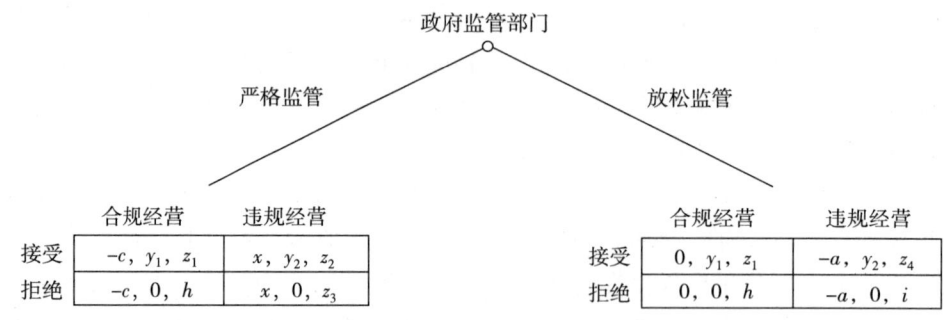

图 7-39　政府监管部门、商业银行和 P2P 网贷平台三方博弈树

在图 7-39 中，每一个格子里的三元数组从左到右分别表示政府监管部门、商业银行以及 P2P 网贷平台的收益。其中，$x=-c-a+k$，$y_1=b+d-e$，$z_1=f-b$，$y_2=b+d-e-s$，$z_2=g-k-b$，$z_3=i-k$，$z_4=g-b$。

首先考察在政府监管部门严格监管下，商业银行和 P2P 网贷平台的行为。如果商业银行选择接受 P2P 网贷平台的存管业务,比较 P2P 网贷平台合规经营与违规经营的收益 $f-b$ 和 $g-k-b$,当 $k>g-f$ 时,合规经营的收益比违规经营的收益大,P2P 网贷平台会选择合规经营,由于 $b+d-e>0$,所以此时商业银行的最优选择是接受 P2P 网贷平台的存管业务。当 $k \leqslant g-f$ 时,P2P 网贷平台违规经营的收益更高,此时对于商业银行而言,只要为 P2P 网贷平台提供存管业务带来的收益比 P2P 网贷平台违规经营所带来的声誉大,即 $b+d-e-s>0$,商业银行就会选择提供存管业务,否则将会选择拒绝。一旦商业银行选择拒绝,P2P 网贷平台将比较 $i-k$ 同 h 的大小来决定选择违规经营还是合规经营。对社会而言,商业银行与 P2P 网贷平台最优的纳什均衡是(接受,合规经营),从上面的分析可知想达到这个均衡状态,当 k 足够大时,满足 $k>\max\,(g-f,\,i-h)$ 时,也即政府监管部门对违规经营的处罚力度足够大时,P2P 网贷平台将没有违规经营的动机,合规经营是它的占优策略。

其次考察在政府监管部门放松监管下,商业银行和 P2P 网贷平台的行为。先分析 P2P 网贷平台的策略,因为 $g-b>f-b$ 并且 $i>h$,所以对于 P2P 网贷平台而言,违规经营是其的占优策略。因此,无论商业银行的策略是接受还是拒绝,P2P 网贷平台都将选择违规经营。针对 P2P 网贷平台选择违规经营,此时比较商业银行选择接受或者拒绝的收益 $b+d-e-s$ 和 0。如果声誉对商业银行的收益影响比较大时,即 $b+d-e-s<0$ 时,商业银行会选择拒绝,否则商业银行会选择接受。在实际中,对于商业银行而言,可以认为声誉受损产生的影响巨大,为了消除声誉受损的风险,商业银行一般会选择拒绝为 P2P 网贷平台提供存管业务。

通过上面对三方博弈第二阶段的分析可知,一旦政府部门放松监管,P2P 网贷平台就会选择违规经营。考察第一阶段政府监管部门的选择,当政府部门严格监管的成本 c 小于 P2P 违规经营对政府的声誉带来的负面影响 α,并且政府严格监管的惩罚力度较大,满足 $-c-a+k>-a$,即 $k>c$ 时,政府监管部门的最优策略是严格监管,此时无论何种情况,政府监管部门的收益都比放松监管下的收益要大,即 $\min\,(-c,\,-c-a+k)>-\alpha$。

综上分析,为了达到社会的最优均衡(严格监管,接受,合规经营),政府监管部门对违规经营的处罚力度必须足够大,以此消除 P2P 网贷平台违规经营的激励。当 $k>\max\,(g-f,\,i-h,\,c)$ 并且 $a>c$ 时,三方博弈唯一的纳什均衡即是(严格监管,接受,合规经营)。对于监管部门而言,声誉一旦受损,损失时是不可逆的,需要耗费巨大的成本才能使得声誉接近到开始时的水平,而无法恢复到之前的水平,所以一般而言,可以认为声誉的损失比监管成本要高,毕竟监管的成本可以随着技术的进步和监控人员效率的提高而有所降低。对于 P2P 网贷平台违规经营的惩罚可以设定得高一些,达到以儆效尤的效果,面对高额的惩罚,违规经营的激励会非常低。对于商业银行而言,只要 P2P 网贷平台不违规经营,它就会为 P2P 网贷平台提供存管业务。当 P2P 网贷平台违规经营时,商业银行一旦提供存管业务就有可能受到声誉损失,为了避免声誉损失,拒绝为 P2P 网贷平台提供帮助,这对 P2P 市场的发展极为不利。

为了让 P2P 市场能够稳定持续地发展,政府监管部门应该采取严格监管的措施,此时理性的三方会使得（严格监管，接受，合规经营）是一个纳什均衡。在某种程度上，监管部门的惩罚只是起到警告作用，而实际上并不会得以实施。在这个纳什均衡下，P2P网贷平台可以依靠商业银行的帮助，弥补自身的短板，更好地开展业务。商业银行也得以从P2P业务中获得较高利润，而不用担心为P2P网贷平台背书可能遭受到的声誉损失。同时投资人和贷款人都可以从健康有序的市场中获得稳定的收益。

在全国停业、转型及产生问题的P2P网贷平台中，广西壮族自治区的数量不到20家。浙江省、上海市、广东省和北京市的数量都超过100家，其中浙江省的问题平台数量有211家，上海市的问题平台有132家，广东省的问题平台数为85家。这四个省市的停业、转型及产生问题的平台占全国总数的比例接近7成，高达69.19%，这说明问题平台主要集中在经济发达地区。

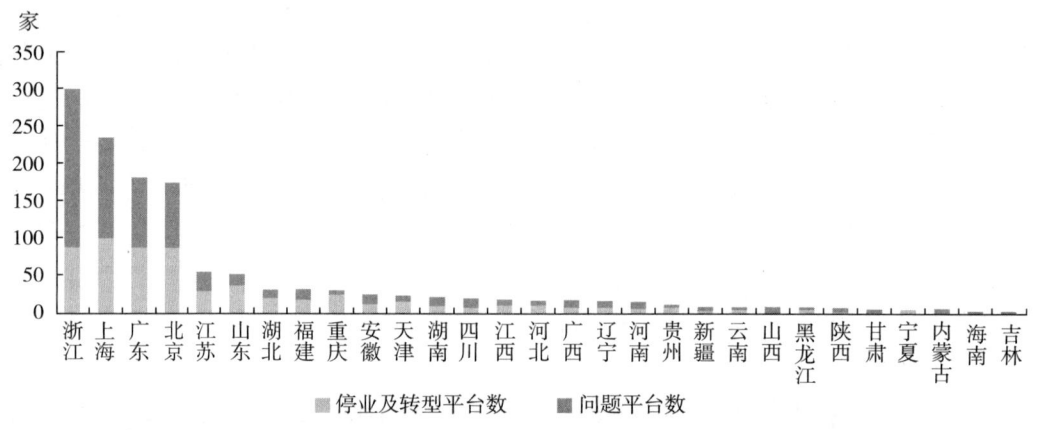

数据来源：网贷之家。

图7-40　2018年停业、转型及问题平台地域分布

沈艳（2016）分析了P2P问题平台的重要特征，他的文中以P2P问题平台的寿命（第一次出现问题的时间减去注册时间）来比较不同问题平台之间的寿命差异，重点关注哪些因素对平台的寿命产生影响。他从注册资本、实缴资本、平台利率、期限、项目、第三方保障类型和保本保息七个方面来分析问题平台的特征。他首先考察上述七个方面和平台寿命的相关性。他发现注册资本金和实缴资本与平台寿命呈负相关。平台利率，期限和项目的多样性与平台寿命呈正相关，单一利率、单一期限、单一项目和不公开利率信息的平台更可能成为问题平台。当第三方保障机构是银行或者保险公司，平台的寿命会更长一些。承诺保本保息的平台更容易成为问题平台。为避免从单方面分析会导致结果有偏差，他利用多元统计模型做了进一步分析，得到了同样的结果，同时还发现平台成立的时间越晚，平台成为问题平台的概率越高。由于市场风险逐年递增，越晚成立的平台面临的风险也就越大，根基未稳时相应的平台寿命也就变短。如何判别一个平台成为问题平台的可能性大小，根据他的发现，可以查看平台是否存在大量的缺失信息，平台的项目的利率、项目的期限、项目的种类是否单一，有无银行或者保险公司提供担保，是否提供VIP保本保息，是否存在极端利率。

根据网贷之家网站的统计，广西有 71 家问题平台，有 13 家网贷平台在正常运营。这 13 家网贷平台分别为广西东盟贷、小鹅网、钱盆网、要借钱网、投一投、连连赚、够力金融、芝麻贷、易金融、金投互联网、广西惠融通、众投网和海金汇。为了描述广西 P2P 网贷平台的基本状况，在此详细介绍简称钱盆网的广西规模最大的网贷平台广西钱盆科技股份有限公司。它于 2014 年 8 月上线运营，是一个以提供资金融通、信息中介为主的专业互联网金融平台。钱盆网是南宁市互联网金融行业协会副会长单位，它在 2017 年 6 月完成资金存管，存管银行是四川新网银行股份有限公司。并在 2017 年 8 月接入中国支付清算协会小微金融风险信息共享平台。它是广西率先完成银行资金存管的平台。此外，钱盆网于 2017 年 6 月起连续入围网贷之家百强排行榜。2017 年 8 月，入围网贷之家信息披露排行榜第 5 名。它的业务特点是：小额分散，降低风险；数据透明，清晰明了；数据安全，技术保障；周期灵活，多种选择。平台已经将个人借款额度上限调整为 20 万元，企业借款额度上限调整为 100 万元。借款有多种担保方式以供选择，包括有抵押物担保、融资性担保公司担保、合作商连带保证的标的，以及经过交叉风控审核的小额信用标的。标的详情、抵押物信息、贷款人身份证件信息、个人信用报告、银行流水、担保函、抵押物相关证明等详细的标的信息平台都有提供，出借人都可以查询得到。平台的系统采用 EDAS（企业级分布式应用服务）架构搭建业务服务体系，分布式部署和管理，保障服务的高可用性；对用户数据进行多重异地备份，业务数据加密存储，保障用户数据完整性；在用户操作的关键步骤均采用 HTTPS 等加密协议进行敏感数据传输，保障传输安全。另外，还与电子签名提供商 e 签宝合作，开展"电子签名"规范服务。平台上的标的从 1 个到 24 个月有多种出借期限，出借人可根据自身的偏好进行选择。为了控制风险，平台接入银行资金存管系统，存管银行对平台自有资金账户与用户交易资金进行管理与监督。引入融资性担保机构对其承保的借款项目进行担保钱盆网发布的担保标的，由融资性担保有限公司承担连带担保责任。通过与人行征信、同盾科技等第三方征信或信用信息平台合作，对借款人信用情况进行多方数据验证，核实借款人借贷信息和个人信息。平台网站上公布的数据显示累计交易总额达到 146.78 亿元，注册人数达 661.76 万人，已为用户赚取 1.32 亿元，平均满标时间 2.72 小时，交易总笔数达 1688 万笔。平台上 2019 年的实时数据显示，截至 5 月，借款人数达 4715 人，平均每笔借款额为 28344.72 元，平均每人借款额为 28909.81 元。出借人数达 45896 人，平均每笔出借额为 852.32 元，平均每人出借额为 4376.08 元。

　　针对 P2P 网贷的发展状况，国内一些学者从不同角度做了不同的研究。张璇，廖昕和费捷（2019）利用霍特林模型，研究了在不同的用户忠诚度下 P2P 网贷平台的定价策略。P2P 网贷平台可以通过提高忠诚客户的规模来提高平台定价，扩大市场份额，增加平台收益。廖理，李梦然和王正位（2014）使用"人人贷"平台的数据研究了借款利率与违约风险的关系。他们发现投资者的风险判断能力较高，能够通过分析借款人的公开信息来辨别不同或相同利率背后所暗含的各种违约风险。张海洋和蔡航（2018）使用"人人贷"平台的借款申请和还款数据，研究了信贷市场上不同类型的头衔（朴实的，如老板、销售、程序员等；华丽的，如总经理、销售经理、工程师等，对借款人带来的不同影响。他们发现借款人使用华丽头衔能够提高借款成功率，但来自小公司的华丽头衔的借款人的违约风险更大。陈林等（2019）使用"人人贷"平台的"信用认证标"借款项目的样本，通过人工识别，分析借款陈述文本中的反映还款能力，还款意愿和对资金需求的情感的文字特征信息，他们发现借款人的借款陈述文本的字数越多、出现重复语句，对资金需求的急切性越高，违约的风险越大；借款陈述文本中体现还款能力，或者同时存在体现还款意愿的保证性语言和对自身信用状态的补充说明，违约的风险越小。鉴于广西农户贷款的需求较大，而传统的贷款供给不足，叶芽里和吕佩桦（2018）提出借鉴宜信公司推出的宜农贷项目来发展广西的农户网络借贷。李文骥，唐谏珍和曹玮（2017）以广西同城人人贷为例，分析了P2P网贷模式存在的风险。王晗等（2017）对广西P2P网贷平台发展过程中的问题进行了总结，他们指出广西的征信系统发展不完善，监管力度较弱，平台信息披露不够及时准确，对风险控制的能力比较差。为了促进广西P2P网贷行业稳定发展，要利用大数据完善征信系统，加强监管，营造良好的市场环境，增大信息披露力度。互联网金融的发展是为了普惠金融的目标，胡金焱，李建文和张博（2018）通过使用2010年至2016年"人人贷"平台散标交易数据，分析了农民和低收入者在P2P网络借贷市场中的借贷行为。他们发现相较于中高收入人群，农民成功借款后的违约风险较高，而城镇低收入群体的违约风险较低。农民和城镇低收入群体在P2P平台上借款的成功率较低，融资困难。为此他们建议政府要发挥引导作用，构建覆盖面更广的普惠金融服务体系，让农民和城镇低收入群体能以平等的机会获得贷款。

五、普惠金融

互联网金融自2014年以来，连续五年被写进政府工作报告。随着互联网金融的不断发展，2019年政府工作报告中也改变了提法，不再只强调互联网技术对金融的影响，而是强调金融的作用是惠及更多的普通群众，互联网金融则是普惠金融体系的重要组成部分。焦瑾璞等（2015）总结了中国普惠金融发展的几个主要阶段：20世纪90年代，公益性小额信贷；2000—2005年，发展性微型金融；2006—2010年，综合性普惠金融；2011年至今，创新性互联网金融。在2015年底，国务院发布了《推进普惠金融发展规划（2016—2020年）》，在其中明确了普惠金融的定义：普惠金融是指立足机会平等要求和商业可持续原则，以可负担的成本为有金融服务需求的社会各阶层和群体提供适当、有效的金融服务。当前我国的普惠金融重点服务对象是小微企业、农民、城镇低收入人群、贫困人群和残疾人、老年人等特殊群体。

随着大数据技术、信息技术和云计算等的快速发展，利用这些新技术的创新性数字金融更进一步扩大了普惠金融的服务范围。郭峰等（2019）通过编制数字金融指数来定量刻画中国的数字普惠金融实践。图7-41呈现了2011年、2015年和2018年各省的数字普惠金融指数。从图中可以看到在2011年，各省的数字普惠金融指数之间差异较大，而到了2018

年，各省之间的差异已变得较小。2018 年指数最高的省份是指数最低的省份的 1.4 倍，在 2011 年此倍数为 4.9 倍。随着普惠金融的推广，各省份的数字普惠金融指数渐趋一致。

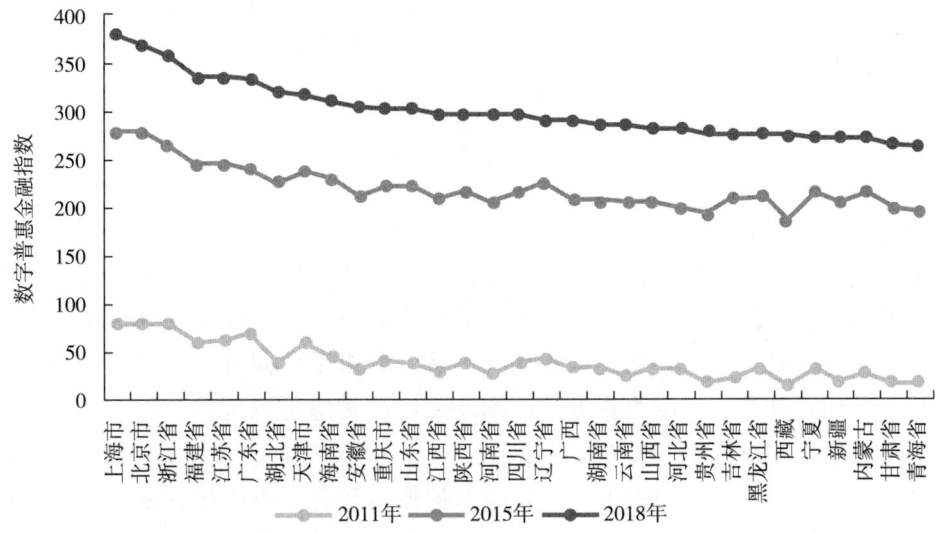

数据来源：北京大学数字普惠金融指数。

图 7-41　2011 年、2015 年和 2018 年省级数字普惠金融指数

为了进一步分析不同地区的数字普惠金融的相对差距，郭峰等（2019）计算了省级指数的变异系数（原始数据标准差与原始数据平均数的比）。如图 7-42 所示，2011 年，不发达省份的省内差异远远大于东部沿海发达省份；2015 年，各省份省内差异的差距已有大幅缩小；2018 年，各省份省内差异的差距已经非常小了。这说明普惠金融的发展可以触及较偏远的地区。

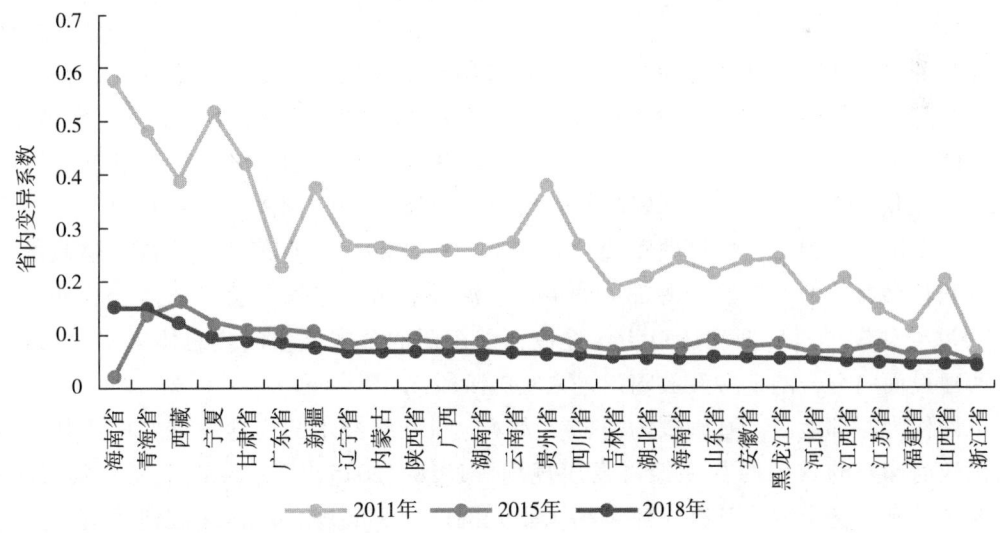

数据来源：北京大学数字普惠金融指数。

图 7-42　2011 年、2015 年和 2018 年省内地级市数字普惠金融指数变异系数

279

2018年9月,中国银行保险监督管理委员会发布了《中国普惠金融发展情况报告》(摘编版),在报告中,银保监会总结了我国普惠金融发展的经验:发挥中国特色社会主义制度优势是普惠金融发展的根基;坚持目标导向和问题导向是普惠金融发展的基本思路;发挥市场主导作用是普惠金融发展的根本动力;数字普惠金融引领是普惠金融可持续发展的重要出路;全面推进、突出重点是普惠金融发展的基本方法;遏制乱象、防范风险是普惠金融发展的基本底线;坚持改革创新、用好试点示范是普惠金融发展的有效手段;强化政策协同是普惠金融发展的有力保障。

广西的数字普惠金融指数在2018年全国排名第18位,普惠金融的发展在全国处于中等水平。随着普惠金融触及的地区越来越广,广西壮族自治区区内的指数变异系数也变得越来越小。李思影(2018)以建设银行广西区分行为例,探讨了如何推动普惠金融在广西落地。经严丽(2019)以广西农信社为例,分析了广西普惠金融发展中面临的问题。李宾(2019)从跨境金融合作的角度阐述了广西实施普惠金融存在的问题以及应对的方案。王亚斌(2018)利用2003年至2014年广西14个地级市的面板数据,测度了广西普惠金融的发展水平,并研究了普惠金融对广西城乡收入差距的影响。他发现广西的普惠金融发展良好,呈现稳定上升的趋势。普惠金融在广西的发展显著收窄了广西的城乡收入差距。为促进广西的普惠金融发展,广西壮族自治区人民政府制定了《广西推进普惠金融发展实施方案》。方案指出要建立健全普惠金融体系,积极创新普惠金融产品和服务手段,加强金融基础设施建设,有效发挥正常引导和激励作用,加强普惠金融教育与金融消费者权益保护,强化组织保障和推进实施。总体目标是提高全区的金融服务覆盖率、提高全区的金融服务可得性、提高全区的金融服务满意度。

六、促进广西发展互联网金融的对策

郭峰等(2019)分析了数字普惠金融指数与经济发展水平之间的关系,他们发现数字普惠金融指数与经济发展水平之间呈正相关的关系。互联网金融是普惠家金融的基石,促进互联网金融发展能够推动经济增长。广西应乘着建设沿边金融综合改革试验区的契机,加速互联网金融发展,发挥好政府的指导、协调和服务作用。2018年12月,经国务院同意,中国人民银行、发展改革委、教育部、科技部、工业和信息化部、财政部、人力资源和社会保障部、自然资源部、商务部、海关总署、银保监会、证监会和外汇局等13部委联合印发了《广西壮族自治区建设面向东盟的金融开放门户总体方案》,这标志着广西建设面向东盟的金融开放门户进入实施阶段。

广西作为西部地区,基础较为薄弱,为了应对网络技术的飞速发展,广西壮族自治区人民政府印发的《广西数字经济发展规划(2018—2025年)》(以下简称发展规划)提出要推动全区宽带网络升级,建设高水平光网广西,实现"城区千兆进家庭、乡村百兆进村户"。打造新型泛在移动网络,完善4G网络建设,形成连续广覆盖、大容量、高速率的优质4G网络,适时启动5G网络建设。加快IPv6(互联网协议第6版)的发展和未来网络部署。广西的各地级市互联网金融发展不平衡，P2P 网贷平台基本上都是在南宁、桂林和柳州注册成立，可以依托这些城市的资源优势，加大投资力度，首先促进南宁、桂林和柳州的互联网金融发展，再以它们带动广西其他城市的互联网金融发展。

针对广西互联网金融人才的不足，大力引进具有国际视野和经验的高层次人才和团队。加强互联网金融技能培训，提升互联网金融素养。发挥广西高校的作用，在现有学科设置基础上增设大数据、电子商务、互联网金融等专业和相关课程，推动高校与企业开展产学研合作，创建企业对口实践基地，加快培养互联网金融需要的高层次研究型和应用型人才。

推进互联网金融健康发展，同时加强互联网金融监管。发挥广西的资源禀赋和比较优势，形成具有鲜明特色的广西互联网金融。发展规划中表明全区将支持基于云计算、大数据、人工智能、区块链等新技术的金融产品创新，审慎、规范发展第三方支付、供应链金融、网络信贷、电商金融、股权众筹融资等互联网金融业态，面向政府、企业和个人提供信息、资金、产品等金融服务。加强对网上银行、手机银行的开发和推广，完善电子支付手段，提高金融服务便利性。完善自治区金融信息基础数据库建设，深化数据应用，建设金融大数据及服务平台，强化金融行业运行监控与预警，加强对小额贷款公司、融资性担保公司、权益类交易场所、私募股权投资基金、P2P、互联网金融企业等金融业态的事中监测，防范区域金融风险。建立公平开放的市场准入制度，研究制定并滚动更新产业准入负面清单，坚持底线监管。

参考文献

［1］孙涛，郭峰. 北京大学互联网金融发展指数（第三期）［J］. 2016 北京大学数字金融研究中心工作论文.

［2］张国成. 南宁开启互联网金融新时代［J］. 当代广西，2015（17）：26－27.

［3］胡金焱，李建文，张博. P2P 网络借贷是否实现了普惠金融目标［J］. 世界经济，2018，41（11）：169－192.

［4］廖理，李梦然，王正位. 聪明的投资者：非完全市场化利率与风险识别——来自 P2P 网络借贷的证据［J］. 经济研究，2014，49（7）：125－137.

［5］郭峰，王靖一，王芳，孔涛，张勋，程志云. 测度中国数字普惠金融发展：指数编制与空间特征［J］. 2019 北京大学数字金融研究中心工作论文.

［6］王晗，梁圣文，钟慧，陈敏娟. 广西小微企业互联网金融 P2P 平台研究［J］. 中国商论，2017（16）：25－26.

［7］张璇，廖昕，费捷. 基于用户忠诚度的 P2P 网贷平台动态竞争定价策略研究［J］. 浙江金融，2019（1）：58－67.

［8］陈林，谢彦妩，李平，李强. 借款陈述文字中的违约信号——基于 P2P 网络借贷的实证研究［J］. 中国管理科学，2019，27（4）：37－47.

[9] 张海洋，蔡航．头衔的价值——来自网络借贷的证据 [J]．经济学（季刊），2018，17（4）：1525－1556．

[10] 李文骥，唐谏珍，曹玮．P2P 网络借贷模式及风险应对研究——以广西同城人人贷为例 [J]．区域金融研究，2017（12）：33－35．

[11] 王业斌．普惠金融对城乡收入差距影响的实证研究——以广西为例 [J]．广西社会科学，2018（6）：119－123．

[12] 经严丽．浅析广西普惠金融发展中存在的问题及对策——以广西农信社为例 [J]．时代金融，2019（2）：6－7＋14．

[13] 焦瑾璞，黄亭亭，汪天都，张韶华，王瑱．中国普惠金融发展进程及实证研究 [J]．上海金融，2015（4）：12－22．

[14] 李思影．以创新推动普惠金融战略落地——谈建设银行广西区分行普惠金融战略 [J]．区域金融研究，2018（12）：10－14．

[15] 李宾．广西跨境金融合作中的普惠金融实施策略 [J]．经营管理者，2019（1）：82－83．

[16] 叶芽里，吕佩桦．P2P 网络借贷平台助农模式在广西的应用——以宜农贷为例 [J]．劳动保障世界，2018（6）：64－65．

[17] 张晓江，李伟．首届广西香蕉农场主众筹采购大会在南宁召开 [J]．营销界（农资与市场），2017（21）：29．

[18] 唐丽婷．众筹与桂林乡村旅游发展 [J]．中共桂林市委党校学报，2015，15（3）：37－41．

[19] 谢平，邹传伟．互联网金融模式研究 [J]．金融研究，2012（12）：11－22．

（执笔人：毛尚熠）

广西银行业前沿报告2019

第三部分　附　录

(1) 广西 GDP 指数

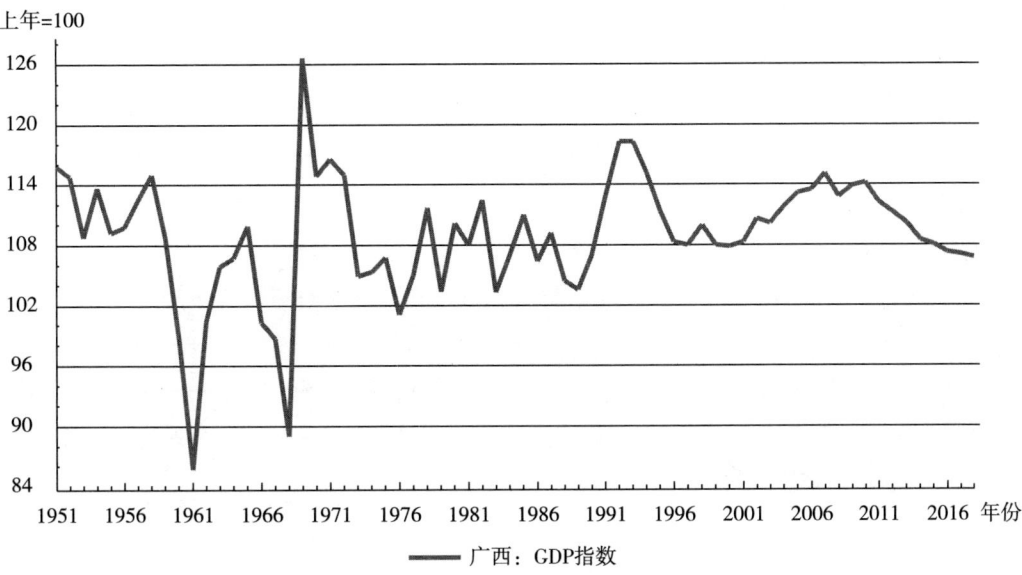

数据来源：Wind。

(2) 广西高新科技产品出口金额占全国的比重

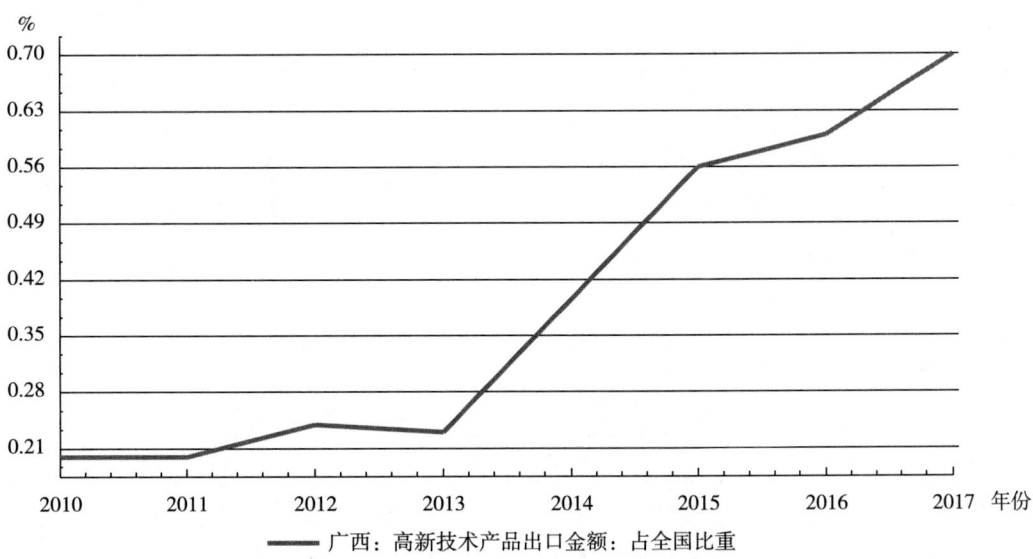

数据来源：Wind。

（3）广西实际利用外商直接投资额

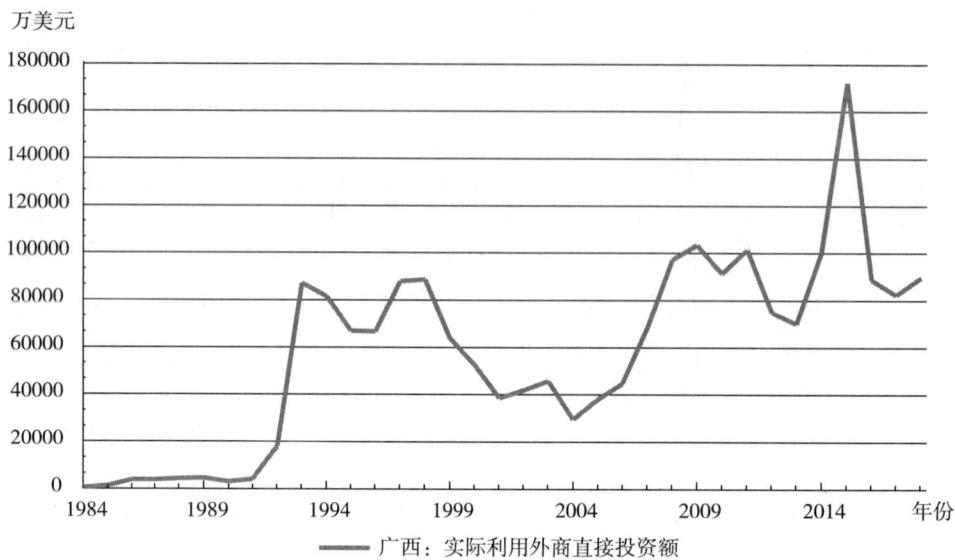

数据来源：Wind。

（4）广西对外承包工程的合同金额

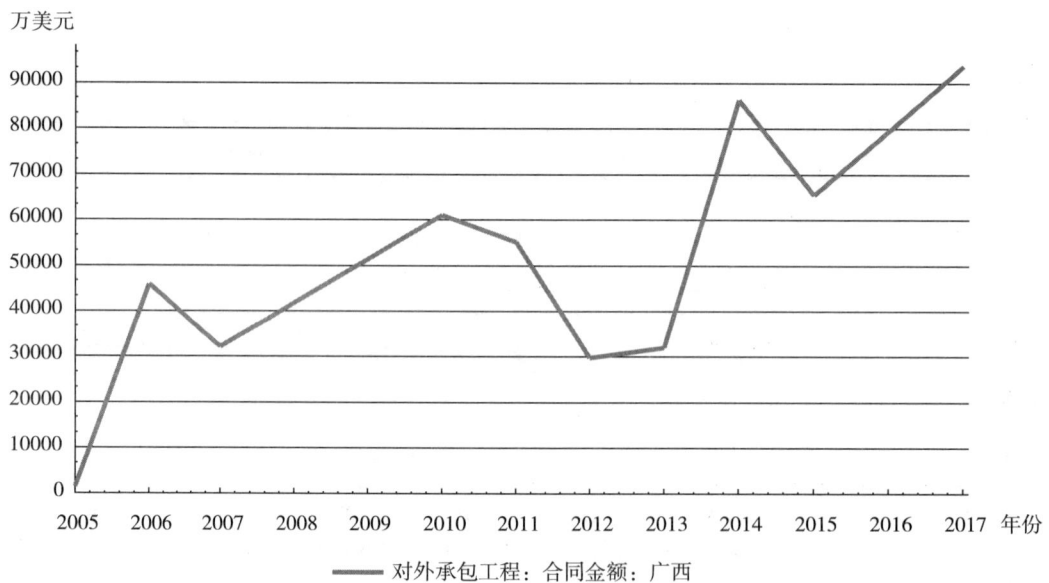

数据来源：Wind。

（5）广西固定资产投资完成额的同比增长率

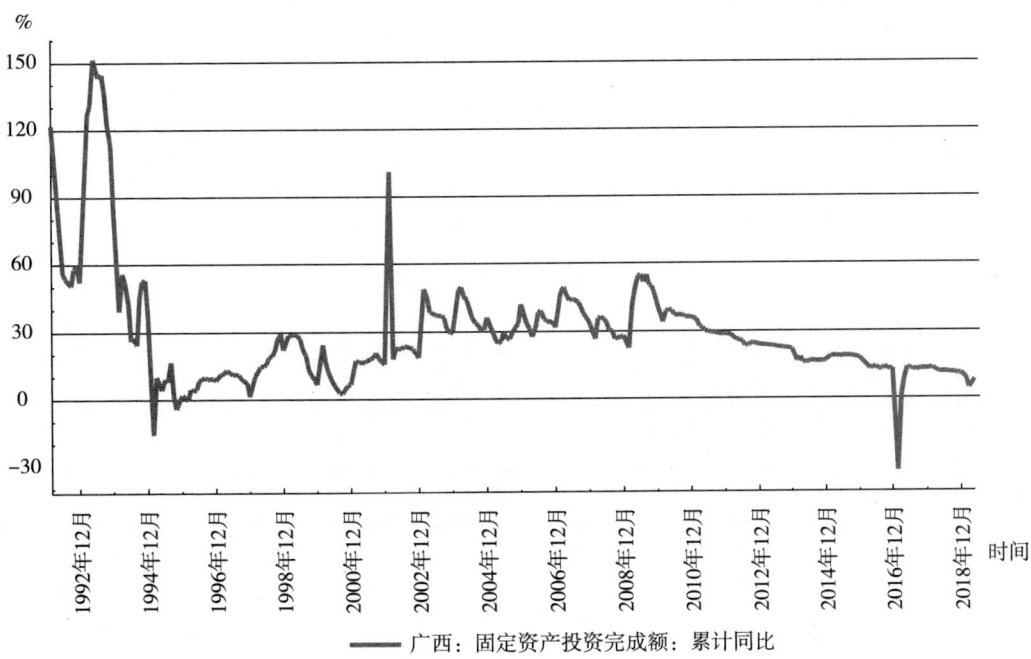

数据来源：Wind。

（6）广西PPP项目投资额

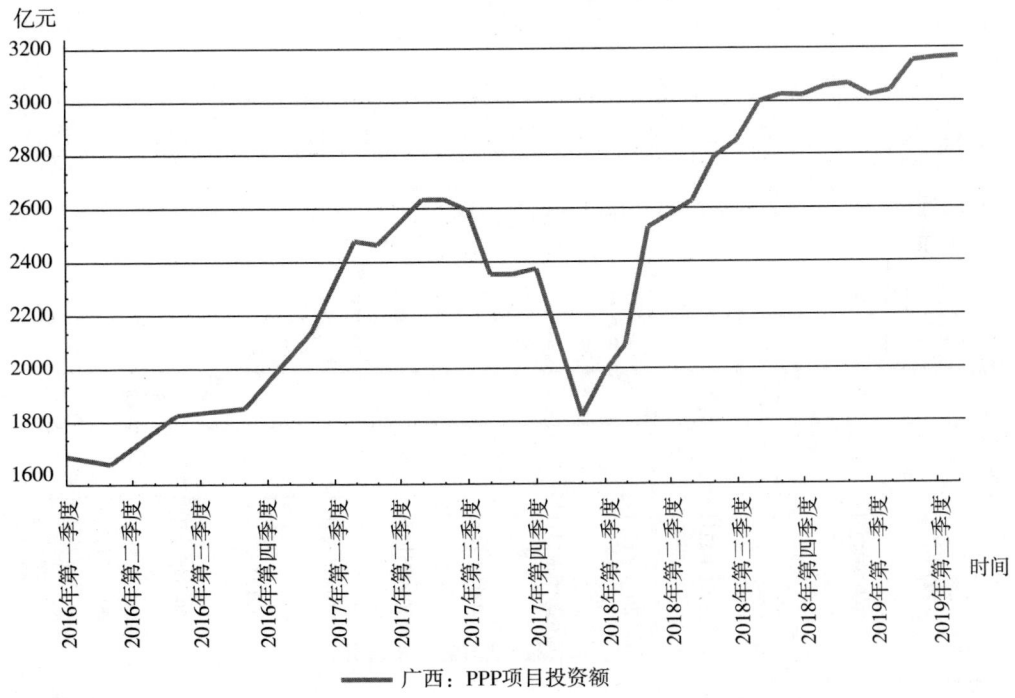

数据来源：Wind。

（7）广西 PPP 项目落地率

数据来源：Wind。

（8）广西社会消费品零售总额同比

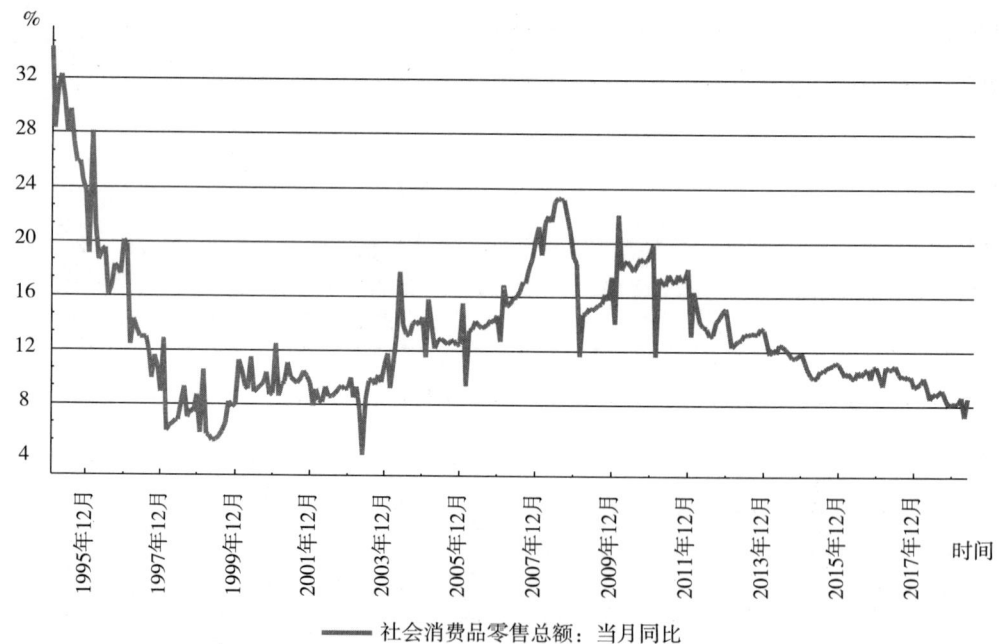

数据来源：Wind。

(9) 广西亿元以上商品交易市场的成交额

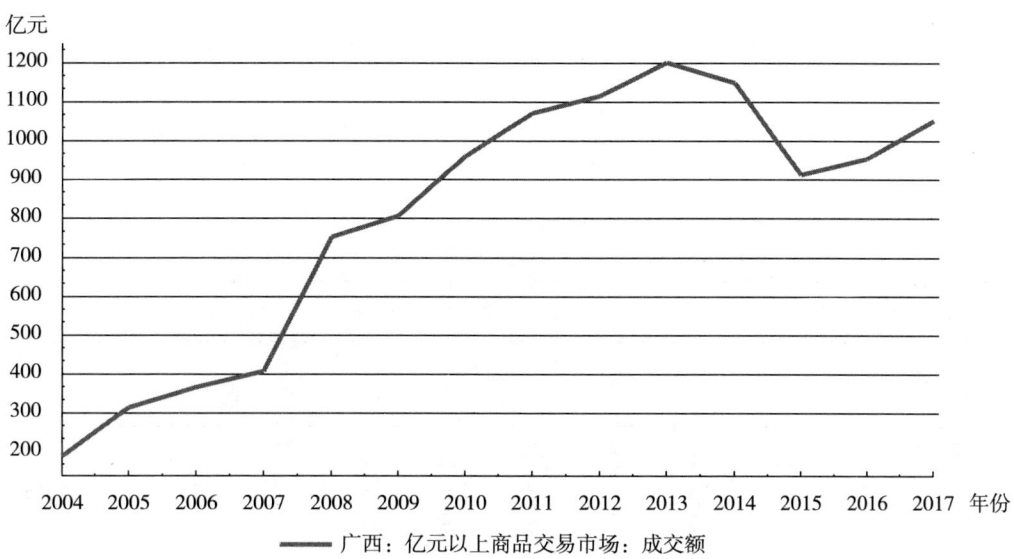

数据来源：Wind。

(10) 广义货币供应量 M_2 同比

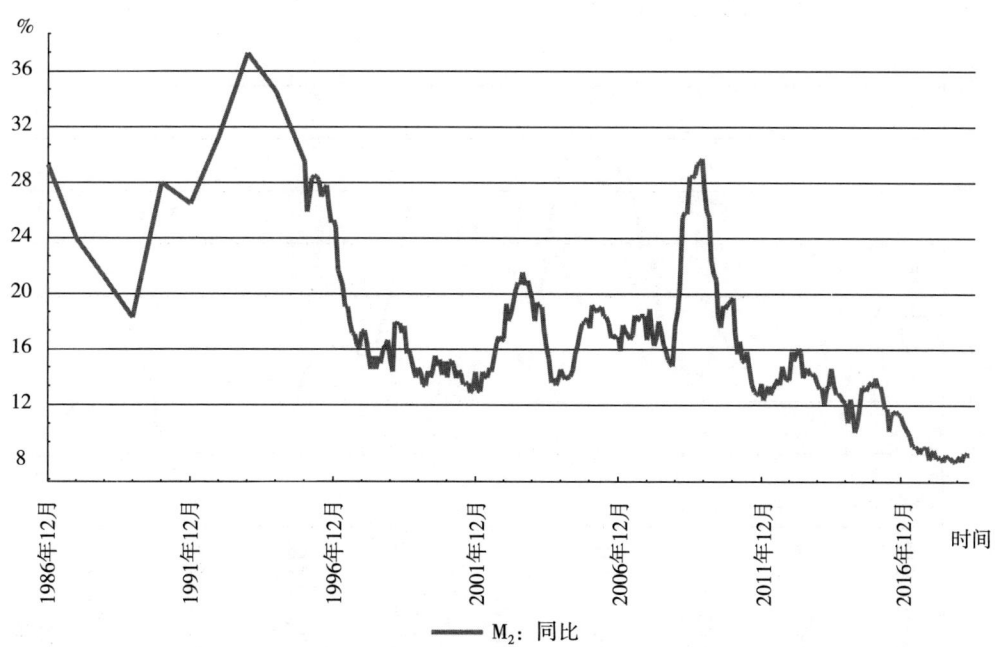

数据来源：Wind。

(11) 中国货币乘数

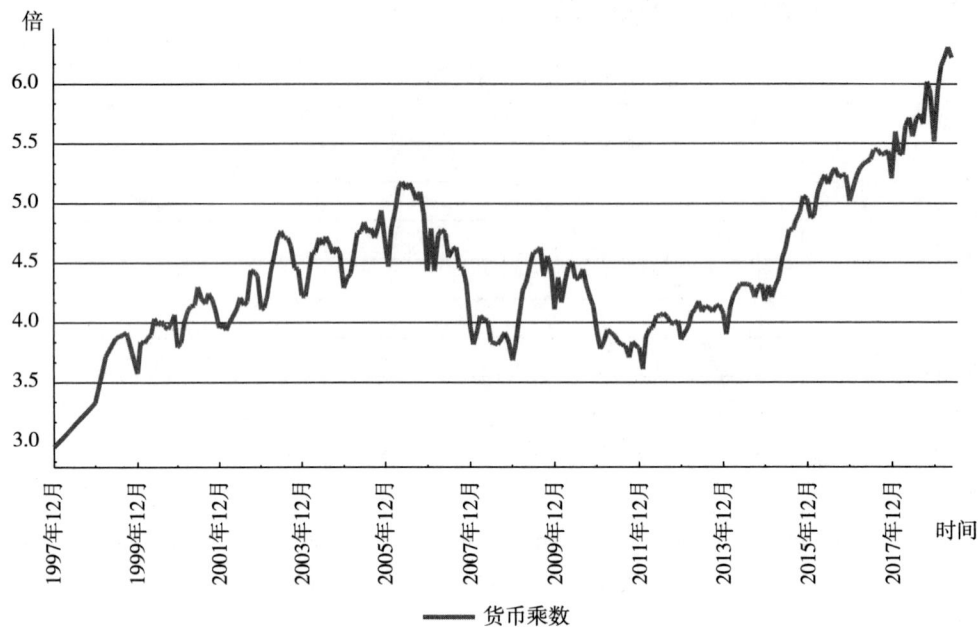

数据来源：Wind。

(12) 基础货币余额的同比增长率

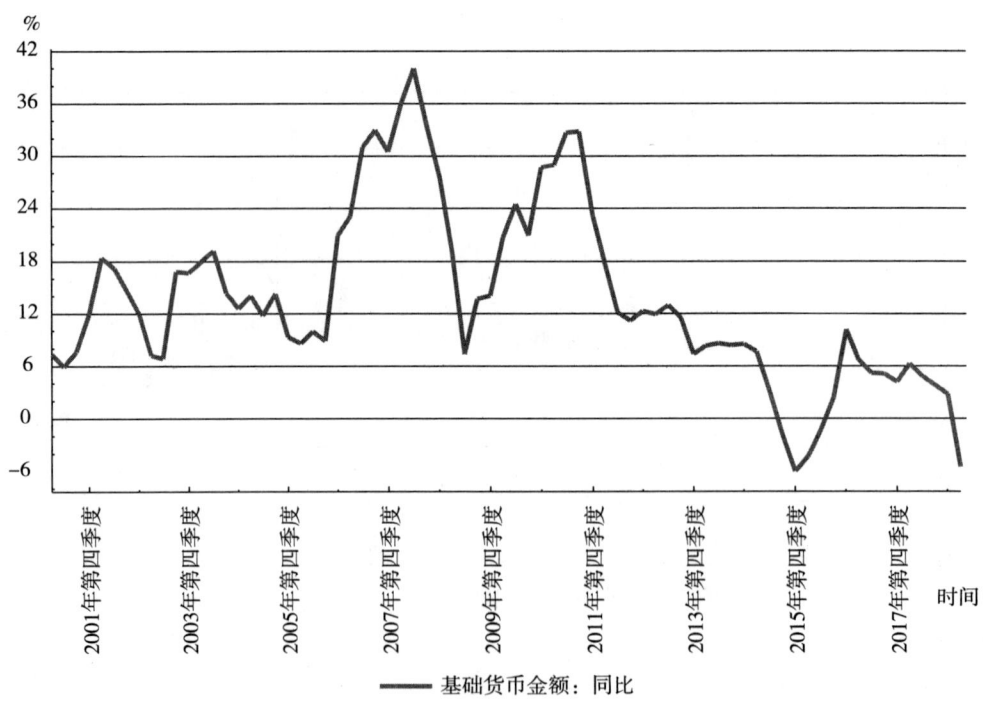

数据来源：Wind。

(13) 绿色信贷余额（节能环保项目及服务）

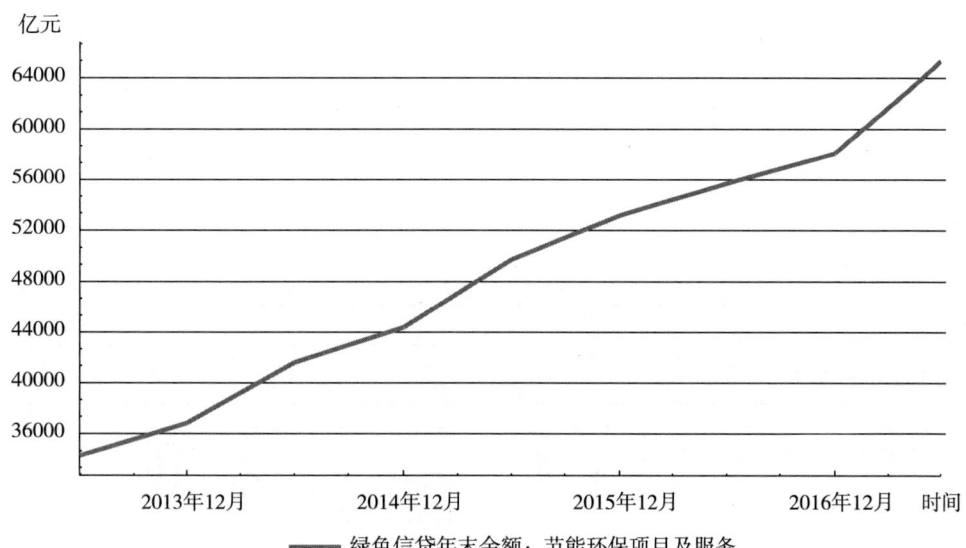

数据来源：Wind。

(14) 超额存款准备金率（金融机构）

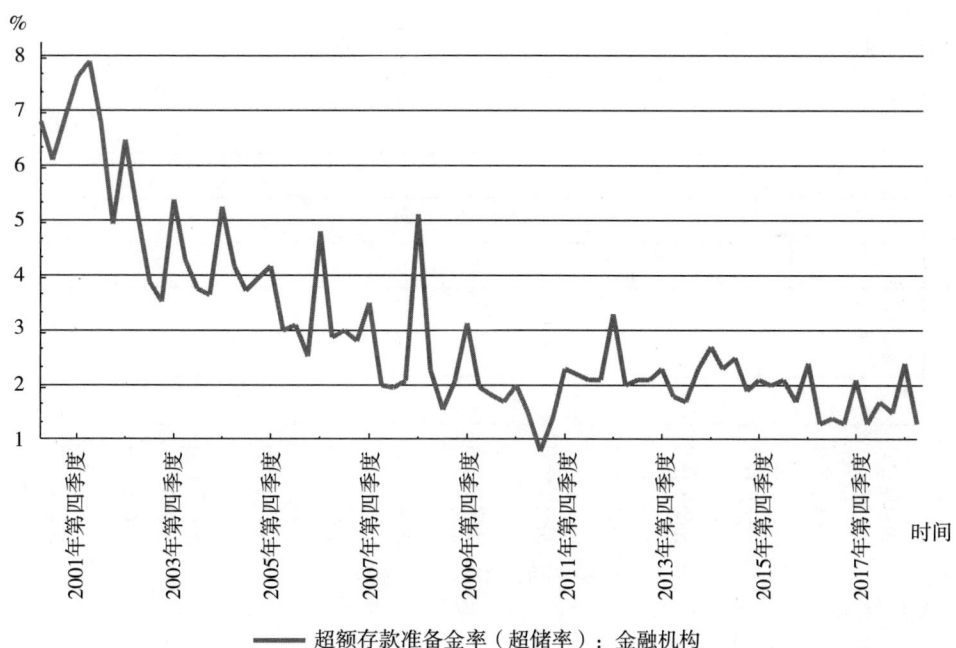

数据来源：Wind。

（15）广西本外币各项存款余额（企业存款）

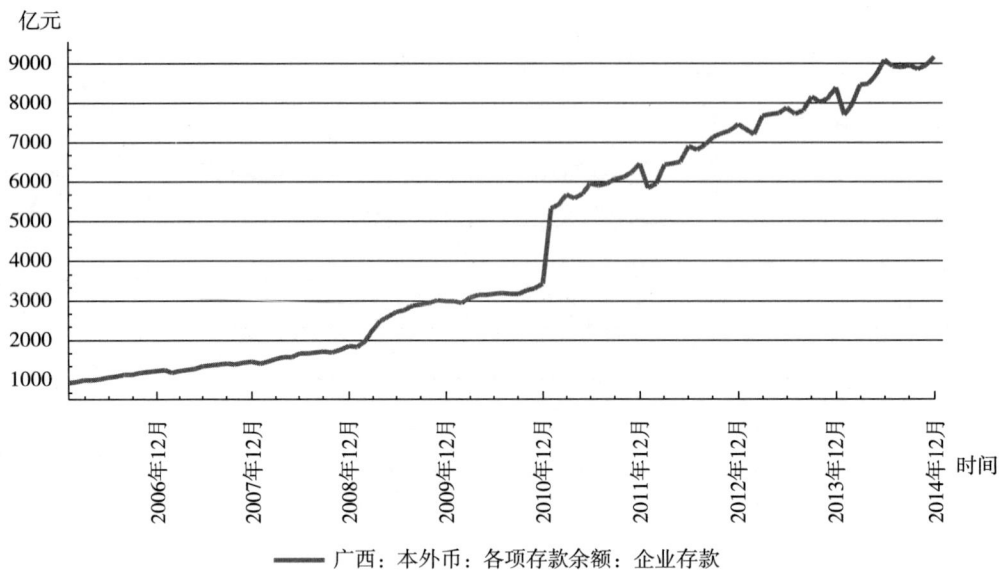

数据来源：Wind。

（16）人民币实际有效汇率指数

数据来源：Wind。

（17）大额美元存款利率（一年期）

数据来源：Wind。

（18）广西建设用地面积

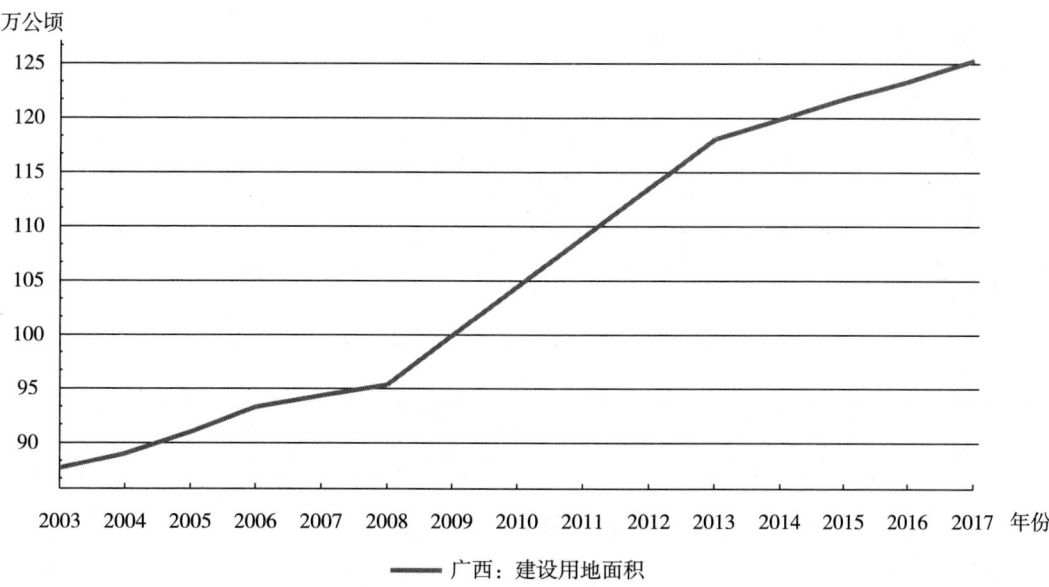

数据来源：Wind。

（19）广西研究生在校生数

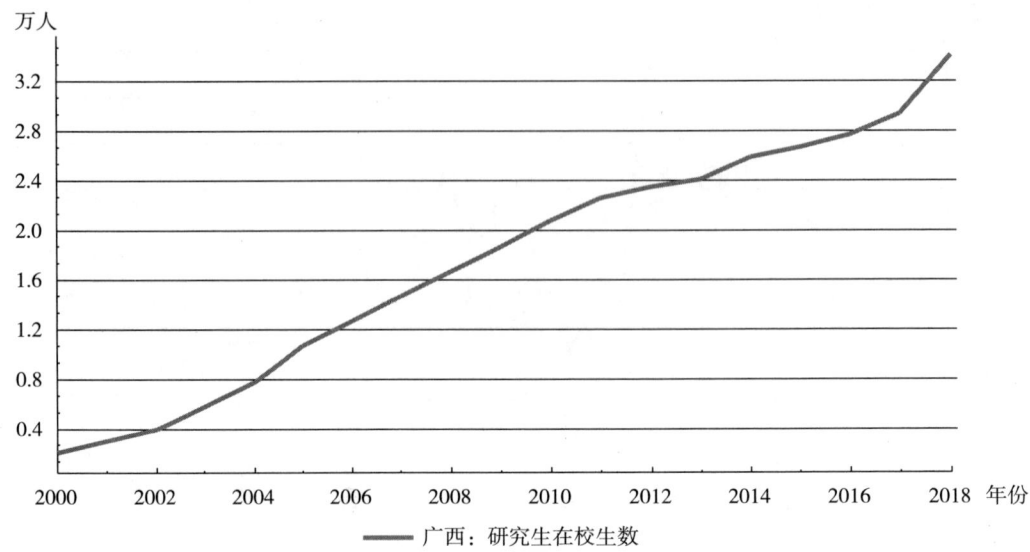

数据来源：Wind。

（20）广西专利申请受理数

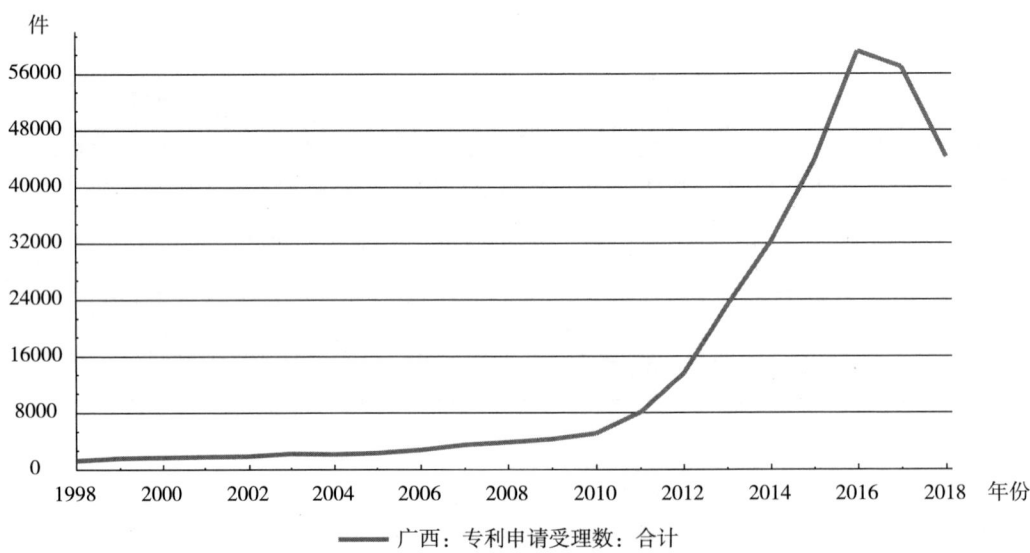

数据来源：Wind。